毛泽东史实热点释疑

MAOZEDONG SHISHIREDIANSHIYI

孙宝义　刘春增　邹桂兰◎编著

中国文史出版社

图书在版编目（CIP）数据

毛泽东史实热点释疑 / 孙宝义，刘春增，邹桂兰编著. -2 版 . —北京：中国文史出版社，2018. 6
ISBN 978-7-5205-0250-4

Ⅰ. ①毛… Ⅱ. ①孙… ②刘… ③邹… Ⅲ. ①毛泽东（1893—1976）-人物研究 Ⅳ. ①A751

中国版本图书馆 CIP 数据核字（2018）第 089842 号

责任编辑：方云虎
封面设计：三味书屋

出版发行：**中国文史出版社**
社　　址：北京市海淀区西八里庄路 69 号　　邮编：100142
电　　话：010-81136630
传　　真：010-81136666
印　　装：廊坊市海涛印刷有限公司
经　　销：全国新华书店
开　　本：787 毫米×1092 毫米　1/16
印　　张：22. 25
字　　数：310 千字
版　　次：2019 年 2 月北京第 2 版
印　　次：2021 年 7 月第 2 次印刷
定　　价：59. 00 元

序　诗

毛公峰

人们又想起你
才以石为你
以你为峰

世人千千万
你是尊者
才将你怀念

此地无人烟
望高山清鸭水廉
才将你怀念

——路地

注：位于辽宁省丹东市宽甸满族自治县境内的天华山，奇峰怪石壁立千仞，峰巅极顶，屹立着一尊貌似毛公的坐像，栩栩如生，人们敬仰为毛公峰。许多专家、艺术家来天华山，惊诧大自然的鬼斧神工，石随人形，陡添了灵性。都说天华山的毛公峰太神奇了。

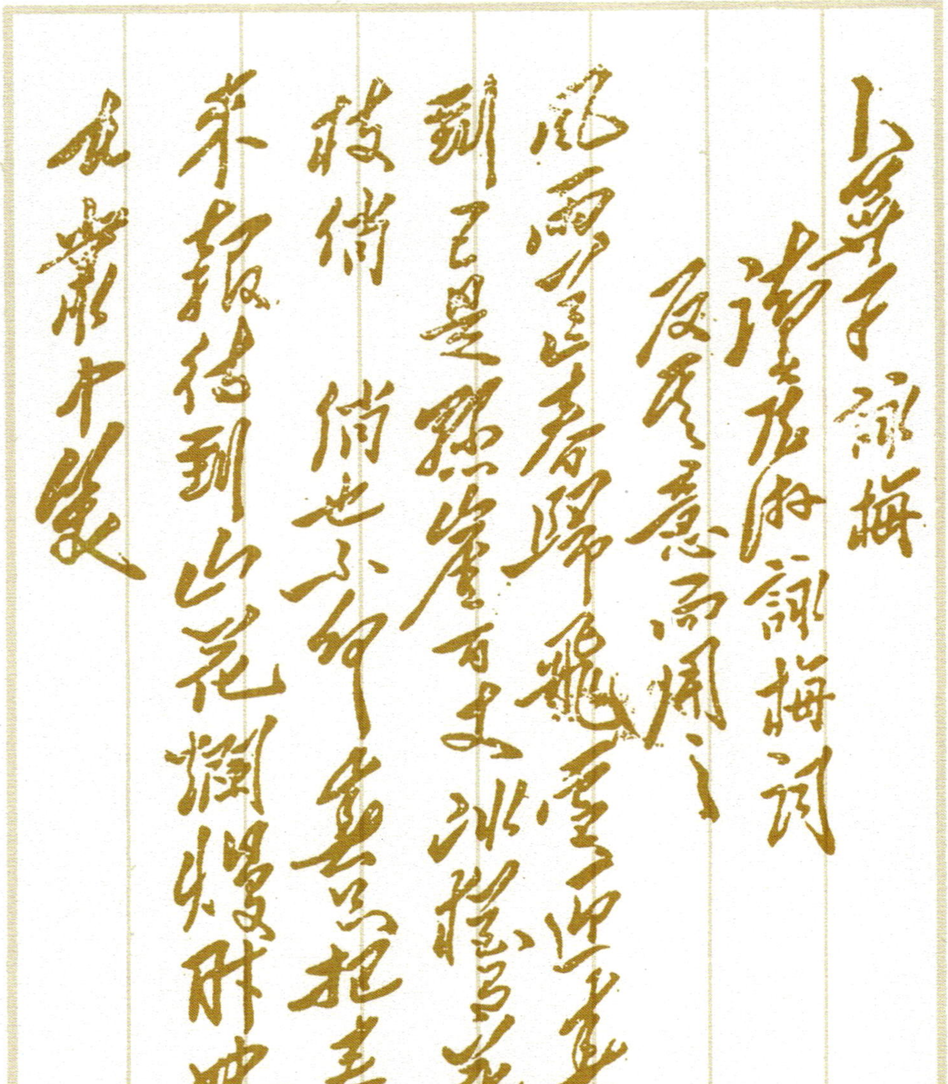
卜算子 咏梅
读陆游咏梅词
反其意而用之
风雨送春归，飞雪迎春到。已是悬崖百丈冰，犹有花枝俏。俏也不争春，只把春来报。待到山花烂漫时，她在丛中笑。

《卜算子·咏梅》

江青手迹

内容简介

毛泽东同志是伟大的马克思主义者，伟大的无产阶级革命家、战略家和理论家，中国共产党、中国人民解放军和中华人民共和国的主要缔造者和领导人，毛泽东思想的主要创立者。在毛泽东同志诞辰120周年的时候，举行隆重的纪念活动，对于全面落实党的十八大精神，高举中国特色社会主义伟大旗帜，坚定不移沿着中国特色社会主义道路前进，具有重要的意义。

研究毛泽东的知名美国学者施拉姆说过："20世纪的重要人物几乎没有谁像毛泽东那样受到极不相同的各种各样的评价。"在毛泽东诞辰120周年之际，一股"毛泽东热"在中国涌动，舆论场上对毛泽东思想的议论也一下子被放大，各种交织的声音仿佛是对施拉姆这句评论的话重新进行注解。几十年来，海内外研究毛泽东及其思想的著作文章可以说是汗牛充栋，各类观点层出不穷，虽有学者认为他的一生过于复杂，无法一言以蔽之，但主流学者仍认为他是值得尊敬的伟大人物。施拉姆曾在一场"毛泽东再认识"的研讨会上总结说："毛泽东虽然在掌权之后犯过严重错误甚至'可怕之罪'，但他仍不愧为一位伟大的革命领袖。"在国内外一片嘈杂声中，或许这位学者的观点可以成为一面镜子。

2013年1月5日，习总书记提出："不能用改革开放后的历史时期否定改革开放前的历史时期，也不能用改革开放前的历史时期否定改革开放后的历史时期。""两个不能否定"不仅是党的历史的焦点，也是现实政治的风向标。

研究历史当然要"讲两面"，却也要讲"基本面"，我们读历史，看问题，尤其不能用今天走极端的观点，来作为对过去走极端的"惩罚"，绝不能从一个极端走向另一个极端。比如说过去的历史研究，有过一些不够真实甚至"左"的东西，这是必须纠正的，但也要防止走向另一个"极端"。又比如"细节"与"本质"。细节是重要的，但细节不能任其"孤证"，细节更必须真实。再比如"局部"与"全面"，一定要兼顾。

施拉姆在其名著《毛泽东的思想》中写道："即使到今天，对毛泽东这个人，对他的思想，要做最后定论，还应该进行进一步的探讨。"本书遵照实事求是的思想路线，将在探讨毛泽东和毛泽东思想的大量素材中，从不同的声音中，结合历史发展到今天，又获得的一些新资料，加以梳理，澄清一些史实，便于正确吸取党的历史上的经验和教训。该书共分四个部分。

第一部分"地位评价篇"，主要集纳了《建国以来若干历史问题的决议》《邓小平对毛泽东思想的评价》，邓小平参与制定新中国成立以来若干历史问题的决议的观点和意见，和他抵制"非毛化"的讲话精神。

该部分收录了江泽民在毛泽东诞辰100周年、胡锦涛在毛泽东诞辰110周年、习近平在毛泽东诞辰120周年纪念会上关于如何评价毛泽东历史地位的有关讲话部分，还收录了部分在"文化大革命"中受到严重迫害的，党和国家的领导人如彭真、黄克诚、刘澜涛等，在获得平反后，对毛泽东做的比较公正、坦诚的评价，显示了他们大公无私，从党和国家前途命运出发去看待毛泽东的功绩和失误。

第二部分"澄清真相篇"，主要澄清几十年来个别人对毛泽东的曲解、误会和没做认真的调查研究而做出的不科学的结论。随着历史档案的揭秘和深入细致的调研，澄清了一些广泛流传的歪曲事实的历史事件，恢复了历史的本来面目。这些史实都有详细的资料和佐证，特别是对毛泽东的保健医生李志绥编造历史，配合国内外敌对势力抛出的《毛泽东私人医生回忆录》，把毛泽东妖魔化的谣言，给予揭穿，用大量的事实材料以正视听。

第三部分"缅怀伟人篇"，通过1976年9月全国各地悼念毛泽东的活动，和国内外嘉宾到韶山参观毛泽东故居、纪念馆，瞻仰毛泽东塑像等活动，体现出对毛泽东深厚的无产阶级感情。具体事例多有罗列。

第四部分"价值传承篇"，主要反映出毛泽东的丰功伟绩和毛泽东思想的当代价值，毛泽东完全彻底为人民服务和无私奉献的高尚人格以及对国内外的深远影响，尤其是毛泽东军事思想在国际上成为兵家泰斗。

本书编著的目的，主要是通过公正、客观地研究毛泽东，摒弃一些来自诬蔑诽谤毛泽东，使之妖魔化的"非毛化"的舆论。恢复毛泽东的如历史决议和国家领导人的评价，以及一切正直的人们实事求是的评价体系，使之成为实现中国梦中能够正确吸取的经验教训。读者阅后，也可以从中明辨黑白，鉴别是非，增强历史唯物主义的辨别力。

目录

壹 地位评价篇

贰 澄清真相篇

叁 缅怀伟人篇

肆 价值传承篇

壹 地位评价篇

◇邓小平是如何力排“非毛化”的？

毛泽东逝世后，面对国内外“否定毛”“非毛化”的言论，重新恢复工作的邓小平指出：对于错误，包括毛泽东的错误，一定要毫不含糊进行批评，但一定要实事求是，不能把所有的问题都归结到毛泽东身上。毛泽东不是孤立的人，他直到去世，都一直是我们党当之无愧的领袖。

毛泽东逝世后，全世界都在议论和揣测“毛泽东逝世以后的中国”。

西方一些舆论家认为，中国必然要“否定毛”“非毛化”；港台一些报纸也说：“大陆批毛，势在必行。”当时，国内在对待毛泽东问题上存在两种极端倾向：一种是坚持“两个凡是”的错误方针；一种是把中国共产党的失误，甚至把林彪、“四人帮”的罪行也归于毛泽东，以此否定毛泽东、毛泽东思想和我党的历史。

1977 年 7 月，十届三中全会恢复了邓小平的工作。在全会闭幕会上，邓小平指出：“只有对毛泽东思想体系有完整的（不是零碎的）、准确的（不是随意的）认识，并且运用它来指导我们的各项工作，才不至于割裂、歪曲毛泽东思想。林彪、‘四人帮’就是引用毛主席的某些只言片语骗人、吓唬人。”

在十一届三中全会前夕召开的中央工作会议上，很多同志批评了“两个凡是”的错误方针，提出了为“天安门事件”平反等问题。之后，党公开地为“天安门事件”平了反。这时，邓小平同外国记者谈话，特别指出毛泽东对中国人民的功勋是不可磨灭的，如果没有毛泽东，中国人民很可能还要在黑暗中奋斗更长时间。

之后，邓小平在会议闭幕会上再次肯定了毛泽东的功绩：“没有毛主席就没有新中国，这丝毫不夸张。毛泽东思想培育了我们整整一代人。我们在座的同志们，可以说都是毛泽东思想教导出来的。”邓小平同时指出：“当然，毛泽东不是没有缺点、错误的，要求一个革命领袖没有缺点、错误，那不是马克思主义。”

随着拨乱反正工作的逐步深入，党内外的思想也空前活跃。这一时期，出现了一种新动向：一方面，党内有一部分人还深受林彪、“四人帮”极“左”思潮的毒害，少数人散布流言蜚语，攻击中央在十一届三中全会以来实行的一系列方针政策违反马列主义、毛泽东思想；另一方面，少数人利用党进行拨乱反正的时机，曲解“解放思想”的口号，把党的错误极端夸大，企图否定党的领导、否定社会主义道路。

为了从根本上纠正“左”和右的错误倾向，邓小平认为，对新中国成立以来的历史经验进行认真全面总结的时机已经成熟，应该“拿出一个东西来”，向人们澄清对一系列重大历史问题的认识。邓小平说：“很显然，人们都在等。从国内来说，党内党外都在等，你不拿出一个东西来，重大问题就没有一个统一的看法。国际上也在等，人们看中国，怀疑我们安定团结的局面，其中也包括这个文件拿得出来还是拿不出来，早拿出来还是晚拿出来。所以不能再晚了，晚了不利。”

1979 年是中华人民共和国成立 30 周年。党中央于 6 月间决定由中共中央副主席叶剑英代表中央在庆祝国庆 30 周年的大会上作一个讲话。

当时，中共中央对这个讲话十分重视，成立了一个以胡乔木为主的起草小组，从 6 月底开始工作。8 月下旬，邓小平找胡耀邦、胡乔木、邓力群谈话，就讲话的初稿提出了重要的意见。根据邓小平的意见，起草小组进行了修改，9 月 1 日，修改稿报送中央负责同志。三天后，邓小平再邀胡耀邦、胡乔木、邓力群谈话。他说：“现在的稿子，对毛主席的地位、毛主席在历史上所起的作用、所作的贡献，讲得太弱了。还是要讲在建国 30 年的历史上，毛主席是有伟大功绩的。”

稿子再次修改后，邓小平看后很满意，说：“这样讲就好了，讲毛主席的好处、毛主席的贡献这样讲就够了。”

1979 年 9 月 29 日，叶剑英在新中国成立 30 周年庆祝大会上的讲话，拉开了起草《关于建国以来党的若干历史问题的决议》的序幕。

11 月，中央组织了由胡乔木负责的历史决议的起草小组，邓力群等 20 多名理论工作者参与起草。中央常委由邓小平、胡耀邦来指导这项工作。

1980 年 3 月，胡乔木等人拟出了决议提纲，送给邓小平审阅。3 月 19 日，邓小平邀胡乔木、邓力群等人谈话。邓小平说："我看了起草小组的提纲，感觉内容铺得太宽了。确立毛泽东的历史地位，坚持和发展毛泽东思想，这是最核心的一条，不仅今天，而且今后，我们都要高举毛泽东思想的旗帜。十一届五中全会为刘少奇平反的决定传达下去后，一部分人的思想相当混乱：有的反对给刘少奇平反，认为这样做违反了毛泽东思想；有的则认为，既然给刘少奇同志平反，就说明毛泽东思想错了，这两种看法都是不好的，必须澄清这些混乱思想。"此外，"对历史问题，还要粗一点、概括一点，不要搞得太细"。"重要的问题要加以论证"。最后，邓小平要求"要尽快搞出个稿子来"。

当年 7 月，起草小组根据邓小平的意见，将修改稿提交中央书记处讨论。讨论中，大多数同志对这些草稿中历史地科学地评价毛泽东与"文化大革命"，表示了赞同，也有些同志提出了不太正确的意见。有人说："毛泽东同志犯了很多错误，决议中就干脆不写毛泽东思想部分。"也有人说："评价毛泽东可以分前后两段，前期是马克思主义者、共产主义者，后期是极左主义者。"有人甚至说："整个建国 30 年来，中国发生很多次重大错误和失误，所有这些错误都应该由毛泽东一个人负责。"

邓小平看了有关讨论意见的简报，对于一些偏激的意见，认为必须予以澄清。他认为讨论过程中有些同志把许多问题都归结到毛泽东同志的个人品质上，这是不对的。"毛泽东不是孤立的人，他直到去世，都一直是我们党的领袖。对于毛泽东的错误，不能写过头。写过头，给毛泽东抹黑，也就是给我们党、我们国家抹黑。这是违背历史事实的。"

10 月 25 日，邓小平召集胡耀邦、胡乔木、邓力群谈话，明确提出：毛泽东思想这个旗帜丢不得。丢了这个旗帜，实际上就否定了我们党的光辉历史。决议稿中阐述毛泽东思想的这一部分不能不要，这不只是个理论问题，它还是个政治问题，是国际、国内的很大的政治问题。说到这里，邓小平严肃地说："如果不写或写不好这个部分，整个决议都不如不做。""不写或不坚持毛泽东思想，我们要犯历史性的大错误。"

到 1981 年 6 月，整个决议的起草历时两年，邓小平充当了决议的总设计师的角色。在这期间，他关注的核心始终是如何科学评价毛泽东的历史地位和毛泽东思想。《关于建国以来党的若干历史问题的决议》的面世，标志着党在指导思想上拨乱反正的胜利完成。

邓小平一直坚持科学地评价毛泽东和毛泽东思想。

邓小平讲过："回想在一九二七年革命失败以后，如果没有毛泽东同志的卓越领导，中国革命有极大的可能到现在还没有胜利，那样，中国各族人民就还处在帝国主义、封建主义、官僚资本主义的反动统治之下，我们党就还在黑暗中苦斗。所以说没有毛主席就没有新中国，这丝毫不是什么夸张。"（《邓小平文选》第2卷，人民出版社1983年版，第148—149页）

邓小平说过："毛泽东思想培育了我们整整一代人。我们在座的同志（按：指出席十一届三中全会的同志），可以说都是毛泽东思想教导出来的。没有毛泽东思想，就没有今天的中国共产党，这也丝毫不是什么夸张。"（《邓小平文选》第2卷，人民出版社1983年版，第148页）

邓小平讲过："没有中国共产党，不进行新民主主义革命和社会主义革命，不建立社会主义制度，今天我们的国家还会是旧中国的样子。我们能够取得现在这样的成就，都是同中国共产党的领导、同毛泽东同志的领导分不开的。"（《邓小平文选》第2卷，人民出版社1983年版，第299页）

邓小平还讲过：在毛泽东领导下中国人民取得的"一系列伟大的胜利不但根本改变了中国的命运，也改变了世界的形势"。

"毛泽东思想在世界上是同反霸权主义的斗争分不开的。""毛泽东同志在他的晚年还提出了关于三个世界划分的战略思想，并且亲自开创了中美关系和中日关系的新阶段，从而为世界反霸斗争和世界政治前途创造了新的发展条件。我们能在今天的国际环境中着手进行四个现代化建设，不能不铭记毛泽东同志的功绩。"（《邓小平文选》第2卷，人民出版社1983年版，第172页）

正因为如此，他强调，我们在对毛泽东进行历史评价的时候，"主要的内容，还是集中讲正确的东西。因为这符合历史。"（《邓小平文选》第2卷，人民出版社1983年版，第297页）

邓小平反复强调："毛主席一生中大部分时间是做了非常好的事情的，他多次从危机中把党和国家挽救过来。"（《邓小平文选》第2卷，人民出版社1983年版，第344—345页）

“他的功绩是第一位的，他的错误是第二位的。”（《邓小平文选》第2卷，人民出版社1983年版，第334页）

“毛泽东同志犯了错误，这是一个伟大的革命家犯错误，是一个伟大的马克思主义者犯错误。”（《邓小平文选》第2卷，人民出版社1983年版，第307页）

正因为如此，我们绝不能同意一些人借批评毛泽东的错误的名义，否定他的历史地位，丑化他的崇高形象，玷污毛泽东思想的旗帜。正如邓小平所说的那样：“对毛泽东同志晚年错误的批评不能过分，不能出格，因为否定这样一个伟大的历史人物，意味着否定我们国家的一段重要历史。”（《邓小平文选》第3卷，人民出版社1993年版，第284页）这就会对党和人民的事业造成严重的消极后果。

（参见苏台仁：《邓小平生平全记录》，中央文献出版社2004年版）

◇习近平是如何评价毛泽东的历史地位的？

习近平在毛泽东诞辰120周年纪念会上，对毛泽东的历史地位重新做了科学的论断，习近平说：

“毛泽东同志是伟大的马克思主义者，伟大的无产阶级革命家、战略家、理论家，是马克思主义中国化的伟大开拓者，是近代以来中国伟大的爱国者和民族英雄，是党的第一代中央领导集体的核心，是领导中国人民彻底改变自己命运和国家面貌的一代伟人。”

“毛泽东同志创造性地解决了缔造一个在党的绝对领导下的人民武装力量的一系列重大问题，建成一支具有一往无前精神、能压倒一切敌人而绝不被敌人所屈服的新型人民军队。毛泽东同志创造性地解决了团结全民族大多数人共同奋斗的革命统一战线的一系列重大问题，为党和人民事业凝聚了一支最广大的同盟军。毛泽东同志带领我们党创造性地提出和实施了一系列正确的战略策略，及时解决了中国革命进程中一道道极为复杂的难题，引导中国革命航船不断乘风破浪前进。”

“新民主主义革命的胜利，社会主义基本制度的确立，为当代中国一切发展进步奠定了根本政治前提和制度基础。”

“毛泽东同志为中国新民主主义革命的胜利、社会主义革命的成功、社会主义建设的全面展开，为实现中华民族独立和振兴、中国人民解放和幸福，作出了彪炳史册的贡献。毛泽东同志毕生最突出最伟大的贡献，就是领导我们党和人民找到了新民主主义革命的正确道路，完成了反帝反封建的任务，建立了中华人民共和国，确立了社会主义基本制度，取得了社会主义建设的基础性成就，并为我们探索建设中国特色社会主义的道路积累了经验和提供了条件，为我们党和人民事业胜利发展、为中华民族阔步赶上时代发展潮流创造了根本前提，奠定了坚实的理论和实践基础。”

“毛泽东思想教育了几代中国共产党人，它培养的大批骨干，不仅在新民主主义革命、社会主义革命、社会主义建设时期发挥了重要作用，也为新的历史时期开创和建设中国特色社会主义发挥了重要作用。邓小平同志说，毛泽东思想这个旗帜丢不得，丢掉了实际上就否定了我们党的光辉历史；任何时候都不能动摇高举毛泽东思想旗帜的原则，我们将永远高举毛泽东思想的旗帜前进。”

“在为中国人民不懈奋斗的光辉一生中，毛泽东同志表现出一个伟大革命领袖高瞻远瞩的政治远见、坚定不移的革命信念、勇于开拓的非凡魄力、炉火纯青的斗争艺术、杰出高超的领导才能。他思想博大深邃、胸怀坦荡宽广，文韬武略兼备、领导艺术高超，心系人民群众、终生艰苦奋斗，为中华民族和中国人民建立了不朽功勋。”

“毛泽东同志属于中国，也属于世界。他不仅赢得了全党全国各族人民爱戴和敬仰，而且赢得了世界上一切向往进步的人们敬佩。毛泽东同志的革命实践和光辉业绩已经载入中华民族史册。他的名字、他的思想、他的风范，将永远鼓舞我们继续前进。”

“对历史人物的评价，应该放在其所处时代和社会的历史条件下去分析，不能离开对历史条件、历史过程的全面认识和对历史规律的科学把握，不能忽略历史必然性和历史偶然性的关系。不能把历史顺境中的成功简单归功于个人，也不能把历史逆境中的挫折简单归咎于个人。不能用今天时代条件、发展水平、认识水平去衡量和要求前人，不能苛求前人干出只有后人才能干出的业绩来。”

“革命领袖是人不是神。尽管他们拥有很高的理论水平、丰富的斗争经验、卓越的领导才能，但这并不意味着他们的认识和行动可以不受时代条件限制。不能因为他们伟大就把他们像神那样顶礼膜拜，不容许提出并纠正他们的失误和错误；也不能因为他们有失误和错误就全盘否定，抹杀他们的历史功绩，陷入虚无主义的泥潭。”

“历史就是历史，历史不能任意选择，一个民族的历史是一个民族安身立命的基础。不论发生过什么波折和曲折，不论出现过什么苦难和困难，中华民族5000多年的文明史，中国人民近代以来170多年的斗争史，中国共产党90多年的奋斗史，中华人民共和国60多年的发展史，都是人民书写的历史。历史总是向前发展的，我们总结和吸取历史教训，目的是以史为鉴、更好前进。”

“道路决定命运，找到一条正确道路是多么不容易。中国特色社会主义不是从天上掉下来的，是党和人民历尽千辛万苦、付出各种代价取得的根本成就。改革开放前的社会主义实践探索，是党和人民在历史新时期把握现实、创造未来的出发阵地，没有它提供的正反两方面的历史经验，没有它积累的思想成果、物质成果、制度成果，改革开放也难以顺利推进。一切向前走，都不能忘记走过的路；走得再远走到再光辉的未来，也不能忘记走过的过去。”

“毛泽东思想活的灵魂是贯穿其中的立场、观点、方法，它们有三个基本方面，这就是实事求是、群众路线、独立自主。在新形势下，我们要坚持和运用好毛泽东思想活的灵魂，把我们党建设好，把中国特色社会主义伟大事业继续推向前进。”

2013年1月5日，习近平同志明确提出：“不能用改革开放后的历史时期否定改革开放前的历史时期，也不能用改革开放前的历史时期否定改革开放后的历史时期。”

我们是马克思主义者，评价一个历史事件，不能凭主观想象，而必须从事实出发，这是基本原则。但是不能抓住一点事实材料就下结论，因为正如列宁指出的：“社会生活现象极其复杂，随时都可以找到任何数量的例子或个别的材料来证实任何一个论点。”（《列宁选集》第2卷，人民出版社1995年版，第578页）因此他告诫我们：“在社会现象方面，没有比胡乱抽出一些个别事实和玩弄实例更普遍更站不住的方法了。罗列一般例子是毫不费劲的，但这是没有任何意义的或者完全起相反的作用，因为在具体的历史情况下，一切事情都有它们个别的情况。如果从事实的全部总和、从事实的联系中去掌握事实，那么事实不仅是胜于雄辩的东西，而且是证据确凿的东西。如果不是从全部总和、不是从联系中去掌握事实，而是片段的和随便挑出来的，那么事实只能是一种儿戏，或者甚至连儿戏都不如。”（《列宁全集》第28卷，人民出版社1990年版，第364页）

所以，我们必须全面地进行考察，把全部事实综合起来，而且要分清主流、支流。同时，我们还要历史地研究，即把它放到当时的历史条件下进行研究。习近平指出：对历史上的事情，“应该放到其所处时代和社会的历史条件下去分析……不能用今天的时代条件、发展水平、认识水平去衡量和要求前人，不能苛求前人干出只有后人才能干出的业绩来。”（《习近平在中共中央纪念毛泽东诞辰120周年座谈会上的讲话》，《人民日报》2013年12月27日）有许多事情，今天看来是不大合适的，但放到当时的历史环境下，却是合理的、必要的。况且随着实践的发展，人的认识也是不断发展和深化的，我们不能用今天的认识水平来评判历史上的事情。

《光明日报》2013年5月7日刊登学者齐彪的文章说，坚持“两个不能否定”，维护党的历史，涉及的问题很多，主要集中在两个方面。

一是正确认识党在改革开放前历史时期出现的失误和错误。党历来不回避这一时期发生的“大跃进”“文化大革命”等失误和错误，也历来不忌讳批评。但应该看到党在这一时期出现的失误、错误，是历史长河中的片段和支流，不能把这些错误与整个时期等同起来。

改革开放前党的全部历史与毛泽东紧密联系在一起。正确认识党在改革开放前历史时期出现的失误和错误，必须正确认识毛泽东晚年的错误，维护毛泽东和毛泽东思想的历史地位。习近平同志特别强调指出，如果当时全盘否定了毛泽东同志，那我们党还能站得住吗？我们国家的社会主义制度还能站得住吗？那就站不住了，站不住就会天下大乱。

二是正确认识改革开放进程中出现的矛盾和问题。改革开放进程中出现的矛盾和问题，是敌对势力和错误思潮借以攻击党的重要方向。党历来不回避这些矛盾和问题，实际上，在改革和发展进程中，什么时候问题都不会少。老的问题解决了，新的问题又会出现，“发展起来以后的问题不比不发展时少”。从一定意义上说，这些矛盾和问题的出现是我国发展阶段的重要组成部分。我国的制度体制从总体上是与我国的工业化、现代化的发展水平相适应的。绝不能以出现矛盾和问题为由否定改革开放、回到封闭僵化的老路上去，甚至否定改革开放的社会主义方向。

对改革开放前历史时期的评价、对改革开放历史时期的评价，不仅是党的历史的焦点，也是现实政治的风向标。对其中任何一项的动摇和忽视，都势必给党的执政和国家的发展造成不良影响。灭人之国，必先去其史。绝不能让某些敌对势力在党和国家的根基上构筑“蚁穴”，打开缺口。

（参见《报刊文摘》2013 年 5 月 10 日第一版）

（参见新华社北京 2013 年 12 月 26 日电）

◇彭真复出后是怎样看待毛泽东的？

彭真是“文化大革命”一开始就被打倒的党和国家领导人。1966 年毛泽东主持制定的“五一六通知”的下达，就是他蒙难的开始。因此，有些人揣摩彭真不可能不对毛泽东有一肚子怨气。但是，复出后的彭真从不以个人的遭遇作为判断是非的标准。他每谈及毛泽东，必先谈其功绩。

据《彭真传》记载：

“文化大革命”结束后，全党全国人民痛定思痛，首先面对的一个重大问题是：如何认识和评价毛泽东和毛泽东思想。党的十一届三中全会后，党和国家实现了伟大的战略转折，但当时在思想领域出现了两种错误倾向：一种是少数坚持极左错误的人攻击党的十一届三中全会背离了马列主义、毛泽东思想；另一种是社会上刮起了一股怀疑四项基本原则、全盘否定毛泽东和毛泽东思想的风。一些领导干部在思想上感到困惑，也发生了动摇。

出人意料的是，“文革”中惨遭迫害的彭真在对待毛泽东和毛泽东思想的问题上，却从不以个人的遭遇作为判断是非的标准。

彭真在回京后不久接受记者采访时就说：“没有毛主席，我们不可能在 1949 年就建立中华人民共和国。毛泽东同志是我们的领袖，对毛泽东同志必须全面看，在我心目中毛泽东同志永远是我们的主席。”他还说：“‘五一六通知’就是整我的，但我还是举了手的。我那时觉得主席还是对的。后来我被关在监狱，反复想，我做得不错呀。我想，共产党、毛主席总有一天会再来找我的，这些事历史上都有，错了的又给平反嘛！”

山西原省委书记李立功回忆，1979 年彭真住在北京医院接受体检，同住北京医院的他多次看望彭真。谈话中，彭真评论“文化大革命”时，“既对林彪、‘四人帮’的倒行逆施深表痛恨，又对动乱给党和国家带来的灾难惋惜不止”。但“针对当时社会上有人诋毁毛主席，否定毛泽东思想的言行，他旗帜鲜明地说，毛主席的历史功绩不容否定，毛泽东思想永远是我党工作的指针。毛主席的一生是伟大的，他在我国人民心中享有崇高的威望。我们这么大一个国家，这样大的一个政党，没有一面旗帜不行”。

曾任彭真秘书的杨景宇回忆：1980 年初，有一天谈起对毛泽东的个人崇拜，彭真说：“高举毛泽东思想的旗帜与对毛主席的个人崇拜，是两码事。旗帜就是方向，一定要举；丢掉这面旗帜，就会迷失方向，党心民心会乱，那还得了？个人崇拜不是好事，不光误党误国，还可能把被崇拜的对象推向反面。不过，对个人崇拜，也要历史地看。讲对毛主席的个人崇拜，就不能把账都算在毛主席头上，我们这些人都有责任。扪心自问，我不是一个盲目迷信的人，但我就是崇拜毛主席。打个比方，一件事情来了，如果主席与少奇或者总理有不同意见，我很自然地就赞成主席的意见；如果是少奇与总理有不同意见，那就不一定了，在这件事情上，我可能赞成少奇的意见，在那件事情上，我可能赞成总理的意见。为什么会有这样一种心态？这是因为，在党的历史上，几次重大关头，毛主席的意见开头多数人不赞成，他是孤立的，但最终的事实证明还是他正确，他高明，他站得高、看得远。这样一来，对他的个人崇拜就逐渐形成了，我也不例外。但是，人非圣贤啊！圣贤也会犯错误。搞‘文化大革命’，毛主席就犯了大错误。不过，也有好处，坏事可以变好事，是毛主席自己用他犯的错误打破了对他的个人崇拜，这对全党全国人民解放思想一定会产生深远的影响。”

彭真还认为，不能把“文化大革命”的责任都推到毛泽东一个人身上。他说：“现在事后诸葛亮太多了，成绩是大家的，错误你就没份？好多错事的决定我也举手了，不能毛主席去世了都推在他身上。”彭真在一次讲话中说：现在写回忆录，多是讲自己一生如何正确，错误都是毛主席的。这不公正。毛主席是有很大的错误，我们有没有责任呢？我当时是中央政治局委员，如果在中央讨论和决定问题时，我要能够站出来，提出不同意见，或者说这件事我要求在政治局付诸表决，那么，毛主席的错误就不会发展得那么大，但我就没有这样做，我有责任，其他的中央领导同志也有责任。

1979 年 4 月 5 日至 28 日，彭真出席在京西宾馆召开的中央工作会议。

在这次会议上，不少同志认为彭真会讲毛泽东的错误，因为他的冤屈实在是太深了。但彭真却明确表示，这时候必须科学地、全面地、准确地认识和评价毛泽东和毛泽东思想，必须高举毛泽东思想的伟大旗帜。

4 月 22 日下午，会议分组讨论邓小平 3 月 30 日在全国理论工作务虚会上所作的《坚持四项基本原则》的重要讲话。

彭真参加东北组讨论，作了重要发言。他首先表示“完全拥护邓小平同志代表中央所作的报告”，认为这个报告“透彻地解决了当前思想政治战线上的关键问题”。

彭真说：小平同志讲，实现四个现代化必须坚持四个原则。为什么现在要提出四个坚持？因为有人对这四个基本原则发生了怀疑，甚至否定。实际上，没有这四个坚持，就没有安定团结，没有四个现代化，就没有社会主义和无产阶级领导的人民的一切。

现在一个突出的问题是，应当怎样看待毛泽东同志和毛泽东思想这面旗帜。我们反对林彪的说法，什么“句句是真理”“一句顶一万句”。但有些人走到另一个极端，怀疑、否定一切，甚至连“没有共产党就没有新中国”这样一个已经由半个多世纪中国革命和建设的实践证明了的事实，居然也有人要否定。

对毛泽东同志，应当全面地来看。所谓全面，就是历史的全面、现在的全面和未来的全面。

从“文化大革命”以前的历史时期来看，毛泽东同志在革命中的英明领导和伟大作用，是有目共睹的事实。当然，这不是说他在工作中没有这样那样的缺点错误。

说到“文化大革命”这段时期，毛泽东同志发动和领导“文化大革命”，犯了错误，但对他也不能一概否定。

杨景宇回忆：有一天，我向他汇报有些同志对他在东北组的发言中对毛泽东和毛泽东思想的评价有些议论。我说：“有些同志反映，你在‘文化大革命’中被整得那么惨，复出后又高度评价毛主席和毛泽东思想，使人感到不理解，你这是何必呢？”彭真同志说：“不能这样看问题。不错，我在‘文化大革命’中失去自由 12 年多，监禁、坐牢 9 年，流放 3 年多。就个人讲，我就那么痛快？我就没气？但是，总结教训，那就不仅是个人的问题，教训要深刻得多。作为共产党员，首先需要考虑的是党和国家的前途和命运。毛主席一世英明，最后犯了严重错误，整了那么多人，挨整的人谁没有气？这是可以理解的。问题是，今后我们举什么旗？我看，只有毛泽东思想这面旗帜能够凝聚全党、全国人民。我们说的毛泽东思想，就是七大讲的，是马列主义普遍真理与中国革命具体实践相结合，用马克思主义立场、观点、方法解决中国的问题。这面旗帜能丢吗？丢不得！如果丢了这面旗帜，必然造成混乱。”

据王燕玲写的《彭真同志的晚年——访新华社高级记者李尚志》，其中讲到：“彭真同志是1975年出狱的。1978年12月他从商洛回到北京，结束了政治流放生活，党的十一届三中全会上，他被增补为中共中央委员。李尚志回忆：彭真从商洛回京不久，他就去彭真同志处进行了第一次采访，没想到这位在‘文化大革命’中受尽诬陷与折磨的老人接受采访时的第一句话就语惊四座：‘计较个人恩怨不是共产党员！’这句话使李尚志十分震惊。原以为老人家受了委屈，有满肚子苦水在拨乱反正中要倒，谁想到却讲出这样掷地有声的话来。”

“李尚志回忆，彭真在谈到毛泽东时，曾坚定地说：‘没有毛主席，我们的革命不会成功，不会有新中国，不会有今天。毛泽东同志是我们的领袖，对毛泽东同志必须全面看，在我心目中毛泽东同志还是我们的毛主席。’”

“李尚志回忆道：1987年4月我曾随同彭真同志去井冈山，到了毛泽东同志主持三湾改编的地方，彭真同志说，我跟了毛主席这么多年了，三湾改编是毛主席开拓江山的重要一步，咱们照个相吧！后来到毛主席在井冈山的几个旧居，他总是左看右看，看得很仔细，并感慨地说：‘过去我们既有会革命的时候，也有不会革命的时候，一些烈士没有死在敌人枪口之下，反而死在我们自己人手里，当时的情况真是太复杂了。’他特别强调，看了这些我们党的历史，更使人感到：只有毛主席才能拨正革命航船。从三湾回来后，我曾问他：‘“文化大革命”整你整得那么厉害，你怎么对毛主席还是这么敬重？’他说：‘你不懂这些，毛主席说过，成绩是大家的，错误也是大家的。现在他不在了，我要替他补上这些话。搞个人迷信是毛主席的本意吗？现在事后诸葛亮太多了。我彭真在历史上大大小小的错误不少，都是毛主席纠正的。’”

“彭真同志认为毛主席并不是不赞成改革开放，当时限于历史条件，就是那个样子。彭真同志问我：‘你说毛主席要是不开放，他怎么能用“小球转大球”，搞乒乓外交呢？当年美国第七舰队到了台湾海峡，美军已打到鸭绿江边，要消灭中国，中国若不和苏联联合就完了。毛主席若不主张改革开放他怎么搞第三世界呀？毛主席年轻时就造旧社会的反，他采取农村包围城市的政策，连马克思的条文也冲破了。毛主席是改革开放的大家哩！’”

这位老一辈无产阶级革命家的肺腑之言，语重心长，大有助于我们全面正确地读懂毛泽东。

（参见《彭真传》第四卷，中央文献出版社 2013 年版）

（参见《纵横》2000 年第 11 期）

◇1980 年黄克诚谈如何评价毛泽东

1980 年 11 月 27 日，中纪委常委书记黄克诚在《关于党内政治生活的若干准则》座谈会上，发表了如何评价毛泽东的讲话。

与会者听到黄克诚要讲这个最敏感的问题，每个人的神经都绷紧了，渴望听听这位老革命家到底怎么说。因为大家都知道，黄克诚是毛泽东“左”倾错误的严重受害者之一。

关于对毛主席评价和对毛泽东思想的态度问题

如何认识和评价毛主席、如何对待毛泽东思想，对我们党和国家来说，是一个根本问题。邓小平同志曾经代表中央就这个问题表示过原则的意见。小平同志多次讲，在我们党和国家的历史上，毛主席的功绩是第一位的，他的错误是第二位的。小平同志还说过，毛主席“多次从危机中把党和国家挽救过来。没有毛主席，至少我们中国人民还要在黑暗中摸索更长的时间”。在谈到他晚年的错误时，小平同志说，不能把过去的错误都算成是毛主席一个人的。我们这些老一辈的人也是有责任的。我们今后还要继续坚持毛泽东思想。小平同志的这些原则意见是代表中央讲的。我完全赞成。我认为，所有的共产党员都应该本着这些精神，去考虑对毛主席的评价和对待毛泽东思想的态度问题。

前一段时间，曾经有些同志对这两个问题的态度比较偏激，个别人甚至放肆地诋毁毛泽东思想，丑化毛泽东同志。这种态度使我很忧虑。作为一个老共产党员，对这个问题，我有责任讲讲自己的看法。

如果把中华人民共和国成立以来我们党所曾犯的错误都算在毛主席身上，让他一个人承担责任，这样做不符合历史事实。小平同志讲得对，包括他自己在内，我们这些老同志对许多错误都是有责任的。有一个同志问我："不让毛主席一个人承担错误的责任，你承担不承担？"我说："我也要承担一些责任。但对搞'文化大革命'我不能承担责任，因为那时我已不参加中央的工作，没有发言权了。"我认为，凡是我有发言权的时候，我没有发表意见反对错误的决定，那么事后我就不能推卸对错误的责任。比如反右派斗争是必要的，但是扩大化了，错整了很多人，就不能只由毛主席一个人负责。我那时是书记处成员之一，把有些人划为右派，讨论时也未加仔细考虑就仓促通过了。自己做错的事情怎么能都推到毛主席身上呢？"大跃进"中，许多同志作风浮夸，把事实歪曲到惊人的程度，使错误发展到严重的地步，也是有责任的。在中央来说，只要是开中央全会举手通过决议的事情，如果错了，中央都应该来承担责任。当然，毛主席作为中央主席要负领导的责任。过去解放全中国、建设新中国，我们这些老共产党员都尽了一份责任，功劳大家有份。现在如果把错误都算到一个人身上，好像我们没有份，这是不公平的。我们大家来分担应该分担的责任，那才符合历史事实，符合唯物主义。毛主席去世了，革命事业还要我们这些活着的人来干。

我们多从自己方面总结经验教训，只会有利于我们更好地为人民工作。

照我的看法，毛主席晚年犯错误，原因很多，有深刻的历史原因与社会原因。在我们这样一个贫穷落后、人口众多的大国搞社会主义，又没经验，实在是一件艰巨的事业。直到今天，在我们面前还有很多未被认识的问题，我们仍在不断探索，也还会犯这样那样的错误。这个问题我不多讲。我只想简单地谈一下毛主席犯错误的个人方面的原因以及我们应该采取的态度。毛主席在晚年不谨慎了，接触实际、接触群众少了，民主作风差了等等，这些都是他犯错误的原因，也是我们全党所必须引以为戒的教训。还有一点同志们要知道，毛主席为人民事业是紧张操心了一辈子的。从大革命失败以后，他就苦心焦虑，经常昼夜不眠地考虑问题。1958 年我同他接触过，就感到他脑子已经紧张过度了。脑子紧张过度了，就容易出差错。我现在就有这个体会，脑子一紧张，说话就缺少分寸了。毛主席晚年的雄心壮志仍然非常之大，想在自己这一生中把本来要几百年才能办到的事情，在几年、几十年之内办到，结果就出了一些乱子。尽管这些乱子给我们党和人民带来了不幸和创伤，但从他的本意来讲，还是想把人民的事情办好，把革命事业推向前进。他为了这个理想操劳了一辈子。毛主席所犯的错误是一个伟大革命家的错误。因此，我们在纠正他所犯的错误，总结经验时，还是应该抱着爱护、尊敬的心情来谅解他老人家。有些同志对毛主席说了许多极端的话。有的人甚至把他说得一无是处。我认为这是不对的，这样做不但根本违反事实，而且对我们的党和人民都非常不利。有些同志，特别是那些受打击、迫害的同志有些愤激情绪是可以理解的。大家知道，在毛主席晚年，我也吃了些苦头。但我觉得，对于这样关系重大的问题，决不能感情用事、意气用事。我们只能从整个党和国家的根本利益、从10亿人民的根本利益出发，从怎样做才有利于我们的子孙后代、有利于社会主义革命事业出发来考虑问题。多少年来，举世公认毛主席是我们党和国家的领袖，是中国革命的象征，这是合乎实际的。丑化、歪曲毛主席，只能丑化、歪曲我们的党，丑化、歪曲我们的社会主义祖国。那样做，会危害党和国家的根本利益，危害10亿人民的根本利益。现在国内外的敌对力量都希望我们彻底否定毛主席，以便把我国人民的思想搞乱，把我们国家引向资本主义。我国人民内部也有些人受了西方个人主义、自由主义思想的影响，和那些人唱同样的调子，这是很值得警惕的。

毛主席逝世了，给我们留下了宝贵的财富，也留下了些消极因素。他的消极因素是暂时起作用的东西，经过我们的工作是可以克服的，而且我们正在很有成效地加以克服。

但是他留下的最宝贵的财富即毛泽东思想，却将长期指导我们的行动。现在有一些人要丢掉毛泽东思想这面旗帜，甚至把毛主席正确的思想、言论也拿来批判。我认为这样做是要把中国引上危险的道路，是要吃亏的，是会碰得头破血流的。

比方说，现在有人在批判毛主席的《在延安文艺座谈会上的讲话》。这篇讲话的根本思想是提出文艺要为工农兵服务，要起到团结人民、教育人民的作用，这与我们现在讲的文艺为人民服务、为社会主义服务在实质上是一个意思。怎么能把这两个提法对立起来呢？离开了工农兵还谈得上什么人民呢？文艺不起团结人民、教育人民的作用，又怎么为社会主义服务呢？文艺界这几年出现了一大批好作品，对革命事业起了很好的作用。但也确有少数人打着“思想解放”的幌子，否定毛主席提出的文艺方针。这些人不愿为占我国人口百分之八十的农民服务，不愿为广大的工人服务，也不为勤勉工作的广大知识分子服务，不为四化服务，而对中国香港地区、日本、美国的一些不大高明甚至趣味低级的货色倾心向往。我国正处于艰难地开创新路、建设四化的阶段，国家对外开放，向人民介绍外国，学人家的长处，应多介绍这些国家创业时期人民艰苦斗争的情况，多介绍世界上科学家献身事业、造福人类的事迹和精神。要注意现在有些青年人有一种只追求西方的生活方式和物质享受，甚至迷恋一些连资本主义国家人民也认为腐朽无聊的东西的倾向。文艺创作和外国文艺作品的介绍拿什么样的精神食粮给中国人民？拿什么来培养我们的青年和少年？这是我们必须认真考虑的。

我们要设想一下，如果丢掉毛泽东思想，拿什么东西来代替呢？毛泽东思想不是偶然发生的，它是几亿人民的几十年革命斗争中的产物。在我们中国的历史上，占统治地位长达千年之久的是孔夫子的思想。这个思想经过我国民主革命后60多年时间，现在已经起不了多少作用了。另一种思想就是孙中山先生的思想。孙中山是一个伟大的民主革命先行者，他提出的三民主义，对中国民主革命起过积极的作用。很多老一代的人包括我本人在内，在青年时代都信仰过三民主义。

但是，同马列主义、毛泽东思想相比，那是不能同日而语的，当代中国的历史证明，只有马列主义、毛泽东思想才能救中国。我们中国共产党人，从建党起就是用马列主义的旗帜来号召、团结、组织中国人民起来斗争的。毛主席根据马列主义的基本原理领导并总结了中国革命的实践，写了一系列的著作，在中国革命的斗争中形成了毛泽东思想，成为我们中国共产党人和全国人民的精神武器。毛泽东思想是我们千百万共产党员和亿万革命群众用血汗凝成的宝贵的财富，我们都感到她对于我们更亲切、更行之有效。我们这样大的一个党，这样一个10亿人口的大国，总要有个思想武器作指导。有些人要丢掉我们自己的宝贵财富，难道要请孔夫子、请三民主义回来？那是过去的历史已经证实过了时和行不通的！如果既不请孔夫子又不请三民主义，那是不是要把西方资本主义的那一套搞来呢？我看是绝对不行的！我完全不是一个闭关主义者，我们要学习外国先进的东西。比如科学技术、企业管理的科学方法等等。但是在社会科学方面，我们就绝不能搬资本主义的那一套。资产阶级的意识形态是为资本主义私有制服务的，不可能为我们社会主义公有制服务。现在有些人就是崇拜资本主义那一套。西方国家的生活水平是比我们高，但资本主义已经搞了几百年了，而我们才搞了30年的社会主义。如果我们少犯些错误，情况还会好得多。不要把西方都讲得那么漂亮，那里黑暗的东西多得很，据美国报刊报道，美国黑手党的“生产”，1979年收入为1500亿美元，纯利润就有500亿美元，仅次于石油企业的产值。那是些什么玩意呢？就是搞各种毒品，搞赌博、卖淫那些乌七八糟的东西。如果我们的国家也搞成这个样子，怎么得了呢？难道这就叫文明，就叫幸福？丢掉毛泽东思想，造成党和人民的思想混乱，我们的社会主义国家就可能变质，子孙后代就会受罪。不能不看到这个危险！

有的同志主张，只提马列主义就行了。持这种意见的同志忽略了这样一个事实，即毛泽东思想是马列主义的基本原理同中国革命的具体实践相结合的产物；是在中国革命实践中发展了的马列主义，有中国的特点，有自己独特的内容。我们中国共产党人曾经在马列主义、毛泽东思想的旗帜下为人民做出过伟大的贡献，锻炼出我们党自己的风格。

今天，我们要团结人民战胜困难、聚精会神、同心同德地搞四化，还要靠毛泽东思想。比如，要纠正党内不正之风，就要靠毛主席长期倡导的理论联系实际、密切联系群众、批评和自我批评以及艰苦奋斗等一系列优良传统作风。不能因为我们今天执政，当了“官”，就丢掉这个宝贵的传统，贪图享受，吃喝玩乐，看一些乌七八糟的电影，这不是生活小事。这样的歪风邪气不制止，我们就会脱离群众，就会腐败下去！

毛泽东思想的基本原理，是我们党和国家的指导思想，这是写在我们党章和《关于党内政治生活的若干准则》上的，是中央一再申明的重大原则。否定和诋毁毛泽东思想的行为，是违反党章党纪的行为。我们这些老共产党员，一切真正为人民的事业而奋斗的共产党员，要同诋毁毛泽东思想、丑化毛泽东形象的现象做斗争，以维护党和人民的根本利益。

现在全世界很多国家存在着“信仰危机”。很多青年人都感到思想没有出路，没有精神依托。我们中国共产党人在长期的斗争中树立了自己崇高的理想和信仰，并以此团结教育了广大人民群众，我们不能毁掉自己的信仰。当然，我不是说毛主席的每一句话都正确，他的某些话是讲错了或是过时了，但毛泽东思想的精髓和基本原则却将永远是我们中国共产党人和革命人民的精神武器，指导我们不断将革命推向前进。毛泽东思想作为一个科学体系，有一个不断丰富和发展的过程。我们不应苛求前人，只能通过我们后人的斗争实践弥补前人的不足，不断丰富和发展毛泽东思想，在这面光辉的旗帜上写下新的篇章。

（这是黄克诚同志在中央纪委召开的第三次贯彻《关于党内政治生活的若干准则》座谈会上讲话的第一部分，原载《解放军报》1981 年 4 月 10 日，《人民日报》10 月 11 日）

◇李维汉是如何忆评毛泽东的？

1980 年 4 月，84 岁高龄的李维汉和易礼容等同志一道，经武汉、广州回到离别已久的湖南家乡，于 4 月 15 日上午和 4 月 18 日上午，在长沙蓉园宾馆出席了湖南省会党内外负责同志和党史工作者座谈会。他联系自己的亲身经历和感受讲述了评价毛泽东的问题。

他说："怎样评价毛主席，林彪、'四人帮'把他完全搞神化了。要早请示、晚汇报，吃饭时要背几句毛主席语录。我们关在牛棚的时候，到审讯的地方，要向毛主席像鞠躬认罪，完全把毛主席变成神了。他们的目的就是要利用毛主席的这面旗帜来诋毁毛主席，否定毛泽东思想，从根本上彻底推翻毛泽东思想。"

他又说："民主革命阶段的经验已经过时了吗？民主革命阶段的经验表现在哪里呢？还不是《毛选》四卷。《毛选》四卷里面确有些个别问题的结论是过时了的。在当时历史条件下是正确的，换一个历史条件就是过时了。马克思列宁主义的文献中都有这个问题。但是，整个民主革命阶段基本的经验，基本的总结、结论，那并没有过时啊！你说《实践论》过时了吗？《矛盾论》过时了吗？是谁把民主革命阶段的经验集中地总结出来的呢？主要是毛泽东。"

"林彪、'四人帮'搞了 10 年，以后又是什么'凡是派'。可能给我们搞历史工作的同志一点影响，那是难免的。搞个人迷信，造神，也有我一份。我不是'四人帮'，也不是'凡是派'。我过去反对过毛主席（不是在湖南问题上）。遵义会议以后，看到毛主席正确，把革命从一个胜利引向另一个胜利，就有点相信到了迷信的程度。我说如果这是个人迷信，是什么造神的话，那就有我在内。那时，什么事情总想听毛主席一句话来解决问题。

领袖的作用是重要的，出一个领袖很不容易。党需要领袖，人民需要领袖。要重视这个领袖，尊重这个领袖。”

“1975年，毛主席生日的那天，我写了一封信给他，向他认错，并写了这样一句话：‘如果没有你，中国革命的道路可能至今还在摸索中。’这是一句真心话，也是历史事实。把这条道路同毛泽东的名字联系起来，是公正无疑的。同时，他是一个代表，八七会议后，他坚决要求在农村搞秋收暴动，最后在井冈山树起了第一面红旗。当然，这条道路是他在实践中逐渐形成的，并且是在同‘城市武装暴动’等错误斗争的过程中逐步形成的，至遵义会议推翻了王明的极‘左’路线，这条道路才最终在全党确立下来。”

“毛泽东是我们中国最伟大的马克思主义者。中央说毛泽东思想的旗帜是绝对不能倒的，事实上也是反不倒的。我跟随毛主席六十几年，从我们党的初期数起，谁最伟大呢？还是他。但是，对他也要实事求是，不要绝对化。毛主席在晚年，在‘文化大革命’中，是犯了错误的。林彪、‘四人帮’搞了一个绝对化，走到一个极端，把毛主席神化。‘四人帮’垮台后，有相当长一段时间，又出现一个绝对化，走到另一个极端，仿佛错误都是毛主席的。这是不公正的，也是不符合事实的。”

研究历史当然要“两面讲”，却也要讲“基本面”。我们读历史、看问题，尤其不能用今天的走极端来作为对于过去走极端的“惩罚”，这只能使我们在两端上跳来跳去。

比如说过去的历史研究，有过一些不够真实甚至“左”的东西，这是必须纠正的，但也要防止走向另一个“极端”。例如过去只讲“摘桃子”，无视国民党军队的抗战，近年来又只讲“正面战场”，全然不讲中国共产党在全面抗战中的核心作用，甚至编造毛泽东在延安提出过所谓“一分抗战、九分发展”的“战略方针”。

又比如“细节”与“本质”。细节是重要的，但细节不能任其“孤证”，细节更必须真实。我们不能为了将一个张灵甫捧到天上，就只讲他的“柔情似水”，不讲他的枪杀其妻，不讲他将抗日的共产党将领砸棺鞭尸。同样地，不能为了给张国焘这样的叛徒“正名”，而编造借祭黄陵仓皇叛逃是什么人“所逼”的“细节”，甚至将王明、张国焘落寞后讲的“故事”，当成是信史来笃信不疑。

再比如“局部”与“全面”。例如一个马步芳，只说他兴办教育、禁止毒品、绿化过环境，“简直成了圣人”，而对于他罕见的荒淫无度，“除生我、我生者外无不奸”，尤其是活埋弹尽粮绝的西路军6000人，还用军毯包裹红军尸体飞运南京领赏，却一字不提了。至于只讲一本民国的教材多么精彩，而不讲那时中国的文盲率高达85%，就更是一叶障目了吧！可见，研究历史要调节好角度，掌握正确的方法，不要从一个极端走向另一个极端。

（参见江涌主编：《真相：毛泽东的风雨人生》，中国文史出版社2013年版）

（参见凌河：《不要从一个极端走向另一个极端》，《解放日报》2014年6月25日）

◇李方祥驳有关毛泽东历史地位上的几种偏激观点

李方祥在《中华魂》2013年6月发表的《十八大报告科学评价毛泽东历史地位的方法论启示》中，就如何评价毛泽东历史地位的几种偏激观点，阐述了他的唯物历史观。

维护毛泽东同志的历史地位和毛泽东思想的指导地位，是改革开放以来党中央一以贯之的坚定立场。党的十八大报告从党90多年历史的宏大视野，对毛泽东的伟大功绩和历史地位做了一段沉甸甸的论述：“以毛泽东同志为核心的党的第一代中央领导集体带领全党全国各族人民完成了新民主主义革命，进行了社会主义改造，确立了社会主义基本制度，成功实现了中国历史上最深刻最伟大的社会变革，为当代中国一切发展进步奠定了根本政治前提和制度基础。在探索过程中，虽然经历了严重曲折，但党在社会主义建设中取得的独创性理论成果和巨大成就，为新的历史时期开创中国特色社会主义提供了宝贵经验、理论准备、物质基础。”（胡锦涛：《坚定不移沿着中国特色社会主义道路前进　为全面建成小康社会而奋斗》，《光明日报》2012年11月18日）党的十八大从中国特色社会主义来龙去脉的角度，评价了毛泽东的伟大贡献和历史地位，无疑是一个崭新的角度，对于我们正确评价毛泽东提供了历史观和方法论方面的有益启发。

一、必须从中国共产党整个历史而不能只从某个历史片断来评价毛泽东的历史地位

对历史人物的一生作出整体评价，不同于评价历史人物的某一次重大实

践活动或他的某一方面，必须从整体上考察他一生所从事的重大历史活动，才能得出恰如其分的评价。革命导师列宁指出："辩证法要求从发展中去全面研究某个社会现象。"（《列宁选集》第 2 卷，人民出版社 1995 年版，第 465 页）评价毛泽东这样一位在中国近现代史、中共党史上举足轻重的历史人物，必须坚持全面的、整体的原则，从党的整个历史发展、从毛泽东的一生来看他起到了怎样的历史作用，对后世产生怎样的影响。如果只抓住他一生中的某个历史时期或某个历史事件就轻率地做出评价，这样的结论显然是片面的。

首先，毛泽东的一生功过分量是不同的，绝不可等量齐观，必须分清功绩和错误究竟何者为第一位的问题。

胡锦涛在纪念毛泽东同志诞辰 110 周年座谈会上的讲话中，既高度概括了毛泽东的三件"最突出最伟大的贡献"，又高度评价了他对中华民族和中国人民所产生的深远意义。他指出："毛泽东同志毕生最突出最伟大的贡献，就是领导我们党和人民找到了新民主主义革命的正确道路，完成了反帝反封建的任务，建立了中华人民共和国，确立了社会主义基本制度，并从中国实际出发探索社会主义建设的道路，为古老的中国赶上时代发展潮流、阔步走向繁荣昌盛创造了根本前提，奠定了坚实的理论和实践基础。"（《十六大以来重要文献选编》上，中央文献出版社 2005 年版，第 639 页）从整个党的历史来看，毛泽东做的这三件事都是古往今来了不起的大事，一个人只要能够完成一件就足以名垂青史，更何况毛泽东都作出了卓越的贡献。

新中国成立后，毛泽东虽然犯了"大跃进"和"文化大革命"的错误，尤其是"文化大革命"这一全局性的、长时间的"左"倾严重错误，使党、国家和人民遭到"建国以来最严重的挫折和损失"，但是正如历史决议所指出，这十年毕竟"党、人民政权、人民军队和整个社会的性质都没有改变"（中共中央文献研究室编：《三中全会以来重要文献选编》下，人民出版社 1982 年版，第 764 页），取得了旧中国所不可能取得的巨大成就。党的十一届三中全会以来，我们党全面认真地纠正了"文化大革命"及其以前"左"倾错误。而这一切，又都是在毛泽东留给我们的最宝贵的精神财富——毛泽东思想的正确指导下所取得的。毛泽东思想是以毛泽东为代表的中国共产党第一代领导集体留下的最宝贵的思想财富，值得后人永远珍重。邓小平在指导起草历史决议的前前后后，多次强调要坚持和发展毛泽东思想，永远高举毛泽东思想的伟大旗帜。特别值得提及的是，党的十一届三中全会后，党和国家在修改党章和1982年宪法草案时，邓小平多次强调要把毛泽东思想写进党章、写入宪法。1980年2月5日，邓小平同胡耀邦、胡乔木、邓力群谈《中国共产党章程（修改草案）》的意见，当胡耀邦汇报到总纲中没有提毛泽东的名字时，邓小平坚持必须写上毛泽东和毛泽东思想。他强调指出："这个问题是总纲中最大的问题。作为一种科学的语言，马克思主义是可以包括列宁主义和毛泽东思想的，但如果我们的党章中只提马克思主义，不提列宁主义和毛泽东思想，国际上就会有人说我们党的性质变了，国内就牵涉到一个毛泽东思想的问题。所以，要写上中国共产党以马克思列宁主义、毛泽东思想的科学理论作为自己的行动指南。"（中共中央文献研究室编：《邓小平年谱（1975—1997）》上，中央文献出版社2004年版，第600页）1981年12月26日，他在同胡乔木谈修改《中华人民共和国宪法》问题时，强调指出："宪法序言里要提马列主义、毛泽东思想。"（中共中央文献研究室编：《邓小平年谱（1975—1997）》下，中央文献出版社2004年版，第793页）《党章》和《宪法》写不写入毛泽东和毛泽东思想，这不完全是一个文字表述问题，而是涉及党的指导思想、党和国家选择什么道路的重大政治问题。作为毛泽东思想最主要的创立者毛泽东同志，应当永远值得中国人民尊重、爱戴和自豪。

其次，对毛泽东晚年错误的批评必须恰如其分，这首先是一个政治立场和政治态度问题。

近年来党中央强调要讲政治，要讲政治立场、政治态度，能否科学评价毛泽东特别是能否正确对待毛泽东晚年的错误，是辨别一个人持什么样的政治立场、政治态度的试金石。国内外敌对势力的"西化""分化"图谋，往往就是以毛泽东的评价问题作为突破口。邓小平多次强调，"对毛泽东同志晚年错误的批评不能过分，不能出格"，否则"会造成思想混乱，导致政治的不稳定"（《邓小平文选》第3卷，人民出版社1993年版，第284页）。近年有个别人不断地渲染、夸大党史上的一些失误，使人形成一种错觉，似乎毛泽东在中华人民共和国成立后都在不断地犯错误直至"文化大革命"的严重错误，比如说"夺取政权后的毛泽东则犯有严重错误，是一个不好的毛泽东"这种观点就很有代表性。其实这是不符合历史事实的。

从新中国成立到1957年上半年的这一段历史，在毛泽东的领导下，我们恢复了国民经济，进行土地改革、镇压反革命、抗美援朝、三大改造，召开了党的八大并开始独立探索中国社会主义建设道路，等等。毛泽东在这个阶段提出的一系列重要思想和重大决策，总体上是正确的。邓小平曾经多次明确肯定了这一段的历史，他指出，“建国后的头八年，也就是从1949年到1957年上半年，我们的发展是健康的，政策是恰当的”（《邓小平文选》第3卷，人民出版社1993年版，第253页），“我们搞得不错”（《邓小平文选》第3卷，人民出版社1993年版，第269页）。对于这一段历史以及邓小平的这一论断，党史学界和社会上大多数人是没有什么分歧。问题在于1957年反右派斗争，这是一个重要的转折点，邓小平曾有一个说法，他说：“总体来说，1957年以前，毛泽东同志的领导是正确的，1957年反右派斗争以后，错误就越来越多了。”（《邓小平文选》第2卷，人民出版社1994年版，第294—295页）如何理解邓小平这个判断呢？事实上，在反右派斗争以后，在毛泽东的思想中，“左”的错误的确开始出现，并一直到“文化大革命”之前。但是这个时期，尽管开始出现“左”的错误，但是并没有起支配作用，并没有发展成为全局性的错误。毛泽东总体上还是比较清醒的，对于“大跃进”和人民公社化运动，他曾多次带头纠“左”。邓小平在同历史决议起草小组负责人谈话时指出：“‘文化大革命’前的10年，应当肯定，总的是好的，基本上是在健康的道路上发展的。这中间有过曲折，犯过错误，但成绩是主要的。”（《邓小平文选》第2卷，人民出版社1994年版，第302页）从理论上说，毛泽东不断总结了中国社会主义建设的历史经验和教训，发表了《论十大关系》《关于正确处理人民内部矛盾的问题》等重要著作，提出了一系列关于社会主义建设的富有创见的理论观点，其中有些虽然是零碎的、不系统的，甚至是思想火花，但都是极为宝贵的。在实践上，这10年的经济、政治、文化等各方面也都取得了新的进展。

即使是“文化大革命”的10年，毛泽东固然需要负主要责任，但是也不能把这10年的毛泽东妖魔化。1987年10月，邓小平在同匈牙利客人谈党史时就明确指出：“‘文化大革命’是一个大灾难，但这期间并不是一点好事都没做，比如那时中国加入了联合国，同日本建交，改善了同美国的关系。”（中共中央文献研究室编：《邓小平年谱（1975—1997）》下，中央文献出版社2004年版，第1210页）诚如邓小平所说，新中国成立后，在毛泽东的领导下，中国政府经过艰苦斗争，挫败了美国的重重阻挠，终于在

1971年召开的第26届联大恢复了中华人民共和国在联合国合法席位，并接纳为安理会常任理事国。这一斗争胜利对中国在国际上的影响，我们今天无论怎样估量都不过分。不仅如此，毛泽东在晚年还制定了关于划分三个世界的战略，同美国、日本建立正常的外交关系的决策，邓小平在改革开放后称它“是多么英明，多么富有远见”，对于“改善我们的国际环境，提高我国的国际威望，起了不可估量的作用”（《邓小平文选》第2卷，人民出版社1994年版，第160页），“我们能在今天的国际环境中着手进行四个现代化建设，不能不铭记毛泽东同志的功绩”（《邓小平文选》第2卷，人民出版社1994年版，第172页）。此外，毛泽东对如何巩固社会主义政权、防止西方敌对势力“和平演变”做了很深远的战略考虑。历史人物的评价既需要在充分占有史实基础上的具体分析，同时又必须在具体分析基础上的综合评价。在毛泽东逝世之后，一些人借我们党纠正毛泽东晚年错误之机，企图利用毛泽东晚年所犯的错误来否定毛泽东和毛泽东思想。邓小平一针见血地指出：“在他的伟大的一生中的这些错误，怎么能够同他对人民的不朽贡献相比拟呢？”（《邓小平文选》第2卷，人民出版社1994年版，第172页）“拿他的功和过来说，错误毕竟是第二位的”（《邓小平文选》第2卷，人民出版社1994年版，第344页）。邓小平和我们党作出的这个根本结论是科学的、恰如其分的，是经得住历史检验的，因为它是在严谨考量毛泽东一生功过得失的基础上而得出的结论。这是个基本前提，只有毫不动摇地坚持这个结论，才能够进一步深化对毛泽东历史地位的认识，才能保证毛泽东研究不致偏离科学的轨道。

二、必须从党的领导集体来看毛泽东的突出贡献，而不能以其他领导人来贬低毛泽东

党的十一届三中全会重新确立了解放思想、实事求是的思想路线，破除了对毛泽东的个人迷信和个人崇拜。然而，也有一部分人从反对对毛泽东的神化，走向了贬低、否定毛泽东的突出作用和历史地位，特别是在近年极个别人把毛泽东与其他领导人对立起来，通过不恰当地抬高其他重要领导人来达到贬低、抹杀毛泽东的突出贡献。

例如有一种观点认为“毛泽东军事思想的核心部分其源头是朱德的军事实践”，“毛主席的特长是军队政治工作、思想工作、组织工作、理论工

作，还有政权建设和政府工作”，但却并不熟悉“军旅之事”，而朱德“战略战术兼优，在战争年代，党中央毛主席在军事指挥方面主要倚重于朱老总”，“在红军初创时期，在井冈山和中央苏区时期，在军事上，毛主席主要是向朱老总学习”，“朱老总最早提出抗日持久战”（赵子平：《朱德：不可替代的总司令》，载《炎黄春秋》2009年第7期），等等。就军事而言，在党中央领导集体中，毛泽东与朱德在党内、在军内都是很优秀的，而且是各有特色、各有所长。如果就具体的用兵作战指挥而言，朱德从云南的讲武堂出身，在滇军当过旅长，在德国、苏联现代军校专门接受过正规、系统的学习，因而军事知识、实践经验要比毛泽东丰富。毛泽东的优势在于马列主义的理论水平、语言文字的表达能力，以及对客观事物的理论分析、归纳概括能力，对中国革命的经验尤其是对军事斗争经验的概括和总结方面，具有相对比较突出的优势。这主要表现在中国革命战争中的许多具体经验，经过毛泽东的概括和总结，就上升为指导人民军队军事斗争重要的军事原则，比如著名的“十大军事原则”。这样，经过理论层面的概括，具体的作战经验就提升为反映中国革命战争的战略理论。从认识论角度看，这是一个从感性认识到理性认识的飞跃，这是人们认识不可缺少的一个重要环节，是很有意义的。而在中共党内，毛泽东在这方面的确起到了不可替代的作用，当然这不只是表现在军事理论这个方面，其他方面也都有这个特点。历史决议说毛泽东在党的许多杰出领袖中“居于首要地位”，我想，对中国革命实践的高度理论概括和经验总结，这应当是首先一条。

其次，有些理论观点是党的其他卓越领导人率先或比较早提出的，但经过毛泽东的丰富和发展，使之更加全面、更加系统，从而形成一个完整的理论。上文提到的抗日战争的持久战问题就属于这类。中国抗战的发展趋势将是如何，包括毛泽东、朱德在内，大家都进行了思考和研究。应该说朱德也是比较早提出持久战的领导人之一，前面提到有的人认为是朱德在1937年4月12日在延安中央大礼堂举行的西北青年救国会第一次代表大会开幕式上的讲话中，最早提出抗日持久战。这个看法是值得推敲的，查阅文献可知，至少在1936年7月，毛泽东同美国记者斯诺谈话时就已经提出坚持持久抗战的各项方针。这要比朱德提出持久战大致提前了10个月的时间。当然，朱德提出这个问题也是比较早的，他对中国共产党在对日作战中应当采取怎样的战略战术，也做了比较深入的研究，他在这方面的思想集中体现在

《论抗日游击战争》等重要著作。但是，毛泽东《论持久战》不仅吸收了朱德等其他领导人的观点，而且从战略层面有了更全面更系统的分析和概括。毛泽东不仅提出了抗日战争发展的客观必然性，而且科学地预见了抗日战争发展过程的三个阶段及其各自的特点，并提出了一整套具体的战略方针。用毛泽东自己的话说，这部著作是对抗战十个月经验“做个总结性的解释”（《毛泽东选集》第2卷，人民出版社1991年版，第440页），因此，使大多数关心中国抗战进程和前途的人们感到，这是一部既充满辩证法又具有理论高度的军事著作，在国内外获得很高的赞誉，正如一位外国记者所评论的，“不管他们对于共产党的看法怎样，以及他们所代表的是谁，大部分的中国人现在都承认毛泽东正确地分析了国内和国际的因素，并且无误地描绘了未来的一般轮廓”（中共中央文献研究室编：《毛泽东传（1893—1949）》下，中央文献出版社1996年版，第494页）。《论持久战》与《中国革命战争的战略问题》《抗日游击战争的战略问题》等其他重要的军事著作，共同构成了毛泽东军事思想的核心。需要指出的是，这只是一个具体例子，毛泽东的独特作用还表现在其他许多方面，举这个例子是为了说明毛泽东的丰富发展，不是把现成的结论简单地吸纳、拿来，而是有他自己的独特性创造。

最后，有些理论观点和党的重大方针、决策，是毛泽东在纠正历史上的“左”右倾错误、深刻吸取历史教训的基础上提出来的。

党的历史发展并不是一帆风顺的，而是曲折的，是在不断纠正错误中前进的。包括毛泽东同志在内，在具体的探索中也会犯错误，有时甚至是严重的错误。但是从总体上看，毛泽东同志比党内其他同志高明一等、略胜一筹，并不是他有先知先觉，而是在于他注重调查客观实际，善于反思，善于从错误和失败中总结教训，因此，与党内其他领导同志相比，他往往能够比较早就发现和指出工作中的错误，及时加以纠正和总结，并形成正确的方针、政策和决定，以避免重犯类似的错误。正因为如此，我们党才能够在不断总结经验、修正错误中，从一个胜利走向另一个胜利。在党史上这类现象不胜枚举，这里不妨举一个例子来加以说明。众所周知，在第二次国内革命战争时期，许多根据地发生了类似打AB团等肃反扩大化的错误，郭化若说“毛泽东同志是谨慎的”（《郭化若回忆录》，军事科学出版社1998年版，第92页），但受到整个环境的影响，其对AB团的实际情况的掌握是有限的，对肃反扩大化的认识也是有限的。一旦他发现搞错了，毛泽东就立即予以纠正，所以他也是党内首先吸取教训并加以纠正的人。当他知道陕北“左”倾肃反滥捕滥杀而使根据地陷入危机的紧要关头，毛泽东“果断决定‘刀下留人，停止捕人’”，并派国家保卫局局长王首道和贾拓夫等同志组成工作组前往调查并制止，毛泽东还叮嘱王首道等说：“杀头不能像割韭菜那样，韭菜割了还可以长出来，人头落地就长不拢了。如果我们杀错了人，杀了革命的同志，那就是犯罪的行为。大家要切记这一点，要慎重处理。”（张秀山：《我的八十年——从西北到东北》，中央党史出版社 2007 年版，第 87 页）由于执行了正确的方针，党中央从“左”倾的屠刀下挽救了刘志丹等一大批干部。后来，在延安审干时，毛泽东还提出了“一个不杀，大部不抓”“重证据，不轻信口供”的方针，也正是吸取了土地革命时期各根据地肃反扩大化的历史教训，对王明“左”倾错误路线的危害有了更深刻的认识。对于这段历史，邓小平曾经说过：“开始打 AB 团的时候，毛泽东同志也参加了，只是他比别人觉悟早，很快发现问题，总结经验教训，到延安时候就提出‘一个不杀、大部不抓’。”（《邓小平文选》第 2 卷，人民出版社 1994 年版，第 301 页）

即使是“文化大革命”这样全局性的错误，毛泽东也曾纠正过“文化大革命”中一些具体的错误。比如说他也保护了一批老干部免受“文革”的冲击；解放过一批老干部，使他们重新出来工作；在“文革”后期，对“四人帮”多次提出了尖锐的批评，并且抵制住江青在四届人大的“组阁”阴谋。邓小平被打倒后，“四人帮”一直想置他于死地而后快，但始终未能得逞，其原因何在？我们还是用邓小平本人的原话来说吧。邓小平在“文革”结束后几次提到毛泽东设法保护他不被加害，他说：“我比较安全。有毛主席保护，专门指定人和部队保护我”（中共中央文献研究室编：《邓小平年谱（1975—1997）》上，中央文献出版社 2004 年版，第 197 页）；“就我个人来说，对个人安全是放心的。‘四人帮’非要打倒我不可，打倒还不算，还要把我整死。我的职务是撤掉了，但毛主席还保留了我的党籍。毛主席指定专人、专门的部队保护我的安全，并明确交代别人不准插手干预，也就是不准‘四人帮’干预”（中共中央文献研究室编：《邓小平年谱（1975—1997）》上，中央文献出版社 2004 年版，第 201 页）。

在整个新民主主义革命时期、社会主义革命和建设初期，毛泽东是比较注意听取党内外的不同意见和建议，并择善而从之的，他提出的一些重要理论观点以及他作出的一些重大决策，往往是在听取、吸收他人正确的意见并加以总结的结果。也正是由于如此，毛泽东往往代表中国革命的正确方向。周恩来在《学习毛泽东》中指出："中国的革命自从他参加领导以后，方向就一天天地端正起来。毛主席在中国革命的四个阶段都是正确的，都是代表中国人民的正确方向的……在中国革命 30 年中的许多历史关键时刻，他的方向都是正确的。"（《周恩来选集》上卷，人民出版社 1980 年版，第 334—335 页）

我们在总结中国共产党的历史经验时，应当既要看到党的集体作用，同时又要看到毛泽东的个人作用；既要强调毛泽东思想是中国共产党集体智慧的结晶，党的许多卓越领导人对它的形成和发展都作出了重要贡献，同时又必须指出在创造和总结这个理论的过程中，毛泽东发挥了独特的作用，毛泽东是主要代表，他的科学著作，是对党的经验的集中概括。这正如陈云所指出："毛泽东同志的一整套理论和政策"，"对中国革命的胜利起了决定性的作用"（《陈云文选》第 3 卷，人民出版社 1995 年版，第 285 页），"我们党里头没有第二个人写出这样好的著作"（《陈云文选》第 3 卷，人民出版社 1995 年版，第 284 页）。

30 多年前，邓小平曾经语重心长地提醒全党同志："我们任何时候都不能损害毛泽东同志在整个中国革命史上的光辉形象，不能动摇高举毛泽东思想旗帜的原则。我们要有这个觉悟，要有这个认识。"（《邓小平文选》第 2 卷，人民出版社 1994 年版，第 279 页）30 多年过去了，国际形势风云变幻，我们越来越深切地感受到邓小平在正确评价毛泽东这个问题上所表现出来的一位伟大马克思主义者的深谋远虑和远见卓识。我们今天在深入学习党的十八大精神之际，邓小平这些语重心长的话非常值得重视。

（参见李方祥：《十八大报告科学评价毛泽东历史地位的方法论启示——兼评近期几种偏激观点》，载《中华魂》2013 年 6 月上）

◇6 位外国人是如何评价毛泽东的？

接触过毛泽东的人，不论是中国人还是外国人，都会被他的丰富学识、伟岸人格和惊人的洞察力、思辨力所折服。通过 6 位外国人的回忆资料，可以充分展现出毛泽东这位世纪伟人，在外国人心目中的崇高地位和生动形象。

斯诺：

美国作家和记者埃德加·斯诺是第一个在红色区域（陕甘宁边区）进行采访的西方记者。1936年7月11日，他抵达保安会见了毛泽东。

斯诺记录了毛泽东给他留下的印象："面容瘦削，看上去很像林肯的人物，个子高出一般的中国人，背有些驼，一头浓密的黑发留得很长，双眼炯炯有神，鼻梁很高，颧骨突出。"他觉得在毛泽东身上有一种"实实在在的根本活力"，在"这个人身上不论有什么异乎寻常的地方，都是产生于他对中国人民大众，特别是农民——这些占中国人口绝大多数的贫穷、饥饿、受剥削、不识字，但又宽厚大度、勇敢无畏、如今还敢于造反的人们——的迫切要求作了综合和表达，达到了不可思议的程度"。斯诺形容毛泽东"是一个令人极感兴趣而复杂的人"，"有着中国农民的质朴纯真的性格，颇有幽默感，喜欢憨笑"，"说话平易，生活简朴，有些人可能以为他有点粗俗"。

在保安的采访活动中，斯诺知道毛泽东还是"一个精通中国旧学的有成就的学者，他博览群书，对哲学和历史有深入的研究，他有演讲和写作的才能，记忆力异乎常人，专心致志的能力不同寻常，个人习惯和外表落拓不羁，但是对于工作却事无巨细都一丝不苟，他精力过人，不知疲倦，是一个颇有天才的军事和政治战略家"。

16日夜，斯诺就中国共产党的抗日民族统一战线的政策等问题同毛泽东进行长谈。后来的许多夜晚，毛泽东回答了关于他个人生活经历和中国红军的历史。10月中旬，斯诺离开保安经西安返回北平。

1937年10月，斯诺的《红星照耀中国》一书，由伦敦戈兰茨公司出版发行。1938年2月中译本改名《西行漫记》，在上海用复社名义出版发行。

斯特朗：

1946年8月6日，在雨后初晴的延安杨家岭，毛泽东接受了美国记者斯特朗的采访。为了表示礼貌，毛泽东特意穿了件稍好的蓝布衣服。他们坐在窑洞前苹果树下的一张石桌周围，娓娓而谈。

毛泽东先向斯特朗询问了许多美国国内的情况，然后同她就国际国内形势作了重要讲话，其中心点就是"一切反动派都是纸老虎"。毛泽东通过列举俄国沙皇、德国希特勒、意大利墨索里尼和日本帝国主义的例子，说明“一切反动派都是纸老虎。看起来，反动派的样子是可怕的，但是实际上并没有什么了不起的力量。从长远的观点看问题，真正强大的力量不是属于反动派，而是属于人民”。斯特朗问到如何看待美国使用原子弹时，毛泽东回答：“原子弹是美国反动派用来吓人的一只纸老虎，看样子可怕，实际上并不可怕。”

“当然，原子弹是一种大规模屠杀的武器，但是决定战争胜败的是人民，而不是一两件新式武器。”最后谈到蒋介石发动的这场大规模内战的前景，毛泽东充满信心地说：“拿中国的情形来说，我们所依靠的不过是小米加步枪，但历史最后将证明，这小米加步枪比蒋介石的飞机加坦克还要强些。虽然在中国人民面前还存在着许多困难，中国人民在美国帝国主义和中国反动派的联合进攻之下，将要受到长时间的苦难，但是这些反动派总有一天要失败，我们总有一天要胜利。这原因不是别的，就在于反动派代表反动，而我们代表进步。”

毛泽东关于“一切反动派都是纸老虎”的论断一经提出，立刻传遍国内外，深入人心，产生了人们意想不到的巨大力量，从理论上武装了中国共产党人和中国人民，使他们极大地增强了同帝国主义支持的国民党反动派作斗争的勇气和信心。

1960 年，斯特朗在《一个现时代的伟大真理》一文中，回忆起这次谈话说：“毛主席是 14 年前在延安时说帝国主义和一切反动派都是纸老虎的。现在这已成为有历史意义的历史名言了。”“毛主席的一针见血的语句，渊博的知识，敏锐的分析和诗人的想象力，使他的谈话成为我一生中听到的最有启发性的谈话。”

基辛格：

1970 年 10 月 1 日，中国举行例行的国庆活动。在天安门城楼上，斯诺夫妇分别站在毛泽东身旁，和毛泽东共同观看广场上人潮涌动的游行队伍，新闻记者立即拍下了毛泽东和斯诺夫妇在一起的照片。《人民日报》在第一版头条位置发表了这张照片。可是，如此重要的信息却被尼克松和基辛格忽略了。基辛格在回忆录里感叹道：

他们传过来的信息是那么拐弯抹角，以致我们这些粗心大意的西方人完全不了解其中的真意。10 月 1 日，中国国庆节那天，周恩来把美国作家埃德加·斯诺和他的妻子领到天安门城楼上站在毛旁边检阅一年一度的国庆节游行，而且照了相。这是史无前例的。没有哪一个美国人享受过那么大的荣誉。这位高深莫测的主席是想传达点什么。斯诺自己后来谈论这一事件时指出“凡是中国领导人公开做的事情都是有目的的”。事情过后我才终于理解到，毛是想以此为象征，表示现在他亲自掌握对美关系。

但是，这在当时真是一种远见卓识。我们在关键时刻理解不到他的真意。

毛泽东或许知道西方人的粗心大意，12 月 18 日，又将斯诺请到中南海，两人长谈 5 个小时，毛泽东让斯诺公开传递这样的信息：我欢迎尼克松上台，欢迎尼克松来中国。至此，基辛格才体会到毛泽东为中美关系进展，可谓是煞费苦心，寓意深刻。于是，1971 年 7 月 9 日，他以极为秘密的方式，悄然访华。1972 年 2 月 21 日，尼克松正式访问中国。

谢伟思：

1944 年 7 月 22 日，谢伟思与美军观察组第一批成员共 9 人飞赴延安。7 月 26 日晚，八路军总部为观察组举办宴会，谢伟思就坐在毛泽东身边。席间，两人很自然地交谈起来。毛泽东对谢伟思参加观察组表示高兴，说他从周恩来和董必武那里得知谢伟思是中共驻重庆代表团的朋友。

8 月 23 日，在谢伟思对延安的情况有了初步认识后，毛泽东邀他正式谈话。话题围绕如何避免国共之间的内战展开，内容十分广泛，不仅说到国共关系、中共与美国的关系，而且还谈到了战后中国的经济建设。

对于美国与中共的关系，毛泽东说，我们以前不会提出美国承认中共的问题，时机还不成熟。我们现在只是要求，美国政策要努力引导国民党改革自己。如果取得成功，就不会有内战的威胁。但是如果国民党不实行改造，那时就必须提出美国对共产党的政策这个问题……美国把武器给予一切抗日部队，包括共产党的军队在内，这样做不是干涉；美国只把武器给予国民党，其后果将会是干涉，因为它将使国民党能够继续反对中国人民的意愿。

当谈到双方的合作时，毛泽东指出：美国会发现我们比国民党更易于合作。我们不怕民主的美国影响——我们愿意欢迎它。我们关心的是在建设和生产性的方针指导下，使国家得到最快的发展。美国无须害怕我们不愿意合作，我们必须合作，我们需要得到美国援助。

谢伟思明白谈话的重要性，他详细记录了谈话的内容，并于 8 月 27 日发出有关这次谈话的报告，华盛顿在两个月后收到报告。正如戴维斯所说："这次谈话……较诸罗斯福以及华莱士和蒋介石的所有谈话都具有更重大的意义。"但是，"毛泽东为了和美国达成一项可行性安排而作出的非同小可的提议，被美国政府忽视了。于是，中美关系中富有历史意义的瞬间就这样未受注意而被忽略过去了"。直到1969年中美两国为关系正常化开始秘密接触的时候，谢伟思关于毛泽东谈话的报告才首次被公开发表。

蒙哥马利：

1960年5月27日，英国名将蒙哥马利首次访问中国，见到了毛泽东。两人进行了很友善的交谈。

1961年9月6日，蒙哥马利第二次飞抵北京。第二天，陈毅副总理在人民大会堂为蒙哥马利再次访华举行欢迎宴会。蒙哥马利在这次宴会的讲话中，特别提出了缓和国际紧张局势的"三大基本原则"：第一，大家都承认只有一个中国；第二，大家都承认有两个德国——东德和西德；第三，一切武装部队都撤退到他们自己的国土上去。他还强调说："我说的中国是指政府设在北京的人民共和国，而不是从来没有资格代表中国的台湾那一套机构。"第二天，新华社就刊登了蒙哥马利的这段讲话。同一天，《人民日报》也全文刊载了这篇讲话。

9月8日下午，周恩来对熊向晖说，蒙哥马利的讲话很好，他很有政治头脑，提出的"三大基本原则"抓住了国际局势的关键。同时，周恩来还要求熊向晖以外交部办公厅副主任的名义参加陪同，结合实地参观访问，并对蒙哥马利做些工作，帮助他从本质上认识中国的内外政策，进一步了解英国上层人物对国际局势的观点和对中国的看法。从9月9日开始，蒙哥马利对包头、太原、延安、西安、三门峡、洛阳、郑州、武汉进行了参观访问。在此之前，这些中国内陆城市不曾向西方政要开放过。

蒙哥马利在访问过程中，特别注意到了这样一个现象：所有接受访问的人，一开口总会有一句非常普遍的口头禅——"毛主席说……"有一次，蒙哥马利在郑州宾馆里，忽然向服务员提出一个看似莫名其妙的问题，他说："在当今中国的领导人当中，你最拥护谁？最听谁的指挥？"几名服务员不约而同地回答道："毛主席！"蒙哥马利在天津杨村参观某步兵师的新兵打靶时，向战士提出了同样的问题，得到的回答同样是"毛主席！"由此，蒙哥马利认为：在这个国家里，威望最高、能指挥所有人的人只有毛泽东。

施密特：

2006 年，值毛泽东去世 30 周年之际，“德国之声”的记者访问了德国前总理施密特。他是唯一与毛泽东见过面的德国总理。

德国之声：您于 1975 年访问中国，并曾与毛泽东长谈。请问，他给您留下了怎样的印象？

施密特：毛泽东见我时的第一句话就是，您是康德学派的人，而我则是一位马克思主义者。我们谈了 3 个小时。当时他周围有 3 位女性，她们都是英语翻译。毛泽东讲中文，翻译把他的话译成英语，有时她们也不明白他的意思，就彼此商量，有时她们会把他的话写在纸条上，问您说的是这个意思吗？毛泽东点头或亲自修改纸条上的文字。

德国之声：毛泽东去世已 30 年，中国和世界都发生了很大变化。以今天的眼光，您如何评价毛泽东的历史地位，如何看待他对中国及西方甚至世界的影响？

施密特：在驱除日本侵略者、解放中国方面，他的确功不可没。说到他当年的对外关系，有一点值得称赞，那就是他没有发动战争。毛泽东曾认为，苏联和中国之间会爆发战争。但他没有挑起这场战争，战争也没爆发。在朝鲜战争期间，他的态度一直比较审慎，直到美军北上直逼中国边境，他才决定出手。在外交政策上，他的立场令人惊讶的非常克制和温和，包括对中国台湾地区。

（参见《党史博览》《人民日报》《世纪风采》《环球时报》、人民网等综合稿《书刊报》2013 年 12 月 23 日）

◇海外学者是如何看待毛泽东的？

研究毛泽东的美国知名学者施拉姆说过：“20 世纪的重要人物几乎没有谁像毛泽东那样受到极不相同的各种各样的评价。”在毛泽东诞辰 120 周年到来之际，一股“毛泽东热”在中国涌动，舆论场上对毛泽东的议论也一下子被放大，各种交织的声音仿佛是对施拉姆这句评论的注解。几十年来，海外研究毛泽东及其思想的著作可以说是汗牛充栋，各类观点层出不穷，虽有学者认为他的一生过于复杂，无法一言以蔽之，但主流学者多认为他是值得尊敬的伟大人物。施拉姆曾在一场“毛泽东再认识”的研讨会上总结说，“毛泽东虽然在掌权之后犯过严重错误甚至‘可怕之罪’，但他仍不愧为一位伟大的革命领袖”。在国内一片嘈杂声中，或许国外知名学者的观点可以成为一面镜子。

“虽有过错，仍值得尊敬”

中国社科院副院长李慎明2013年12月26日对《环球时报》记者说，“毛泽东改变了一个极其落后的中国的面貌，国际知名政治家和学者对毛泽东的成就是肯定的”。

“今年是中国的毛泽东主席诞辰120周年，按东方的算法，这已经是两个甲子了。作为建立中华人民共和国的核心人物，毛泽东把中国从被列强蹂躏的时代中带领出来，维护中国的自主权利，也为现在中国的发展打下基础”。韩国韩国学中央研究院教授李完范在接受《环球时报》采访时如是说。他认为，现在中国令世界惊异的发展成果当然是邓小平等中国领导人的改革开放所取得的，但如果没有新中国的成立，很难相信中国会取得现今的成就。这是中国今天隆重纪念毛泽东诞辰的意义所在。

在诸多研究毛泽东的知名学者中，罗斯·特里尔的《毛泽东传》是一本畅销书。他在书中称：“对于20世纪中叶大多数中国人来说，毛的主要成绩在于统一了中国”，“就20世纪这个世界上人口最多的社会而言，旨在成为主宰的人物必定是位巨人”。日本《毛泽东集》的主编竹内实也表示，毛泽东是一位以中华世界为目标奋斗一生的人物，似乎可以说，毛泽东结束了中国近代以来的全国混乱状态和军阀混战。英国学者威尔逊在《毛泽东的历史地位》的序言中指出：毛泽东对人类生活所产生的巨大而深刻的影响超过了我们这个世纪的任何人，即使他死后，这种影响依然存在。

不过，正如英国智库全英中国学研究所学者迪莉娅·戴温所言，就如何评价毛泽东，传记作家们是有分歧的。戴温今年出版了新作《毛泽东短评》。她认为，毛泽东复杂的人生与中国革命的命运联系在一起，任何一言以蔽之的评价都不够全面。她在书中写道，毛泽东是个复杂的人，其行为互相矛盾，“他接受了外来的现代化意识形态，但是其观点却保持深刻的中国特色；他是个理想主义者，写出了鼓舞人心的著作，但为了达到目的不惜带来深重的苦难和大量的死亡”。

其实，罗斯·特里尔也没讳言毛的错误。他认为，毛有很大缺点，有较强的成见，不总是前后一致；是一位伟大的领袖，但在许多工作方式中表现出来的并不是值得称道的特质。

值得一提的是，2003 年 12 月，为纪念毛泽东诞辰 110 周年并表彰施拉姆在毛泽东研究中的贡献，哈佛大学费正清东亚研究中心召开了“毛泽东再认识”国际研讨会。会上，研究毛泽东的学者露西恩·派伊称，尽管毛泽东的一生不可避免地带有某些历史性缺陷，其本人也经受过许多失败，犯过许多错误，但仍称得上是一个民族英雄，值得人们尊敬。学者雷蒙·怀利则强调，毛是一位革命浪漫主义者，给中国带来过深重灾难，也留下“极其复杂”的历史遗产，功过是非难以简单评断。最后，施拉姆作总结发言，他表示，在研究了中国问题和毛泽东的著作 14 年之后，他认同这样一个结论，即毛泽东虽然在掌权之后犯过严重错误甚至“可怕之罪”，但仍然不愧为一位伟大的革命领袖。

催生海外“毛泽东热”

布鲁金斯学会约翰·桑顿中国研究所高级研究员李侃如对《环球时报》记者说，“作为领导人，毛泽东带头制定了抗日、建国、平息内战以及建国后发展经济的重要策略”。李侃如说，从 1956 年开始，毛泽东犯了严重错误，导致社会发展出现倒退，国家为此付出沉重代价。前领导人邓小平评价毛泽东是“三分过，七分功”，这七分功所指就是 1956 年以前的时间。

不过，1956 年后也是西方研究毛泽东的高潮期。中国人民大学学者路克利向《环球时报》记者介绍说，20 世纪 40 年代末 50 年代初是毛主义研究起步阶段，六七十年代达到高潮，1993 年和 2003 年毛泽东诞辰 100 周年和 110 周年前后，国外又出现新的毛主义热。德国国际媒体研究所中国问题专家夫罗里扬·卢佩接受《环球时报》记者采访时也称，德国研究毛泽东最热的时候是 20 世纪 70 年代。他还表示，“‘毛泽东热’在德国和欧洲一直没有冷却过”。

据了解，国外毛泽东研究最早始自 20 世纪 20 年代共产国际对毛泽东及其文章的译介，30 年代美国记者斯诺出版《红星照耀中国》引起美国研究毛泽东的极大兴趣。之后，西方许多新闻记者到中国采访报道。1947 年，美国记者安娜·路易斯·斯特朗写出《毛泽东的思想》，发表在纽约一份杂志上。1951 年，美国学者史华兹出版《中国的共产主义和毛的崛起》一书，提出“毛主义”这一专有名词。

20 世纪六七十年代西方的“毛泽东热”与当时的时代特点有关，一方面中苏破裂、中国“文革”吸引了国外学者的兴趣，另一方面国际共产主义以及左翼运动深受中国革命思想影响。路克利表示，那个时期正是以法国毛主义运动为代表的国际毛主义运动的高潮期。他说，纽约城市大学的沃林在《东方之风——法国知识分子与 20 世纪 60 年代的文革遗产》中，提出用“席卷法国的中国风（毛主义）解读法国五月风暴整个事件”。当时，法国巴黎高师的一群青年学生认为，“毛泽东的中国是解决法国各种大都市社会政治问题的灵丹妙药”。正是这些人在法国引发了毛主义运动，深刻影响了法国的学生运动和青年运动。书中称，“法国知识界的领军人物如福柯、萨特以及泰凯尔学派都被毛主义席卷”。法国曾有过 1500 多名毛主义青年，主要集中在巴黎高师。后来这些人大多成为社会精英人物。

韩国学者李完范对《环球时报》记者说，毛泽东也影响到了 20 世纪 80 年代的韩国大学生。毛泽东思想是指引当时学生运动的旗帜之一，当时的学生运动领袖们学习翻译了毛泽东的许多著作。其中的代表人物是汉阳大学的教授李泳禧：他编著介绍中国和毛泽东的《与八亿人的对话》《转换时代的逻辑》《偶像与理性》等书籍，点燃了大学生对中国的热情。当时的韩国社会运动希望学习中国。当然，在现今的韩国社会，毛泽东已经完全成为一个历史中的人物。

给中国和世界留下遗产

罗斯·特里尔曾描述说，“毛泽东的精神锐气注入了世界意识。在许多国家，‘毛主席’这一有助于跨越文化障碍的亲切的尊名，成为家喻户晓的用语。在 20 世纪五六十年代的许多第三世界国家，毛泽东是各种各样反殖民主义形式中主要的人格象征”。

关于毛泽东留下的遗产，中国国际问题研究所所长曲星接受《环球时报》采访时说，研究世界历史以及中国历史演变不能不研究毛泽东，谈论毛泽东的遗产，不能不提他的国际影响。现在，在拉美、亚洲，还有一些组织以毛派来命名；毛泽东对国际共产主义运动也产生了一定影响，对第三世界非殖民化、独立运动起到很大推动作用。事实上，20 世纪 50 年代以来，国际毛主义运动已经成为国际共运和国际左翼运动的重要组成部分。现在国际毛主义运动已经转向追求社会公正的和平抗议。

伦敦智库皇家国际事务研究所研究员肖恩·布莱斯林对《环球时报》说，毛泽东时代所留下的遗产和经验有很多，其中一条是，他身后的中国政治管理高层，更加强调共识，在不同利益和需求面前寻找平衡。此外，毛泽东时代影响下的中国更加强调改革，这一点在最近数十年已经普遍得到认可。毛泽东时代的中国也强调过经济发展，而如今这一点仍在影响着中国的发展。所不同的是，经济发展变成了中国的第一要务。

李侃如认为，毛泽东最大的政治遗产在于他所建立的党和国家的体制，在这个体制不变的情况下，中国共产党经历着不断的改革，特别是最近三中全会提出的一些改革方案。他还说，毛泽东时代给人们留下的美好印象在于，官员清廉、社会道德风尚良好、人们乐于为集体付出，中国在国际上维护自身尊严，不畏苏联的“修正主义”。现任中国领导人也在运用毛泽东时代的一些口号，如“照镜子，洗洗澡”，“我认为这些口号比毛泽东时代的要积极很多，如果说毛是在利用这些口号的运动进行政治斗争，现任领导人则是在要求党员廉洁自律，这是具有积极意义的”。

夫罗里扬·卢佩也对记者说，在一些西方人看来，邓小平主导的中国新的发展模式，以及最近中国推出的新改革，与毛泽东关系并不紧密，所以中国和世界对毛泽东的关注越来越少。其实不然，因为要研究今天的中国，必须研究毛泽东的政治实践。其次，与欧洲经济危机下的“马克思热”一样，毛泽东的一些思想在当下也具有现实意义，比如社会公平、群众路线等。

施拉姆在其名作《毛泽东的思想》（1989 年）中写道：“即使到今天，对毛泽东这个人，对他的思想，要做最后定论，还应该进行进一步的探讨。”著名汉学家费正清在《美国与中国》（1983 年版）一书中称，1976 年周恩来和毛泽东的去世标志着 55 年前（1921 年）向马克思主义寻找救国之道的革命一代已经消逝，但他们领导的运动的成绩大部分仍不是今日所能评价的。或许他们的话现在仍然适用。

（参见《环球时报》驻外记者李博雅、李志伟、万宇、纪双城、青木采访，2013 年 12 月 27 日总第 3208 期）

◇尼克松是如何“褒毛贬蒋”的？

曾任美国总统的尼克松，与毛泽东、蒋介石都有过接触与交往，对这两人也有着自己的认识。

尼克松回忆，毛泽东在1972年对我说：“我们大家的老朋友蒋介石委员长不赞成这个。”他一边说，一边挥了一下手，这个手势也许指我们的会晤，也许指整个中国。

在我1953年首次会见蒋的时候，这位委员长在谈到中国时也这样挥了一下手，明确表示他指的不仅是他的台湾，而且也指中国大陆。我发现他们两人讲起这些都带些帝王派头。

从他们的手势和讲话看来，他们似乎都把国家的命运同自己的命运联在一起。两个像这样的领导人物在历史上相遇时，不会妥协，只会相撞，一个胜，一个败。

说来也许奇怪，他们两人有许多相似之处。两人都是东方人。毛泽东只出国过两次，一次在1949年，一次在1957年，都是去莫斯科会见苏联领导人。蒋到亚洲以外的地方去也只有两次，一次是1923年去莫斯科执行任务，一次是1943年去开罗举行四巨头会议。两人都经常长时间地深居简出。毛泽东趁暇写诗作词；蒋则漫步深山，吟诵古诗。两人都是革命者。毛反抗他父亲的专制和反抗整个社会制度；蒋反对清政府的对内腐败、对外懦弱。

他们的外表和内心深处都有许多不同之处，毛泽东有一种轻松的无所顾忌的幽默感；蒋介石在我与他的几次会见中从未讲过任何幽默话。毛的书法潇洒，字写得龙飞凤舞毫无拘束；蒋的书法拘谨，字写得方方正正一丝不苟。从内心深处来说，他们崇敬中国的方式也不同。他们都爱这个国家，但是毛要抹掉过去，蒋要把过去作为基础继续建筑。毛在胜利后简化了汉字，这不仅是为了便利扫盲运动，而且也为了摧毁每一个复杂的汉字所包含的历史内容；蒋在败北后在他逃亡的船舰上腾出地方装走了近40万件中国古代艺术品，虽然许多忠于他的助手和士兵留在了大陆。

蒋是个实干家。在他风浪迭起的一生中，他有许多次是正确的，所以他绝对相信自己的判断。甚至1949年的大溃退也没能动摇蒋的自信。

在他看来，那只不过是又一次暂时的挫折。每次我见到他，他都谈到光复大陆。即使他的某些助手已经放弃这一希望，他也不曾失去信心。他为自己起名“介石”，意思是“不可移动之石”。就他的性情而言，这个名字起得再恰当不过了。我非常钦佩他的坚毅精神。他从不仅仅由于某件事看来在所难免而甘心向这一“难免”之事屈服。

蒋曾写道：“我始终为敌人所包围，时而处于劣势，但我深知如何坚持。”蒋尽管坚韧，还是有他的过错。不过，像丢失中国这样的悲剧决不会是一个人的过错。蒋是一位出色的政治和军事策略家，但他死板地“照书本办事”，因此他作为战略家是平庸之辈。在某些特定的战略设想范围内采取行动，蒋的头脑敏捷而果断。

但是，他按照他确定的规则行动。如果这些设想保持不变，那就谁也比不上他，但是他不大能跳出这些设想的圈子，制定出向旧战略挑战的新战略。而历史是由提出适应时势的新见解的人物创造的。对蒋来说，不幸的是毛泽东属于此类人物。

蒋介石始终是个神经过敏，动作拘谨的小个子。毛则仍然从容不迫，动作稳重，能迅速领会到别人话中的细微含义，眼神虽然不能完全说是闪烁发光，但是却带有一种嘲弄的微笑。他的笑声很有感染力，非常喜欢机智的谈话。他的性格也很热情。

美国记者白修德也敏锐地觉察到这一点，他写道：蒋介石受到诘问而无以对付，往往轻轻地晃动双膝，他的紧张心情流露于形表，而毛泽东却镇定自如。

在蒋的办公室或白宫的椭圆形办公室，常常有人进来送电话记录或便条，不时打断了宾主间的谈话，但是和毛谈话却没有这种情况。他的办公室是共产党中国运筹帷幄之所在地。毛泽东显然不是一般行政首脑，而被认为是个圣人，在他进行思考时，一定不能打断他。斯诺和白修德所观察到的不仅是毛泽东和蒋介石两人在人格上的差异，而且也是智慧的差异。

归根到底，蒋介石的智慧乃是小智，是一种为个人生存意志而忙的不自由的智慧，而毛泽东的智慧则是大智，是一种超然于个人生存意志之外的自由的智慧。因而蒋介石显得紧张、拘谨、神经过敏，毛泽东则显得大方、潇洒、从容不迫。正如叔本华所说：天才和注重实用的人相比较，有如金刚石比之于砾瓦。

还有两个小故事。第一个故事是一个外国记者听到的传说。说是“西安事变”后，蒋介石回到南京，他的朋友部下纷纷前来祝贺他侥幸脱险，此刻，蒋却半开玩笑半当真地说：“如果我因为生病、因为别的什么不幸而下野的话，你们猜，我会提名由谁来接任我？”

于是，这些人就都装模作样地猜起来。有人猜是程潜，有人猜是汪精卫，有人猜是孔祥熙，但蒋介石都摇头说不是。望着这些呆头呆脑的部下，蒋介石一语挑明：“作为我的继承人，我自己要选择——白崇禧将军。”这多少令蒋身边的人感到惊讶，因为白崇禧是桂系军阀，是蒋在军阀混战中强有力的对手。但更令在座的人目瞪口呆的还是下面的话。蒋介石顿了一下，说出一句语惊四座的话：“第二人选，我要提毛泽东!”

这个传说的寓意很清楚，就是蒋介石不得不佩服毛泽东这个与他较量了10年的对手，他曾发誓用20万元买毛泽东的头。当然，这里最主要说的是两人作为蒋的对手的军事才能，因为，无论是“小诸葛”白崇禧，还是一介书生毛泽东，都曾在战场上让蒋介石铩羽而归。

这个传说是否真实是有疑问的，但第二个传说却是有案可查的。60年代初期，世界头号强国，也是中国当时的主要敌人美国，其总统却在认真研究毛泽东的军事著作。就在1965年1月，毛泽东与斯诺的谈话时，毛泽东说：“美国总统肯尼迪为对付亚非拉的新兴力量，提出了特种战争、局部战争。有消息说，他也看我的军事文章，这可能是真的。”这个消息来自何处，不得而知。但这年7月，程思远在陪同归国的原国民党政府代总统李宗仁去见毛泽东时，也曾向毛提起，美国总统肯尼迪生前，在他的办公桌上就摆着一部《毛泽东选集》。毛泽东作为伟大的军事家和战略家，是连他国内和国外的对手也不否认的。

（参见胡哲峰：《毛泽东武略》，人民出版社，《党史天地》2014年8月11日总第398期）

（参见查德·尼克松：《尼克松文集——领导者》，白玫译，世界知识出版社1997年版）

贰 澄清真相篇

◇青年毛泽东秘密考察过水泊梁山吗？

众所周知，毛泽东一生喜欢读《水浒传》、说《水浒传》、评《水浒传》、用《水浒传》，可以说《水浒传》这部书伴随着他走过了70余年的历程。那么，作为水浒故事发源地的梁山，毛泽东究竟去过没有？这背后又有何故事呢？

毛润之上了水泊梁山

美国作家罗斯·特里尔在其著作《毛泽东传》中写道："1919年春……就在北京的学生提出砸烂孔家店时，他（毛泽东）去山东拜谒了孔墓。他回忆说：'我看到了孔子的弟子们濯足的那条小溪和孔子幼年时住的小镇。'他攀登了东岳泰山，游览了孟子的出生地，然后又到了梁山，这是《水浒传》中英雄聚义的地方。"

据梁山脚下后集村马广仁老人回忆说："爷爷（马传真）在世时常说，一天傍晚他放学回家，刚出家祠，一人迎面就问：'你好，附近有旅店吗？'

声音很大，但听不大懂，从其语气表情揣测应该是打听住店的。我爷爷打量那人，长相好，20多岁，穿长袍马褂、布鞋，就说：'东边就有一家。'那人听后并没走，却对着家祠的门匾（康熙帝亲赐御笔）端详起来，一看便知是个学问人。于是，两人在家祠门前聊起来，知道了那人叫毛润之，从北平来。天已经黑了，我爷爷说，别去住店了，学堂里有被褥、能做饭，将就住一宿吧。吃饭时，那人问有辣椒没有，爷爷从门后墙上摘下几个，那人不怕辣，吃得很有味道。我爷爷想笑，那人觉察后也笑了，说‘我们湖南人就爱吃辣子’。那人还问我爷爷，108 条好汉在梁山还有没有后代，上梁山的路怎么走。第二天，我爷爷就安排我叔伯爷爷马传品陪毛润之上了梁山。”

马传品的儿子马克治老人回忆说：“当年毛泽东登梁山是我父亲带的路。我父亲常常说起，他带着那个南方人毛润之从后集隅首往南走，出南门，经马家林道到马家林，过梁孝王墓上鏊子山，向东过薛家林，经薛家桥（今水泊梁山第一关前），在馍台村柿子行里休息看书，然后沿小黄山和狗爪子山的山谷小路直上梁山虎头峰。”

综上所述，毛泽东年轻时来过梁山，并攀登了好汉们聚义的地方——水泊梁山。

登梁山的时间考证

斯诺在《西行漫记》中记载：“1919 年初……前往上海……我（毛主席）在曲阜停了一下……并且看到了孟子的出生地，我还登上了山东的东岳泰山。”然而，在中央文献出版社出版的《老一辈革命家家书选》内，也收有毛泽东给舅父的书信，信中写道：

> 甥自去夏拜别，匆匆经年……甥在京中北京大学担任职员一席，闻家母病势危重，不得不赶回服侍，于阳（历）3 月 12 号动身，14 号到上海，因事逗留 20 天，4 月 6 号始由沪到省……
>
> 愚甥毛泽东禀
>
> 4 月 28 日

据信中所述内容考证此信写于 1919 年。在这封信中，明确说明毛泽东于 3 月 12 日由北京动身，14 日到上海，其间只有 3 天时间。短短 3 天就当时的交通条件，毛泽东不可能游览上文《西行漫记》中所说的那么多地方。除此，毛泽东这次离京去上海，是因为突然得知母亲病危的消息，绕道上海到长沙服侍母亲，在这样的情况下，他怎么可能到许多地方漫游呢？

由此可以说明，罗斯·特里尔的《毛泽东传》和斯诺的《西行漫记》中，提到的毛泽东中途游览泰山、曲阜、梁山的上海之行，应该不是 1919 年初这一次，肯定是记录、转述者有误，或是毛主席记忆、讲述有误。

中共中央文献研究室编印，人民出版社、中央文献出版社 1994 年 4 月版的《毛泽东年谱》中写道：毛泽东第二次离京去上海，是 1920 年 4 月 11 日离京，5 月 5 日抵沪，计有 25 天之久。《毛泽东早期文稿致黎锦熙信》中记载：同年 6 月 7 日，毛泽东在上海给他的老师黎锦熙写信，记述了他这次从北京到上海的行踪："京别以来，在天津、济南、泰山、曲阜、南京等处游览一晌，25 天才到上海。"

据此可断，罗斯·特里尔《毛泽东传》和斯诺《西行漫记》中记载的毛泽东游览泰山、曲阜、梁山的上海之行，无疑是 1920 年 4 月的事，比较可靠。

考察梁山的原因和意义

毛泽东考察梁山不是偶然之旅，应该有明确的目的。

首先，毛泽东考察梁山主要是受了《水浒传》的影响。毛泽东在韶山念私塾时就爱读《水浒传》，梁山好汉"仗义济贫""替天行道"的造反精神给他留下了很深的印象。在湖南一师和同学们讨论救国之道时，他与众不同，断然宣称："学梁山好汉。"梁山是水浒故事的发源地，毛泽东只要有机会就绝对不会放过考察梁山的。

其次，毛泽东是怀着寻找救国救民之路的伟大抱负来到梁山的。毛泽东上梁山之际，正在接受马克思主义。马克思主义是在西方社会比较发达的基础上产生的，先进的马克思主义怎样在中国发挥作用、怎样和中国的具体情况相结合，毛泽东应该是抱着这个思考来梁山考察的。

毛泽东作为一个农民的儿子和一个刚参加工作几近穷困的小职员，作为一个立志解救中华民族于水深火热之中的革命先驱和领袖，他到曲阜、泰山和梁山，虽不能完全排除旅游的因素，但主要应是以考察历史文化影响下的中国社会现状、探究水浒英雄在水泊梁山聚义的成败之因、寻求一条适合中国的救国救民之路为主要目的的。

毛泽东考察梁山，进一步加深了水浒人物在自己心中的印象。尤其是梁山的独特地理位置，使他对梁山好汉"占山为王，割据一方"的起义方式有了更深刻的理解。毛泽东考察梁山对于后来毛泽东去井冈山闹革命、建立根据地是有影响的。

梁山好汉以梁山为大本营，四处出击。毛泽东受到启发，在"八七"会议前后提出"上山可以造成军事实力的基础"，发动秋收起义后，毅然带领队伍上了井冈山。

梁山好汉所到之处，“开仓”放粮，“赈济满城百姓”，讲求的是“劫富济贫”。毛泽东上井冈山实行的是“打土豪，分田地”，这既继承了梁山好汉的平等精神，又着重了生产关系的变革，向前迈进了一大步。由此可见，青年毛泽东上梁山考察，是颇有收益的。

（参见马传申、李孟雷：《1920：毛泽东秘密考察水泊梁山》，《名家讲坛》《党史天地》2013 年 3 月 18 日第 10 期）

◇毛泽东当年究竟是由谁介绍而成为北大图书管理员的？

十月革命的第二年，毛泽东未来的岳丈、杨开慧的父亲杨昌济先生应北京大学校长蔡元培的聘请，任北大伦理学教授。杨昌济在举家北迁的当月，给在湖南的毛泽东去了一封信，劝他去北大学习。

在接到杨昌济先生信的两个月后，毛泽东来到了北京城。目前人们都知道，毛泽东曾经在北大图书馆工作过一段时间。至于他是如何进入北大图书馆的，比较通行的说法是杨昌济介绍的。

然而，胡适的学生胡颂平在日记中否认了这种说法。胡颂平曾问胡适：“毛泽东进北大图书馆工作，是他的丈人带进去的吗？”胡适说：“不是。”胡颂平又问：“是否先生介绍他进图书馆？”胡适说：“不。当时章行严（即章士钊）当北大图书馆馆长，李大钊当主任。章行严是湖南人，大概是章和李两人把他介绍进去的。他管理报纸阅览室，每月八块钱，那时八块钱也可以过生活的。”

如此看来，社会上普遍流传的是杨昌济介绍毛泽东当北大图书管理员的说法，是错误的，是没有根据的。

（参见《时代秘闻：日记的胡适》，陕西人民出版社 2009 年版，《党史天地》2014 年 9 月 15 日第 36 期）

◇“毛泽东给古柏的信”是如何伪造出来的？

民主革命时期，中共党内曾发生过一起伪造“毛泽东叛变投敌”信的事件，这封伪造信很快被朱德、彭德怀等领导人机敏识破，从而避免了党内一次严重危机……那么，这起伪造信事件究竟是怎么一回事呢？

“肃AB团”运动与“富田事变”

1930年6月，赣西南苏区领导人对敌情作出严重错误的判断，认定大量“AB团”分子混入了党内和苏维埃机关，因此发动了大规模的“肃AB团”的运动。

10月，时任红一方面军总前委书记的毛泽东，在率红一方面军转战闽西、湖南等地后，返回赣西南苏区。他根据赣西南苏区党政领导人的汇报和有关文件，肯定了赣西南的“肃AB团”运动。11月底12月初，红一方面军也开展了“肃反”运动，运动由总前委政治部主持，采用逼供的审讯方式，结果造成了大量错案。

在严刑逼供下，红军中被打成“AB团”的人，供出江西省行委、省苏维埃和红军学校的李白芳、段良弼等人是“AB团要犯”。红一方面军总前委即派总前委政治部“肃反”委员会主任李韶九前去江西省行委驻地富田，逮捕了他们。其后，李韶九又奉命到东固红二十军驻地捕捉“AB团”。红二十军的一个团政委刘敌因不满李韶九的滥捕，举兵反抗，赶跑了李韶九。

随后，刘敌等率军赶到富田，包围省行委，释放了被捕者，省行委主要领导人闻枪声逃走。这就是震惊全党的“富田事变”。

一封伪造的“毛泽东给古柏的信”之由来

“富田事变”后，段良弼、刘敌等率部渡过赣江驻扎河西地区，脱离红一方面军的指挥，但继续革命。与此同时，他们还做了一件十分错误的事：认定李韶九滥捕滥杀是毛泽东指示的，于是集中攻击毛泽东，错误地提出“打倒毛泽东”的口号。

为达到这个目的，他们伪造了一封毛泽东给红一方面军秘书长古柏的信。信的内容主要有两点：一是决定投降国民党，背叛革命；二是要古柏在审讯“AB团”分子中，“须特别注意勒令招出朱、彭、黄、滕系红军中的AB团主犯，并已与某方白军接洽等罪状，送来我处，以便早日捕杀，迅速完成我们的计划”（信中的朱、彭、黄、滕，指红一方面军总司令朱德、红三军团总指挥彭德怀、红一军团第三军军长黄公略、红三军团政委滕代远)。接着，他们把该信抄送朱德、彭德怀、黄公略，并另附送他们起草的《告同志和民众书》。

《告同志和民众书》写道："党内大难已经到了，毛泽东叛变投敌了"，发出"打倒毛泽东，拥护朱、彭、黄"的口号。"富田事变"领导人企图借此引发毛泽东与朱、彭、黄之间的矛盾，借朱、彭、黄、滕的力量打倒毛泽东。

朱德、彭德怀等辨识真伪迅速化解危机

"富田事变"领导人制造假信以反对毛泽东，犯了进行挑拨离间和分裂活动的严重错误。其时正值第一次反"围剿"前夕，大战在即，此时的分裂举动将严重危害革命。所幸，假信被红军领导人识破了。

彭德怀收到该信后，发现有两处破绽：一是如此重大的事件，不派重要的人来商谈，而派一个普通农民送信，既不要回信，又不要收条，不合当时送信的惯例，很不正常；二是虽然这封信的笔迹酷似毛体，但落款的日期是阿拉伯字，而毛泽东一贯是署中文数字的，于是判断来信是伪造的（彭德怀后来回忆说，该信是参与"富田事变"的原赣南西河行委书记丛永中写的，丛永中仿毛泽东字很像，但不知道毛泽东署年月日的习惯）。

而后，彭德怀与滕代远等商议，立即起草《红三军团宣言》，声明说：所谓"打倒毛泽东，拥护朱、彭、黄"的口号，是敌人分裂红军的阴谋。一、三军团要团结一致，拥护毛泽东，拥护总前委的领导。随即派一个班将宣言连同伪造信一并送到红一方面军总前委。

接着，彭德怀主持召开红三军团前委紧急扩大会议，公布了伪造信事件，统一了大家的认识。

朱德与毛泽东同驻红一方面军总前委，他根本不相信该信，并立即把信送给毛泽东看。毛泽东对伪造信的行为十分愤慨，写出《总前委答辩书》，批驳了对他的攻击和诬蔑。伪造信事件加深了毛泽东对事变性质的认识，他对彭德怀等的判断和措施非常赞赏，曾亲到三军团部和许多将领见面，宣讲有关问题，研究部署第一次反"围剿"的具体问题。伪造信造成的巨大危机，迅速被化解……这是一次诬蔑毛泽东叛变的严重事件。

（参见李东朗：《1930："毛泽东给古柏的信"是如何伪造出来的》，《北京日报》2014 年 1 月 6 日第一期）

◇毛泽东为何不去法国留学？

随着海峡两岸胡适日记的整理出版，毛泽东与胡适早期交往的历史事实现已经基本清楚。

长征胜利后，毛泽东在延安接受美国记者斯诺的采访时说，五四前后，“我非常钦佩胡适和陈独秀的文章，他们代替了已经被我抛弃的梁启超和康有为，一时成为我们的楷模”。基于这样一个历史语境，我们看他们的具体交往和胡适对毛泽东的影响。

胡适 1917 年 7 月自美国返国，9 月到北京大学任教；1918 年 8 月 19 日，毛泽东应在北大任教的杨昌济之召到北京，随后入北大图书馆工作，同时旁听胡适的课，成为胡适的学生。1919 年 3 月 12 日，毛泽东和一群准备赴法国留学的学生一道离开了北京，14 日到达上海。送走留法学生后，他于 4 月 6 日回到湖南长沙。

毛泽东为何没有赴法国留学，他有自己的理由，党史专家也有更详尽的解释。据毛泽东的同学周世钊回忆：

1919 年 1 月，经过毛泽东和其他几位负责人的努力，留法的学生筹足了旅费，办好了出国护照。3 月，毛泽东把第一批留法勤工俭学的学生送到了上海。当时大家认为毛泽东也会同他们一起到法国去，但是，当法国邮船将要起航离开上海港的时候，毛泽东突然告诉大家说，他决定不去法国了。毛泽东这一宣告，把大家惊呆了，大家都对他不去法国勤工俭学感到蹊跷。因为半年多来，毛泽东的全部时间和精力，都耗费在留法勤工俭学这一运动上了。今天万事俱备，只等起锚登程了，他却作出这样的决定，真是令人难以理解。一个穷学生，有了出国深造的机会，他却不去，这是为什么？当时大家都这么问他。于是毛泽东便把他不去法国勤工俭学的道理跟大家讲了一遍：我觉得我们要有人到外国去，学些新思想，学些新道理，学些新技术，研究一些于我们有用的学问，回国后也好用来改造我们的国家，改造我们的社会。但是我也认为，我们要有人留在本国，研究本国的问题。说句实在话，对于自己的国家，我毛泽东了解得还太少，太少了！假若我把时间花费在国内的问题上，我认为我在国内更为有利，因此我决定不去法国。

毛泽东在给周世钊的一封信里专门讲到这个问题，他说：

我觉得求学实在没有“必要在什么地方”的理，“出洋”两字，在好些人只是一种“迷”。中国出洋的总不下几万乃至几十万，好的实在很少。多数呢？仍旧是“糊涂”，仍旧是“莫名其妙”，这便是一个具体的证据。我曾以此问过胡适之和黎劭西两位，他们都以为我的意见为然，胡适之并且作过一篇《非留学篇》。

因此我想暂不出国去，暂时在国内研究各种学问的纲要。我觉得暂时在国内研究，有下列几种好处：

1. 看译本较原本快迅得多，可于较短的时间求到较多的知识。

2. 世界文明分东西两流，东方文明在世界文明内，要占个半壁的地位。然东方文明可以说就是中国文明。吾人似应先研究过吾国古今学说制度的大要，再到西洋留学才有可资比较的东西。

3. 吾人如果要在现今的世界稍为尽一点力，当然脱不开“中国”这个地盘。关于这地盘内的情形似不可不加以实地的调查及研究。这层工夫，如果留在出洋回来的时候做，因人事及生活的关系，恐怕有些困难。不如在现在做了，一来无方才所说的困难；二来又可携带些经验到西洋去，考察时可以借资比较。（《毛泽东早期文稿》第 474 页）

在长沙，毛泽东于 1919 年 7 月 14 日创办《湘江评论》。与此同时，胡适在北京的《每周评论》上发表《多研究些问题，少谈些主义》。于是，胡适和毛泽东都对对方的活动产生了反应。毛泽东是如期把《湘江评论》寄给了胡适。胡适在 8 月 24 日的《每周评论》第 36 号上撰写有《介绍新出版物》（署名“适”），高度评价了《湘江评论》，并表示支持湖南的学生斗争。他说：“《湘江评论》的长处是在议论的一方面。《湘江评论》第二、三、四期的《民众的大联合》一篇大文章，眼光很远大，议论也很痛快，确是现今的重要文字。还有‘湘江大事述评’一栏，记载湖南的新运动，使我们发生无限乐观。武人统治之下，能产生出我们这样的一个好兄弟，真是我们意外的欢喜。”而这篇文章正是毛泽东写的。“民众大联合”的思想是毛泽东思想的一个重要方面，这一思想的确立是在《湘江评论》时期。

9 月 1 日，毛泽东响应胡适“多研究些问题”的号召，在湖南起草了

《问题研究会章程》，寄给北京大学的邓中夏，刊发于10月23日的《北京大学日刊》。《问题研究会章程》中所列的大小144项问题（有互为兼容），是对胡适文章中所提到的问题的具体展示，思路和主旨与胡适基本一致。（《毛泽东早期文稿》）

1919年12月18日，毛泽东第二次到北京。这是他为反对湖南督军张敬尧所领导的学生运动的具体工作。他前往北京，代表“新民学会”上书胡适，是想争取胡适对湖南学生的支持。胡适晚年对助手胡颂平回忆说：“毛泽东在湖南师范毕业后到了北平，他和五个青年上书于我——这封信，我是交给竹淼生的弟弟竹垚生保管的。在抗战期间，放在上海，竹垚生怕生出事，把它烧掉了。”

毛泽东亲自登门拜访胡适之事，胡适的日记中有记录。1920年1月15日的胡适日记中有：“毛泽东来谈湖南事。”1920年4月11日毛泽东离开北京去上海。回湖南后，毛泽东寄给胡适一张明信片，内容如下：

适之先生：

在沪上一信达到了么？

我前天返湘。湘自张去，（新）气象一新，教育界颇有蓬勃之象。将来湖南有多点须借重先生（之处），俟时机到，当详细奉商，暂不多赘。

此颂

教安

毛泽东 寄

寓长沙储英源楚怡小学校

胡适晚年旅居美国，追忆起当年他对青年毛泽东的吸引和影响，在1951年5月16—17日的日记上，胡适回忆说：“毛泽东依据了我在1920年的《一个自修大学》的讲演，拟成《湖南第一自修大学章程》，拿到我家来，要我审定改正。他说，他要回长沙去，用‘船山学社’作为‘自修大学’的地址，过了几天，他来我家取去章程改稿。不久他就回［湖］南去了。”

胡适所说的是事实，这在毛泽东给朋友的信中可得到印证。1920年2月和3月14日毛泽东离开北京之前分别给陶毅、周世钊的信中说：

“湘事平了，回长沙，想和同志成一‘自由研究社’（或径名自修大学），预计一年或两年，必将古今中外学术的大纲，弄个清楚。好作出洋考察的工具（不然，不能考察）。”（《新民学会资料》第61页）“我想我们在长沙要创造一种新的生活，可以邀合同志，租一所房子，办一所自修大学（这个名字是胡适先生造的），我们在这个大学里实行共产的生活。”“如果自修大学成了，自修有了成绩，可以看情形出一本杂志。”

随后的事情发展是，1921年8月16日至20日，毛泽东在湖南《大公报》上发表了《湖南自修大学组织大纲》，同时他又起草了《湖南自修大学创立宣言》。9月，毛泽东利用船山学社的校舍开办的自修大学开学。原船山学社的社长贺民范为校长，毛泽东任教务长。1922年4月，自修大学的校刊《新时代》创刊。11月自修大学和刊物被湖南政府勒令停办。湖南自修大学的创办，培养了一批青年人，他们中的大部分后来成了共产党的骨干干部。由此可见毛泽东不去法国留学，是与胡适的影响有关。

（参见沈卫威：《胡适周围》，中国工人出版社2003年1月版）

（参见陈明新编著：《领袖情——毛泽东与周世钊》，中共中央党校出版社1997年1月版）

（参见《毛泽东早期文稿》1912.6—1920.11，中共中央文献研究室编1988年6月版）

◇揭开“杨开慧牺牲后毛贺成亲”的历史谜团

从事井冈山斗争历史研究40余年的刘晓农，曾就毛泽东与贺子珍成亲的历史谜团，专门做过一次调研，他撰文就这件事揭开了谜底。

对于毛泽东与贺子珍1928年6月下旬在井冈山结婚的史实，有一个如何看待的问题。

有研究毛泽东的专家曾经说过这样的话：“毛泽东是在得知杨开慧被敌人杀害后，才与贺子珍结婚的。”这个结论受到一些人的否定和责难。否定的主要依据是，杨开慧是1930年11月被敌人杀害的，而毛泽东与贺子珍是1928年6月结婚的，怎么会是得知杨开慧被敌人杀害后才与贺子珍结婚的呢?!

毛泽东在当时情形下为什么要与贺子珍结合？笔者在从事井冈山斗争历史研究40余年过程中，曾经采访了龙灵、谢梅香、苏兰春、刘克犹等七八位历史见证人或知情人，得出的结论是：毛泽东与贺子珍的婚姻，有着世人知之甚少的三方面内情：一是“山大王”袁文才、王佐为了自身的利益，共同策划了保媒联姻的计谋；二是毛泽东与贺子珍在实际接触中产生了相互仰慕的恋情，毛泽东对才貌俱佳的贺子珍爱得很深；三是毛泽东在得知杨开慧已经遭敌杀害的确讯后，由朱德、陈毅等的热心撮合而最终结缘。对于前两方面的内情，有关资料上的依据较为充分，足可立论。而对于第三方面的原因，在有关资料上一直较为笼统，缺乏具体的可信力。这个在笔者心头悬挂已久的问题，却于最近由一位老人的证实而得到答案，而且颇具“灯下黑”的情形——这位老人十余年来生活在茅坪的八角楼旁边，我们却没有掌握这一资源。

2011 年 10 月，井冈山市政协的一位退休副主席告诉我：茅坪的谢美华老人了解毛泽东在井冈山的许多事情，特别是当年毛泽东派人找过杨开慧的情况。获知这样的信息，我与井冈山会师纪念馆的几位同志，来到了茅坪谢美华家登门拜访。

1926 年出生的谢美华，系井冈山茅坪人，为八角楼的房东谢池香的堂侄。谢美华于 1941 年考入吉安师范，1945 年 2 月参加“青年救国军”在瑞金入伍。1949 年 3 月，谢美华随部队投诚中国人民解放军。同年 9 月，回到宁冈参加工作，分配在县粮食局，任大陇仓库主任。20 世纪 60 年代末，谢美华转入原宁冈县教育界任中学教师，1990 年离休。

在对谢老的相关情况作了询问之后，谢老针对我们提出的“主题”，即毛泽东当年派人去湖南找杨开慧一事，谈到这样的情况：

谢美华有个亲姑姑叫谢桂莲，19 岁那年嫁给大陇乡中村的吴福寿为妻。吴福寿于 1864 年出生小康家庭，青少年时读过私塾，写得一手好毛笔字。他从 18 岁起投师学徒打银子，出师后成了一名行艺四乡的银匠。吴福寿正是在茅坪一带行艺期间，由人撮合与谢桂莲结为夫妻。成婚后的吴福寿为了在茅坪一带行艺方便，向妻子的堂弟，即八角楼的房东谢池香借房子住，住在八角楼天井左侧的房间里。不久，吴福寿夫妻从八角楼搬出，搬到谢池香的另一幢私宅，即茅坪村口小拱桥旁边的一幢房子里，开设了一间小伙铺兼银匠店，挂出了“吴义盛号”的招牌。

1927 年 10 月初，向来宁静的山乡茅坪发生了一件惊天大喜事：井冈山的“山大王”袁文才洞开寨门，将秋收起义的工农革命军和毛委员迎进山里，在茅坪“安家落户”。吴福寿也加入袁文才农民自卫军和茅坪群众迎接部队到来的行列中。

在袁文才的安排下，谢池香腾出全村最好的宅房——八角楼，让毛委员居住。从此，八角楼成了毛委员在茅坪的固定住所。当年的茅坪只有十几户农家和小店铺，几分钟就可以走个遍。一则吴福寿与谢池香的亲戚关系，二则毛泽东多次到过“吴义盛号”，没过多久，吴福寿与毛泽东互相之间熟悉了，两人常常在一起交谈。一来二去，比毛泽东大 29 岁的吴福寿，与之成了感情融洽的忘年交。他们之所以会成为忘年之交，是因为毛泽东发现吴福寿的社会阅历甚广，与他交谈可以了解到不少事情，而且吴福寿对诗文字画也懂得一些，一手毛笔字写得很好，因而感到合得来。毛泽东有好几次请吴福寿帮助抄写材料。

工农革命军在茅坪安下了革命的家，袁文才觉得有必要加强对外的侦察联络，于是布置谢池香的儿子谢甲开等人，成立了一个秘密的交通站，挑选了几个善于外出打探消息的人充当“坐地探”，吴福寿就是其中的一个，而且交通站就设在“吴义盛号”。吴福寿担任了秘密交通员后，曾多次以银匠的职业为掩护，到酃县、茶陵一带打探敌情。

率领工农革命军到达井冈山的毛泽东，在立足的大局得以稳定之后，心中挂记着远在湖南长沙的妻子杨开慧，曾于 1927 年 11 月下旬从宁冈龙市邮局发出一封信，是写给杨开慧的，寄信的地址为“湖南长沙市西长街‘生生盐号’”，由店主转“板仓杨霞姑”收。这一位盐号的店主系杨开慧六舅父的一个亲戚。毛泽东在信中写的是早已与杨开慧约定的暗语，大意为“我在这里做生意，初时不顺，到现在买卖兴隆，赚了钱，堪以告慰”。但是信上并未标明回信的地址，这是毛泽东从防备反动当局循着地址追查的谨慎之举。所以在这样的情形下，杨开慧是无法给毛泽东复信的。还有一点是毛泽东发自龙市的这封信，是否送到了长沙“生生盐号”？或者说盐号店主是否将信转到了“杨霞姑”的手上，都是不得而知的。

毛泽东在得不到杨开慧复信的情势下，自然放心不下，想到派人去长沙寻找妻子，探实情况。他所物色的合适人选就是吴福寿。

吴福寿受毛泽东之托前去长沙的时间，是 1928 年 1 月下旬。过去曾常去酃县、茶陵打银子的吴福寿，赴长沙去了多久？怎么样按照毛泽东告诉的地址寻找杨开慧母子？这些具体情况均难以得知。

听到的却是杨开慧已被敌人杀害的消息。吴福寿到了长沙，按地址没有找到杨开慧，而事实是，敌人来板仓捉拿杨开慧，但杨开慧提前得到消息躲了起来，在当地群众的掩护下化险为夷。为了更好地保护杨开慧，当地群众刻意四下传播杨开慧已死，用以迷惑敌人视听。吴福寿并没有了解到实情。

谢美华老人告诉我们：

吴福寿自湖南长沙回到茅坪，当夜来到八角楼向毛泽东复命。在毛泽东几次心情急迫的询问下，吴福寿才深缓地说了一句："毛委员，看来你们很难相见了。"毛泽东闻言大为吃惊，又问到底是怎样的情况？吴福寿只是难过地摇头，并不言语。毛泽东心里明白了，不再问什么，只是内心痛苦，情不自禁地流下泪水。

两人在楼上默坐了一阵，毛泽东忽然起身走到窗前的桌子旁边，从抽屉里拿出一张细毛边纸，坐下来用毛笔填上一首词，默默无言地交给吴福寿。吴接过在手，见毛泽东所写的是南唐后主李煜的《相见欢》一词，词文如下：

林花谢了春红，太匆匆。无奈朝来寒雨晚来风。
胭脂泪，相留醉，几时重？自是人生长恨水长东。

吴福寿读罢诗词，自是明白毛泽东的心情，想到应该回填一词，以为慰藉。粗通词文的银匠向毛泽东要过一张细毛边纸，坐于桌前对窗外凝思少时，照着毛泽东抄录的《相见欢》，写下这样一首词：

霜染层林叶红，总匆匆。无奈朝沐寒雨晚穿风。
关山重，心里话，恨难穷，长夜梦念亲人难觅踪。

毛泽东接过吴福寿填写的词文，默读了两遍，将目光落在对方脸上，用力地点点头，然后轻声说了一句："福寿，知我者算你呀。"

吴福寿听了为之感动，以安慰的语气对毛泽东说道："毛委员，不要太难过了，也许是我打探得不准。"说罢起身打算告辞。而这时的吴福寿又转念一想，对毛泽东说："毛委员，这笔字留给我作纪念吧。"毛泽东听后点首回道："不见弃的话，你拿去吧。"

谢美华老人的笔记，是揭开这段历史谜团的见证物。

吴福寿受毛泽东之托去长沙找杨开慧，以及他与毛泽东在八角楼交换诗词一事，是谢美华从吴福寿那里多次听说过的。谢老回忆说：1941 年 7 月，他考入吉安师范后去上学的前夕，特地来到中村向姑姑、姑父道别。吴福寿对已是初中毕业的外甥讲起这件事，并从衣橱里找出一本《辞海》，取出珍藏了 13 年的毛泽东手迹，给谢美华看，谢美华对此事印象很深。

关于吴福寿后来的情况，谢美华老人在接受采访中讲到这个当年投身于革命，与毛泽东有一定交往的银匠，于 1941 年冬，在中村因病去世，终年 77 岁。谢老还谈到，在“文化大革命”之前的 1964 年，他去过中村吴福寿家，向姑父的家人询问夹在《辞海》中的毛泽东抄录《相见欢》的字条，可惜找不到了。

毛泽东于 1928 年 1 月，委托秘密交通员吴福寿前去长沙寻找杨开慧，而吴福寿到了长沙后找不到杨开慧，所打听到的消息是杨开慧已经遭敌杀害。这样使得毛泽东确信杨开慧已经遇害于敌手，引起心中的不胜悲痛。正是在这样的情形下，到后来他才考虑到与贺子珍的恋情，以至于在袁文才、王佐的竭力保媒下，得到朱德、陈毅等人的热心撮合，才决定与贺子珍结婚。

朱旦华（1911—2010），毛泽东胞弟毛泽民的夫人。2006 年 11 月、12 月，朱旦华曾多次接受马社香采访。

关于毛泽东和杨开慧的感情，朱旦华说：“公允地讲，我认为毛主席是中国历史上最有才华和男性魅力的一位伟人，文韬武略，高大俊朗，同时他也是一位对婚姻家庭比较严肃的丈夫。”

“我 1937 年 8 月认识江青，当年 11 月见到毛主席，1938 年 10 月认识毛泽民，1939 年认识贺子珍，我和他们都有直接接触和多次比较深入的交谈，应该比那些道听途说写毛主席生活故事的人多一点发言权。”

“我没有见过杨开慧。她牺牲时，我还在上海上学读书，但毛泽民熟悉杨开慧。毛泽民 1939 年、1940 年多次和我谈过：‘兄嫂 1920 年冬结的婚，1921 年冬天，我听从哥哥安排舍家参加革命，来到长沙，党支部就建在哥哥家中，哥哥是个刚性子，嫂嫂柔性子，两人诗歌唱和，很有意思。伢子好乖。’‘我失骄杨君失柳’，主席对杨开慧的情感浓烈得穿越了时空，如果杨开慧没有牺牲，我想，他们这对夫妻无疑是中国历史上才华昭世幸福美满的伉俪，他们有情有义有子还有诗。”

（参见刘晓农：《揭开“杨开慧牺牲后毛贺成婚”的历史谜团》，《党史文苑》《书刊报文摘》2012 年 5 月 28 日）

（参见马社香：《对毛泽东婚姻家庭的几点认识——毛泽民夫人朱旦华访谈录》，载《党的文献》2012 年第 5 期）

（参见孔祥涛：《毛泽东家风》《党史天地》2014 年 1 月 13 日）

◇《湖南农民运动考察报告》为什么差点未能发表？

中国农民运动的“山大王”毛泽东，以其敏锐的嗅觉，创新了农民运动的中国革命独特的理论。可是这篇真理却险些被扼杀在摇篮里。那么，《湖南农民运动考察报告》是如何诞生的呢？

1927 年春，北伐形势一派大好，农民运动汹涌澎湃。然而，就在农民运动需要进一步扶持与深入开展之时，国内却出现了一片对农民运动的责难之声，恶毒攻击农民运动是“痞子运动”“惰农运动”“动摇北伐军心”“破坏统一战线”等。总之一句话：就是“糟得很”，应当马上取缔。

在一片责难声中，作为以反帝反封建为宗旨的中国共产党总书记的陈独秀及其助手彭述之等人，不仅不领导全党坚决反击这股逆流，捍卫农民运动，反而附和这种“责难”，给农民运动泼冷水。

早在 1926 年 11 月，陈独秀就在他主持召开的中共四届三中全会上，通过了一个压制农民运动的错误决议。紧接着又在 1926 年 12 月召开的中共中央汉口特别会议上，公然抵制共产国际七大关于中国应开展土地革命的决议，又极其错误地通过了一个农民问题决议案，把迫在眉睫的土地革命问题荒谬地称为“研究室”的问题而束之高阁，不予重视。毛泽东以中央农民运动委员会书记的身份出席了这次会议。会上，他对陈独秀无端攻击农民运动“过火”“幼稚”的右倾言论不以为然，旗帜鲜明地表态支持农民运动，要求执行国际决议。

眼见陈独秀如此反对农民运动，毛泽东忧心如焚。为了捍卫农民运动，捍卫革命，以事实击退党内外攻击农民运动的反动逆流，将中国革命推向深入，毛泽东放下手中的各项工作，前往农民运动最发达的故乡湖南考察。

1927 年 1 月 4 日，正是隆冬之季，毛泽东不畏严寒，身着蓝布长衫，斜背雨伞，脚蹬布鞋，迎着凛冽的寒风，下乡考察。从 1927 年 1 月 4 日到 2 月 5 日，毛泽东总共用了 32 天时间，跋山涉水，徒步行程 1400 多华里，先后考察了湖南湘潭、湘乡、衡山、醴陵、长沙 5 个县的农民运动。他每到一处，都认真听取共产党各级地方委员会，国民党县、区党部，工会、农会、妇女、青年、商会等各种群众团体的汇报。邀请有代表性的农民及农民运动领袖开调查会，并按事先列出的提纲，口问手记，展开同志式的讨论。考察中，他还广泛接触广大农民群众，并深入到他们的家庭，不耻下问。同时，他还召开不同类型的座谈会，获得了极其丰富的第一手资料。

1927 年 2 月 5 日，毛泽东回到长沙。他的夫人杨开慧接过毛泽东带回的满满一网袋笔记本，一面翻阅，一面欣喜地听兴奋的毛泽东讲述考察中的所见所闻。毛泽东不顾疲劳夜以继日地进行整理，杨开慧也不顾怀孕在身、分娩在即，满腔热忱地帮助抄写誊清。经过几天奋战，初稿终于拿出。一位客人来看望杨开慧，毛泽东当着客人的面，禁不住夸奖自己的妻子说："我这个秘书，抄写起来比打字机还快呢！"

初稿出来后，2 月 12 日，毛泽东由长沙返回武昌都府堤 41 号住所。2 月 16 日，毛泽东首先写了《视察湖南农运给中央的报告》，严肃指出："我这一次到湘潭等县作了 32 天的调查，所见所闻几乎与所在长沙的全相同，感到党过去对农民运动的政策，有相当的错误做法。"最后告诉中央，将在三四月份写出详细的考察报告送达。随后，他一面从事日常的革命工作，一面从事文稿的修改定稿工作，有时忙到很晚才回来，常常饭都顾不上吃，就开始写作了，并且夜以继日，通宵达旦。杨开慧此时已临近分娩，身边又有两个幼儿需要照料，但看到丈夫忙碌异常，为了减少丈夫的劳累，让文稿早日问世，她也不知疲倦地日夜给他帮忙。文稿定稿后，她就用她那行云流水般的毛笔字，将其一笔一画地抄写在红线条的十行纸上。有时，长子小岸英跑到桌旁，拉着妈妈的手，要妈妈带他和弟弟出去玩，她就爱抚地摸摸岸英的头，和蔼地说："等妈妈帮爸爸抄好文章后，就带你们去看长江。"

经过在长沙与武汉一个多月的紧张奋战，这篇凝结着毛泽东夫妇心血的第一次国内革命战争时期最重要的革命历史文献之一的《湖南农民运动考察报告》（以下简称《报告》），终于于 1927 年 3 月上旬诞生了。

《报告》共分 8 个部分，两万多字。报告本着实事求是的革命精神，理论与实际相结合，热情洋溢地报道和歌颂了湖南农民运动的革命壮举与光辉业绩，驳斥了种种攻击农民运动的言论，并以无产阶级革命家的雄伟气魄，严正警告社会各界，对于反动派关于农民运动"糟得很"的理论，"都不应该跟着瞎说"；还以磅礴的革命气势，严正警告当时炙手可热的蒋介石及其同党张静江不得对湖南农民运动说三道四，否则，必将被几万万中国农民葬入坟墓。

《报告》写好后，毛泽东一面以此给中央农民运动讲习所学员与国民革命军前敌总指挥部政工人员训练班作讲课教材，武装大家的头脑；一面将其寄交尚在上海的中共中央。毛泽东的《报告》在武汉给学员们宣讲时，立即受到广大学员的热烈欢迎，但令人遗憾的是，没有得到在上海的中共中央总书记陈独秀的共鸣。陈独秀看了《报告》后，觉得处处与他的右倾思想相抵触，因而气不打一处来，大骂毛泽东年轻气盛、思想偏激。当场决定拒绝刊登，搁置不理。

为了扩大革命影响，毛泽东将《报告》同时寄送国民党中央机关报《汉口民国日报》，也被禁止发表。

就在毛泽东为刊发《报告》屡屡受挫、一筹莫展时，1927 年 3 月中旬，中共中央政治局常委瞿秋白，为筹备中共五大，由上海来到武汉，下榻于汉口英租界辅义里 27 号一楼。瞿秋白自幼接触农民，深知农民之苦，参加革命后，一直重视农民问题。早在 1923 年中共三大时，他在他起草的党纲草案中，就提出“不让农民参加，革命不能成功”的科学论断。1926 年 8 月，他在黄埔军校演讲《国民革命中的农民问题》时，就指出当时国民革命成败的关键，就在于能否解决农民的土地问题。

英雄所见略同。由于瞿秋白与毛泽东在农民问题上的看法不谋而合，所以，他在武汉读到毛泽东的《报告》全文时，很是兴奋，认为遇到了知音，因而对毛泽东的《报告》倍加赞赏。当他得知陈独秀不准全文发表《报告》于中共中央理论刊物《向导》上时，深表不满。又得知国民党中央机关报虽然登了，只是登了前两章。《汉口民国日报》也拒绝刊登时，更是气愤。他愤怒地说：“这样好的文章都不敢登，还革什么命!”他当即决定，以中共中央的名义，发表了前两章（《毛泽东年谱》(修订本）上卷，第 182 页；《毛泽东传》上卷，2004 年版第 132 页)。不仅如此，他还决定由中共在武汉的出版机构从速排印，出版单行本，下发全党。瞿秋白对《报告》倾注了全部的热情，在排版《报告》之前，他又以抱病之躯，于 1927 年 4 月 11 日深夜，特给《报告》写了一篇热情洋溢长达 1500 多字的序言。他在序言的结尾大声疾呼：“中国农民要的是政权，是土地。因为他们要的是这些应得的东西，便说他们是‘匪徒’。这种话是什么人说的话！这不但必定是反革命甚至不是人。农民要这些政权和土地，他们是要动手，一动手自然要侵犯神圣的绅士先生和私有财产。他们实在无分可过。他们要不过分，便只有死，只有受剥削！中国农民都要动手了，湖南不过是开始罢了。”最后，他又热情洋溢地赞扬了《报告》的作者毛泽东，并向全党发出了认真学习毛泽东《报告》的号召。他写道：“中国革命者都要代表三万万九千万农民说话做事，到战线中去奋斗，毛泽东不过开始罢了。中国革命者个个都应当读一读毛泽东这本书，和读彭湃的《海丰农民运动》一样。”

在瞿秋白的大力支持与亲自督促下，毛泽东的《报告》终于以单行本问世了，并下发给了党内同志。《报告》的公开出版，在武汉乃至全国产生了巨大的反响，江西农运领袖方志敏、武汉中央军校政治部主任陈毅等均收到了《报告》单行本，表示完全赞成毛泽东的观点。《报告》单行本也很快被共产国际驻武汉的顾问和记者看到，并迅速传播到莫斯科，译成俄文，全文刊登在共产国际的机关刊物上以示推崇。

就在《报告》公开发表前，毛泽东因操劳过度，且忧心于当时危如累卵的革命形势，不幸病倒了。病中的毛泽东，手拿《报告》单行本，激动不已，疲惫的病躯当即感到轻松了许多，对瞿秋白充满了感激之情。

为表达感谢，一天夜晚，病后初愈的毛泽东，从南岸武昌坐轮渡横渡长江来到位处北岸汉口的瞿秋白寓所，当面向瞿秋白致谢。瞿秋白见毛泽东到来，急忙放下一切，兴奋地请毛落座，并飞快地递上香烟一支，自己也点燃了一支。瞿秋白关切地问：“润之，你不是病了吗？深夜跑这么远？”毛泽东真诚地答道：“我今天特为致谢而来，何敢言远？”瞿秋白不解地问：“啊呀，此话怎讲？”毛泽东感激地说：“我那本小册子，倘不蒙君大力相助，何能刊行印刷？”瞿秋白谦逊地说：“言重了！言重了！这是应该的！”毛泽东又赞扬说：“还有那篇序言写得真好，热情洋溢！”接着，他高声朗诵了其中的一段话：“中国革命者都要代表三万万九千万农民说话做事，到战线中去奋斗，毛泽东不过开始罢了。”“哪有你这位湖南辣子来劲，‘土豪劣绅，晓得三民主义么！’”说罢，两位青年革命家同时大笑了起来……

《湖南农民运动考察报告》经过曲曲折折，终于在革命军中刊发，唤起了中国革命农民运动的星星之火。

（参见汤胜利、莫红梅：《真相——毛泽东的风雨人生》，中国文史出版社 2013 年 12 月版）

◇王明的谎言与历史的真相是什么？

中共中央党校哲学教研部学术委员会主任、教授、博士生导师许全兴，在《毛泽东哲学思想研究动态》上撰文，揭穿了王明的谎言，还原了历史的真相。他说，王明这个人，大家并不陌生，在1931年1月至1935年1月遵义会议前是中国共产党内“左”倾冒险主义错误的主要代表，在抗日战争初期又犯投降主义的错误。他长期拒绝党的批评和帮助，20世纪60年代后，在其外国主子的指挥下疯狂地反对中国共产党。在垂死之年，他还以中国革命“参加者”的身份写文章、出版著作，歪曲历史真相，恶毒攻击和诽谤毛泽东思想。他在《中国共产党五十年和毛泽东的背叛》反革命的谤书中编造了这样一个谎言：毛泽东思想（他称之为“毛泽东主义”）是毛泽东为了维持个人在党内的领袖地位而创造出来的。

“奇文共欣赏，疑义相与析。”读者恐怕很想知道王明是如何编造的，故摘其要点如下：

从1941年9月开始，毛泽东在同政治局同志的个别谈话中，常常谈到他自己想创立“毛泽东主义”的愿望。下面就是毛泽东和我进行这种谈话的内容。

——王明同志，我想创造毛泽东主义？你看怎样？

——为什么？

——一个领导人，要是没有自己的“主义”，那他在活着的时候就能为别人推翻，在他死后，也会受到攻击。要是有了“主义”，那情况就不同了。你看，马克思有马克思主义，第二国际分裂为不同的派别，但没有一个人敢反对马克思和马克思主义。列宁有列宁主义，第三国际及联共（布）也有不少集团和派别，但没有一个人敢公开反对列宁和列宁主义。孙中山有三民主义，国民党里也有不同的集团，但没有人敢公开反对孙中山和三民主义。如果我没有自己的主义，即使“七大”选我为中共中央主席，但别人也能推翻我。

毛泽东还谈：要创立毛泽东主义，我仍然保留马克思主义，反对仅仅是列宁主义。

我公开对你讲，如果一个人没有自己的“主义”，一般说来，那他就没有好的结果。

你的什么著作可以作为建立毛泽东主义的基础呢？——我问。

什么著作？新民主主义就是毛泽东主义。我的《新民主主义论》是毛泽东主义的第一部奠基的理论著作。在1939年写《新民主主义论》时，我注意的正是这一点。但那时没有公开讲，现在可以讲了。（王明：《中国共产党五十年和毛泽东的背叛》，莫斯科政治著作出版社，俄文1979年第2版，第15—16页）够了，为了不使本文过长，我就不再引了。

王明在临死前的1974年煞费苦心写的这段“回忆”，有问有答，活灵活现，听起来像真的一样，颇能迷惑一些不明历史真相的人。但是，谎言毕竟是谎言，谎言掩盖不住历史的真相。

王明在他的反革命谤书中只能靠“回忆”（实即编造）他和毛泽东同志的“个别谈话”来作为攻击毛泽东思想和毛泽东同志的材料。他没有（当然也不可能有，因为事实上根本就没有这样的材料）列举出有第三者在场的谈话和文献资料。在这里我们倒可以列举大量的史实和文献来戳穿王明所臆造的谎言。

王明在他的谤书中，把毛泽东同志在中国共产党内的领袖地位说成是靠阴谋手段取得的和维持的，这是对中国共产党历史的莫大歪曲。毛泽东同志之成为中国共产党的领袖，并不是自封的，也不是靠人为的树立的。“党在奋斗的过程中产生了自己的领袖毛泽东同志。”（《关于若干历史问题的决议》1945年4月20日中国共产党第六届中央委员会扩大的第七次全体会议通过）“他之成为我们党和中国民族与中国人民的领袖，正是我们全党和全国广大人民所审慎选择的结果。”（刘少奇：《论党》，《刘少奇选集》上卷，人民出版社1981年版，第320页）中国共产党人和中国人民的这种选择亦为当时的共产国际所承认。在1938年9月召开的中共中央六届六中全会上，王稼祥同志传达了共产国际的指示，其中谈道：“从中国革命实际斗争中，应该承认毛泽东同志是中国共产党的领袖，王明等人不要再争吵了。”共产国际的领导人之一的曼努意斯基在1939年3月召开的联共（布）第十八次代表大会上的报告中充分肯定了共产国际的第二支部中国共产党在领导中国革命过程中取得的伟大成绩，同时指出：“中国共产党的坚强，就是它那样提拔和造就新的干部的工作。中国共产党的优秀人物——毛泽东和朱德是政治领导者和天才将领品质俱优的人物。”在中国共产党的历史上，如果说有谁靠阴谋取得领导权的话，此人不是别人，正是王明。在 1931 年 1 月召开的中共六届四中全会上，王明靠第三国际代表米夫的支持，靠要弄手段，窃取了中央的领导权。但是这种靠阴谋手段、人为地树立起来的领导是不可能长久的。王明的“左”倾冒险主义的领导，给中国共产党和中国人民带来惨重的损失。他理所当然地为中国人民所抛弃。自命为百分之百的布尔什维克的王明，虽然得到共产国际中某些人的支持，但从未成为中国革命的领袖，他充其量不过是中国革命舞台上的一个过客。中国人民的伟大领袖毛泽东同志是在长期的艰难曲折的中国革命过程中产生的，为中国人民所拥护和爱戴。这是历史的真实。这是关于历史人物唯一科学的历史唯物主义观点。而王明的“阴谋论”是十足的历史唯心主义。

王明把毛泽东思想说成是毛泽东个人的臆造，这又是对历史真相的极大歪曲。在中国大地上诞生毛泽东思想绝非是偶然的。十月革命后，中国逐渐地成为世界东方矛盾的焦点和革命的中心。《共产国际第八次执行委员会全体会议关于中国问题决议案》（1927 年 5 月）说：“伟大的中国革命将更加成为意义重大之动力，成为反对国际帝国主义之全部组织及其最重要的中心。”《共产国际第六次代表大会关于国际形势与共产国际任务的提纲》（1928 年 8 月 29 日）说：“世界资本主义总危机今天已在殖民地和半殖民地国家许多起义和革命中暴露无遗。”“其中最大的，而且具有划时代意义的就是中国革命。”毛泽东思想正是继十月革命之后“最大的，而且具有划时代意义”的革命经验总结，是马克思列宁主义普遍真理与中国革命具体实践相结合的产物。它绝不是毛泽东同志个人的臆造，而是中国共产党集体智慧的结晶。毛泽东思想存在于中国革命中和中国人民的思想意识中。中国革命的胜利无可辩驳地证明毛泽东思想是科学真理。这是历史的真实本质。王明把毛泽东思想说成是毛泽东同志个人的臆造，是对毛泽东思想和中国共产党历史的歪曲。王明的这种说法，不管他能编造出多少“材料”，但本质上是唯心主义的。王明把毛泽东思想说成是反列宁主义的，这完全是在重复其主子攻击中国共产党的谰言，荒唐之至，不值一驳。

王明认为，毛泽东思想是毛泽东同志为了维持个人地位而提出的，这纯粹是对毛泽东同志的恶毒诽谤。毛泽东思想是在同国内外阶级敌人斗争过程中，在同党内把马克思主义教条化、把共产国际决议和苏联经验神圣化的错误倾向作斗争过程中逐步形成和发展起来的。在第二次国内革命战争后期，毛泽东思想业已形成，对中国革命起着巨大的指导作用。但那时还没有使用“毛泽东思想”的提法。“毛泽东思想”这一科学概念的提出，如同毛泽东思想形成一样，也有一个过程。

在中国共产党的高级干部中，首先见之于公开书刊，号召学习毛泽东的理论和实践的不是别人，正是王明本人。那时的王明，虽不承认自己的错误，但却不得不在口头上承认毛泽东在理论上的贡献。1940 年 5 月 3 日，作为中共中央书记处书记之一的王明，在延安泽东青年干部学校开学典礼上发表了题为《学习毛泽东》的讲演。5 月 7 日的《新中华报》和 7 月 5 日出版的《中国青年》第二卷第 9 期全文刊登了王明的讲话。王明说：“对于青年干部学校的学习问题，我只想简单地贡献五个字：‘学习毛泽东’。青年干部学校既以毛泽东同志的光辉名字来命名，那就要名副其实，就是要学习毛泽东同志的生平事业和理论。”接着，他提出了学习毛泽东的五个方面，即学习毛泽东“始终一贯地忠于革命的精神”“勤于学习的精神”“勇于创造的精神”“善于工作的精神”和“善于团结的精神”。关于毛泽东的学习精神，王明说：“毛泽东同志比我们党内任何同志都学得多，比我们党内任何同志都学得好，真正地学习了马列主义，真正地善于把马列主义灵活地应用到中国革命的实践中。”在谈到毛泽东的创造精神时，王明说：毛泽东“在其理论和实践中有很多新的创造”，并列举了毛泽东“在建设苏维埃的政权问题上”“在创建中国工农红军的事业上”“在建立民族统一战线问题上”“在建立新民主主义政权问题”等五个方面的“新创作”“新发展”和“新贡献”。他认为，“毛泽东同志写的《抗日游击战争中的战略问题》《论持久战》等军事著作，不仅是抗日民族解放战争的军事指南，而且是马列主义理论在军事问题上的新发展”。“《新民主主义论》不仅是中国现阶段国家问题的指南，而且是一切殖民地半殖民地关于建立革命政权的指南，同时也就是对马列主义关于国家问题的新贡献。”最后，他号召全国优秀青年，“应该以毛泽东为模范，应该学习毛泽东”。笔者较多引王明的话无非是想以子之矛攻子之盾，用王明自己的话来戳穿他自己编造的谎言。

在王明讲话之后，党内的一些理论工作者开始使用“毛泽东同志的思想”“毛泽东同志的理论和策略”等提法，宣传毛泽东思想。他们在论著中认为，毛泽东同志的《论持久战》《论新阶段》和《新民主主义论》等著作“是中国的最优秀的真正马列主义作品”，是“马列主义理论与中国革命实践结合的结晶体”，是马克思主义哲学中国化的“光辉的范例”“典型著作”。有的文章还认为以毛泽东同志为首的中国共产党人“已经向前推进了马列主义，已经给马列主义的总宝库提供了好多新贡献，添加了许多珍贵东西”，它“不仅对于中国革命及中国人民解放斗争的现在及将来有莫大的意义”，而且“对一切殖民地半殖民地国度的革命运动，均有莫大的贡献”。有的文章指出，我们党的教育人才“应该是忠实于列宁、斯大林的思想，忠实于毛泽东同志的思想”，“要尽量去阅读马克思、恩格斯、列宁、斯大林的古典名著，以及毛泽东主要杰作”（见实甫的《掌握创造性的马克思主义》（《解放》第123期，1941年1月16日）、张如心的《论布尔塞维克的教育家》（《共产党人》第16期，1941年3月）和《在毛泽东同志的旗帜下》（《解放》第127期，1941年4月30日）、艾思奇的《抗战以来的几种重要哲学思想评述》（《中国文化》第3卷第2、3期合刊，1941年8月20日）和培元的《论新哲学的特性和新哲学的中国化》（《中国文化》第3卷第2、3期合刊，1941年8月20日）等文章）。1941年九十月间，中央政治局召开扩大会议，检讨党的历史。与会同志对毛泽东同志和他的理论都作了高度评价。如：陈云同志说，“毛泽东是中国革命的旗帜”；罗迈（李维汉）同志说，“毛主席——创造的马克思主义者之模范、典型”；王稼祥同志说，“过去中国党毛主席代表了唯物辩证法”；叶剑英同志说，“毛主席由实践到理论，这是我们应该学习的”（按：刘少奇、周恩来同志未参加这次会议）。（中央文献研究室和中央档案馆：《关于毛泽东思想提出的历史过程》）在此以后，我们党的领导同志和理论工作者发表论述、赞扬毛泽东同志著作、理论、思想的文章逐渐增多。1943年7月8日中共中央机关报《解放日报》发表了王稼祥同志的《中国共产党与中国民族解放道路》一文，第一次使用毛泽东思想这个概念，指出，“毛泽东思想就是中国的马克思主义”。

但是，毛泽东同志本人对自己的理论观点是十分严谨审慎的，对是否要提出宣传毛泽东思想的问题在相当长的时间内持保留态度，而且他认为，他的思想并不是他一个人的思想，“是千百万先烈用鲜血写出来的，是党和人民的集体智慧。”（中共北京市委党校理论研究室：《四十年来关于毛泽东思想的一些提法》，《红旗》杂志1981年第2期）

1943年，正值毛泽东同志五十岁，中国共产党内一些同志酝酿为他祝寿，并提出宣传毛泽东思想。当时的中宣部长凯丰同志把这个意见报告了毛泽东同志。他既不同意做寿，也不同意提毛泽东思想。关于后一问题，他在4月22日给凯丰同志复信里是这样说的："我的思想（马列）自觉没有成熟，还是学习时候，不是鼓吹时候；要鼓吹只宜以某些片断去鼓吹（例如整风文件中的几件），不宜当作体系去鼓吹，因我的体系还没有成熟。"（毛泽东：《致何凯丰》，《毛泽东书信选集》，人民出版社1983年版，第212页）

1945年4月21日，毛泽东同志在中共"七大"预备会上的报告中说："决议案上把好事都挂在我的账上，所以我对此要发表点意见。写成代表，那还可以，如果只有我一个人，那就不成其为党了。"（毛泽东：《中国共产党第七次全国代表大会的工作方针》，《毛泽东在七大的报告和讲话集》，中央文献出版社1995年版，第13页）在"七大"确定用毛泽东思想的提法，并规定它是我们党的指导思想时，毛泽东同志表示，一定要用个毛泽东思想，他也可以同意，因为党总要找个代表。他说："毛泽东思想不是一个人的，都是从大家来的，我把它综合起来，把它概括起来，你们叫毛泽东思想也可以。"（吴正裕：《毛泽东思想是以毛泽东同志为代表的中国共产党集体智慧的结晶》，载《光明日报》1981年12月20日）毛泽东同志的这些话，不只显示了他的谦虚，而且表明他完全是用历史唯物主义的观点来看待革命的理论，看待自己的思想的。

王明在"回忆"中说，毛泽东要创立"毛泽东主义"，这纯粹是无中生有。其实，毛泽东同志从来就反对"毛泽东主义"的这种提法。1943年，有的同志在给毛泽东同志50寿辰的贺电中提到毛泽东主义。毛泽东同志说，不能在马克思列宁主义之外再搞一个什么主义，不要一个国家、一个政党的领袖都搞成另一个主义，日本党搞个德田球一主义，美国党搞个福斯特主义，这怎么行？我们就是一个主义，马克思列宁主义（《杨献珍同志谈学习毛泽东同志的八篇著作》，全国党校第三届哲学年会材料）。1948年8月，吴玉章同志想在华北大学开学典礼上的讲话中把毛泽东思想改成毛泽东主义，他打电报向毛泽东同志请示。毛泽东同志回电说："那样说是很不适当的。现在没有什么毛泽东主义，不是什么'主要的要学习毛泽东主义'，而是必须号召学生们学习马恩列斯的理论和中国革命的经验。这里所说的'中国革命经验'，是包括中国共产党人（毛泽东也在内）根据马恩列斯理论所写的某些小册子及党中央各项规定路线和政策的文件在内。"（毛泽东：

《致吴玉章》，《毛泽东书信选集》，人民出版社 1983 年版，第 303 页）

总之，以上确凿的史实和文献资料有力地戳穿了叛徒王明所编造的谎言。“桀犬吠尧堪笑止。”王明的谎言，除了为中国人民再增添一点反面教材外，只能证明他自己不过是一条断了脊梁骨的癞皮狗，而丝毫无损于毛泽东思想的光辉和毛泽东同志的高大形象。

（参见许全兴：《为毛泽东辩护》，当代中国出版社 1996 年 7 月版）

◇是谁最早判断美军可能在仁川登陆的？

抗美援朝的硝烟散去已 60 多年了，有关那场战争的传奇已淡入了岁月的烟尘，并铭刻在历史的丰碑上。然而，与抗美援朝有关的一些史实，却在经年累月的传播中逐渐走样，并被以讹传讹直至今天……

1950 年 6 月 25 日，朝鲜内战爆发，美国立即进行武装干涉，并操纵联合国安理会通过决议组成“联合国军”，支援南朝鲜军作战。战争初期，朝鲜人民军向南一路势如破竹，进展顺利。8 月上旬后，由于战线延长和美军兵力增多，人民军攻势减弱，战争在洛东江一带形成胶着状态。9 月 15 日，麦克阿瑟指挥美第十军在仁川登陆成功，截断人民军后路，南北夹击人民军，朝鲜战场形势逆转。对美军实施仁川登陆，中国方面是预有判断的。那么是谁最先作出了判断？

1989 年出版的一部关于抗美援朝战争纪实文学的书问世，该书首次披露了原军委总参作战室主任雷英夫于 1950 年 8 月下旬，最早作出了美军可能在仁川登陆的判断，并且毛泽东、周恩来对他的判断很感兴趣，毛泽东还召见他当面听汇报。此后，一些史学研究工作者和纪实文学作者对此大加引用，直到现在。雷英夫本人也多次发表回忆文章，谈到此事。他在 1995 年就此事撰写文章指出，总参作战室不仅预测了美军的登陆地点是仁川，而且判断出美军的登陆时间是 1950 年 9 月 15 日。对此，国内许多报刊竞相转载，甚至有的权威官方性质的著作也加以引用。然而，关于这种说法，在国内关于抗美援朝战争的历史档案中均找不到任何佐证，多年从事抗美援朝战争史研究的一些学者，也一直持有异议。曾在军委总参作战室工作，并且是雷英夫部下的一位老同志，对此也有质疑。

1994 年，俄罗斯总统叶利钦将苏联时期关于朝鲜战争的部分档案，赠送给当时韩国总统金泳三。韩国外交部东欧科外交事务官白宙铉根据这些档案，整理了《苏联朝鲜战争档案摘编》(1949 年 1 月至 1953 年 8 月)。这个摘编表明，毛泽东、周恩来等中国领导人，早在朝鲜战争爆发刚一个星期，就对美军仁川登陆的可能性有所判断。1950 年 7 月 2 日，苏联驻华大使罗申应邀拜访周恩来。周恩来要求把毛泽东等中国领导人有关朝鲜半岛政治、军事形势的估计转告苏联政府。中国估计，美国在日本的 12 万驻军中，大约有 6 万兵力能够投入朝鲜；这些兵力可能在釜山、木浦、马山等港口登陆，然后沿铁路线向北进军。建议朝鲜人民军应迅速向南推进，以便占领这些港口。毛泽东认为，美军将有可能在仁川登陆，为了防守汉城，朝鲜人民军应该在仁川地区构筑巩固的防守阵地。《摘编》还表明，在 8 月至 9 月美军仁川登陆以前，毛泽东、周恩来等中国领导人曾多次通过苏联政府或直接向朝鲜同志指出过，美军在仁川登陆的可能性。这期间，毛泽东曾两次接见朝鲜政府的代表，同他们讨论朝鲜战争形势的发展。毛泽东分析，朝鲜战争的形势可能出现两种基本情况：

第一种是朝鲜人民军全歼美军，把他们赶下海；第二种是战争的持久化。如果是后一种情况，他估计美军会加强对大邱、釜山地区的防御，把朝鲜人民军的全部兵力牵制在这个地区，同时从其他地方登陆。毛泽东提醒朝鲜代表，注意应付后一种可能性，确保充分的后备兵力，更要注意敌人可能进攻的防御据点，如仁川—汉城和镇南浦—平壤地区。如果说韩国整理的俄罗斯档案资料对中国研究者来说属于“出口转内销”的话，那么，1950 年 10 月 2 日，毛泽东起草给斯大林的电报（未发出）也讲了这一情况。这个电报说：“还在今年 4 月间，金日成同志到北京的时候，我们就告诉他，要严重地注意外国反动军队侵略朝鲜的可能性。7 月中旬、7 月下旬和 9 月上旬，我们 3 次告诉朝鲜同志，要他们注意敌人从海上向仁川、汉城前进切断人民军后路的危险，人民军应当做充分准备，适时地向北面撤退，保存主力，从长期战争中争取胜利。”中央文献研究室原主任逄先知和李捷副主任撰写的，于 2000 年由中央文献出版社出版的《毛泽东与抗美援朝》一书中，引用了毛泽东这个电报的内容。但是，毛泽东、周恩来的提醒和建议没有引起朝鲜同志的重视。9 月 15 日，美军在仁川登陆一举成功。

由此看来，毛泽东、周恩来等中国领导人早在雷英夫之前一个多月，就对美军可能在仁川登陆作出了明确判断。雷英夫在 8 月下旬判断美军可能在仁川登陆并向毛泽东、周恩来汇报可能是事实，但说雷英夫是中国最早作出美军可能在仁川登陆判断的说法，是缺乏根据的。

（参见齐德学：《以讹传讹至今：抗美援朝四大谜团辨疑》，据《百年潮》《党史天地》，中共湖北省委党史研究室 2014 年 6 月 16 日第 23 期）

◇否定抗美援朝战争的一篇谬论

《炎黄春秋》2013 年第 2 期上发表了一篇题为《我对朝鲜战争的回顾与思考》的文章，署名“张泽石”（以下简称“张文”）。据作者介绍，他是这场战争中被敌方俘虏的战俘。60 年过去，此人“大彻大悟”了，彻底否定了过去抗击侵略者的斗争，奇谈累牍，怪论连篇。据“张文”称：“美国并不打算侵略中国”，“我们实际上是在帮助吞并韩国”。他大彻大悟道：“当年在战俘营里，我们这些同胞兄弟竟然会因为跟我们生命毫不相干的，什么主义斗得死去活来，实在是太愚蠢了！”伟大的抗美援朝战争便这样被他轻轻一笔完全抹杀了。

尤其值得注意的是，“张文”不仅一笔抹杀抗美援朝，而且连整个中国革命也统统否定了。你看：“其实，现在来看 60 多年前的那场内战又何尝不是一场根本不该发生的骨肉相残的争斗？”如此一来，伟大的人民解放战争和人民革命在张某看来，也同样是“骨肉相残的争斗”！这样的文章居然刊登在中华炎黄文化研究会主管主办并在全国公开发行的刊物上，真是不可思议！

更加值得注意的是，该文把自己的赤胆忠心、感恩戴德和赞美颂扬毫无保留地统统献给了美帝国主义。作者追溯道：“我求学的初中、高中都是美国来华兴办的学校；我读的清华大学也是由美国退还庚子赔款兴办的。我应该感恩于我的母校，感恩于美国。何况近百年来，在所有西方国家里，美国对我们中国最好。抗日战争也是美国对我们援助最多。”……多好的美国啊！多么令人感激涕零的美国啊！那么中美之间的矛盾又是如何产生的呢？该文耳提面命地告诫我们：“主要是由于多年来双方在政治制度上的对立造成的。”那么，解决之道何在呢？该文为我们提供了答案：“我深信，一旦大陆也像台湾那样走上民主宪政的发展道路，中美关系必将发生根本性转变。中美两国将不再只能够和睦共处，还会携手去维护世界和平。”多么诱人的憧憬啊，多么尽善尽美的梦想啊！一句话，死心塌地充当美国附庸，走台湾的路，这便是张泽石先生为我们开出的独一无二的救国乃至救世良方！

种种奇谈怪论，令人费解。请看当年的历史真相，历史不能颠倒，更不能篡改。

历史告诉我们的客观事实是这样的：1950 年 6 月 25 日，朝鲜内战爆发。27 日，美国总统杜鲁门公然宣布武装入侵朝鲜，武装侵占我国领土台湾。7 月 7 日，美国又操纵联合国安理会通过非法决议，以美军为主组成所谓“联合国军”，扩大侵略战争。10 月 19 日，美国侵占平壤，并狂妄地叫嚣要在感恩节（11 月 23 日）前达到鸭绿江，宣称“鸭绿江并不是把‘中朝’两国截然分开的不可逾越的障碍”。司马昭之心，路人皆知。在这种情况下，中国人民支援朝鲜人民的抗美斗争，不仅是道义上的责任，而且是同我国人民的切身利害紧密相关的大事。唇亡则齿寒，户破则堂危。抗美援朝即是保家卫国。稍具爱国心的中华儿女对此是不难理解的。当年志愿军战士在朝鲜战场上的英雄行为和各阶层人民在后方所焕发出来的崇高的革命热情，可以毫不夸张地说，乃是爱国主义与国际主义的完美结合。

朝鲜战争爆发，毛泽东就在国事如山的繁忙中，时时关注事态发展和思考可能发生的后果。在 8 月 4 日的政治局会上，毛泽东指出：“如美帝得胜，就会得意，就会威胁我。对朝鲜不能不帮，必须帮助，用志愿军的形式，时机当然还要适当选择，我们不能不有所准备。”同一天，代总参谋长聂荣臻向毛泽东报告，提出准备派部分高炮部队进入朝方一侧，以确保鸭绿江大桥安全。毛泽东当即批示：“同意。”这对日后确保志愿军顺利出兵，是一个重要决定。

凡事预则立。早在 7 月 7 日，联合国在苏联缺席的情况下，通过了成立联合国军司令部的决议，任命美国远东军总司令麦克阿瑟兼任联合国军总司令。几乎同时，毛泽东决定调几个军摆在鸭绿江边，组建东北边防军，在 9 月底完成一切作战准备。9 月 5 日，毛泽东在中央人民政府委员会会议上说：“就目前情况来看，朝鲜战争持久性的可能性正在扩大。”“我们中国人民是打惯了仗的。我们的愿望是不要打仗，但你一定要打，就只好让你打。你打原子弹，我打手榴弹，抓住你的弱点，跟着你打，最后打败你。”这些话反映了毛泽东毫不惧怕任何敌人和任何困难的革命气势，并已作出了最坏的可能性的准备。但中国出不出兵，毛泽东有个底线："美帝国主义如果不过三八线我们不管。如果过三八线，我们一定打过去。"

9 月 15 日，朝鲜战事发生急剧变化。美军 7 万余人，在仁川港登陆，切断了位于朝鲜南部洛东江边作战的朝鲜人民军主力的退路，使之腹背受敌，人民军被迫实行战略退却。

9 月 29 日，毛泽东接到周恩来报告：美帝国主义公开表示将进军三八线以北。毛泽东指示周恩来向世界宣告："中国人民热爱和平，但为了保卫和平，从不也永远不害怕侵略战争。中国人民决不容忍外国的侵略，也不能听任帝国主义对自己的邻国肆行侵略而置之不理。"

10 月 1 日深夜，金日成首相向中国政府提出出兵支援的请求。

尽管毛泽东对出兵早有思想准备，但要使一个刚刚从战火中获得新生的人民共和国再次面临血与火的考验。中美两国国力悬殊。1950 年美国产钢 8720 万吨，工农业总产值 2800 亿美元；而我国产钢 60 万吨，工农业总产值 100 亿美元。美国有原子弹和世界最先进的武器装备和最强的工业生产能力。中国出兵援朝，美国如果大举轰炸中国东北重工业基地和内地大城市怎么办？蒋介石还占着联合国安理会席位，不断叫嚣"反攻大陆"；新中国刚诞生，土匪敌特活动猖獗，经济亟待恢复，人民生活困苦，如果战争打起来，国家负担得起吗？

10 月 2 日到 5 日，中央连续三天召开会议。尽管毛泽东早已有了自己的打算，但多数同志不赞成出兵或有疑虑，林彪又称有病，拒绝率兵入朝。10 月 4 日，毛泽东派专机到西北接彭德怀来京，彭说："已经打到家门口了，不打不行。如果美国得逞，他随时都可找借口对你进行侵略。现在打，最多只当晚解放几年。"并愿挑起统兵重担。毛泽东心里有了底，他尽力用充分的理由和真诚的耐心，对敌我友情况和发展趋势的利弊反复分析、比较，说服自己的战友和同志。毛泽东说："你们说的都是理由，但是别人处于国家危急时刻，我们站在旁边看，不论怎么说，心里也难过！"这是一个多么民主、何等艰难的决策！在争取到大多数同志赞同后，又经多方磋商准备，10 月 18 日中央军委会议决定：10 月 19 日晚，中国人民志愿军跨过鸭绿江。

从 10 月 1 日金日成请求出兵支援，到决定志愿军 10 月 19 日开赴异国战场，这18天，对毛泽东来说，在冥思苦想、无数次交流谈话、反反复复查看敌情资料中，一个个不眠之夜匆忙而又漫漫……

彭德怀后来回忆说：“这个决心不容易下，这不仅要有非凡的胆略和魄力，最主要的是具有对复杂事物的洞察力和判断力。历史证明了毛主席的英明正确。”

朝鲜战争并非我们发起，而是美国人打到了我们的家门口，张牙舞爪，咄咄逼人，危我生存，迫我反抗，这便是历史的真相。

这场惊天地、泣鬼神的战争终于以革命人民的胜利和美国及其帮凶的失败而告终。担任“联合国军”总司令的克拉克后来在他的回忆录里沮丧地写道：“我获得了一个不值得羡慕的名声：我是美国历史上第一个在没有取得胜利的停战协定上签字的司令官。”这大长了世界革命人民的志气，大灭了帝国主义和一切反动派的威风。中国人民的民族自尊心和自豪感大大增强，过去存在于一部分中国人中的亲美、崇美、恐美思想为之一扫。

“张文”以十二万分的热情，感激涕零的虔诚，赞颂美国在中国兴办学校等“善举”。作者说：“我求学的初中、高中都是美国来华兴办的学校；我读的清华大学也是由美国退还庚子赔款兴办的。我应该感恩于我的母校，感恩于美国。何况近百年来，在所有西方国家里，美国对我们中国最好。”如此等等。

这些话怎么听起来十分耳熟？一查书籍，才发现早在新中国成立前夕，美国国务卿艾奇逊便说过类似的话：“从我们历史很早的时期起，美国人民和政府就关心中国了。虽然距离遥远，背景又大不相同，把中美两国隔离开了，可是那些在宗教、慈善事业和文化方面团结中美两国人民的纽带，一直在加深着美国对中国的友谊，许多年来种种善意措施便是证据，例如用庚子赔款来教育中国学生，在第二次世界大战期间废除治外法权，以及战时和战后对中国的大规模援助等等。”时隔一个甲子，张文不过是复述艾奇逊的谰言而已，何其相似乃尔。

遥想当年，毛泽东在为批驳艾奇逊和美国白皮书而写的《丢掉幻想，准备斗争》《别了，司徒雷登》《为什么要讨论白皮书？》《“友谊”，还是侵略？》《唯心历史观的破产》等文章中对此曾做过事实极其充分、说理十分透彻的论述。事情就有那么的凑巧，其中《“友谊”，还是侵略？》竟仿佛是针对“张文”而写的一般。文中说：“美帝国主义比较其他帝国主义国家，在很长的时期内，更加注重精神侵略方面的活动，由宗教事业而推广到‘慈善’事业和文化事业。”“参加八国联军打败中国，迫出庚子赔款，又用之于‘教育中国学生’，从事精神侵略，也算一项‘友谊’的表示。”“治外法权是‘废除’了，强奸沈崇案的犯人回到美国，却被美国海军部宣布无罪释放，也算一项‘友谊’的表示。”（《毛泽东选集》第4卷，第1506页）时隔整整一个甲子，想不到“张文”却又来重复艾奇逊的无耻谰言，在毛泽东的照妖镜下无所遁形，原形毕露。

“张文”作者的遭遇，按他本人所说，那是令人同情的。但从此文来看，不禁让人怀疑此人是否已经接受了当年在战俘营里被灌输的那一套？经过洗脑，怪论连篇，一副卖国求荣的嘴脸，是可忍孰不可忍！

（参见艾辛：《是可忍孰不可忍？——评否定抗美援朝战争的谬论》，《中华魂》2013年4月）

（参见陈中虎、陈孝良：《“立国之战”的最高决策者毛泽东——纪念抗美援朝战争胜利60周年》，《中华魂》2013年11月）

◇毛岸英死在朝鲜战场上，这件事是不是和彭德怀没尽到责任有关？

周世钊1950年10月第一次去北京见到毛泽东后，又于次年7月去了北京，是到北京社会主义学院学习去的。学院开学不久，毛泽东在一个星期天的晚上约见了他。从此以后，只要周世钊去了北京，每次都受到毛泽东的约见，其谈话内容，天上地下，过去未来，无所不扯，有时谈至深夜，忘记餐寝；有时豪兴骤起，吟诗赋对。对于这些，周世钊当然看作是特别的友谊和交往，这一认识无疑是对的，但是当历史轻轻揭去那一页以后，我们再来看他们之间的这种交往，虽然也同时认为那确实是一对老同学的特殊友谊，但同时也体会出了作为伟人内心深处的隐衷。正像毛泽东自己所说的：“当领袖也不自由啊！”有时，他内心是孤独的，所谓“高处不胜寒”即指这种境界。20世纪50年代中期，毛泽东便与江青分居了，他没有一个可诉衷肠的伴侣；“文化大革命”后，他的一批战友都先后落马，毛泽东环顾四下，时有苍凉之慨，所以，对于像周世钊这样的老同学、老朋友，毛泽东是能做到有甚说甚毫无保留的。

当然，他们的谈话都是随意性的，时事、政治、家事、国事，信手拈来。一次，周世钊问毛泽东："50 年代初的那场抗美援朝战争，下命令出兵了，但现在回想起来，不免有些后怕，要知道，当时我们还立脚未稳呵。再则，我们国家刚刚解放，国民党残余势力还未肃清，我们也还面临着一个和平建设自己国家的问题。当然，最终还是我们打赢了，但如果真打不赢，那后果就不堪设想了。"

毛泽东道："是呀，你说的不是没有道理的哟。你还记得 1950 年 10 月我们的谈话吗？那个时刻是很危险的呀。正是我们庆祝国家成立一周年的时候，我们接到了朝鲜金日成首相和朴宪永外相的告急电报。电报明言要求我们出军援助。10 月 2 日，我打电报，就我国拟派兵出国作战一事，与斯大林同志商量，我们都是社会主义国家嘛，随即，我们召开了政治局扩大会议，就是否派兵出国作战问题一起磋商。10 月 4 日，中央派飞机去西安，接彭德怀同志回北京开会。那次德怀同志是急匆匆地赶到了中南海颐年堂会议室，我即请他就是否出兵作战问题发表意见。会后，我还对他说：'德怀呀，我这个决心可不容易下哟！一声令下，三军出动，那就关系到数十万人的生命。打得好，没有可说的；打不好，危及国内政局，甚至丢了江山，那我毛泽东对历史、对人民都没法交代哟！政治局扩大会议上，大家的担心都是有道理的。不过，金日成危急了，我们要不管，那社会主义阵营还不是一句空话？'彭德怀听了我的话，也是扎扎实实想了一天一晚，后来才下了决心的，在第二天下午的发言中，彭德怀的发言支持了我的决心，他说：'出国援朝是必要的。打烂了，等于解放战争晚胜利几年。如果美军摆在鸭绿江边和台湾，它要发动侵略战争，随时都可以找到借口。'还是彭德怀说得对呀，美帝国主义侵略朝鲜的真正目的，实际上是要侵略中国。如果我们对朝鲜问题置之不理，美帝国主义就会得寸进尺，它就会走日本侵略中国的老路，甚至比日本搞得更凶。所以，这一仗是不得不打呀。"

周世钊认真地听着，关于那一场战争的具体情况和背景，是不太清楚的，毛泽东的这段谈话，对他来说是大开思路的。

毛泽东充满激情地继续说："结果是怎么样，战争是我们打胜了，中朝人民胜利了，美帝国主义失败了。这就是历史的结论。抗美援朝这一仗，我们不仅打出了军威，也打出了国威呀。通过这一场战争，我们新中国在国际上的地位大大地提高了，那些过去眯着眼睛看我们的一些人，也不能不正视我们的国力军威了。战争结果的影响，不仅是国际的，也是国内的，抗美援朝战争的胜利，大大地鼓舞了我国人民，人民群众的那种建设国家的热情，空前地激发出来了。由此看来，这场战争，还是打的值得的。”

战争有正义的战争，也有非正义的战争，我们参加的这场战争，是一场保家卫国的战争，是正义的，而正义会得道，正义会多助，正义必胜。这场战争，我们胜利了，但也付出了代价，其中包括毛泽东的爱子的献身。想到这里，周世钊直言相问：

“你的儿子毛岸英也到了朝鲜，但是他却死在朝鲜战场上了，这件事您怎么看。如果您不派毛岸英到朝鲜战场上，我看他是不会牺牲的。现在，他已死在那里，这件事是不是和彭德怀老总没有尽到责任有关?”

毛泽东沉默了。

这是一个严肃的话题，周世钊有些后悔提到这个让人伤心、让人难以正面回答的问题。屋子里是静悄悄的，沉静中蕴含着无言的苦痛。周世钊正想转换话题，毛泽东说话了：

“你这话有对的一面，也有不对的一面。”毛泽东示意周世钊不必转换话题，从口袋里掏出半截烟，点上火，重重地抽了一大口说：“当然你说如果我不派他到朝鲜战场去，他就不会牺牲，这是可能的，也是不错的。但是你想一想，我是极力主张派兵出国的，因为这是一场保家卫国的战争。我的这个提议，在中央政治局的讨论会上，最终得到了党中央的赞成，作出了抗美援朝的决定。这个决定，不仅得到了中国人民、朝鲜人民的支持和拥护，也得到了世界上一切爱好和平的人民的支持和拥护。同时，在我们国家内部，很快掀起了一个全国性的抗美援朝、保家卫国的爱国运动。要抗美援朝，我们不是物资的援助，金日成同志的告急电报明写着‘急盼中国人民解放军直接出动援助我军作战’，要作战，就要有人，派谁去呢?我作为党中央的主席，作为一个领导人自己有儿子不派他去抗美援朝、保家卫国，又派谁的儿子去呢?人心都是肉长的，不管是谁，怜子之心都是一样。如果我不派我的儿子去，而别人都像我一样，自己有儿子也不派他去上战场，光派别人的儿子去上前线打仗，这还算是什么领导人呢?这是一个方面。另一方面，岸英是个年轻人，他从苏联留学回国后，去农村劳动锻炼过，但他没有正式上过战场，没有打过仗，这是很不够的，一个人最好的成长环境就是艰苦，在战斗中成长要比任何其他环境来得更严更快。基于这些原因，我就派他去朝鲜了。”

周世钊点了点头，他面前的这位老同学，真是一位巨人啊，一场保家卫国的战争，他在派人作战上，首先想到的是身先于人，将自己的亲子派去前线。战争意味着什么，他不是不知道，但他却毅然这么做了。不幸的是，这种灾难真的落到了他的头上。

毛泽东接着说：“岸英是我的好儿子，他牺牲在朝鲜战场上了。”说到这里，毛泽东声音哽咽了：“当我听到这个不幸的消息时，我的内心是很痛苦的。我有三个儿子，一个儿子丢了，一个儿子废了，就这个儿子，我一直很喜欢他，可是，他……”

毛泽东站了起来，缓缓地踱步到窗边。窗外，是古槐的虬枝。毛泽东尽量平抑着自己的内心，半天才说：“岸英牺牲以后，当时有人提议要把他的遗体运回国来安葬，我没有同意。我说服同志们，岸英不仅是我毛泽东的儿子，也是中国人民的儿子，他是响应党中央的号召，为抗美援朝，为保家卫国而牺牲的，就把他的遗体安葬在朝鲜的国土上，让它显示中朝人民的友谊，让中朝人民的友谊万古长青。”

毛泽东从窗边踱了回来，仍坐在他的沙发椅上。秘书走进来，在他的茶杯里又沏上了开水。毛泽东轻轻地吹着水面上的茶叶，望着周世钊说：“至于说到岸英的死是不是和彭德怀没有尽到责任有关，我说，话不能这样说。岸英的牺牲，责任完全在美帝国主义身上。岸英是为保卫中国人民、朝鲜人民的利益，为保卫我们祖国的安全而出国作战的，他是为反对帝国主义的侵略行为，为保卫世界和平事业而献身的，他的死，是光荣的。要说责任，彭德怀是没有责任的，不能去怪他。如果有人这么认为，那是不对的，这一点务必要让人们清楚。”

（参见谢柳青：《毛泽东和他的亲友们》，河北人民出版社 1993 年 2 月版）

◇毛泽东建国初期“罢免”贺龙军权的来龙去脉

1952 年，中华全国体育总会向中央人民政府副主席、中华全国总工会名誉主席刘少奇和中共中央呈递了《关于参加第十五届奥运会的情况报告》，报告中建议：在政务院下成立一个与各部委平行的全国体育事务委员会："委员会的主任委员，最好请贺龙那样的一位将军来担任。"

为什么中华全国体育总会向中央建议要贺龙元帅出任体委主任呢？

说来话长。原来，早在红军时期，贺龙担任红二方面军司令员时，就在部队中倡导体育运动，提出了"练好身子，战胜敌人"的口号。抗日战争时期，他担任八路军第一二〇师师长，创建了"战斗"体育工作队，下有篮球、排球等几个运动队。

贺龙还把一二〇师的"战斗"体工队带到了西南军区，扩建为拥有篮球、排球、足球、田径、垒球等专业队的、全军首屈一指的体育工作队。

而此时，在北京还没有建立国家级的专业体工队，也没有兴建体育场馆。贺龙的这些举措，当然为北京和全国各地的体育界人士所钦羡。有哪一个想振兴新中国体育事业的人士，不愿意在贺龙同志领导下工作呢？所以，贺龙出任国家体委主任，是最为合适的人选，是众望所归。

有些老同志，特别是贺龙的老部下，对贺龙当体委主任很不理解：为什么让一位战功卓著的开国元勋去搞体育呢，这不是大材小用吗？还有的说，毛主席让贺龙当体委主任，是不让他管军队了，等等。

其实，这完全是误解。

首先，提议贺龙出任中央体委主任的，是中华全国体育总会，并非毛泽东。而且，贺龙当体委主任是兼职，中央并没有免去他西南军区司令员一职。他在主管中央体委的同时，还在主管西南军政委员会和西南军区的工作。而且，在邓小平调京后不久，贺龙就担任了中共西南局书记。

此前，有些文章和媒体都说"贺龙从重庆来到北京，就任中央体委主任"，这是主观臆断，毫无根据。

贺龙的确多次从西南区首府重庆来北京，那是到中央开会，或向中央汇报工作。1953 年 4 月，贺龙从重庆到北京主持召开了第一次全国体育工作会议之后，又返回到重庆。

再者，毛泽东对体育事业是一贯重视的。因此，他同意由贺龙兼任体委主任，也是出于对体育工作的重视，因为要尽快发展新中国的体育事业，非贺龙莫属。而贺龙自己也乐于担此重任。他在为体委选调人才时，常常对不愿搞体育工作的干部说："我是自愿干体育工作的。我当体委主任，是周总理和小平同志点的将，是毛主席下的令。"

1954 年底，全国各大行政区撤销后，贺龙奉命调京，被任命为国务院副总理、国防委员会副主席、国家体育运动委员会主任。除主管体委之外，还担负着协助周恩来总理处理国务院有关事务、外交和中央机关的定编工作等任务。

1956年，贺龙当选为中共中央政治局委员；1959年，担任中共中央军委常委、军委副主席。而此时，担任军委副主席的元帅，只有林彪、贺龙和聂荣臻。1960年，贺龙兼任新成立的国防工业委员会主任。1963年9月下旬，毛泽东提出："林彪同志长期生病，身体不好。我建议由贺龙同志主持军委日常工作。"

这些都充分说明，毛泽东对贺龙是非常信任的。只是后来由于林彪看到贺龙取代了自己的地位，领导全军搞大比武，成绩显赫，博得了毛泽东等中央领导同志的赞赏，便开始暗中派出"调查组"搞黑材料，说大比武"冲击了政治"并逐步对贺龙进行陷害，而毛泽东又偏听偏信了林彪，那就是后事了。"九一三"事件后，毛泽东为贺龙平反昭雪。

（参见《党史纵横》，《西安商报：历史·见证》第384期）

◇高岗自杀事件的由来

叶子龙回忆说，高岗在党内也算是个老资格了。战争年代，他在西北、东北都为党做了不少工作。新中国成立前后，他主持东北工作期间，毛泽东不止一次地表扬过他。

但自从他进入中央工作以后，私欲恶性膨胀，搞了不少拉帮结派的地下活动。对此，毛泽东有所察觉，也做了许多工作，但高岗越走越远，最终与饶漱石结成反党联盟，站到了党的对立面。

高饶问题被揭露以后，毛泽东一直还想挽救他们。毛泽东让一位中央负责同志找高岗谈话，想让他回陕北负责一个地区的工作。但是话还没来得及谈，就发生了高岗自杀未遂的事。我把这事报告毛泽东时，从他的表情看，他对此事感到厌恶。他说："高到西北的事不要再提了，随他去！"从此彻底放弃了挽救高岗的想法。毛泽东向来认为自杀只能说明问题的性质变了。而且他一直认为，对于一个人来讲，自杀不是什么本事，而是软骨头的行为。他看不起软骨头。

有人说高岗比较仗义，实际上他特别喜欢拉帮结派，比较庸俗。“三反”“五反”运动中，各地都在打大大小小的“老虎”。他呢，真的打死了一只东北虎，装箱送到中南海给毛泽东。

毛泽东看着那只硕大的老虎，说了句：“这个高麻子啊！”然后让我们把虎抬走，他不要。

过去，毛泽东对高岗起码是不反感，有时甚至信任有加。

对于高岗有很强的权力欲，毛泽东早就知道，但他认为“高麻子这人能干事”，因此并无过多计较。

在毛泽东第一次访苏期间，一天晚上斯大林来别墅会见毛泽东。他把苏联铁道部副部长、东北铁路系统苏联总顾问柯瓦廖夫写的《关于中共中央若干政策与实际》的秘密报告交给毛泽东，报告说中共内部有一个以刘少奇为代表的亲美派，这引起了毛泽东对高岗的关注。

毛泽东不能容忍分裂党的地下活动。1953 年 12 月 24 日，在揭露高岗的中央会议上，毛泽东说：“北京城里头有两个司令部：一个司令部就是我们这些人的，这个司令部刮阳风，烧阳火；第二个司令部呢，就叫地下司令部，也刮一种风，烧一种火，叫刮阴风，烧阴火。我们的古人，林黛玉讲，不是东风压倒西风，就是西风压倒东风。现在呢，不是阳风阳火压倒阴风阴火，就是阴风阴火压倒阳风阳火。他刮阴风，烧阴火，其目的就是要刮倒阳风，灭掉阳火，打倒一大批人。”

1954 年 1 月 2 日，毛泽东在杭州会见苏联部长会议副主席捷沃西安和苏联驻华大使尤金时，谈到秦灭楚的历史故事，说中国可能要出乱子。暗示高饶的反党活动可能对党和国家的稳定和团结构成威胁。

1954 年 2 月 6—10 日，中共中央在北京召开七届四中全会，通过了《关于增强党的团结的决议》。这个决议并没有公开点高岗的名字。但是，当年 8 月，高岗第二次自杀，这次没能抢救过来。毛泽东认为他的自杀使事情走向了反面，问题的性质发生了根本的变化。1955 年 3 月中共全国代表会议通过了《关于高岗、饶漱石反党联盟的决议》，开除了高岗的党籍。会上，毛泽东说：“高岗、饶漱石反党联盟的出现，不是偶然的现象，它是我国现阶段激烈阶级斗争的一种尖锐的表现。”1956 年 11 月 15 日，毛泽东在中共八届二中全会上进一步讲，“这里讲一个‘里通外国’的问题。我们中国有没有这种人，背着中央向外国人通情报？我看是有的，比如高岗就是一个。这是有许多事实证明了的。”这显然是指高岗与苏联超乎寻常的密切关系。此时中苏两党的关系已大不如前。

1954 年 8 月 17 日，高岗吞服大量安眠药自杀身亡。当毛泽东得知消息后，十分震惊。在毛泽东身边工作的叶子龙说，高岗是自绝于党。

毛泽东说：“话是那样讲，但党内斗争死了人，总是不好的。”毛泽东还对叶子龙说，本想让他（指高岗）还当个省委副书记，去陕北，保留党籍、中央委员，让他回延安工作，他也会愿意的，可是，迟了一步，没来得及讲。如此结局，我觉得遗憾。可见，毛泽东对高岗的挽救是有余地的。

高岗夫人李力群曾说过这么一段话：“这么多年来，经历过那么多苦难，我从不怪任何人，也不恨任何人，每个人都有自己的处事原则和做人态度。我知道高岗不是完人，也犯过一些错误，也许当时他自己还感觉不到，但是我们后来人可以指出来，可以引以为戒……”

李力群回忆：1949 年 10 月，高岗被任命为中华人民共和国中央人民政府副主席，那一年他 44 岁。抗美援朝结束后，我随高岗一起到了北京，在周恩来的安排下，我们一家搬到了东交民巷 8 号，原法国驻华使馆的院子。

1954 年 2 月七届四中全会召开，要求在会议上作自我批评，高岗的自我检查没通过。一夜之间，高岗在东交民巷的住所成了“阴谋反党的司令部”，同时高岗的政治生涯也走到了尽头，这时他到北京才 14 个月。2 月 15 日，高岗参加座谈会。座谈会结束后，他回到家中不吃饭、不睡觉，只抽烟，一直趴在桌子上写。2 月 17 日，备感冤屈的高岗申诉无门，他给周恩来留下一封托孤信后开枪自杀，被身边人及时阻拦。8 月 17 日早上，我发现高岗情况有些不对，怎么推他也推不醒。然后，我眼睁睁看着高岗的呼噜声由重变轻，再到无声无息，直至死亡。这一年，高岗 49 岁，我 34 岁，我们的小儿子还在腹中。

高岗去世 7 个月后，和饶漱石被定为“阴谋分裂党和国家最高权力”及“反党联盟”，成为新中国成立后第一桩“反党集团”案件。

生下小儿子后，我将 4 个大一点的孩子送到住宿学校，带着小儿子一起在家。没有暖气，夜里孩子冻得浑身发抖，直往我怀里钻。搬到新家后，有一天，忽然有位解放军来看我，问我和孩子怎么样，生活上有什么困难。我问他是谁，他不说，只说有一个老头子与你在沈阳一起吃过饭，还住过你们家，是他让我来问的。我问是不是彭老总，那人直摆手，示意说你知道就行了。彭老总那时也不如意，他还能想着我们一家，至今我都忘不了。

1971年，毛主席、周总理两次派人把我接回北京，回科教组（教育部改名为科教组）计划司上班。不久，国庆节来临我突然接到参加国庆宴会和上天安门观礼的请柬。后来，我被选为第四届全国人大代表，相隔没几天，又被选为第五届政协委员，政治生活待遇提高了很多。

我作为一名普通共产党员，没有为党做出什么大的贡献，从来没想到自己会获得这种荣誉。作为高岗的未亡人，我承受了党的深切关怀和爱护，其实这是党对高岗几十年为党、为中国革命所做贡献的肯定。每每想到这里，我就悲喜交加，百感交集，酸甜苦辣一齐涌上心头。虽然受了那么多苦难，我们一家总算平安地过来了。

（参见《叶子龙回忆录》，中央文献出版社2000年10月版）

（参见天磨：《毛泽东处理高岗的最初打算》，《党史纵横》2004年第11期）

（参见《家庭》2014年第14期，《党史天地》2014年8月11日总第298期）

◇澄清对毛泽东的几个误解

2013年《人民论坛》第12期（下）刊登中国社会科学院原副院长李慎明的文章说，目前，社会上有些个人、有些媒体、有些组织对毛泽东存在误解，歪曲史实，存在历史虚无主义倾向。我认为应该正视历史，正面回应，正确评价毛泽东。摘登如下。

一是有人说，在我国三年困难时期，苏联不仅没有对我国逼过债，而且对我国十分友好，这不是事实。20世纪50年代末60年代初，苏联赫鲁晓夫领导集团为实现其“苏美合作，主宰世界”的全球战略的需要，先后提出并坚持在我国领土共同建立、共同拥有“长波电台”和“联合舰队”，企图从军事上、政治上控制我国。在遭到我国严词拒绝后，1959年6月，苏联单方面撕毁中苏双方1957年10月签订的关于国防新技术协定，拒绝向我国提供某些核技术的样品及其生产技术资料。1959年9月30日，赫鲁晓夫访美结束后，即匆匆率苏联党政代表团访华，要我们放弃台湾，并要求我国释放在中国的美国罪犯。这理所当然遭到我国的坚决抵制。1960年7月16日，苏联对我国发出照会，单方面决定要在1960年7月28日至9月1日一个月之内，全部撤回在华的苏联专家1390人，并对我国逼债。周恩来的经济秘书顾明回忆："有一次，苏联的一个外贸部副部长在人民大会堂与总理谈判，要我们还钱。总理说，我们现在暂时有困难。谈完后，总理送他出来，他看见门口有一块300多公斤重的大石英石，就对总理说，你们如果没有别的东西，这个就很好。总理顶他说，你要你就拿走。"当时中国欠苏联的各项借款和应付利息共计折合人民币52亿余元（其中60%以上是抗美援朝战争中我国借支的军事物资的贷款和利息）。按照原定协议，这些外债于1965年全部还清。当时新中国成立仅十年有余，工业尚在起步阶段，所以只能用猪肉、鸡蛋、苹果、花生米等农副产品来偿还。1964年，我国提前一年还清了20世纪50年代欠苏联的全部贷款和利息。

二是有人说，1957年反右中我们处死了某某人，这当然不是事实。其中所举的林×被处死，连质疑者自己都承认，这是在1968年，而不是1957年。20世纪50年代曾任罗瑞卿秘书、后任国家公安部部长的陶驷驹告诉笔者："不仅在1957年反右时我们没有处死一个人，而且在1955年肃反时我们也没有处死一个人。这是有档案可查的。"我的老领导王震生前曾跟笔者谈过几次，延安整风时，毛主席严厉要求，要坚决执行"一个不杀，大部不抓"的政策。有的同志对此很不理解，找到毛主席问："审干中，有的本人都明明承认自己是叛徒，并出卖过我们几个同志，血债累累；也有的明明承认自己是打入我们内部的国民党特务，来刺探我们的情报，为什么不能杀？"毛主席解释说："人头不是韭菜，韭菜割了还能再长出来，人头割错了就再也长不出来了。红军肃反时，就有不少同志是屈打成招的。我们再也不能干那样的蠢事了。"王震还说："至于王实味被杀，那是在转战陕北过程中，在与胡宗南部队突然遭遇、大部队有可能被暴露的紧急情况下，一直属军队的带队领导的擅自临时处置。这就破坏了毛主席的'一个不杀'的严厉规定。事后，毛主席还十分气愤地说，'还我一个王实味'，并说当初要把王实味放在你们三五九旅就好了，你们会很好使用他，他也会成为一个很好的文化教员。"在撰写《王震传》的1994年，笔者经过批准，在中央档案馆查阅了当年相关的档案资料，完全证实了笔者的老领导的说法。

三是针对所谓的斯大林在肃反中杀了3000万，所谓毛泽东发动"大跃进"饿死3000万，这"两个3000万"都是有人刻意编造的虚假数据。所谓斯大林在肃反中杀了3000万，这是连戈尔巴乔夫和叶利钦都承认是虚假的“事实”；针对“所谓毛泽东发动‘大跃进’饿死3000万的‘事实’”，我们即将在《世界社会主义研究动态》上发表我们中心特邀研究员、江苏师范大学特聘教授孙经先的研究成果。孙经先教授先后查阅了三年困难时期我国死亡率最高1600多个县的县志和大量的其他文献，发现在香港出版的《墓碑》中绝大多数重要的非正常死亡数据都是虚假的。该书中的所谓三年困难时期“中国饿死3600万人”的结论是完全错误的。

我们审视历史，决不能简单地站在个人得失立场，我们决不能否认新中国前27年的失误和错误，决不能为毛泽东的错误辩护，一定要认真吸取其中的教训。但失误和错误也不是毛主席一个人的。现在有的人把新中国毛泽东时期说得一无是处，甚至是暗无天日，这不是糊涂，就是别有想法，甚至另有所图。

（参见《报刊文摘》2013年12月25日）

◇1958年钱学森承认“亩产四万斤”是我计算错误的真相

1958年夏季，全国各地农村的小麦、早稻、花生等作物的高产“卫星”竞相“上天”，令人眼花缭乱。在“人有多大胆，地有多大产”等口号的影响和支配下，放高产“卫星”运动席卷全国，有些科学研究机构、高等学校也被迫卷入这一场神话般的竞赛中。

1958年1月，广东汕头报告了晚稻亩产3000斤。一个月后，这个纪录就被贵州金沙县一季稻亩产3025斤打破了。入夏后，全国小麦“卫星”目不暇接，争相耀眼。6月12日，《中国青年报》发表文章，称河南省遂平县卫星农业生产合作社继放出小麦亩产2105斤的“卫星”之后，又放出亩产3530斤的“卫星”。对此，著名科学家钱学森写了一篇短文《粮食亩产会有多少?》6月16日刊于该报。他提出：

土地所能给人们的粮食碰顶了吗？科学的计算告诉人们，还远得很！今后，通过农民的创造和农业科学工作者的努力，将会大大突破今天的丰产成绩。因为，农业生产的最终极限决定于每年单位面积上的太阳光能，如果用这个光能换算农产品，要比现在的丰产量高出很多。现在我们来算一算：把每年射到一亩地上的太阳光能的30%，作为植物可以利用的部分，而植物利用这些太阳光能把空气里的二氧化碳和水分制造成自己的养料，供给自己发育、生长、结实，再把其中的五分之一算是可吃的粮食，那么稻麦每年的亩产量就不仅仅是现在的两千多斤或三千多斤，而是两千多斤的20多倍！

钱学森的短文很快得到了毛泽东的注意。1958年8月4日、6日、9日，毛泽东先后到河北徐水、河南新乡、山东历城视察。他对群众干劲冲天放粮食亩产万斤、几万斤的“卫星”确信无疑。在徐水时，他还提出了粮食生产多了怎么办的问题。8月初，他在接待来华访问的赫鲁晓夫时，以无比兴奋的心情说，自1949年中华人民共和国成立以来，“只有这次‘大跃进’，我才完全愉快了，按照这个速度发展下去，中国人民的幸福生活完全有指望了！”他甚至问赫鲁晓夫，苏联有没有粮食多了怎么办的经验。

1958年10月27日，在参观“中国科学院跃进成就展览会”时，毛泽东和钱学森有如下对话：

你在《青年报》上写的那篇文章我看了，陆定一同志很热心，到处帮你介绍。你在那个时候敢于说四万斤的数字，不错啊。你是学力学的，学力学而谈农业，你又是个农学家。钱学森同志回答说：我不懂农业，“只是按照太阳能把它折中地计算了一下，至于如何达到这个数字，我也不知道，而且，现在发现那个计算方法也有错误”。毛主席笑着说：“原来你也是冒叫一声！”这句话把大家引得哈哈大笑。可是毛主席接着说：“你的看法在主要方面是对的，现在的灌溉问题基本上解决了。丰产的主要经验，就是深耕、施肥和密植。深耕可以更多地吸收一些有机物，才能长得多、长得壮。过去是浅耕粗收，广种薄收，现在要求深耕细作，少种多收。这样可以省人工、省肥料、省水利。多下来的土地可以绿化，可以休闲，可以搞工厂。”

得到最高领袖毛泽东的认可和中宣部部长陆定一的大力推介后，大科学家钱学森的这篇短文产生了极大的影响。

1958年11月21—27日召开武昌会议时，“大跃进”初期的狂热已过，乱象和问题出现不少，中央开始降温。在会议初始的一天晚上，毛泽东找秘书李锐谈话。在谈到粮食“放卫星”问题时，李锐特地问毛泽东：你是农村长大的，长期在农村生活过，怎么能相信一亩地能打上万斤、几万斤粮？毛泽东说看了钱学森写的文章，相信科学家的话。

1957年11月13日，《人民日报》发表社论，题为《发动全民，讨论四十条纲要，掀起农业生产的新高潮》。它同“反冒进”针锋相对，提出了

"大跃进"的口号，从此揭开了瞎指挥、浮夸风、弄虚作假的序幕。

（参见《文汇读书周报》，《书刊报文摘》2010 年 7 月 12 日）

◇我国三年困难时期饿死三千万人不是事实

最近 30 年来，国内外广泛流传着我国三年困难时期有"数千万人非正常死亡"的重大谣言（其中最有代表性的是"饿死三千万"）。这些说法被一些人看成是"历史的定论"，被写进了许多专著和文献，并且在全社会范围内广泛流传。那么，这个谣言是如何产生的，事实的真相又是什么呢？

一、"数千万人非正常死亡"的说法是怎样产生的

三年困难时期结束后直到 1981 年这 20 年中，国内外都没有我国三年困难时期大量人口非正常死亡的说法。1975 年 1 月美国经济联合委员会出版了《对中国经济的重新估计》一书，公布了美国商务部估算的中国人口数据。按照这一数据，我国 1959 年、1960 年和 1961 年的岁末人口数分别为 67905.8 万、68996.2 万和 69915.7 万人。按照这些估计数，我国 1960 年岁末人口数比 1959 年增加 1090.4 万，而 1961 年又比 1960 年增加 919.5 万。该报告是供美国政府决策参考的，反映了当时美国官方对中国这一期间人口变化的态度。由以上数据可以看出，当时美国的主流意见认为中国人口数量 1960 年比 1959 年、1961 年比 1960 年都是增加的，而且增加幅度都在 900 万以上。这实际上表明了美国主流意见并没有认为在这一期间中国人口发生了重大异常变化，也不认为中国发生了"数千万人非正常死亡"的重大事件。

1983 年，国家统计局公布了 1949—1982 年我国每年的户籍统计人口数据。这一数据显示我国三年困难时期出现了人口大幅度减少的情况，其中最突出的是 1960 年比 1959 年净减 1000 万人。这些数据公布后在国内外引起了重大反响，西方几个大通讯社都报道了我国 1960 年人口总数净减 1000 万的消息，日本共同社说这是和平时期最大的人口事件。

人们很快注意到，国家统计局人口数据中存在着令人难以解释的重大矛盾。从理论上讲，在不考虑国际移民的情况下（这一时期我国国际移民人

数极少，可以不考虑)，“某年当年岁末人口数”减去“上一年岁末人口数”应当等于“当年出生人口数”减去“当年死亡人口数”。国家统计局人口数据中出现的令人难以解释的重大矛盾就是：在三年困难时期（以及前后的若干年中）上述这两个应当相等的数字之间出现了巨大的差异，其中特别突出的是：1960年到1964年期间我国人口总数在扣除了人口自然增长（由人口出生和死亡产生的增长）后异常减少了2644万。

这一重大矛盾长期以来一直没有得到科学的解释。一些人把上述的这一期间我国人口统计数据的大量异常减少，解释为是由数千万人非正常死亡造成的，这样就出现了“数千万人非正常死亡”的说法。为了揭露“数千万人非正常死亡”的荒谬性，首先就必须对国家统计局人口数据中的重大矛盾和三年困难时期我国户籍统计人口数据大量减少的真正原因作出科学的分析和解释。

另外，“数千万人非正常死亡”的说法之所以广泛传播长达30年之久，一些人的研究起了极为关键的作用。这些研究主要有三类：第一类是以美国安斯利·科尔教授为代表的国外一些学者的研究；第二类是国内有的学者牵头的课题组专门的研究；第三类是以杨继绳、金辉、曹树基、丁抒等人为代表的研究。这些研究产生了极为重大的影响，是“数千万人非正常死亡”这一观点广泛流传的又一基本原因。为了揭露“数千万人非正常死亡”的荒谬性，就必须指出这三类研究的荒谬性和错误。

二、我国三年困难时期人口统计数据减少的根本原因

为了搞清三年困难时期我国人口变化的真实情况，就必须对国家统计局人口数据中的重大矛盾和这一期间我国户籍统计人口数量大量减少的真正原因作出正确、符合实际的分析。从2010年下半年开始，我用了整整三年的时间对这一问题进行了系统研究，取得一系列研究成果，这些成果否定了“数千万人非正常死亡”的说法。对于这一问题，我们得到了以下几个基本结论。

第一个基本结论：在1956—1959年，由于工业发展的需要和“大跃进”运动的发动，我国出现了从农村到市镇的人口大迁移，至少有3000万以上农村人口迁移到市镇。在这一过程中产生了重报虚报户籍人口1192万人，即这些人虽然已经迁移到市镇并在市镇办理了户籍登记手续，但是他们

并没有在原籍农村注销户籍（他们在市镇和农村同时拥有户籍）。

第二个基本结论：在1953年全国第一次人口普查到1959年期间，由于户籍管理制度不健全，在我国（主要是广大农村地区）存在着较为严重的死亡漏报现象。根据我国在1953年和1957年进行的两次抽样调查的结果，可以估计出我国这一期间产生死亡漏报人口约750万人，即大约有750万人口在1959年以前已经死亡，但没有进行死亡登记注销户籍。

由于以上两方面原因，造成我国1959年底的户籍统计人口总数中，存在着虚假户籍人口1942万，占当时全国人口总数的2.84%。这就是说1959年底我国的实际人口总数要比户籍统计数据少1942万人。

第三个基本结论：我国在1960—1964年先后进行了实施《户口登记条例》的工作和全国第二次人口普查，上述虚假户籍人口1942万人的户籍在1960—1964年被注销。这造成这一期间我国人口统计数据减少1942万。

山东省的情况证实了上述结论。山东省在1959年底进行了一次农村人口普查，发现全省存在应注销户籍人口152万。如果按照山东省的比例，全国存在的应注销的户籍人口数应为1890万。这与我们研究得到的数字（1942万）是非常接近的。山东省这次人口普查的结果证明了我们的研究结论是符合实际的。

第四个基本结论：由于我国经济出现重大困难，我国在1960年下半年到1963年期间开展了大规模精简市镇人口的运动，3000万以上的市镇人口被精简返回农村。在这一过程中产生漏报户籍人口数1482万人，即这些人从市镇被精简并注销户籍，但他们没有及时在农村办理户籍迁入手续，成为没有户籍的人（在1965—1979年期间上述这漏报户籍的1482万人重新登记了户籍）。

由于以上第三个和第四个基本结论所叙述的原因，造成1960—1964年我国户籍统计人口（不考虑自然增长）减少了3424万（其中1192万重报虚报户籍人口被注销、750万死亡漏报人口被注销、1482万漏报户籍人口）。

这是我国这一期间户籍统计人口数大量减少的真正原因（这也对国家统计局人口数据中的重大矛盾做出了合理的解释）。这些减少都仅仅是统计数据数字的减少，并不是实际人口的真实减少。这些减少与这一期间我国实际人口的变化没有关系，更不是由于人口非正常死亡造成的。

国内外一些人把这一减少解释为是由“数千万人非正常死亡”造成的，

这是完全错误的。搞清了以上事实，“数千万人非正常死亡”的说法就失去了最主要的依据。

三、三类荒谬和错误的研究

1. 科尔等国外学者的研究结论是错误的。1983 年国家统计局的人口数据公布以后，美国普林斯顿大学教授安斯利·科尔（Anstey J. Coale）在洛克菲勒基金会和美国全国研究理事会的资助下，写成了《从 1952 年到 1982 年中国人口的急剧变化》一书，在书中他估算我国 1958—1963 年超线性死亡人口数为 2700 万。这一带有明显政治倾向且不了解中国实际的研究在国际上和我国国内均产生了重要影响。

科尔是一位美国人口学家，他并不了解中国的具体国情，不了解中国的户籍管理制度和人口统计数据产生的过程，不了解我国在三年困难时期及其前后所出现的与人口变化相关的一系列重大事件的真实情况，这导致他的研究不符合中国的实际情况。

我们利用数理统计学的思想对科尔的研究所使用的原始数据和他的计算过程做了分析，认为这一研究没有，也不可能反映我国这一时期人口变化的真实情况，他所得到的我国“1958 年至 1963 年期间超线性死亡人口数为 2700 万”的结论是错误的。还是法国著名人口学家卡洛说得比较客观，他说“中国的问题最好由中国人自己来回答”。

2. 国内有学者牵头的课题组的专门研究存在一系列学术错误。“数千万人非正常死亡”的说法之所以在我国广泛流传，这一研究起着决定性的作用。而通过研究不难发现，这一研究不仅存在一系列学术错误，而且导致了不应该出现的政治后果。

1985 年我国有关部门下达国家级研究课题，要求研究三年困难时期我国人口变动问题。这一课题组在研究中估算我国“在困难时期非正常死亡总人数约为 1700 万”（《中国人口科学》1987 年第 1 期，第 61 页）。这一研究是我国国内在这一领域中最重要、最有代表性的研究，在我国产生了极为重大的影响，成为三年困难时期我国有 1700 万至数千万人非正常死亡这一说法的所谓最重要、最权威的学术依据。这一研究的核心内容是用数学方法建立了一个数学模型，利用这个模型，“计算”出我国三年困难时期非正常死亡 1700 万人。

作为一个长期从事数学及其应用研究的专业数学工作者，我从学术的角度对这一研究中所使用的数学方法和所建立的数学模型进行了仔细的分析，发现这一研究存在着一系列重大的（数学上的）学术错误。对这一学术错误，本人将写出专文进行论证与说明。对这一论证与说明，本人愿意接受任何专家学者和广大干部群众的核查。

我们对这一研究进行了公开的学术商榷，并且把我们的相关文章通过国家统计局原局长李成瑞同志转交给这一课题组。我们的商榷已经公开两年了，但是这一课题组始终没有对我们的学术商榷做出任何回应。我国在三年困难时期是否有数千万人非正常死亡，这是一个非常重大的问题。我们认为这一课题组应当本着对历史负责的精神，对我们的学术商榷作出公开的回应，讲清这一件应当在历史上讲清楚的重大问题。

由于这一问题的极端重要性，并具有高度的数学专业性，我们建议，由国家有关部门组织由数学家（以及人口学家）组成的学术审查委员会，对这一课题组的研究成果从学术上进一步进行核查。

3. 关于杨继绳等人的研究缺乏科学性和《墓碑》的造假问题。在“数千万人非正常死亡”这一说法的传播过程中，杨继绳、金辉、曹树基、丁抒等人的所谓研究起了极为重要的作用。

必须指出，杨继绳（记者）、金辉（作家）、曹树基（历史学者）、丁抒（作家）等人都不是数学、统计学、人口统计学工作者，他们并不具备研究三年困难时期人口变动问题所必需的数学、统计学和人口学的基本知识（从他们发表的文章可以看出这一点）。他们所谓研究的实质是把由于各种复杂原因造成的我国（或各个地区）三年困难时期人口统计数据的减少，全部解释为是由人口非正常死亡造成的。我们从学术的角度对所有这些研究逐一进行了分析，认为他们所主张的“数千万人非正常死亡”的观点都是不能成立的。

这里需要特别指出的是，杨继绳 2008 年在香港出版了《墓碑》一书，该书 1208 页，100 多万字，全面地宣扬“饿死 3600 万”，在国内外产生了恶劣影响。我们仔细阅读了这部书，并对这部书中提供的每一个重要的“饿死人数的数据”进行了仔细的分析和查证，发现这部书中的绝大多数关键性数据是被篡改的、伪造的，被无限夸大的和用错误的方法计算出来的。下面举出几个典型的例子说明《墓碑》一书的错误。

（1）杨继绳在《纽约时报中文网》发表文章说："信阳事件饿死了108万人，是中共中央、河南省委调查组现场调查的结论。"以此为依据，他在《墓碑》中断言"河南饿死了300万人"。

经查证，中共中央办公厅、中共河南省委工作组在1960年6月18日提交的《关于河南省信阳地区人口死亡和粮食问题的调查报告》中的有关数据如下：信阳事件中死亡总数为436882人（约43.7万），正常死亡155698人（约15.6万）。由此可知信阳事件的非正常死亡人数约为28.1万。据《信阳地区志》记载的情况分析，在这非正常死亡的28.1万人中，既包括因为营养性疾病（主要是浮肿病）死亡的人数，也包括大量的由于其他疾病和其他各种原因造成的"非正常死亡"人数，所以营养性死亡人数应小于28万人。但是这一数据被杨继绳篡改为"信阳事件饿死了108万人，是中共中央、河南省委调查组现场调查的结论"。

（2）《墓碑》在讲到江苏省的情况时说："《溧水县志》记载，溧水县13000多人非正常死亡"，"常熟县本应'常熟'，却饿死了11000多人"（《墓碑》在这句话的注释中注明了出处《常熟市志》），"《高邮县志》称，高邮县饿死的37000多人中，17000多是儿童"。

经过我们反复查证，杨继绳所引证的《溧水县志》《常熟市志》和《高邮县志》上没有上述记载。上述这些数据都是杨继绳伪造的。

（3）关于山东省的济宁事件，《墓碑》一书写道："在济宁……几乎家家都有人饿死，很多家庭人口全部死绝，有的村庄死得绝无人迹。"

经查证，关于济宁事件《济宁市志》是这样记载的：1958年冬到1959年春济宁专区全区"62万人患水肿病，非正常死亡2756人"。"中共中央政治局委员、书记处书记谭震林，中共中央政治局委员、华东局第一书记柯庆施，中共山东省委书记处书记、省长谭启龙，省委书记处书记裴孟飞等领导人先后到济宁专区视察灾情，领导救灾工作。中央和省调拨了大批粮食救济群众，扶持生产，并派来医疗队救治病人。"济宁专区1957年的人口为376万人，按照上述数据，济宁事件中非正常死亡人数占总人口的0.073%，即平均每1370人中非正常死亡1人。事件发生后中央和山东省采取了有力的措施，及时制止了事件的发展。

以上仅仅是几个例子。为了还原历史的真相，对于杨继绳《墓碑》中的这些篡改、伪造和歪曲，应当予以揭露。我国"三年困难时期"人口死亡的真实情况，在“三年困难时期”的户籍统计死亡人数为3602万。前面已经讲过，在1958年以前存在漏报死亡人口750万，经过分析我们估计在这750万中有675万人是在三年困难时期进行的实施《户口登记条例》的工作中被以死亡注销户籍。在扣除这675万人后，我们认为三年困难时期实际死亡人数约为2927万人。

以1955年到1957年的死亡情况为基准，三年困难时期的“过量死亡”人数大约为400万。这“过量死亡”的400万人可以分为以下两种情况：一部分是“营养性死亡”之外的“过量死亡”人数。这主要包括由于许多传染病广泛流行造成的死亡、直接由于严重自然灾害造成的死亡、“大跃进”运动中工业超速发展和大规模农田基础建设及兴修水利工程造成的工伤死亡、在寻找代食品过程中由于食物中毒造成的死亡、由于地方官员严重违法乱纪造成的各种意外死亡，等等。另一部分是“营养性死亡”人数。在这一时期我国一些地区确实出现了“营养性死亡”现象，并且在以河南省信阳专区为代表的少数地区，这种问题还非常严重。我们利用几种不同的方法对三年困难时期我国的“营养性死亡”人数进行了估算，估计出在这三年困难时期的营养性死亡人数大约为250万。

需要指出的是，这里所说的“营养性死亡”主要指的是营养性疾病（浮肿病等）死亡、营养性疾病合并其他疾病死亡，也包括“完全性饥饿死亡”（即“饿死”）。在上述营养性死亡的数字中，“饿死”（完全性饥饿死亡）只是其中的一小部分。

（参见《中华魂》2014年1月上）
（参见《中国社会科学报》2013年9月9日）

◇1070万吨钢铁指标是谁的过错？

在庐山会议中，毛泽东曾说过，钢铁产量翻番是他提出来的，错误应当由他负责。然而，细查钢铁高指标是如何提出来的整个过程，却可以看出毛泽东高姿态的“无辜”。

确定1070万吨钢铁指标的真相

1958年8月17日，中央政治局在北戴河召开扩大会议。由于各地日渐狂热的情绪，会议确定了一批工农业生产的高指标，要求 1958 年钢产量翻一番，达到 1070 万吨。

对钢指标，毛泽东是有些不放心的。会议期间，他把几个省市的负责人和冶金工业部负责人找到小会议室，一起开会。在会上，毛泽东详细地询问钢铁产量 1070 万吨这个数字到底可靠不可靠。由于不放心，他采取的方式是一个人一个人地问。他首先问上海市副市长马天水："行不行？"

马天水说："可以。"

接着，毛泽东一个一个地询问主要钢铁基地包括鞍山、武汉、重庆、北京、天津、唐山、马鞍山的相关负责人，大家都说行。

冶金工业部办公厅主任袁宝华在冶金工业部具体分管建设和计划，毛泽东问他："你是经常接触基层的，你说究竟有没有把握？"袁宝华说："我们树了十面红旗（先进单位），只要十面红旗能站得住，他们的经验能够推广，我看有希望。"

接着，毛泽东问到了冶金部部长王鹤寿。王鹤寿说："主席只要下了决心，我们可以动员全国的力量实现这个目标。我们认为，实现这个目标是可以的。"

此时已是 8 月，到年底只有不到五个月时间。有疑问的没疑问的，都赞成这个目标。最后，毛泽东问到了国务院副总理兼国家经济委员会主任薄一波。薄一波的回答是："主席，我建议把'1070'登报，登报以后，大家都看得到了，义无反顾，就会努力奋斗。"

"这是个好主意。"毛泽东表示同意。陈云却不放心，专门找王鹤寿和袁宝华去谈了一次。袁宝华的结论还是"行"。于是，陈云告诉毛泽东说："看起来是有希望的。"陈云说话一向很慎重，此句"看起来是有希望的"其实就是"完全可能"。这样，1070 万吨钢铁指标就这样确定下来了。

责任归于一人？

经过一段时间，大家发现高指标出了问题。对此，毛泽东除在庐山会议上主动承担钢铁指标失误的责任外，还为此写出检讨书，要求发到全党。最后刘少奇压下没有发。1961 年在七千人大会上，毛泽东当着中央、省市、地委和县四级干部七千多人的面承担责任，再次做了自我批评。

高指标的出炉很复杂，责任涉及许多干部。在后来否定"大跃进"时，有人把责任全部推到毛泽东一个人身上，这是有悖历史事实的。

作为当事人之一的袁宝华站出来中肯地说：“（当时）毛主席对于重大问题抓得很细，一个人一个人地问，在场的一个不落。实际上汇报假情况的责任在我们，分明不行，却拍着胸脯硬说行。”他还回忆道：“后来冶金部的同志坐下来做检讨，我说，‘大跃进’问题，是我们在那里糊弄毛主席。农村搞‘人有多大胆，地有多大产’。工业也是这样。”

对此，前副总理谷牧有如此回忆——1959 年 7 月 21 日上午，“总理主持召开全体会议……周总理语重心长地讲了一段话，使我们的心灵深为震撼。他说：‘主席对大家的谈话，有时是启发性的，有时是征求意见性的。大家听到以后，不加思考，就以为件件都是主席的决定，就照样传达执行……那党内还有什么民主呢?!这实际上等于封锁主席嘛!’接着，他又指出，去年的 1070 万吨钢指标，本来主席是提出来问问的，我们没有经过多少调查研究，全党就行动起来，这是一个严重的教训。”

《人民日报》原总编辑、中共中央宣传部副部长吴冷西回忆：

1958 年 11 月 22 日晚上，毛主席把我和田家英找去谈话，主要是谈宣传上要压缩空气、实事求是的问题。他特别提醒我：办报的、做记者的，凡事要有分析，要采取实事求是的正确态度。

毛主席的谈话是从当天（11 月 22 日）下午他找各大协作区组长谈话说起的（中央 1954 年撤销中央局一级组织后，1958 年 6 月又基本上按原中央局管辖的省、市、自治区划分为七大协作区，每区设组长和副组长一二人）。看来毛主席对下午的会议很有感触，他跟我们谈话时仍处于亢奋状态。毛主席原想同各大区组长商量降低 1959 年的生产指标，首先是钢的指标。原来的指标是 1958 年 8 月北戴河会议确定的。毛主席设想可否把钢产量的指标从 3000 万吨减为 1800 万吨。他原想说服他们，结果反而是各组长力图说服毛主席维持原来的指标。毛主席说，他们都想打通我的思想，我硬是想不通，因为他们缺乏根据。他们有的大区明年要增加钢产两倍，有的省要增加四倍，有的省要增加十几倍，有的省竟然要增加 30 倍。这怎么能叫人相信?

毛主席还说，中央已有 12 个部长写了报告，指标高得吓人，似乎要立军令状。但我看完不成也不要杀头。铁道部长说 1959 年要修 2 万公里铁路。周总理主持制订的第二个五年计划草案，规定 5 年内才修 2 万公里，他夸下海口要一年完成，怎么完成得了呢？如果真的完成了，我甘愿当机会主义者。

毛主席又说，其实1800万吨钢的指标不是机会主义，能否完成还是个问题，因为今年（1958年）预计炼出的1000万吨出头的钢产量中，好钢只有850万吨，看来郑州会议读了几天书并没有解决思想问题，大家头脑还是发热。1958年钢铁翻一番就使得6000万人上山，闹得天下大乱。明年再来个翻一番以至翻几番怎么得了？

毛主席说，一定要压缩空气。空气还是那么多，只不过压缩得体积小些，不要虚胖子，要结实些。我看明年要减任务，工业这样，农业也这样。去冬今春修了500亿土方水利工程，今冬明春就不要再搞500亿土方了，要减下来。

谈到这里，毛主席说明他找我们来是为了把压缩空气的精神赶快告诉《人民日报》和新华社的记者、编辑。他说，现在宣传上要压缩空气，不要再鼓虚劲，要鼓实劲，自己不要头脑发热，更不要鼓动人家头脑发热。

毛主席说，做新闻宣传工作的，记者和编辑，看问题要全面。要看到正面，又要看到侧面。要看到主要方面，又要看到次要方面。要看到成绩，又要看到缺点。这叫做辩证法、两点论，现在有一种不好的风气，就是不让讲缺点，不让讲怪话，不让讲坏话。任何事情都有两面性。好的事情不是一切都好，也还有坏的一面，反之，坏的事情不是一切都坏，也还有好的一面，只不过主次不同罢了。听到人家都说好，你就得问一问是否一点坏处也没有？听到人家都说坏，你就得问一问是否一点好处也没有？“大跃进”当然是好事，但浮夸成风就不好。

毛主席问我们，你们看虚报好还是瞒产好？他自己回答：我看瞒产比虚报好。没有打那么多粮食，你硬是充胖子，虚报了产量，结果国家按报的产量征购，多购了过头粮，受害的是农民。瞒产少报，当然也不好，但我很同情。粮食丰收，干部要实报，农民想少报一点，无非想多留点，多吃点。多少年来，中国农民不得温饱，想多吃点不算犯罪。瞒产了粮食还在，虚报了没有粮食。虚夸危害很大。

谈到这里，毛主席又讲起故事来。他说，天下事有真必有假。虚夸古已有之。赤壁之战，曹营号称83万人马，其实只有二三十万，又不熟水性，败在孙权手下，不单是因为孔明借东风。安徽有个口号，说：“端起巢湖当水瓢，哪里缺水哪里浇。”那是做诗，搞水利工程不能那样浪漫主义。

毛主席还说，“大跃进”中有些虚报是上面压任务压出来的，问题的危险性在于我们竟然完全相信下面的报告。有位县委书记强迫农民浇麦，下令苦战三昼夜，结果农民夜里在地头挂起灯笼，让小孩子放哨，大人睡觉。那位县委书记看见点亮了灯笼，就以为已经浇麦了。鉴于虚夸作假成风，我们对下面送来的报表不能全信，要打折扣，恐怕要打它三分虚假，比较稳当。否则，按虚报的数字来订生产计划很危险，订供应计划更危险。

毛主席强调，做新闻工作，无论记者或编辑，都要头脑冷静，要实事求是。下去采访，不要人家说什么你就报道什么。要自己动脑筋想想，是否真实，是否有理。

毛主席谈到，据一些省委反映，《人民日报》在“大跃进”中搞各省进度表（如水利工程完成土石方进度表）、放“卫星”（粮食和钢铁的高产“卫星”）等报道方法，对各地压力很大，结果“你赶我追”，大搞虚夸。这要引以为戒。

（参见陈冠任编著：《治国录：毛泽东与1949年后的中国》，中共党史出版社2014年5月版）

（参见吴冷西：《忆毛主席——我亲身经历的若干重大历史事件片断》，新华出版社1995年3月版）

◇“‘大跃进’饿死三千万人”是怎样捏造出来的？

张宏志（研究员，兼中共山西省委讲师团教授，享受国务院特殊津贴。英国皇家联盟科学院荣誉博士）就“大跃进”是否饿死3000万人，作了专题调研，他撰文说：

不知从哪个阴沟里吹来一股阴风：“‘大跃进’饿死3000万人”？请大家冷静地想一想，当时中国人口总数是6亿，假定真的饿死3000万人，平均每20个人中就有一人饿死。那将是：“饿殍遍地，野狗成群，四散逃生的难民，抛妻舍子，家破人亡，中国大地满目凄凉。”这是多么凄惨的景象。现今65岁（“大跃进”时10岁）以上的人，估计约有4.5亿，他们是那个时代的见证人。试问，他（她）们有谁见过那种景象呢？没有，没有一个人见过。因为那是谎言。在4.5亿人众目睽睽之下说谎，可见谎言炮制者是多么的无耻！

饿死3000万人之说，究竟是怎么来的？

原来，1983年国家统计局报经国务院批准，将1949—1982年户口登记的每个年度人口数字，出生率、死亡率、自然增长率，予以公布（1983年出版的《统计年鉴》）。美国的人口学家从这个材料中估算出1958—1963年非正常死亡人口约为2700万（2680万）。这个数字被人"移花接木"，说成是"大跃进""饿死3000万人"。我们不知道谁是玩手段的第一人，这个人一定是一个擅长讹赖的老手！如是"'大跃进'饿死3000万人"，在国内外就这样流传了近20年。为什么无人对此进行批驳呢？因为它适合了一些人的政治需要，对这种谣传必须给予彻底驳斥！

户口登记数字及其计算方法科学吗？

现从国家统计局1983年公布的1949—1982年的统计表中摘出1957—1965年8年的统计数字。（李成瑞：《"大跃进"引起的人口变动》，[新观察]·文库版·大饥荒档案 www. xgc2000. com，下称"李文"。）

	年末总数人口	出 生 率	死 亡 率	自然增长率
年份	（万人）	（‰）	（‰）	（‰）
1957	64653	34. 03	10. 80	23. 23
1958	65994	29. 22	11. 98	17. 24
1959	67207	24. 78	14. 59	10. 19
1960	66207	20. 86	25. 43	-4. 57
1961	65859	18. 02	14. 24	3. 78
1962	67295	37. 01	10. 02	26. 99
1963	66172	43. 37	10. 04	33. 33
1964	70499	39. 14	11. 50	27. 64
1965	72538	37. 88	9. 50	28. 38

"上述数字公布后，很快引起了国内外的反响。西方几十个大通讯社都报道了1960年人口总数净减1000万的消息，共同社说是'和平时期最大的

人口事件’。”

“各国的人口学家认为上述所公布的数字有重要的价值，同时也指出某些数字间存在着一些矛盾。这表现在各个年度人口出生率减死亡率所得出来的自然增长率，与本年总人口减上年总人口得出来的增长率存在着或大或小的差距，而这种差距又不能用‘机械增长’即国际移民来解释，因为中国与其他国家间移入移出的人数少到可以忽略的程度。他们希望有更准确、更系统、更详细的资料，以便深入研究新中国成立以来历年人口的变动，其中包括弄清‘大跃进’的人口后果的数字。”

“国外研究中国人口的著述中，影响较大的是美国人口与人口学委员会主席、普林斯顿大学教授安斯利·科尔（Anstey J. Coale）提出的研究报告。他在洛克菲勒基金会和美国全国研究理事会的资助下，带领他的助手进行了详细研究，写成《从1952年到1982年中国人口的急剧变化》一书，作为美国全国研究理事会行为与社会科学及教育委员会的《人口与人口学第27号报告》公开出版发行。”

“科尔在前述著作中对‘大跃进’引起的超量（非线性）死亡人数作了研究和估算。书中说：‘按官方开列的死亡率计算，1957年的死亡数为590万，1964年为802万，这些年的死亡数量从590万到802万的线性趋势，可算出1958年至1963年（线性）死亡总数为4180万。由官方记录得出的死亡人数为5740万，照此计算，困难年代超量死亡数约为1600万。’书中又说：‘1957年和1964年经过对少登记数调整后的死亡数为1040万和940万。按照线性趋势，1958—1963年调整后的死亡总数为5940万。实际死亡总数为8620万，超过线性趋势的死亡数约为2700万’。”（按：引文中的线性死亡，即正常死亡，超线性死亡，即非正常死亡。下同——引者注）

“美国人口及人口学委员会于1984年7月10日为科尔上述著作的出版举行了记者招待会。合众社、美联社和西方其他大通讯社在报道中都说到上述超线性死亡数字。”

“法国人口学家卡洛没有估算‘大跃进’引起的非正常死亡人数，但他对科尔的研究结果表示了某些保留，并认为‘中国的问题最好由中国人自己来回答’。他在《为便于分析中国人口统计资料的建议》一文中写道：‘无论如何，历史学家需要这样一个估算。我们建议中国同行对这些数据进行科学的调整，并说明调整方法。’”（“李文”）

“蒋正华（按：时任西安交通大学人口研究所所长——引者注）以历年生命表为基础，估算出历年死亡人数，其中1958年至1963年共死亡8299万人，同时按这6年预期寿命的正常变化，估算正常死亡人数为6602万人。这样可以推算出非正常死亡人数约为1700万人（1697万人）。”（“李文”）

“科尔估算的1968年至1963年实际死亡人口为8620万人，减去线性死亡人口5940万人，超线性死亡人口为2680万人。约为2700万人。”（“李文”）

“但要指出，在这里面有一个例外的情况：按1957年户口登记的年平均人口63741万人，所推算出的死亡人数与科尔书中给出的1957年死亡人数有较大距离。那么，是不是科尔书中给出的1957年死亡人数，是根据另外的年平均人口计算的呢？笔者计算的结果是：（1）按科尔书中给出的户口登记1957年死亡人数590万、死亡率为10.80‰倒推，这一年的平均人口为54630万人；（2）按科尔书中给出的他所估计的1957年死亡人数1040万、死亡率19.0‰倒推，这一年的平均人口为54737万人。这样倒推出来的两个1957年人口数比1953年全国人口普查的58260万人（这个数字是科尔所肯定的）还少3500万至3600万人；而且把1957年与1958年的65324万相比，一年内猛增1亿多人，是难以设想的。因此，笔者（按：李成瑞）认为科尔书中给出的1957年两个死亡人数，与相关数字间存在着令人难以理解的矛盾，至少在科尔作出新的解释前是这样的。”（“李文”）

“经笔者（按：李成瑞——引者）对1957年死亡人数进行技术性修订，即按表5（按：此表本文略——引者）中其他所有年度同样的方法，按官方的人口统计的1957年平均人口为63741万，依照科尔重估的这一年死亡率19‰计算，死亡人口为1211万人。把这个数字与科尔计算的1964年的死亡人口940万联系计算，则1958年至1964年的线性死亡人口为6462万人，与科尔估计的6年实际死亡人口8620万相比，超线性死亡人口为2158万约为2200万，这一数字的修订由笔者（按：李成瑞——引者）负责。”

从以上引用的材料中看到，对1958—1962年非正常死亡人数的研究，依据同一材料（1958—1962年人口登记），三个人得出三个结论。蒋正华：1700万（1697万）；科尔：2700万（2680万）；李成瑞：2200万（2158万）。

再则，国家统计局公布的数字，与学者们推论出的数字，存在着重大差别。

“两位学者对 1958 年至 1963 年死亡人口总数的估计相差不算大。科尔估计为 8620 万人，蒋正华估计为 8299 万人，相差 321 万人，占死亡人口总数 3.8‰。这个差额，在两个估计的非正常死亡差额 983 万人中，约占 1/3，是一个次要因素。同户口登记的 6 年死亡人口 5740 万相比，科尔的估计数增加了 2880 万，即增加了 50.2‰，蒋正华估计数增加了 2559 万，增加了 44.6%，增加幅度相当大，只是增幅高低的有些不同。”

“两位学者对 1958 年至 1963 年正常死亡人口的估计差距悬殊，这是对非正常死亡人数研究结果不同的主要因素。科尔估计 6 年的正常（线性）死亡人口为 5940 万人，蒋正华估计为 6602 万人，相差 662 万人，占正常死亡人口的 11.1%。这个差额约占两人估计的非正常死亡人口差额 983 万人的 2/3。”（“李文”）

上述情况告诉人们，这种单纯的数字推论和估算，科学性有多大，可信度有多大?!

国家统计局公布的人口登记，同样也是漏洞很大、很多。例如，1959 年与 1958 年相比，1959 年的出生率减少了 5 个千分点，死亡率增加了 3 个千分点，在死亡率增大、出生率减少的情况下，而人口却增加了 2000 万。这 2000 万人是从哪里来的，除非用机械增长，即移民来解释。1962 年比 1961 年又增加 2000 万人。这两年人口出生率，1961 年为 18.02‰，1962 年为 37.01‰，1962 年与 1961 年相比，增长了 19 个千分点，即增长了 50%还多；人口自然增长率 1961 年 3.78‰，1962 年为 26.99‰，1962 年比 1961 年增长了 8.5 倍。虽然 1962 年经济形势开始好转，但是，人口死亡率、出生率、自然增长率以及人口年增幅的这种无规则性，是不可思议的，只能用“统计有误”来解释。

中国国家统计局的材料公布后，美国官方反应最敏感、最强烈。他们紧紧地扣住 1958—1962 年的材料大做文章，做大文章。他们似乎从这些材料中看出了破绽，很快地确认了 1960 年人口总数净减 1000 万，共同社说“这是和平时期最大的人口事件”。

笔者认为，国家统计局公布的材料中，人口变动的这种大起大落，不能不使人怀疑这个统计数字的真实性和材料编制人的责任心，人们有理由指出国家统计局所公布的人口登记，和国外研究者、报道者们的失真、失实、失掉客观性。

下面看科尔研究方法的粗糙和片面：

“第一，科尔是从生育率开始，经过一系列推导，求得两个普查间隔期的不分年龄性别的死亡人口总数。”

“第二，科尔在推算出两个普查间隔期的死亡人口登记平均漏报率之后，对于如何将平均漏报率分配到各个年度（作为推算每个年度死亡人数的主要依据）这一重要问题上，是根据未作详细说明的‘假设’来作出的。”

“第三，科尔对各个年度死亡人数的估计，始终是围绕粗死亡率即全年死亡人口占总人口的比例来进行的，而没有研究每个年龄组人口的死亡率。他虽然编制了两个普查间隔期（1953—1964 年、1964—1982 年）的 5 岁为一组的简略生命表，但没有编制各个年度的生命表，因此无法用来推算各个年度的死亡人数。”

“第四，科尔对于 1958 年至 1963 年正常死亡人口数，认为是线性趋势，按两点间直线来计算。因此起点年数值与终点年数值的高低，对 6 年总数起决定作用。这两个点的数值估计，因种种原因有可能存在着某种程度的偶然性、随意性，从而对计算结果产生较大影响。”（“李文”）

统计学是科学，是毋庸置疑的。但是，无论是统计工作，还是研究工作，都是由人来做的。如果统计者提供的材料是真实的，而研究工作出现片面性；或者研究工作无误，而统计材料失真；或统计者、研究者都出现主观随意性，那么科学就会变为荒谬！我们认为，国家统计局公布的材料，人口研究专家得出的结论，都有失真、失实和失掉客观性之嫌！因为它和客观存在的历史不相符，主观和客观不统一。研究人员的数字推论，必须以客观存在的事实来验证，而不是按数字推论的结果去描述历史。

1983 年中国国家统计局公布了 1949—1982 年人口登记后，如前所述，外国主要是美国的专家很快发现了 1960 年中国人口总数净减 1000 万，于是西方几十个大通讯社立即报道了这一消息，共同社说“这是和平时期最大的人口事件”。共同社一声呼唤，国内外一些人，拍案而起，一齐鼓噪，愈喊叫愈离奇，在这个反华声浪中“‘大跃进’饿死 3000 万人”出笼了。以讹传讹，传了近 20 年。汉语中有一句讽刺性谚语：真作假来真亦假，假作真来假亦真。假的就是这样变成“真”的了！

一切善良、正直的中国人都不会忘记这样的历史：美国帝国主义，一向仇视中国共产党，一向仇视中华人民共和国，一向仇视社会主义制度。中国共产党在同国民党反革命集团的斗争中，美国帝国主义一直是国民党镇压中国共产党的帮凶和靠山。抗战胜利后，美国海军第七舰队和美国空军陈纳德第十四航空队赖在中国，帮助蒋介石集团打共产党。人民解放战争取得三大决战胜利后，1949 年 3 月，美国政府作出决策：台湾对于美国在西太平洋战略有着重要地位，美国的目标，是决不能让台湾和澎湖落在中共手中。从这时起，美国霸占了中国领土台湾。中华人民共和国成立后，1950 年 6 月 27 日，美国总统杜鲁门下令，海军第七舰队进入台湾海峡。1950 年 9 月，美国发动侵朝战争，其矛头直指中华人民共和国。1951 年 5 月 18 日，美国操纵第五届联合国大会通过了对中国实行经济封锁的议案。1973 年，美国总统尼克松在白宫会见台湾国民党副总统严家淦，表示：美国将继续同台湾保持“外交及其他友好关系”，“美国决心信守对中华民国的协防承诺”。美国政府现在更加疯狂地支持“台独”，妄图把台湾从中华人民共和国的领土上分割出去。中国人民深深懂得共同社所喧嚣的“和平时期最大的人口事件”，不过是帝国主义者人工制造的反华借口。至于国内那些别有用心者，人们早就看清了他们的嘴脸，他们想把“‘大跃进’饿死 3000 万人”强加给毛泽东。“反毛必反共，反共必亲美”，这就是他们的逻辑。

我们要做的是还历史以本来面貌。1958—1965 年中国人口确实发生了变化。这种变化，用人口学研究中的某个公式是无法说清的。还是法国人口学家卡洛先生说得好，“中国人的问题，最好由中国人自己来回答。”

关于出生率从 1958 年至 1961 年呈下降趋势问题。

考虑这个问题，有两种人两种思路：一种人说，陷入严重的经济困难的人们被饿得奄奄一息，怎么会生育呢？这种人出于对“大跃进”运动、人民公社运动的敌意，丑化、诅咒“大跃进”和人民公社。他们所追求的是私有制、资本主义。另一种人则主张进行深入的社会分析，从当时的历史环境中寻求答案。我们认为：

其一，大家都知道，中华人民共和国成立之初，就大力抓教育，开展了全国范围的普及基础教育，当时的教育制度是 12 年，基础教育的实施改变了传统的早婚（十五六岁结婚）习惯，这个婚嫁真空的时间窗恰好落到了 20 世纪 60 年代初（1949+12）。

其二，从 50 年代初期，国家大力宣传废除包办婚姻，提倡婚姻自主，婚姻制度的这一变化，破除了早婚习惯，由此造成的婚嫁真空时间窗，尽管比较含糊，但我们仍然认为它对 1958 年以后出生率下降是有影响的。

其三，第一个五年计划（1953—1957），是中国工业打基础的时期，大约 5000 万农民转为工人；第二个五年计划（1958—1962）初期，1958 年、1959 年两年又有 2000 万农民转为工人，在这 7000 万工人中，单身约占 95%，即 6950 万人，由此而造成的婚嫁真空时间窗，虽然其时间界定含糊，但完全可以判定它对 1958 年以后出生率下降产生影响，当是确定无疑的。

其四，1958 年、1959 年、1960 年，3 年间参加农田基础建设和水利工程的农民，不少于 4 亿，这么广大的青壮年男女，从小家庭生活转变为大集体，占全国人口 70%的青壮年男女，其婚、嫁改变常规，必将对出生率产生重大影响，这是不可否认的事实。

搞清了上述社会历史环境再来评述出生率下降就会知道，出生率下降是诸多社会因素造成的，不能简单地归结为经济困难的结果；而那些把出生率下降看作“大跃进”、人民公社给中国带来的灾难的人们，假如你们不是出于偏见，相信你们是会修正自己的看法的。而对于那些出于偏见的人们，对他们不想说些什么，他们的立场决定了他们决不会承认真理。

关于 1958 年至 1961 年死亡率呈上升趋势问题。

其一，三年自然灾害期间，中国经济遇到了很大困难。主要是粮食短缺，一直持续了 3 年。营养不良使一些年老多病或体质衰弱者，对疫病抵御能力下降，故而使一些人在连续饥荒中早亡。这种情形是在全国范围零零星星持续 3 年发生的。它不引起社会震荡，不会使人感到恐慌，仍属正常死亡。而饿死人则是另一种情形。举例说，一个五口之家，其中一人因饥饿待毙，其他 4 人必会救助，而不会眼睁睁地看着其死亡。一家如此，一个村亦然。一家有难，其他家决不会坐视不顾。不要忘记那是人民公社时期，集体所有制的优越性之一，就是互助。因此，一旦发生饿死人，即是区域性、群体性，这种情况一旦发生，必将震惊全国，瞒是瞒不住的。

其二，广大群众运动中的意外事故（伤和病）。前已述及，1958 年、1959 年、1960 年，3 年中约有 4 亿农民投入农田基础建设和水利工程，挖掘的土石方，年平均约 1.5 亿立方米。而许多工程都是民办的，自筹经费。如河南省林县红旗渠工程，1960 年开工，1969 年竣工。还有大量民工投入铁路建设工程。这样大规模的、遍及全国的、高强度的、长时间的劳动，意外事故和疫病发生是难以避免的。这里虽然没有意外事故和疫病死亡人数的统计表，但这是死亡率增大的原因之一是成立的。这个代价是有意义的，它为中国的经济建设、铁路建设，特别是水利建设打下了坚实的基础。设计灌溉面积达10亿亩。这是整整一代人的贡献。今天分享着成果的人们，应该饮水思源。

其三，是自然灾害造成的直接死亡。1960年，"5个月里，台风登陆11次……台风造成暴雨频繁，洪水泛滥，广东、福建、浙江、安徽、河南、江苏、山东、河北、辽宁、吉林、黑龙江11省，直接死亡5000余人。"（《灾情报告》第378、第379页）1961年，"到9月，灾区有60万公顷仍积水未退，聊城、沧州有3500个村庄被水包围，280万人断粮。沧州专区死亡人数占总人口4.9%"。《灾情报告》仅举以上两例，灾害造成的直接死亡，怕是不仅如此？

一切害怕社会主义的人，攻击"大跃进"，"'大跃进'饿死3000万人"就是这些人编造出来的。倘若发生集体饿死人事件，不仅震惊全社会，同时也会在历史上留下阴影。

三年经济困难有无饿死人

有的。个别地区确实发生了饿死人的事件：

三年经济困难时期的第一个信息，是1959年春旱。1959年出现严重春旱之时，毛泽东和中共中央对防灾抗灾是非常注意的。4月17日，毛泽东看了国务院关于山东等省春荒缺粮的材料后，亲自拟定题目《15省3517万人无饭吃大问题》，要求在三天内用飞机运粮送到15个省的第一书记手里，迅即处理紧急危机（《建国以来毛泽东文稿》第8册，中央文献出版社1966年版，第209页）。24日，他又对东部沿海发生风暴的报告批示："再接再厉，视死如归，在同地球开战中要有此种气概。"（《建国以来毛泽东文稿》第8册，中央文献出版社1966年版，第217页）

不过这时，就全国形势而论，并不严重，所以，在以赫鲁晓夫为首的苏联修正主义逼债的情形下，1959年仍出口粮食41.6亿公斤。

1960年3月，习仲勋送来安徽"饿死人事件"的群众来信，毛泽东、周恩来等对全国经济形势的严重性开始关照。中共中央和毛泽东对灾情非常关心，对灾区人民十分关爱，1959—1961年，国家通过调入、进口等办法，向农村返销了大量粮食，3 年共计 546. 6 亿公斤，占总征购量的 34. 4%（《当代中国粮食工作》，中国社会科学出版社 1988 年版，第 108 页）。1959 年底，至 1960 年底爆发了农村缺粮高峰，全国农村平均每人消费量由 1957 年的 204. 5 公斤下降到 1960 年的 156 公斤、1961 年的 153. 5 公斤（国家统计局编：《建国三十年国民经济统计提要》，第 336 页）。

农村的严重缺粮引起了中共中央的注意。1960 年 6 月，毛泽东在上海会议的《十年总结》讲话中主动承担了追求高指标错误的责任。11 月 3 日，周恩来受中央委托起草了《关于农村人民公社当前政策问题的紧急指示信》，要求坚决纠正一平二调的错误，节约劳动力加强农业第一线。12 月，国务院财贸办公室《关于粮食和市场问题的汇报提纲》指出了粮食多征购的问题。“1958 年、1959 年两年大约多征贸易粮 200 亿斤左右。”（赵发生主编：《当代中国的粮食工作》，中国社会科学出版社 1988 年版，第 108 页）从 1961 年开始，国家大量进口、调拨粮食：1959 年、1960 年、1961 年调入粮食量分别为 589. 8 万吨、169. 5 万吨、409. 4 万吨，进口粮食量分别为 0. 2 万吨、6. 6 万吨、581 万吨，向农村返销。净征购粮率降为 17. 5%。

事实上，因为各地受灾程度不同，粮食的减产情况也不同，灾害集中和持续的地区，缺粮情况比一般地区严重得多。如湖北省工作组 1962 年 9 月 3 日给周恩来的报告中说，谷城、光化、襄阳三县被调查的 13 个遭受旱灾的大队，特别严重的，群众根本分不到口粮；严重的，每人每月平均 4—6 斤；一般的，每月 10 斤（《建国以来毛泽东文稿》第 10 册，中央文献出版社 1996 年版，第 173 页）。而且，各年缺粮程度及人口也不是平均的，如 1960 年粮食减产最多，这年形成的缺粮人口也比上年增加 68%，高达 2. 18 亿。

中共中央的种种努力，其社会效果是积极的，三年饥荒未酿成大灾难，即没有发生地区性、群体性、普遍性的死亡事件。饿死人的事仅仅是个别地区、个别人、个别现象。这种现象不仅灾年、常年在所难免，即使是今天人们偶尔仍可看到饿殍。

河南省信阳地区发生的饿死人事件（史称“信阳事件”），诚然与三年自然灾害有直接关联，但主要还是人祸。很大程度上是人为导致的。笔者将以专题附录于后。

科尔的统计数字不可信

现在把话题转到人口学方面来。

人口学是一门科学，它可以从社会生活的一个侧面人口变动发现社会运动的规律。这是一个方面。另一方面，人口学研究所得出的结论，其正确与否，用什么来检验？只能是社会实践。不是人口学决定社会运动，而是社会实践检验人口学；前者是第二性的，即社会运动在人们头脑中的反映，后者是第一性的，物质的，它存在于人们头脑之外。我们所坚持的是马克思列宁主义的历史唯物主义。下面从三个方面对科尔的统计数字进行验证。

第一，关于中国官方公布的统计数字。

科尔的研究工作所使用的是中国官方公布的 1958—1964 年人口登记数字。这个统计材料其客观性、真实性是要大打折扣的。数字本身有无法解释的矛盾，本文已在前面说过了。

第二，科尔的研究方法过于粗略。

科尔线性（正常）死亡人口，其计算公式，是起点数加终点数，被 2 除。科尔估算（注意是科尔的估算，不是中国官方公布的数字）1957 年死亡人口是 1040 万，1964 年死亡人口是 940 万，二者相加是 1980 万，再除以 2，等于 990 万。如是科尔得出结论，1957—1964 年，中国年平均死亡人数是 990 万。以此推算，1958—1963 年线性死亡人数 5940 万。这么粗略的推算方法，科学吗？其结论客观、真实吗？

第三，人口学研究方法的瑕疵。

人口学中按出生率或死亡率计算出生人口或死亡人口，都是以年平均人口为基数的，年平均人口在理论上应按 365 天的人口平均计算。但这种办法实际上难以做到，通常使用的简便方法是以上年末的人口加本年末的人口除以 2，得出平均值，作为本年平均人口。

再如，制成一张人命表，需观察一批同龄人从出生到死亡的全过程，需花费 100 年左右时间，实际难以做到，即使做到已成为历史的追述，失去观察分析现状的作用。一般使用的简便方法，是根据一年或几年统计资料，来确定一批人分年龄的死亡率，并算出平均预期寿命。

以上所述，中国官方公布的人口登记数字，其准确性是要打折扣的；而科尔的研究方法又过于粗略，再加上人口学研究方法的瑕疵，因此科尔的研究结果，1959年、1960年、1961年3年，中国非线性（非正常）死亡2700万人是不可信的。

现在的问题，是依据科尔的结论撰写中国历史呢？还是以中国的历史事实去检验科尔的结论？我们坚持的是后者。

需要说明，科尔作为人口学家，他所进行的工作是科学研究，其结论对与错，都是研究工作。

而另外一些人，把科尔的研究结果用“移花接木”的卑劣手段，诬称“‘大跃进’饿死3000万人”！他们制造这个谎言，是用来打击毛泽东、曲解社会主义，为他们攻击毛泽东鸣锣开道，摇旗呐喊，制造口舌。

（参见张宏志：《还清白于毛泽东——把真实的历史告诉人们》，国际炎黄文化出版社2004年11月版）

◇为什么说毛泽东时代远非所谓经济停滞的时代？

美国学者莫里斯·迈斯纳说：“尽管曾经存在着所有这些失败和挫折，但是毛泽东时代是中国现代工业革命时期这一结论是不可避免的。曾经长期被轻蔑为‘亚洲病夫’的中国，20世纪50年代初期以小于比利时工业规模的工业开始，在毛泽东时代结束时，却以世界上6个最大工业国之一的姿态出现了。中国的国民收入在1952—1978年的25年间增加了4倍，即从1952年的600亿元增加到1978年的3000亿元，而工业在增加的国民收入中所占的比例最大。人均国民收入指数（以不变价格计算）从1949年的100（1952年的160）增加到1957年的217和1978年的440。在毛泽东时代的最后20年间（这是毛泽东的后继者们评价不高的一个时期），而且连“大跃进”的经济灾难也估计在内，中国的国民收入在1957年至1975年期间翻了一番多——人均增加63%。”

“无论人们将毛泽东时代作何种评价，正是这个中国现代工业革命时期为中国现代经济发展奠定了根本的基础，使中国从一个完全的农业国家变成了一个以工业为主的国家。1952年，工业占国民生产总值的30%，农业产值占64%；而到1975年，这个比率颠倒过来了，工业占国家经济生产的72%，农业则仅占28%了。”

“其实毛泽东的那个时代远非是现在普遍传闻中所谓的经济停滞时代，而是世界历史上最伟大的现代化时代之一，与德国、日本和俄国等几个现代工业舞台上的主要的后起之秀的工业化过程中最剧烈时期相比毫不逊色。”

“在毛泽东身后的时代里，对毛泽东时代的历史记录的污点吹毛求疵，而缄口不提当时的成就已然成为一种风尚——深恐提及后者便会被视为对前者的辩护。然而，对一个基本事实的承认，即毛泽东时代在促进中国现代工业改造——而且是在极为不利的国际国内条件下做的——过程中取得了巨大的成就，并不就等于是为历史作非分的辩护。如果没有毛泽东时代发生的工业革命，80年代将找不到要改革的对象。”

（参见《指点江山》，《巴山文学》编辑部，国内统一刊号：CN51—1614/I）

◇从1961年到1966年毛泽东只开过一次中央委员会会议吗？

对毛泽东晚年召开中共中央委员会会议的情况，世界知识出版社于1992年2月出版的《毛泽东的后半生》一书写道：

作为党的主席，毛泽东在1961年到1966年间只召开过一次中央委员会会议！

果真如此吗？不是的。翻阅1961年至1966年8月的《人民日报》，便可看到以下的记载：

1961年1月14—18日，毛泽东在北京主持召开中共八届九中全会，着重讨论1961年国民经济计划、贯彻《关于农村人民公社当前政策问题的紧急指示信》（简称“十二条”），号召全党发扬实事求是的优良传统，大兴调查研究之风。

3月14—23日，毛泽东在广州主持召开中央工作会议，着重讨论并通过了《农村人民公社工作条例（草案）》（即“农业六十条”）。

1962年1月11日至2月7日，毛泽东在北京主持召开了扩大的中央工作会议，史称“七千人大会”。1月30日，毛泽东在大会上作了长篇讲话，共讲了6个问题。其“中心是讲一个民主集中制的问题，同时也讲到其他问题”。

9月24日至10月7日，毛泽东在北京主持召开中共八届十中全会，在会上作了关于阶级、形势、矛盾和党内团结问题的讲话。

1963年2月11—28日，毛泽东在北京主持召开中央工作会议，在会上提出“阶级斗争，一抓就灵”，督促各地注意阶级斗争和社会主义教育问题。

1964年5月15日至6月17日，毛泽东在北京主持召开中央工作会议，在会上提出培养无产阶级革命接班人的问题。

1964年12月15日至1965年1月14日，中共中央政治局在北京召开全国工作会议，毛泽东出席了会议并作了讲话。

1966年8月1—12日，毛泽东在北京主持召开中共八届十一中全会，通过《关于无产阶级文化大革命的决定》，即“十六条”。

从1961年1月至1966年8月，毛泽东就先后主持召开了这么多次中央委员会会议，怎能说只召开过一次呢？

（参见［美］罗斯·特里尔：《毛泽东的后半生》，世界知识出版社1992年2月版，第107页）

◇毛泽东倡导的知识青年上山下乡运动不是始于1968年

1968年12月22日，《人民日报》在刊登甘肃省会宁县部分城镇居民到农村安家落户的报道所加的“编者按”中，发表了毛泽东的指示：

知识青年到农村去，接受贫下中农的再教育，很有必要。要说服城里干部和其他人，把自己初中、高中、大学毕业的子女，送到乡下去，来一个动员。各地农村的同志应当欢迎他们去。

毛泽东这一“最高指示”在《人民日报》公开发表后，在全国范围内迅速掀起一个以“接受贫下中农再教育”为内容的“知识青年上山下乡运动”。

号召知识青年上山下乡始于何时？天津人民出版社于1986年9月出版的《“文化大革命”十年史》记载：

知识青年上山下乡早在60年代初便开始了，女青年侯隽、邢燕子等人为知识青年做出了榜样。

知识青年上山下乡始于20世纪60年代初吗？此说有悖史实。

1998年6月13日，《长沙晚报》转载了《中国经济时报》刊登的《千万知青上山下乡始末》一文。此文的“导语”写道：

如果说中国只有一个人清楚上山下乡运动始末，这个人就是顾洪章，有人这样告诉记者。1954 年，他就进入当时的内务部移民局，涉足处于萌芽状态的上山下乡问题。此后，他一直在国家主管上山下乡的部门工作——不管这个部门叫什么名字，即便在“文革”期间，他的工作也未曾中断过，尽管那时候，红卫兵甚至没有放过他所在机构的档案。

直到 1994 年，他才离开解决上山下乡遗留问题的相关部门，那年他 68 岁。

幸运的是，几经周折，我们找到了这位堪称上山下乡的“活档案”的当事人，他说这是他首次向传媒公开内情。

那么，广大知识青年上山下乡运动始于何时？顾洪章对记者说，他于 1954 年就到内务部移民局从事知识青年上山下乡工作，但轰轰烈烈开展上山下乡运动是 1955 年。

1954 年 5 月 24 日，中共中央批发了教育部党组《关于解决高中和初中毕业生学习与从事生产劳动问题的请示报告》，明确指出，高中和初中毕业生升学深造只是其中的一小部分，绝大多数是将来上山下乡从事生产劳动。

1954 年 5 月 29 日，《人民日报》发表了中共中央宣传部《关于高小和初中毕业生从事劳动生产的宣传提纲》，同样强调上山下乡参加劳动。

1955 年 4 月 12 日，中共中央又转发了教育部党组《关于初中和高小毕业生从事生产劳动的宣传教育工作的报告》，进一步倡导毕业生积极到农村参加劳动。

1955 年 4 月，毛泽东批转了团中央《关于组织高小和初中毕业生从事农业劳动和进行自学的报告》，推广了四川省郫县犀浦乡刘家秀、杨映、曾淑玉等高小毕业后回乡务农取得显著成绩的经验。

1955 年 8 月，共青团中央根据党中央提出的第一个五年计划要在全国开荒 3868 万亩的号召，发动广大青年组建青年志愿垦荒队。当时任团中央第一书记的胡耀邦亲自抓这件事。

1955 年 8 月 9 日，《中国青年报》报道：北京郊区的杨华、李秉衡、庞淑英（女）、李连成、张生 5 位青年响应党中央的号召，向共青团北京市委提交发起组织北京市青年志愿垦荒队的申请。共青团北京市委对他们的要求热情支持，并且积极组织发动，从 800 余名报名者中挑选 60 人组成北京市青年志愿垦荒队。8 月 30 日，垦荒队由北京出发，前往黑龙江省萝北县。行前，北京市各界青年 1500 多人举行了盛大欢送会。团中央书记胡耀邦发表了题为《向困难进军》的讲话，并把一面写有“北京市志愿垦荒队”的锦旗授给垦荒队。继北京青年志愿垦荒队开进北大荒后，又有16个省市的青年志愿垦荒队开进边疆、荒岛、荒原。

1955年9月，在全国农业合作化的高潮中，毛泽东亲自主持编辑《中国农村的社会主义高潮》一书，并为该书写了序言和104篇按语。在选编此书的过程中，毛泽东看到许多有关中小学毕业生回乡参加农业劳动大显身手的模范事迹材料，于是便从中选择了两篇编入书中。其中一份是《中山县新平乡第九农业生产合作社的青年突击队》一文；另一篇是河南省郏县李庄《在一个乡里进行合作化规划的经验》。毛泽东看了这篇经验总结，欣然提笔写道：

这也是一篇好文章，可作各地参考。其中提到组织中学生和高小毕业生参加合作化的工作，值得特别注意。一切可以到农村中去工作的这样的知识分子，应当高兴地到那里去。农村是一个广阔的天地，在那里是可以大有作为的。

1956年1月25日，毛泽东主持召开最高国务会议，讨论中共中央提出的《1956年到1967年全国农业发展纲要（草案）》（即“农业40条”）。其中强调指出：“城市的中、小学毕业的青年，除了能够在城市升学、就业的以外，应当响应国家的号召，上山下乡去参加农业生产，参加社会主义建设的伟大事业。”

1957年4月8日，由刘少奇主持撰写的题为《关于中小学毕业生参加农业生产问题》的社论，明确指出：“从事农业是今后安排中小学毕业生的主要方向，也是他们今后就业的主要途径。”

根据党中央的指示，北京、天津、上海、武汉、成都等城市，积极动员和组织城市知识青年下乡参加农业生产劳动。到1957年底，据20个省（市）的统计，上山下乡的知识青年已达7.9万多人。

上述情况说明，知识青年上山下乡运动不是始于60年代初。其实，早在1954年5月党中央就倡导知识青年到农村从事农业劳动；1955年8月，在全国掀起知识青年上山下乡的高潮。后来，知识青年上山下乡走与工农相结合的道路，是健康成长的一条好途径。

（参见中共中央办公厅编：《中国农村的社会主义高潮》，人民出版社1955年12月版，第795页；王进等主编：《毛泽东大辞典》，广西人民出版社、漓江出版社1992年6月版，第1199

页；1998 年 6 月 13 日《长沙晚报》；1968 年 12 月 22 日《人民日报》；高皋、严家其：《“文化大革命”十年史》，天津人民出版社 1986 年 9 月版，第 318 页）

◇毛泽东为什么发动“文化大革命”？

毛泽东发动“文化大革命”有一个过程。1962 年重提阶级斗争，经过不断升级的中苏论战，特别是经过“四清”运动，毛泽东越来越感到中国有走修正主义和复辟资本主义的危险。他认定，中国有走修正主义道路的社会阶层，而且相当广泛，人数不多，但有影响。他还认定，中国会不会放弃社会主义而走上资本主义道路，关键不在基层，而是在上层，尤其是中央。1965 年 8 月 11 日在听取罗瑞卿汇报时，他说：“领导人、领导集团很重要……1962 年刮歪风，如果我和几个常委不顶住点了头，不用好久，只要熏上半年，就会变颜色。许多事情都是这样：领导人一变，就都变了。”就在 1965 年八九月间召开的中央工作会议上，毛泽东第一次提出“如果中央出了修正主义，应该造反”的问题，从此以后就不断讲这个事。

防止出修正主义、防止资本主义复辟，成为毛泽东晚年思考和担心的焦点。怕党和国家改变颜色，这就是毛泽东发动“文化大革命”的根本出发点和主观动机。有一次他对身边护士长吴旭君说：“我多次提出主要问题，他们接受不了，阻力很大。我的话他们可以不听，这不是为我个人，是为将来这个国家、这个党，将来改变不改变颜色、走不走社会主义道路的问题，我很担心，这个班交给谁我能放心。我现在还活着呢，他们就这样！要是按照他们的做法，我以及许多先烈们毕生付出的精力就付诸东流了。”

“我没有私心，我想到中国的老百姓受苦受难，他们是想走社会主义道路的。所以我依靠群众，不能让他们再走回头路。”

“建立新中国死了多少人？有谁认真想过？我是想过这个问题的。”（《毛泽东传》精装下，第 1390 页）历史和现实越来越使他感到问题的紧迫性。

1966 年 5 月 5 日，毛泽东同阿尔巴尼亚党政代表团谈话时说：

“我的身体还可以，但是马克思总是要请我去的。事物的发展是不以人的意志为转移的。马克思、恩格斯就没有料到手创的社会民主党在他们死后被他们的接班人篡夺领导权，变为资产阶级政党，这是不以马克思、恩格斯的意志为转移的。他们那个党开始是革命的，他们一死变成反革命的了。苏联也不以列宁的意志为转移，他也没有料到会出赫鲁晓夫修正主义。”

“事物不断地走向反面。不仅是量变，而且要起质变；只有量变，不起质变，那就是形而上学。我们也准备着。你晓得哪一天修正主义占领北京？现在这些拥护我们的人摇身一变，就可以变成修正主义。这是第一种可能。第二种可能是部分分化。”

“鉴于这些情况，我们这批人一死，修正主义很可能起来。”“我们是黄昏时候了，所以，现在趁着还有一口气的时候，整一整这些资产阶级复辟。”

“总之，要把两个可能放在心里：头一个可能是反革命专政、反革命复辟。把这个放在头一个可能，我们就有点着急了。不然就不着急，太平无事。如果你不着急，太平无事，就都好了？才不是那样。光明的一面现在看出来了，还有黑暗的一面。”

“不要怕反革命。有的时候我也很忧虑。说不想，不忧虑，那是假的。但是睡觉起来，找几个同志开个会，议论议论，又想出办法来了。”（《毛泽东传》精装下，第 1410 页）

毛泽东曾对身边工作人员说：“‘文革’中这些群众主要是年轻人、学生，正是杜勒斯们寄托和平演变希望的最年轻的一代。让他们亲身体验斗争的严重性，让他们把自己取得的经验和认识再告诉他们将来的子孙后代，一代一代传下去，也可能使杜勒斯的预言在中国难以实现。”

“我考虑发动群众。我把批判的武器交给群众，让群众在运动中受到教育，锻炼他们的本领，让他们知道什么道路可以走，什么道路是不能走的。我想用这个办法试一试。我也准备它失败。现在看来群众是发动起来了，我很高兴，他们是同意我的做法的。”（《毛泽东传》精装下，第 1434 页）

毛泽东觉得时不我待，就在 73 岁那年毅然发动了“文化大革命”。批判《海瑞罢官》只不过是一个突破口。但是，毛泽东对党内和国内的政治情况作了不符合实际的、过于严重的估计，把持不同意见的各级领导干部看成“修正主义分子”“走资本主义道路的当权派”，把许多不属于阶级斗争的问题也说成是阶级斗争，严重地混淆了是非，混淆了敌我。

用什么办法才能够彻底解决党内和社会上存在的一些阴暗面的问题，毛泽东想了很多，也想了很久。他说：“只有发动群众才有办法，没有群众毫无办法。”但是毛泽东对群众运动产生了一种片面的看法。他说：“我们有一部分干部不接近人民群众，做官当老爷，对付这些人，我毫无办法。这回好，群众就整他了。”这样，在放弃了党的领导的情况下，各种社会矛盾，人与人之间平时的积怨，就在自发的、失控的群众运动中，以革命的名义和极端的形式，集中地爆发出来，造成社会动乱。

综上所述，毛泽东发动的“文化大革命”，是出于反修防修的目的，在“阶级斗争为纲”的错误指导思想下，由于对党内和国内的政治状况作了错误的估计，又采取了一种错误的方法，所进行的一场所谓的“革命”。有人把毛泽东发动“文化大革命”，说成是个人的权力之争，归结为毛刘之争，这是不符合实际的。实际上毛泽东已经是独一无二的领袖，根本不存在别人去争夺权力，成为最高权威的可能性。

（参见逄先知：《〈毛泽东传〉对“文革”中几个重大历史问题的研究》，《党史纵横》2010年第29期）

◇毛泽东为接班人林彪写的“备忘录”是什么？

“文化大革命”伊始，毛泽东于1966年7月8日在武汉致信正在上海的江青。信的内容是多方面的：既有对当时刚刚兴起的“文化大革命”形势的分析，也有对党和国家未来前途的预测；既有对“右派”的抨击，也有对“朋友”林彪婉转的批评；既有对自己的自我解剖，也有对江青的劝诫；既讲了中国近现代的历史，也涉及国际共产主义运动的历史；既有政治，也有哲学。信的文辞精美，成语典故迭出，生动、幽默、诙谐、含蓄，富有哲理，耐人品味。这封信是理解和把握毛泽东最后十年的思想与实践的不可缺少的重要文件之一。

毛泽东这封信的中心议题确实是林彪，而不是别的什么。

许全兴教授在《毛泽东思想研究》中撰文作了具体分析，他认为，首先，重点从信中可以看出，毛泽东写这封信的直接动因是林彪催着中央发他在1966年5月18日中央政治局扩大会议上的讲话，而毛泽东对此讲话则有一定的保留。整个信是围绕着毛泽东对林彪讲话感到不安而铺陈下去的，毛泽东的自我解剖是为了说明林彪的那些提法不妥。

其次，毛泽东的信是写给自己夫人的，而且不准备在他生前公开。但在写信后的第三天（即7月11日），毛泽东主动要因外事活动来武汉的周恩来留一天，第二天毛泽东让周恩来看了信的抄件（据1972年江青的一次讲话，当时的湖北省委第一书记王任重也见过信）。周恩来看过信后向毛泽东提出，他去向正在大连的林彪做工作，劝告林彪改正，不要再讲那些提法。毛泽东同意了。倘若信的重点是自我解剖，那么毛泽东似可不必急于给周恩来看。毛泽东回到北京后又指示中宣部负责人今后不要用“最高最活”“顶峰”“最高指示”等提法。

最后，林彪折戟沉沙后，毛泽东将信公之于党，并把它作为批判林彪的思想武器。倘若信的重点是自我解剖，那如何解释毛泽东的这一举动呢？倘若这封信正是毛泽东为了向江青论述自己的政治哲学，遥控江青如何下一步动作的话，那这信应当秘而不宣，不能示人，既不能给周恩来、王任重看，更不能公之于世。

凡此种种，我认为，从毛泽东写信的直接动因及此信所起的社会效应来看，信的中心点是林彪。

那么，毛泽东为什么要在这封信中着重议论林彪呢？是像江青在1972年所说的那样，那时毛泽东已看出林彪在思想上理论上不是马列主义者吗？显然不是。那又是为什么呢？简单说来，此时毛泽东正下最后的决心让林彪来代替刘少奇，做他的接班人，但又感到对林彪没有十分把握，有点不放心，心情有些矛盾。为了说明这一看法，需要对毛泽东更换接班人的过程作一分析。

从1945年中共“七大”起至1966年8月的中共八届十一中全会止，刘少奇是党内仅次于毛泽东的第二个人物。1959年，毛泽东让刘少奇接任他辞去的国家主席职务。1961年，毛泽东在同英国元帅蒙哥马利谈话时向外界公开承认，刘少奇是他选定的接班人。但是事隔不久，从1962年八届十中全会开始，毛泽东对刘少奇逐渐有看法，认为他右倾。在1965年初召开的中央四清工作会议上，毛泽东同刘少奇发生公开冲突，认为刘少奇搞修正主义。1966年5月，毛泽东在中共中央“五一六”通知中暗指刘少奇是赫鲁晓夫那样的人物，定下了发动“文化大革命”的战略决策。当他下令6月1日全文播发聂元梓等的大字报时，他已选定用“大民主”的方法来揭露党内的“黑暗面”，摧毁“以刘少奇为首的资产阶级司令部”和各地的“代理人”。所以，毛泽东关于“文化大革命”的“战略构想”在5月底6

月初已大体确定了。

刘少奇不行，谁来做接班人？这更是令毛泽东费神的大问题。在五六月间，毛泽东初步选择了林彪做接班人，但又没有十分把握，所以还未下定最后的决心。

毛泽东对林彪的不放心，恐怕不仅仅是对林彪的一些提法不妥，而是有更深的渊源。林彪有令毛泽东欣赏的一面：能打仗，有思想，敢于发表意见，主持中央军委工作后重视思想政治工作。林彪提倡“活学活用”“四个第一”更合毛泽东的心意，与其他中央领导人相比，又最年轻（1966 年时 59 岁）。但林彪也有令毛泽东不安的一面。毛泽东对林彪历史上的错误是清楚的：在井冈山时期，提出“红旗能打多久”；在长征路上，在 1935 年 5 月会理会议以前写信反对毛泽东的战略战术，要求改变中央军委领导；在辽沈战役中，一再固执己见，坚持先打长春的作战方针，毛泽东发十几封电报后，经罗荣桓做工作，林彪才服从命令，执行中央军委关于撤离长春，南下北宁线，首取锦州的作战方针；等等。从现在所能见的材料看，毛泽东对林彪的不放心与疑问在《吊罗荣桓同志》的诗作中已有表露。

1963 年 12 月 16 日，与林彪共事最久的罗荣桓元帅逝世，毛泽东深为悲痛，评价罗荣桓是很有原则性的人，他对敌狠，不背后议论人，一个人数十年如一日，很不容易啊！毛泽东亲自到北京医院向罗荣桓遗体告别。据在毛泽东身边工作的吴旭君回忆，在这以后的几天中，毛泽东很少讲话，若有所思。经过反复酝酿、构思，写出了《吊罗荣桓同志》七律一首。诗云：“记得当年草上飞，红军队里每相违。长征不是难堪日，战锦方为大问题。斥鷃每闻欺大鸟，昆鸡长笑老鹰非。君今不幸离人世，国有疑难可问谁？”我认为，对诗中的“斥鷃”“昆鸡”“大鸟”“老鹰”等比喻可以作不同的解释，但诗中“长征不是难堪日，战锦方为大问题”两句的含义是比较确定的，即是对前面提到的林彪在长征中和辽沈战役中所犯错误的批评。1963 年时，毛泽东正重用林彪，可为什么又要在悼念他人的诗中揭林彪之短呢？我以为要解此疑问，不仅要与毛泽东对当时国际国内政治形势的分析联系起来，而且要从诗的最后两句入手去解。“君今不幸离人世，国有疑难可问谁？”这两句表达了作者对罗荣桓深深的钦佩和对罗的离去的无限惋惜。这里的问题是：“国有疑难”是指什么？从泛义上讲，当时毛泽东关注的中心问题是中国如何反修防修，如何防止修正主义者篡夺党和国家的领导权。但所问的对象是与林彪共事多年的罗荣桓，毛泽东要问的“疑难”又没有这样宽泛，而一定是与罗有关的问题。此时的毛泽东对原来的接班人刘少奇已不很放心，谁来代替呢？这显然是毛泽东思索的一大问题。正在重用之中的林彪自然是他考虑的一个人选。但林彪能否担当此大任，实在没有把握。林彪为人如何？只有与他长期共事的人才知道。党内高级干部中与林彪共事最久的要数罗荣桓，而罗又是可信赖的人。所以在毛泽东看来，要进一步了解林彪，只有询问罗荣桓，此外无第二人。罗已离开人世，毛泽东哀思良久，难以直抒胸臆，只能发出“君今不幸离人世，国有疑难可问谁？”的叹息。诗中提到林彪的短处，并不是斥责林彪，而是反映了作者要进一步重用林彪之时的一种矛盾心态。如何反修防修是当时毛泽东头脑中的兴奋中心，林彪能否进一步做接班人是毛考虑的问题之一。所以，他在悼念罗荣桓的诗中提到林彪也就不奇怪了。林彪事件后，毛泽东也许追悔为什么不早一点问疑于罗荣桓呢？经“文革”劫难的中国人自然也会想到，要是罗荣桓健在或晚逝几年，而毛泽东又真能问疑于罗，林彪也许当不成接班人，“文革”虽会发生，但很可能是另一种状况了。

罗荣桓虽然离开了人世，离开了毛泽东，但毛泽东头脑中对林彪的问号并没有消失。

鉴于国际共运的教训，毛泽东对接班人的问题越来越重视。在1964年6月的一次会议上，毛泽东专门谈了“准备后事——接班人”问题。对此讲话，虽然可以从一般的意义上去理解，即普遍地从上到下地培养千百万无产阶级革命事业的接班人，但其中无疑也包含着他对自己后事的准备，包含着对自己原有接班人的重新考虑。到了1966年春，种种迹象表明，毛泽东已初步选择了林彪做接班人。在此以前，毛泽东虽然重用林彪（在1958年5月召开的中共八届五中全会上，林彪增选为中共中央副主席，1959年在庐山会议上接替彭德怀，任国防部长，主持军委工作），但不让林彪插手部队以外的工作。到1966年，则通过江青，让林彪开始介入地方的文化工作。之后，林彪在3月11日给工交战线写了一封提倡活学活用毛泽东著作的信。5月7日，毛泽东给林彪写信，提出自己对未来社会的设想（即“五七”指示）。5月18日，林彪在中央政治局扩大会议上作重要讲话。这些都表明，在1966年春，林彪在党内的地位急剧上升，他的工作已不限于管军队了。

毛泽东选择林彪代替刘少奇一事是肯定了的，但在党的领导层中，了解毛泽东更换接班人意图的人极少极少。康生是中共中央“五一六”通知的起草者之一，中央文革小组顾问。他在这次中央政治局扩大会议的发言中大批彭（真）、罗（瑞卿）、陆（定一）、杨（尚昆），甚至恶毒攻击和诬蔑朱德总司令，可却说了一些恭维刘少奇的话。后来他承认，当时只想到彭真有问题，没有想到，也不敢想到接班人（刘少奇）有问题。康生与毛泽东的关系非同一般，像康生这样的人到5月份还不能完全了解毛泽东要更换接班人的意图，至于其他人就更不用说了。不过，此时的林彪是显然地感觉到了毛泽东的意图了。林彪催着中央发“五一八”的讲话，目的是要提高自己在党内的地位，为自己当接班人作舆论准备。毛泽东也猜想到这是林彪催他批发“五一八”讲话的目的。但毛泽东对林彪仍有所保留。

善于揣摩毛泽东心态的林彪把自己装扮成“紧跟”领袖、“高举”红旗的好学生。毛泽东虽然在对中国社会状况和党内政治形势的分析上陷入了主观主义，严重背离了马克思主义，但他毕竟还是一位伟大的马克思主义者。他认为，林彪的“天才”“顶峰”“一句顶一万句”之类的话是不妥的，是不科学的，不符合历史唯物论的。为此，他在4月的杭州会议上向林彪提出了不同意见。“可是有什么用呢？他到北京5月会议上，还是那样讲，报刊上更加讲得很凶了，简直吹得神乎其神，这样我就只好上梁山了。”林彪为什么要这样做，“我猜他们的本意，为了打鬼，借助钟馗，我就在想20世纪60年代当了共产党的钟馗。”毛泽东的这几句话值得反复品味。这几句话流露了毛泽东充当钟馗难以言状的复杂心理：为了打鬼，他甘当钟馗，而一旦鬼打倒，林彪又会怎样对他呢？毛泽东认为，他在林彪眼里不过是个打鬼的工具。毛泽东的这一认识反映了他对林彪唱赞美之词的动机有看法。中国有句古语，“拍马是为了骑马”，颂扬过分就成了阿谀。像毛泽东这样熟谙中国历史、富有政治斗争经验的政治家能不从林彪过分的颂扬中感觉到某些异样的东西吗？能不对林彪把他当作打鬼的工具而有所警惕吗？

对林彪这种复杂的、矛盾的看法，毛泽东无法向人明言，但又感到需要让后人知道。所以他在正式公开选定林彪做接班人之前，通过给江青写信的方式，曲折、隐晦、含蓄地表达他的复杂心态。毛泽东这样做的动机也是复杂的：一是为了万一以后林彪真成了修正主义者，出了事，可以取得后人的某种谅解。毛泽东决定1972年公开此信就含有此目的，表明他还是有一点先见之明的。二是为了让江青了解他在林彪问题上的全面看法，希望江青对林彪要留心一点。但江青既没有接受劝告，又没有理解毛泽东给她写信的真正意图。相反，她头脑膨胀，与林彪互相勾结，互相利用，猖狂反党反人民，堕落成人民的罪人。

总之，毛泽东给江青的信决不是为了揭露林彪的反马克思主义的本质，而是为林彪做接班人之前所写的"备忘录"。事实上，这信也确实起了"备忘录"的作用。在做了这种准备后，在党的八届十一中全会上，毛泽东一方面写了《炮打司令部》的大字报，公开同刘少奇摊牌；一方面正式选定林彪为自己的接班人。由于他人不知毛泽东在做出这一战略决策的矛盾心态，所以照例欢呼这一决策的英明、伟大。

毛泽东选定林彪为接班人，可他头脑中对林彪的问号并没有消失。正因为他对林彪有一定的保留，所以他不顾高龄，始终亲自直接领导"文化大革命"，而不退居二线放手让林彪去干，同时又让周恩来总理辅助他工作。而林彪呢？他当了接班人，但仍感到老人家对他有戒心，感到自己接班人的地位并不稳固，于是在1971年召开的党的九届二中全会上发难，演出了抢班夺权的丑剧。同样，正因为毛泽东心存戒备，所以当丑剧一开场，就被粉碎了。

在毛泽东的最后10年里，接班人问题一直困扰着他。但他脱离了集体领导，因而一错再错，这个教训非常惨痛，值得永远记取。正如邓小平所指出：毛泽东个人选林彪做接班人的做法是不正确的。"一个领导人，自己选择自己的接班人，是沿用了一种封建主义的做法。"

毛泽东致江青信的内涵丰富，正确而全面地理解这封信，对正确认识毛泽东晚年思想和行动有很重要的参考价值。深入剖析有助于对那段历史的研究和探索。

（参见《毛泽东思想研究》1990年第3期；许全兴：《为毛泽东辩护》，当代中国出版社1996年7月版）

◇"林彪事件"是毛泽东逼出来的吗？

中共九大以后，国内形势趋于缓和，毛泽东曾表示，"文化大革命"该准备收尾了，并确定九大以后取消中央文革小组。但是，完全出乎他的预料，林彪集团正在急于攫取更高的地位和更大的权力。有两件事集中暴露了林彪及其集团的政治野心。一个是发布所谓“林副主席一号命令”，一个是关于设国家主席问题。

1969 年 10 月 10 日，在苏州的林彪向北京的军委办事组组长、总参谋长黄永胜，发出一个“关于加强备战、防止敌人突然袭击的紧急指示”，要求“立即组织精干的指挥班子，进入战时指挥位置”。这个指示由军委办事组以“林副主席指示（一号命令）”名义正式下达。当晚，这个命令用电话传达到各作战部队，全军立刻进入紧急临战状态。命令下达的第二天，林彪才用“电话记录”的方式报告毛泽东。

未经军委主席毛泽东批准，事先又不报告，林彪居然擅自发布这样的军事命令，一夜之间调动全军进入临战状态，这是一个非常严重的事件，也是一个十分危险的信号，不能不引起毛泽东的警觉，作出强烈反应。

如果说“一号命令”是林彪为夺取更大权力而作出的带有某种试探性的行动，那么，在设国家主席问题上，林彪则公然向毛泽东进行挑战，由此引发了一场政治风暴。

1970 年 3 月 8 日，毛泽东向中央提出召开四届人大和修改宪法的意见，并建议不设国家主席。这是毛泽东第一次提出不设国家主席。毛泽东的意见在政治局会议上传达后，大家一致同意。林彪在苏州得知后，让叶群转告黄永胜和吴法宪：“林副主席赞成设国家主席。”此后在设不设国家主席的问题上，林彪一反常态，顽固地、一再地同毛泽东唱反调，显然已经超出党内不同意见的正常争论，其中必有不可告人的目的。还是叶群把这个问题挑明了，道出了林彪坚持设国家主席的真正面目。她私下对吴法宪说：“如果不设国家主席，林彪怎么办？往哪里摆？”

设不设国家主席的争论带到了九届二中全会即庐山会议上。8 月 23 日，二中全会开幕。就在会议开始前一刻，林彪突然向毛泽东和其他常委提出要讲点意见。本来，毛、林事先都表示不在开幕会上讲话，林彪却来了个突然袭击，事先也不打招呼，突然提出要讲话。林彪拿着讲稿讲了一个多小时，主要就修改宪法问题谈毛泽东的领导地位。与此同时，根据林彪、叶群在会前的布置，陈伯达与吴法宪还准备了一份设国家主席的宪法草案条文。这一切活动都是瞒着毛泽东和周恩来的。大家可以想想，是林彪在“逼宫”，还是毛泽东在“逼”林彪？答案是很清楚的。

毛泽东已经察觉到会议中的不正常现象，立即制止说：设国家主席的问题不要再提了，谁坚持设国家主席，谁就去当，反正我不当！讲到这里，毛泽东冲着林彪说了一句："我劝你也不要当国家主席！"

1971年8月15日，毛泽东离京南下，到中南、华东等省巡视，同各地负责人谈话，他指出：这次在庐山，他们的地下活动、突然袭击，是有计划、有组织、有纲领的。同时又指出，要保护林副主席，当然他要负一定的责任。9月5日、6日，在北戴河的林彪、叶群获悉毛泽东南巡谈话内容后，便决定将毛泽东杀害于巡视途中，发动武装政变。7日，林立果向"联合舰队"下达"一级战备"的指令。8日，林彪亲笔写下行动手令："盼照立果、宇驰同志传达的命令办。"林彪的阴谋败露，便紧急策划南逃广州，另立中央，分裂国家。此计不成，乘飞机北逃国外，所乘专机在蒙古国的温都尔汗坠毁，落得个"折戟沉沙，丧命异国"的下场。

（参见逄先知：《〈毛泽东传〉对"文革"中几个重大历史问题的研究》，载《党史纵横》2010年第29期）

◇ 在军队指挥权上，毛泽东与林彪的争与不争的焦点在哪里？

1970年7月，"两报一刊"（即《人民日报》《解放军报》和《红旗》杂志）为纪念中国人民解放军诞生43周年所写的社论，题目叫做《提高警惕，保卫祖国》，其开宗明义的第一句话为："伟大领袖毛主席亲自缔造和领导的、毛主席和林副主席直接指挥的中国人民解放军，已经走过了43年英勇战斗的历程。"

周恩来在1970年7月25日、27日连续主持中共中央政治局会议讨论这篇社论。会上，围绕这句话发生了激烈的争论。陈伯达主张改回到"过去几年的一贯提法"，即将"直接指挥"前面的"毛主席和"4个字去掉。张春桥主张不改，态度非常坚决。康生亦认为新提法不易译成外文。周恩来觉得此事重大，需要由毛泽东本人定夺。

汪东兴后来回忆这件事说，周总理和黄永胜当面询问主席时，毛主席说："两种意见，我都不赞成。缔造者不能指挥，能行吗？缔造者也不光是我，还有许多人。”还说，这类应景文章，既然已经政治局讨论修改过，我就不看了。当着周总理、黄永胜的面，毛主席让阎长贵删去“毛主席和”4个字，恢复过去的提法。

迄今为止，阎长贵没收集到任何一条林彪赞扬这个“一贯提法”的材料。而且从八届十一中全会后的不少事实看，林彪似乎不大赞成过于突出自己。

如前所说，毛泽东是批准和认可了所谓“过去几年的一贯提法”的。在他批示“很好，照发”和“已阅，照办”的文件中，都有这个“一贯提法”。为什么“九大”后，特别是九届二中全会后，毛泽东又表示不赞成这种提法。我们来看看九届二中全会以后，毛泽东在1971年的南巡中，关于这个问题的一些说法：

1971年8月27日，在武汉，毛泽东在同刘丰第二次谈话时说：我犯了个错误。胜利以后，军队的事情我管得不多。我要管军队了。我光能缔造就不能指挥了吗？

1971年8月31日，在南昌，同许世友、韩先楚、程世清等谈话：缔造人民解放军、领导我们军队的人，能缔造、能领导，就不能指挥吗？他们把缔造和指挥分开，难道缔造者就不能指挥吗？另外，我们这个军队是不是哪一个人缔造出来的呢？或者是哪几个人缔造出来的呢？我看不是，人多着呢！……他们就不能指挥了吗？……缔造者、领导者也不是少数人，也不是我毛泽东一个，也不是你林彪一个……

1971年9月3日，在杭州，毛泽东同南萍谈话：……现在我要管军队的事，我不相信军队要造反。军队要统一，军队要整顿。什么人民解放军是我缔造和领导的，林亲自指挥的？缔造的就不能指挥呀？

从毛泽东的这些谈话中可以看出：（一）其矛头明显地指向林彪。（二）毛泽东已不再相信林彪，也不相信他负责的军队，说“军队要整顿”，提出“我要抓军队了”等，都是表明这个意思。（三）说“缔造”也不是我毛泽东一个，有许多人，这是历史事实。毛泽东这样明确提出来，恐怕是为孤立和反对林彪以争取同盟者而采取的一种策略。

在这个所谓“一贯提法”问题上，毛泽东在思想上前后来了个一百八十度的大转弯，这和军队在“文革”中的作用以及发展变化有关。毛泽东发动“文革”，需要林彪及其所领导的军队支持（所谓“请无产阶级专政的

‘尊神’”），“文革”起来后，特别是“全面夺权”后，全国各行各业一片混乱，唯有军队是一支稳定的力量，毛泽东和中央通过军队以稳定全国。但是，事物总有两重性。在“文革”发展过程中，军队势力急剧膨胀。“九大”产生的中央政治局有21个委员，如果把陈伯达算在内，林彪的势力占了三分之一；在九届中央委员（170名）和中央候补委员（109名）中，军人占49%，接近一半；同时，当时各省、市和中央各部委的第一把手，也绝大多数是奉命“支左”的军队干部。当时的中国，颇有“军天下”之趋势。毛泽东在九届一中全会上引用苏联说中国是“军事官僚专政”的话，已表明他对军队势力过分膨胀不满了。

由此可见，在九届二中全会后，毛泽东开始注重军队的领导权了，他采取了三项措施：“甩石头”“掺沙子”“挖墙脚”，亲自做出了要管军队这支武装力量的决策。

（参见阎长贵、王广宇：《问史求信集》，红旗出版社《报刊文摘》2014年8月6日）

◇“文革”中毛泽东阻止过给周恩来治病吗？

海外出版的一本歪曲事实的图书说，周恩来患膀胱癌后，毛泽东阻止给其治疗。以至于一些人借此胡乱散播谣言，或者发出感慨：“毛泽东真黑呀！”

关于这个问题，《毛泽东传》《毛泽东年谱》里作了详细的记述：

1972年5月3日，周恩来被确诊患有膀胱癌。这对于大量内政外交事务都需要依靠周恩来的毛泽东来说，无疑是一个新的打击。毛泽东的秘书观察到：当逐字逐句地看完医疗组关于周恩来病情的报告后，主席的心情很沉重。他叮嘱这件事对外要保密，对于怎样治疗，他说：“开刀容易扩散，有危险，是否可通过中医的方法，用中药来控制病情”，并且这样解释：“你们外科医生动不动就开刀，开一个死一个，陈老总不是开刀死了吗？谢富治不也是开刀死了吗？”毛泽东还要求“防止扩散，注意营养和休息”。在著名泌尿科专家吴阶平主持下，经过多次检查，决定采取“电烧”的办法，取得了比较好的效果。手术后不到半小时，毛泽东就要身边工作人员打电话给吴阶平等医务人员说：“医生们做得好，感谢他们！”这以后，毛泽东每次审阅周恩来的病情报告时，总是非常认真仔细。特别是在因患眼病不能亲自阅看病情报告的情况下，听读报告时也是全神贯注。工作人员读过的报告，毛泽东能记住周恩来每天失血的数字，以及实施手术的次数等细节。

实际上，毛泽东对周恩来的病情，一直挂在心上。他真正阻止的，是外科医生给周恩来动手术，并非阻止给周恩来治病。有一次会见外宾时，他同陪同外宾的李先念谈起周恩来的病情时说："他的身体，我是替他担心的。"

1975 年 2 月 2 日，毛泽东听张玉凤读周恩来本日晨 3 时关于其病情的来信。听后很伤感，圈阅了来信，并嘱张玉凤：去，打个电话，问问总理现在情况怎样了。

1975 年 3 月下旬，毛泽东听张玉凤读周恩来 3 月 20 日关于其病情的来信。周恩来在信中说明体内出现新的恶性肿瘤的情况，以及医疗组拟在近期实施手术治疗的方案，并说："我因主席对我病状关怀备至，今又突然以新的病变报告主席，心实不安，故将病情经过及历史造因说清楚，务请主席放心。"由于知道毛泽东当时身体情况不佳，周恩来还另写一封信嘱咐张玉凤：关于病情报告"或在主席休息好后再读给主席听。一切托你酌办，千万不要干扰主席太多"！几天后，张玉凤从杭州打电话告诉周恩来办公室：病情报告都念过了，主席很惦记总理，有几天睡不好觉。

1976 年 1 月 14 日，毛泽东听工作人员读邓小平 1 月 12 日送审的中共中央对周恩来的悼词稿后，批示："同意。"送审报告说，悼词是由政治局会议审定的。毛泽东在听工作人员读近 3000 字的悼词稿时，难以控制情绪，失声痛哭。

1976 年 1 月 15 日，周恩来追悼大会在人民大会堂举行，邓小平代表中共中央致悼词。中央政治局考虑到毛泽东病重，没有安排他出席追悼大会。当天，身边工作人员曾问是否参加追悼大会，毛泽东拍着腿说："我也走不动了。"

中央警卫局原副局长邬吉成回忆说："我还要说一件事，这是一个从未被披露、人们闻所未闻的秘密。因为毛主席没有出现在周总理的追悼会上，所以世人只是推测了一番毛主席为什么没有到场的缘由，却没想到毛主席原本是要出席周总理的追悼会的！"

"作为安全组的负责人之一，我在追悼会开始前，确确实实接到了毛主席可能参加追悼会的通知。是汪东兴亲自给我下的指示：把人民大会堂的江苏厅和台湾厅准备和安排好，以供毛主席到达时落脚歇息。”

“也正是因为等待毛主席的到来，追悼大会开始的时间才比原定的时间推迟了一会儿。但毛主席最后为何没有到场，其原因我无法猜测。这对我来说至今也仍是个谜。”（本文作者曾参与周恩来治丧活动期间的安全工作）

毛泽东为什么不到医院去探望病危的周恩来呢？毛泽东的警卫队长陈长江在《毛泽东最后十年——警卫队长的回忆》一书中写道：

自从周恩来进行了几次手术，病情一直在恶化。毛主席对他的健康非常挂念，他自己不能亲自前往探视，便派张耀祠前去医院值班，了解那里的情况，随时向他报告。因而，一个时期以来，张耀祠往 305 医院跑得较多，了解的情况也就多。

毛主席从治疗报告中知道周恩来的病情十分严重后，曾指示治疗组认真会诊，及时救治。尽管毛主席对周的健康十分挂念，可是，当时的他，也是自顾不暇。这时的毛主席已不能起立或是坐下，连一步路也走不了。只能躺着，他说话很困难，吃饭要人喂，严重时要用鼻饲。所谓鼻饲，就是把一根橡皮管子从鼻孔插进去直达食道，用橡皮管子往里进灌流食，当然只能是很稀的液体了。

由此可见毛泽东对周恩来的真挚感情，说毛泽东阻止过给周恩来治病，纯属一派胡言，毫无根据。

（参见逄先知：《“文革”中毛泽东阻止过给周恩来治病吗》，中央文献出版社 2013 年 12 月版）

（参见邬吉成：《周恩来追悼大会推迟召开之谜》《名流沧桑》《书刊报》2014 年 6 月 16 日）

（参见陈长江、赵桂荣：《毛泽东最后十年——警卫队长的回忆》，中共中央党校出版社 1998 年 12 月版，第 244 页）

◇ 1971 年 9 月毛泽东南巡归途中，有人在他的专列上放了炸弹吗？

1971 年 9 月 11 日 13 点 12 分，毛泽东结束南巡离上海返京。对他返京的情况，《毛泽东的后半生》一书这样写道：

毛泽东南巡回京准备与林彪进行最后摊牌的路上，有人在他的火车里放了炸弹（密谋者精神失常了）；毛泽东的随从得知了炸弹一事，毛泽东下了火车，改乘小汽车返京。

此记述是不符合实际情况的，纯属误传。

据汪东兴撰写的《毛主席在粉碎林彪反革命政变阴谋的日子里》一文记载，毛泽东这次南巡时，对林彪反革命集团的阴谋活动，虽然不完全清楚，但深有感觉，所以警卫工作非同一般。随同南巡的中央警卫团干部队就有 100 人，前卫、后卫车都安排有部队警卫人员。专列一到上海，汪东兴就把上海当地的警卫部队全撤到外围去了，在毛泽东的主车周围全换上中央警卫团的部队，以防不测。警卫如此森严，林彪反革命集团怎能派人在毛泽东的专列上放炸弹进行谋害呢？

毛泽东的专列，于 9 月 11 日 13 点 12 分发车离上海；18 点 35 分抵达南京站，停车 15 分钟；21 点 45 分到安徽蚌埠车站，停车 5 分钟。12 日零点 10 分到徐州，停车 10 分钟；2 点 45 分到山东兖州，没有停车；5 点到济南，停车 50 分钟；7 点 40 分到德州，停车 20 分钟；11 点 15 分到天津西站，停车 15 分钟；12 日中午 13 点 10 分，到北京丰台车站。

在北京丰台车站停车期间，毛泽东与李德生、纪登奎、吴德、吴忠和汪东兴谈话，一直讲到下午 3 点多钟才结束。

15 点 36 分，专列由丰台站开出，16 点 5 分到北京站。然后坐汽车回中南海。

上述情况说明，毛泽东结束南巡从上海回北京，根本就不存在在他归途的专列上放炸弹的问题。毛泽东在途中也不是下了火车改乘小汽车返京的。

（参见《毛主席在粉碎林彪反革命政变阴谋的日子里》，载《中共党史资料》第 49 辑；［美］罗斯·特里尔：《毛泽东的后半生》，世界知识出版社 1992 年 2 月版，第 175 页）

◇毛泽东是否说过“我就像一个手执雨伞云游四方的孤僧”？

曾任外交部新闻司副司长、办公厅副主任的熊向晖，撰文就一段毛泽东是否说过的话，澄清事实：

1990 年有关单位拍摄了一部轰动一时的“电视政论片”，其中有这样一段解说词：

1970年，毛泽东再一次见到老朋友斯诺……北京天安门上，毛泽东已被人们尊崇为“神”，就在千百万人流着泪，淌着汗向他山呼万岁的时候，毛泽东忽然对斯诺说：我就像一个手执雨伞云游四方的孤僧。“和尚打伞，无法无天”。社会主义要改革，但路子怎么走？地动山摇的欢呼却使他感到从未有过的艰难、孤独和不安。当年，从他面前走过的你、我、他啊，有谁曾体察过这位伟人的心境。

一位评论家发表文章，称赞这部电视片的“艺术特色”，并说它“严肃地精选客观存在的史料”。然而，事实又是如何呢？

（一）斯诺确曾在1970年访华。这年10月1日，他应邀参加新中国成立21周年庆典，毛泽东的确在天安门城楼上和他谈过话（译员是现任联合国副秘书长冀朝铸）。这次谈话的内容，新华社未作报道，但斯诺作了记载，其中并无这部电视片解说词所写的那些话（见斯诺著《漫长的革命》，1971年纽约兰多姆出版社出版；该书中译本于1975年由上海人民出版社出版，译者伍协力）。

（二）毛泽东的确曾向斯诺讲过“和尚打伞，无发（法）无天”，时间是1970年12月18日，地点是中南海毛泽东住处，在场的有担任英语翻译和记录的唐闻生，担任中文记录的王海容。这次谈话长达5小时（曾印发过正式记录），现只介绍与本文有关的内容（也可略见毛泽东的“心境”）：

（1）毛泽东告诉斯诺：美国总统尼克松对华沙会谈不感兴趣要当面谈。又不要公开，神秘得很。尼克松愿意来，我愿意和他谈。谈得成也行，谈不成也行；吵架也行，不吵架也行；当作旅行者来也行，当作总统来也行。总而言之，都行。美国要拉中国整苏联，他现在还敢这么做。整苏联，现在对美国不利；整中国，对于美国也不利。中美总要建交，中、苏之间的问题总要解决。

（2）斯诺提到个人崇拜问题。毛泽东说，你们美国人才是个人崇拜多呢！你们的国都就叫华盛顿。在中国，过去这几年有必要搞点个人崇拜，崇拜过分了，比如什么“四个伟大”，讨嫌！要降温了。斯诺问：搞个人崇拜的人是不是真心？毛说：有三种，一种是真的，第二种是随大溜儿，第三种是假的。

（3）斯诺提及两位定居北京的美国进步人士，说他们的谈话不像毛主席那样坦率。毛主席说（据正式记录）：“他们有点迷信，还有一点恐惧，怕说错了话。我不怕说错话，我是无法无天，叫‘和尚打伞，无发（法）无天’，没有头发，没有天。”

对“和尚打伞，无发（法）无天”一语，唐闻生先直译，后解释，说明“无法无天”意为无所畏惧。（在这里，毛主席是针对有人“还有一点恐惧”而说“我是无法无天”，其含义是无所畏惧更为显然）

（三）鉴于这次谈话涉及尼克松访华等重大问题，唐闻生奉命给斯诺一份英文记录。斯诺却把“和尚打伞”译作毛自比为打伞的和尚，他认为这样很有趣味。

（四）美国《生活》杂志1971年4月30日的一期，发表了斯诺写的题为《同毛泽东的一次交谈》的文章。文中介绍了这次交谈的主要内容。这里只引用该文倒数第二段（斯诺将这段一字不漏地收入《漫长的革命》第七节）这段（据伍协力的译文）全文如下：

当他亲切地送我到门口时，他说他不是一个复杂的人，而实在是很简单的。他说，他不过是一个带着把破伞云游世间的孤僧罢了。

这样，斯诺对“和尚打伞”又作了“艺术加工”，以致面目全非。

伍泽的“云游”二字“雅而不信”，其余均符原文。若按原文的句法和语气，应译为：“他说，他不过是一个孤单的和尚，带着把破伞，漫步在世间。”“孤单的和尚”或“孤僧”，可看作是对“实在是很简单”的描写或延伸。

（五）1971年7月9日，尼克松总统的国家安全事务助理基辛格秘密抵京。周恩来同他首次会谈时，提到斯诺的那篇文章。基辛格说，这篇文章引起广泛注意，尼克松和他都仔细阅读了。周恩来说，其中有一部分不那么准确，个别地方还有错误，但基本是对的。（按：斯诺这篇文章起了好作用，个别的错误（即上述一段）是小事，我方未公开纠正。）

以上，已可回答本文标题提出的问题。以下，谈点意见：

毛泽东对斯诺讲的那句话，有两种记载：一是正式记录，二是斯诺的文章。两者大相径庭。如作“严肃地精选”，理当去伪存真，但被誉为“运用了一百多年来的有关文献资料”这部电视片的创作者，却将这两种互不相容的史料融为一体，加以灵活“运用”。——且看是如何“运用”的：

（一）该电视片让“毛泽东忽然对斯诺说：我就像一个手执雨伞云游四

方的孤僧。‘和尚打伞，无法无天’”。“忽然”二字似非闲笔，姑不置论。问题是：“说”字之后有两句。第一句末尾加上句号。第二句是不是毛说的？由于那个句号，就有两种可能：是。不是。

先看第一句：我就像一个手执雨伞云游四方的孤僧。这一句半文不白，长达16字，不会是口语（不信？你说说看），更不会出自一向反对党八股的语言大师毛泽东之口，这显然取材于斯诺的文章，但又作了加工。为便于对照，重引伍协力的译文：“他说，他不过是一个带着把破伞云游世间的孤僧罢了。”该电视片解说词把“不过是”改成“就像”，相应地删去“罢了”；把“带着把破伞”改成“手持雨伞”；把“云游世间”改成“云游四方”。这些改动还不打紧，关键是把主词“他”改成“我”。斯诺采用“他说，他……”的表达方式，因非直接引用，留下余地；尽管有错，自己负责。该电视片改成“我”，一变而成毛泽东的原话。如此这般地“再创作”，就不好让逝世多年的斯诺负责了。

再看第二句：“和尚打伞，无法无天”。这显然取材于正式记录，但截头去尾，并把“无发（法）无天”改成“无法无天”。作为口语的“和尚打伞，无法无天”，一旦写在纸上，总要在“发”后加上“（法）”，这是常识。若问该电视片为何这样改？先需弄清第二句是不是被当作毛说的话。如是，与第一句相联，就显得毛语无伦次，愚昧无知。如不是，就成为创作者的“主体意识”：“和尚打伞”可能是用来为生造的第一句打圆场；“无法无天”可能是逆毛泽东的原意而用之。《辞海》对“无法无天”的解释是“胡作非为，肆无忌惮”，《官场现形记》第十五回：“…… 一个个无法无天，我们的苦头也吃够了，实在说不出一个‘好’字。”倘创作者意不在此，还可另作解释：据《辞海》，“天”也“指所依存或依靠”，则“无天”可指“无所依存”或“无所靠”，这与“无法”的通常含义“没有办法”是一个意思。是否如此，且看下文。

（二）下文紧接着是：“社会主义要改革，但路子怎么走？”——这是毛泽东的内心独白？还是毛向斯诺或其他人提出的问题？若是前者，创作者怎会知道？若是后者，有什么“有关文献资料”作依据？这是重大的“政论”问题，不宜一笔带过。据我所知的文献资料，“社会主义要改革”这一具有特定含义的概念，是在十一届三中全会以后才开始酝酿、到80年代才逐步明确的。如果毛泽东在1970年就探讨“社会主义要改革，但路子怎么走”

的问题，则从那以后的中国历史就得重写了。

（三）这段解说词的主旨在于揭示毛泽东晚年的“心境”，但笔法曲折，写成“地动山摇的欢呼却使他感到从未有过的艰难、孤独和不安”。我相信（创作者也使我相信），即使欢呼声果真达到地动山摇的强度，也不会使“无法无天”或无所畏惧的毛泽东感到“艰难、孤独和不安”。自1949年开国大典到1970年国庆节前，在天安门广场多次举行过数十万军民参加的集会游行，毛泽东多次在天安门城楼上听到“地动山摇的欢呼”。但创作者告诉我们，毛“从未有过”这种心境。可见，这种心境和这种欢呼不相干（从1971年林彪叛逃到1976年毛泽东逝世，毛再也未在天安门上听到那样的欢呼）。可是在1970年国庆节，毛泽东却忽然“感到从未有过的艰难、孤独和不安”了。这部电视片不是故事片，而是政论片，政论总要有论据。这有论据么？有的。1970年来了个斯诺。毛泽东在天安门上“忽然”对斯诺说：我就像一个……孤僧。孤僧当然“孤独”。但“艰难”和“不安”同云游四方、超凡脱俗的孤僧对不上号。这有论据么？也有的。毛泽东“无法”解决“社会主义要改革，但路子怎么走”的问题。

临末，我也谈点“体察”吧。该电视片这一段解说词编织出这样的图像：以1970年国庆节的天安门为典型环境，在“人”与“神”之间划出一道鸿沟，并用“艺术语言”作了鲜明对比——天安门下，“千百万人”向“已被人们尊崇为神”的毛泽东“山呼万岁”，而且是“流着泪，淌着汗”，“地动山摇的欢呼”；天安门上，被尊为“神”的毛泽东“却感到从未有过的艰难、孤独和不安”。为此，就让毛泽东说出他从未说过，也决不会那样说的话，就代毛泽东提出他从未提出而至今也未完全解决的问题。创作者创作出已被尊为“神”的“这位伟人的心境”，还要“当年从他面前走过的你、我、他”去“体察”；并通过电视，还要当年未从他面前走过的千百万观众去“体察”。从艺术上看，是很有“特色”了，但从政治上看呢？（这是“政论片”呀！）对此，且借用某评论家的两句赞辞，以提问的形式收尾：这是“坚持历史唯物主义的实事求是的立场”“严肃地精选客观存在的史料”吗？是“没有把历史当做任意打扮的天真小姑娘”吗？

熊向晖的指责是有一定道理的。

（参见熊向晖：《历史的注脚——回忆毛泽东、周恩来及四老帅》，中共中央党校出版社1995年7月版，原载《党的文献》1995年第5期）

◇毛泽东是主张“读书无用论”吗？

毛泽东的卫士长李银桥，就毛泽东是否主张“读书无用论”，回答了权延赤的提问：李银桥说，这是胡扯。

你说的这篇文章我没有见过。但我见过类似现象。有些人很会赶时髦，找出领袖人物的一件事或几句话，孤立出来，大发议论或是写个评论，报纸上一发，自我标榜“独立思考”，“独树一帜”，“有新见解新观点”。

可怜。实在是把丰富的毛泽东思想简单化了。

还有一些确实受过冤枉受过委屈吃过不少苦的知识分子，有时难以跳出个人感情的圈子，客观全面地去评价一位历史巨人，对于一些历史问题不能尽量实事求是，或多或少带了个人的反感去“反思”，便免不了发生错误。

毛泽东反对的是死读书，是脱离实际的读书，反对脱离实践的纸上谈兵。有时话讲得激烈些，甚至是带了情绪的“过头话”，但是不能将这些话作为“读书无用论”的证明，他也讲过大量“没有文化的军队是愚蠢的军队”一类的话，又该作何解释？

我来到毛泽东身边不久，他向我布置任务，总少不了学文化，少不了读书。毛泽东帮助身边工作人员学文化的故事报刊上发表过很多，那都是千真万确的事实。关于学习和读书，我可以再讲一些情况。

作为个人，毛泽东是很少求人的。转战陕北时，他以个人名义求过人，就是为了书。

中央机关撤离枣林沟，追兵的枪声都听到了。毛泽东刚骑上马，又跳下马。他走到警卫战士马汉荣身边，问：“汉荣同志，你是绥德人，对吧？”

“是的，我是绥德人。”马汉荣是新兵，立正回答。

“绥德距这里有多少里？”

“里数我说不准，但是不远，用不了半天就能到。”

毛泽东沉吟着，望望自己的书箱，终于说：“我个人有点事情想求你帮帮忙，你看——”

“主席，你就只管吩咐吧。”

“有几箱书，能放在你家里吗？”

“能！没问题。”

“这个……对家里人不会有妨碍吧？比如，会不会受牵连？”

“没妨碍，我家住在绥德东面的一道大沟里，距公路远，敌人不会去，就是受了牵连，家里人也对付得了！”

“谢谢，谢谢了。那你就准备跑一趟！”

当时，大家焦急万分，担心毛泽东的安全。毛泽东深锁双眉，担心的是书。马汉荣送走书后，毛泽东眉头舒展些。过了一天，马汉荣寻找到队伍，报告书已经藏入家中一个暗口小窑，土匪都找不到的小窑，国民党兵更找不到！毛泽东这时才有笑容，连说了三声“谢谢，谢谢，谢谢你帮了我大忙”。

战争年代总是没完没了地精简行装，毛泽东什么都舍得精简，唯独舍不得精简书，甚至是写了字的纸。董必武曾说：“毛泽东爱书如命，为我们党也作了一份大贡献。许多珍贵文件和资料，中央机关都没有保存住，毛泽东保存下来了，成为我们党一大笔宝贵的财富。”

俗话说：兵马未动，粮草先行。毛泽东是“书箱先行”，他有两个一米见方的木头箱，每次外出，哪怕是一二天，必要带着书箱，书箱里有各种工具书、古典文学、政治书籍以及文件材料。如果乘专列外出视察，我们总要提前一小时把书送上专列，按照家中的顺序，将他正在看或准备看的书摆在床上、桌上，他登车后，擦把脸就开始看书。说毛泽东一生手不释卷，没半点夸张。

1947 年 10 月底，江青去河东接回李讷。带李讷的阿姨换了高小毕业的韩桂馨同志。因为毛泽东说：“李讷 7 岁了，现在的形势上不了学，怎么办呢？”于是换了一名有文化的阿姨教李讷读书识字。

见面那天，李讷向父亲保证：“好好学习，不淘气……”

毛泽东笑着说：“好好学习是对的，这个不淘气还可以商量。乱淘气不行，有点小淘气还是可以的。孩子淘气是聪明健康的一种表现……”

你能说这种观点就是不对？我看很有哲理。

当然，真理再往前走一步就会变成谬误。毛泽东在晚年有些话讲过了头，他的某些观点，他所发动的“文化大革命”，也导致了教育事业的一场浩劫。但是，不能因此说他主张“读书无用论”，那样结论也有失公允。

毛泽东在延安领导了整风运动，反对自由主义，反对党八股，发表了“在延安文艺座谈会上的讲话”。新中国成立后，又对知识分子进行了长期艰苦细致的思想改造。有人说，毛泽东只要“机器人”，只要一个头脑，一个思想。这种说法是错误的，是不讲历史不尊重事实的错误观点。

毛泽东所领导的思想改造运动，决不是否定个性，而是恢复个性，重新确定个性的方向。

由于旧中国的天下大乱，天下崩溃以及使民族使个人蒙受凌辱的列强入侵，历经沧桑的中国知识分子在“华人与狗不得入内”的牌子前谈何自我意识？有的只是混乱、幻灭、彷徨和屈辱。稍有头脑的人都明白，混乱与百家争鸣绝不是一回事！大多数知识分子不乏个人反抗的自觉行动，历史证明这种混乱的“自觉行动”是没有多少力量的。正是毛泽东领导中国共产党，用毛泽东思想和正确的路线以及严格的纪律，将这种混乱的“自觉行动”改造成为统一的意志、统一的力量，终于完成了“中国人民从此站起来了！”的伟大业绩。当年，成千上万的中国知识分子竞相投奔延安，原因就在于此。

所以，毛泽东同志说：“领导我们事业的核心力量是中国共产党，指导我们思想的理论基础是马克思列宁主义。”所以，彭真同志最近说：“毛主席教育了我们整整一代人。”

思想改造决不是不要知识分子，相反，是为了要知识分子为社会主义文化教育服务。新中国成立后，中国经济和社会改革取得迅速而显著的成功，其中，对知识分子的思想改造是有决定性贡献的。

1956年的反右斗争，后来是扩大化了，伤害了一大批知识分子，对中国的社会主义建设造成很大损失，这是事实。毛泽东是“主义之争，不可不争”，早已有言在先。

但是，我还要说一句，除非发生严重的政治对抗，毛泽东对知识分子总是尊重和爱护的。在我们这些毛泽东身边的工作人员中，毛泽东对知识分子总是“高看一眼”的。

毛泽东对我最大的一条意见是：“叫你学习你不肯去，你就是没出息。”

我们保存的花名册上，记录着所有曾在毛泽东身边工作过的同志的名单。这些同志来看望毛泽东，如果毛泽东有事，或时间紧，便由我们卫士负责接待，但是有一个人例外，就是张宝金。每次张宝金来，毛泽东不论有事没事，必要接见，畅谈一番。因为张宝金上了大学，是知识分子了。

张宝金曾经是毛泽东的卫士，在香山双清别墅，他弄木柴，吵醒了刚刚入睡的毛泽东，毛泽东向他发脾气，罚了他站。卫士中比较起来，他并不受欢迎。可是他后来考上大学，而且功课考了第一，毛泽东就对他表现出格外的喜欢，经常向我们表扬张宝金。他再三再四地讲过这样的话："张宝金这个同志是很有上进心的。他也是在我身边工作过的，他就肯学习，考入大学，功课还考过第一。学习后有知识了，社会经验也多了，我就高看他一眼。"

在毛泽东的"身边人"里，保健医生徐涛要算知识分子了，他是名牌大学的高才生，毛泽东对他也算"高看一眼"。聊天讨论问题多，争论学问多，从没向他发过脾气。

毛泽东说："我上学时，喜欢社会科学，不大喜欢自然科学，偏科了，现在应该补补课。"

徐涛说："我上学时候正好相反，喜欢自然科学，不大喜欢社会科学，现在也应该补补课。"

他们讨论的话题有哲学、政治经济学、历史、文学，也有采矿学、冶炼和机械加工，以及化学反应等，用现在的时髦话讲，他们俩聊天是"高层次"的，比我们的聊天层次高。

当知识分子瞧不起工农干部时，毛泽东便举出项羽、刘邦等人的例子，驳斥知识分子，鼓励工农干部不要自卑。但是，当我们这些工农兵表现出对学习无兴趣无信心时，毛泽东又会举出曹操、李世民、吕蒙等古人为例，劝我们努力学习。他给我讲过，给田云玉、封耀松、张仙朋等卫士都讲过这方面的故事。卫士田云玉、李连成等同志都是在他的一再说服鼓励下，考入大学预科学习的。学习期间，他送书、送食品，有时还听汇报。毕业后，毛泽东还请他们吃饭，向他们敬酒。

鉴于卫士和警卫人员文化程度普遍较低，毛泽东亲自出面请老师，在中南海组织了一个干部业余学校，学员就是负责毛泽东的警卫一中队全体战士及所有卫士。学习语文、数学、政治、历史、地理、物理 6 门功课，课堂就在毛泽东的西院或是一中队驻地。毛泽东委托我用他的稿费替每个战士买了书包、课本作业本等一切学习用品，还买来单杠、双杠、哑铃、拉力握力器等锻炼器械。有时出差还带着教员和课本。到 20 世纪 60 年代，他身边的工作人员基本都达到高中毕业的文化程度。在中南海，只有毛泽东为身边的工作人员办了这样一个干部业余学校。他时常过问大家的学习情况，还亲自讲过课。对于贴身的卫士，因为近在身边，所以经常做些辅导和检查。封耀松讲过一段话，很能代表我们共同的心声："其他老师只教了我一门功课，毛主席教了我7门功课。除了学校里学的6门功课他都教过外，还教我怎样搞社会调查，怎样写调查报告。"

现在，军事博物馆中就保存有经过毛主席批改的战士们的作业本和回乡探亲时写的社会调查报告。

"文化大革命"中，一度出现只许看毛泽东的书，不许看其他书，在部队里甚至是"百分之百地读毛主席的书"，连马列的书都不许读。但这不是毛泽东的本意。

50年代，在北戴河，毛泽东写作之余出来散步，见一名卫士正聚精会神看书。过去一看，是肖三所著《毛泽东的青少年时代》。毛泽东要来那本书，翻了翻，然后说："这本书写得基本真实，只能说基本。"然后话一转："这种书少看，你们这一代应该超过我们这一代。怎么超过？还是要多看些别的书。少看写我的书，多看写别人的书。社会知识啊，自然知识啊，这些方面的书要多看。"

60年代，在颐年堂，一名工作人员手里握着一本卷作圆筒状的书本匆匆走过，毛泽东恰好出门遇到，随口问："小胡，拿的什么书啊？"

"《矛盾论》。"这位同志立住脚回答。

毛泽东接过书来翻一翻，说："这本书我不满意，我还想重写写呢，你还看它？"他又对我们说："我喜欢哲学，写了些东西，只发表了两论（指《实践论》和《矛盾论》），这两论我也不满意。你们少看写我的书和我写的书，要多读别人的书和写别人的书，要读一些马克思列宁的书。"

所有接触过毛泽东的人，无不公认他一生酷爱读书。他的维护中国尊严和民族利益的坚定决心，就连他的敌人也不得不承认，不得不钦佩。这种伟大的爱国爱民之心，怎么可能反对读书？他从来不曾主张"读书无用论"，他希望提高全民族的科学文化知识。在追随他革命几十年的工农干部中，确实有相当数量的人轻视知识和知识分子，毛泽东在首先信任和维护这批干部的同时，也不忘了批评提醒："没有文化的军队是愚蠢的军队。"并且为他们创造了学习提高的种种机会和便利条件。

你说的这种情况可能存在，即毛主席著作中，引用中国线装书的地方比引用马列精装书的地方还可能多一些。这能说明什么呢？

我想起毛泽东常讲过的一段话，那意思大致是：

在我成为一名马克思主义者之前，我就是中国人。在我成为一名马克思主义者之后，我首先仍然是中国人。

（参见权延赤：《走下神坛的毛泽东》，内蒙古人民出版社 2001 年 10 月版）

◇毛泽东不主张对外开放吗？

毛泽东的卫士长李银桥回答，权延赤提出的毛泽东不主张对外开放吗？李银桥说，无稽之谈。莫非提倡独立自主、坚持自力更生就是反对对外开放？

“反思”是可以的，不用历史的观点、不看当时历史背景的“反思”就是“书生空议论”，废话一堆。

那时候你还小吧？嗯，还穿开裆裤。那你问问你父亲，能向谁开放？他们带来的不是投资，不是贷款，更不是技术转让，也没有什么平等互利的贸易往来，他们只给你带一块牌子——“华人与狗不得入内！”你不要？兵舰和大炮打开你大门叫你要。你不承认他的兵舰和大炮？他就封锁你。全面封锁！

封锁！你还向谁开放？封锁的目的就是扼杀！

今天能够实行对外开放，首先是因为毛泽东领导我们自力更生，艰苦奋斗，活下来了，发展了，强大了。我们站起来了，站稳了，已经是不可改变的事实，所以尼克松来北京，同周恩来握手，又同毛泽东握手。而不是相反，毛泽东或周恩来去华盛顿找尼克松握手。

历史发展了，人们的思想观念随着也发展了，但是，不能否认为适应过去历史条件而制定的路线、方针和政策。那样做就是否认历史，也是否认现在，因为现在最终也会变成历史。

1949 年 5 月 2 日，我照顾毛泽东起床后，便从双清别墅乘车来到颐和园东门外，柳亚子先生已等候在那里。

像其他许多著名的民主人士一样，柳亚子一边同毛泽东握手，一边举着拳头连声说：“共产党伟大！毛主席伟大！人民解放军伟大！”

那时，毛泽东的声望在共产党的领袖人物中是高高在上的，几乎可以说是共产党和人民解放军的同义词，所以随时随地都可以听到伟大的赞誉声。今天我们可以清醒正确地说，毛泽东这个名字是许多优秀的共产党领袖的代表，毛泽东思想是集体智慧的结晶。中国新民主主义革命取得伟大胜利，功劳是集体的，这种认识无疑是正确的。可我常常生出一些题外的感想：那么，为什么谈到一些失误和错误，某些人就只谈论毛泽东，不能从集体的角度考虑一下呢？写到胜利，毛泽东的名字与许多名字一同排列；写到失误，毛泽东就只是毛泽东了，说不服人么。还是邓小平同志讲得好，谈失误，他说：“我们也有责任。”

那时，毛泽东对于赞誉声总是表现出不安和谦虚，他说：“都是老朋友，互相都了解，不要多夸奖了，那样子不好相处。”又说：“人民伟大，包括你也包括我。”

毛泽东同柳亚子携手同游颐和园，走在长廊里，他们一边欣赏长廊内部枋梁上的绘画，一边聊天。那段时间民主人士喜欢同毛泽东谈论蒋介石，常可以听到“不讲信义”“耍政治手腕”“祸国殃民”一类评论。这一次，柳亚子触景生情忽然谈到慈禧太后。他说：“我们真是生于灾难哪！慈禧太后腐败无能，她想关起门垂下帘子听政，帝国主义不答应，开来炮舰，她又屈服帝国主义的压力，签订了许多不平等的条约，给中国人民带来极大的屈辱、痛苦和灾难！她用建设海军的钱建了一个颐和园，再把人民的血汗搜刮起来奉献给帝国主义。真是民族罪人，千古罪人！”

毛泽东也回顾了一番历史，然后说：“归根结底还是政治腐败。封建制不根除，她就是建了海军也还是要送给帝国主义的。”毛泽东继续看过几幅画，诙谐地笑道：“建了颐和园，帝国主义拿不走，今天人民也可以享受，总比叫她们挥霍掉要好！”

他们又议论了鸦片战争以来一百多年的历史，谈到为争取民族独立、国家富强而前赴后继、流血牺牲的许多革命先驱，柳亚子竖起大拇指真诚地说：“历史证明，只有共产党行，只有毛主席行！”

“我们是继承前人，烈士用鲜血和生命给了我们智慧，给了我们经验和教训。”毛泽东停住脚，深深吸了一口气，望着廊顶深沉地说：“我们的同志去法国、去德国、去日本、去苏联……我们明白了，还得靠自己艰苦奋斗，奋发图强。我们要争取外援，可是不能依靠，也不能像蒋介石那样。那些军阀都有帝国主义支持，靠卖国求得支持。他们和慈禧太后一个样！他们不是为民族为国家，他们只是要建造自己的乐园，把人民推到水火之中。到头来，他们自己也要被人民打倒！”

之后，又参观了慈禧太后买的那个小火轮。柳亚子说，慈禧太后能看到这样的火轮也算开眼界了。毛泽东说：“她买几件洋货也是赔本的买卖。自己不奋发图强，自己站不起来，就谈不上平等互利。还是那句老话，嗟来之食不可食。”

从颐和园回来，毛泽东除接见各群众代表之外，还与各社会名人各民主党派领导人继续会谈，准备新政治协商会议。夜里便埋头写作，通宵达旦。6 月 15 日，毛泽东在新政治协商会议筹备会上讲话，郑重声明：

“任何外国政府，只要它愿意断绝对于中国反动派的关系，不再勾结或援助中国反动派，并向人民的中国采取真正的而不是虚伪的友好态度，我们就愿意同它在平等、互利和互相尊重领土主权的原则的基础上，谈判建立外交关系的问题。中国人民愿意同世界各国人民实行友好合作，恢复和发展国际间的通商事业，以利发展生产和繁荣经济。”

这个声明能说是不同意对外开放吗？只能说是不同意卖国，要求尊严，要求平等互利！

在开国大典上，了解中国人民坚强而雄伟力量的毛泽东，向全世界宣读了中央人民政府第一号公告，明确地指出中央人民政府是代表中国人民的唯一合法政府，它愿意同任何遵守平等、互利及互相尊重领土主权等项原则的外国政府建立外交关系。

然而，客观形势怎样呢？帝国主义国家容不得我们有尊严，不答应平等互利，不尊重我国的领土主权，不承认我们的政府，公开扬言要封锁扼杀我们。就连社会主义的苏联，也曾怀疑我们的生存能力，曾劝阻我们大军过江，直到我们解放了南京，他们的大使还跟着国民党政府迁到了广州，是唯一跟随国民党政府的大使。

这就是当时的形势与实际。

新中国成立之初，毛泽东日理万机，仍然抽出空去了一趟苏联。为什么？为了寻求贷款和援助，他是作了困难的准备。行前我为他准备行装，他搬动手指头，搬了拇指、食指和中指，然后说：“可能时间要长些，要几个星期，也许要一个月。”而事实上，他在苏联待了近两个半月，就是为了中国人民的利益，为了恢复国家经济要一些贷款，他做了一些违心的让步，终于获得苏联答应五年内每年给中国贷款六千万美元。

六千万美元！听有的首长议论，远低于苏联给任何其他东欧社会主义国家的援助，而那些国家还不如我们一个省大，不如我们一个省的人口多……

我没去过那些国家，我只是从中华人民共和国成立前毛泽东在双清别墅写的文章中看到：美国“战时和战后的对华援助”，据白皮书所说是四十五亿余美元，据我们统计是五十九亿一千四百余万美元……我们要到的贷款跟这些数字没法比。

就是这每年六千万美元的贷款，毛泽东以“滴水之恩，涌泉相报”的真诚感情，称赞为“伟大的、全面的、长期的、无私的援助”。斯大林逝世的消息传来那天，毛泽东失眠了，吃安眠药也睡不着。他写了《最伟大的友谊》一文，深情颂扬了斯大林对中国革命与建设所给予的支持和援助。

毛泽东是声明愿意与“任何外国政府”在平等、互利和互相尊重领土主权的原则的基础之上建立外交关系，其中自然包括美国政府。

但是，朝鲜战争爆发，两天后，杜鲁门总统下达“中立”台湾海峡的命令，直接干涉中国的内政，阻挠人民解放军解放台湾。这是公开向中国人的挑衅，与新中国中央人民政府敌对，毛泽东的愤怒是可想而知。

1950 年的 6 月、7 月、8 月三个月，毛泽东一直处于激动、紧张、愤怒、忧虑甚至是焦躁的种种复杂情绪中。在我印象中，他本来关心着偏远省份尚未解放的地区，关心着西藏，特别是关心躲着蒋介石的台湾。他还关心着土改，关心着消除通货膨胀，恢复和发展经济。从我接触中的感觉，他没想过会去朝鲜作战，因为我们自己的事情还有一大堆急待解决。只是当美国人在仁川登陆，将战火迅速燃向鸭绿江，毛泽东才把主要注意力转向朝鲜战场。那是多少个不眠的日日夜夜！他的烟灰缸几乎是两个小时就要清理一次，几天几夜无法入睡。

研究出兵的那一天上午，毛泽东服了三次安眠药仍然睡不着，起身下床时，他用沉重的声音喃喃道：“看来是没别的办法了，只好横下一条心，打过这一仗再说……”

会议是在毛泽东的东屋召开的，研究了一晚上，屋子里烟雾腾腾像失了火一样，出兵后，毛泽东又是几天几夜没睡好。1949 年到 1950 年初，毛泽东接见各种政治和经济方面的领导人多，到1950年下半年，就是见军事领导人多了，特别是见聂荣臻多。他俩一个是军委主席，一个是总参谋长，经常见面，直到朝鲜战争结束。

1953年，朝鲜停战协议签字，毛泽东在那天走出屋门，响亮地唱了一嗓子京剧，这个场面给我和许多卫士留下了深刻印象。毛泽东高兴的时候常用这种方式抒发他欣慰愉快的心情。从这一年始，毛泽东每年都要到海边去一次。我们都了解他一个喜好，就是观潮。每次观潮胸脯都会和着潮水的节奏起伏，这时，他的眼睛就会湿润，目光那么深邃，那深藏心底的情感是什么？有件事我至今记得。

毛泽东久久地望着大海，望着天水相连的地平线，忽然问一名警卫："张木奇，你说大海为什么会涨潮退潮？"

张木奇回答："这是月亮吸引作用形成的。"

"你那个吸引再加个力就好了，月球引力。我再问你，什么是暖流，什么是寒流？"

"暖流不清楚。寒流么，是西伯利亚来的喽。"

毛泽东笑了，说："你讲的那是寒潮，是说的冷空气南侵。我问的是洋流，懂吗？"

张木奇摇头："不懂。"

毛泽东解释了洋流，解释了暖流寒流。他说："世界大洋中有两条重要的暖流。一条是墨西哥湾暖流，再一条就是台湾暖流。"这时，他又久久地遥望大海，忽然抬起一只手指向遥远的远方，说："台湾，我们还没有解放台湾……"由于美国的插手，毛泽东留下了这个终生之憾！

1954年，中国和印度缔结了体现著名的和平共处"五项原则"的条约，我认为从某种意义上说，这项条约的真正设计者是毛泽东。其中两项原则甚至是逐字逐句重复了毛泽东在1949年新政治协商会议上的讲话中提出的作为人民政府外交关系基础的原则。

1955年，我跟随毛泽东去机场为苏加诺总统送行。回来时，在饭馆吃过羊肉泡馍，毛泽东叫车开到苏联展览馆，因为日本人在那里办了工业展览会。毛泽东认真参观了展览，日本人送给毛泽东一个半导体收音机，当时我国还不能生产这种半导体收音机。毛泽东在参观过程中和参观结束后，反复向举办展览的日本人呼吁友好往来。政府之间没有外交关系，他呼吁扩大民间交往。他热情赞扬了展览会办得好，希望加强贸易往来，双方都要做出努力扩大经济交往。我当时就感觉到，毛泽东强烈地希望打破封锁，在可能的情况下，扩大与外部世界的经济往来。与敌对政府来往不了，就寻找民间的渠道。

1959 年 9 月 30 日，赫鲁晓夫参加美苏戴维营会议之后来到北京，晚上，中共领导人与苏共领导人在颐年堂发生了激烈争吵，当时的情景，可以用“吵得一塌糊涂”来形容。第二天，在天安门城楼上，赫鲁晓夫告诉毛泽东，停止援助中国研制核武器的协议。随后不久，撤专家，毁合同，逼债便接踵而至。这一切使毛泽东以及当时所有党和国家领导人认识到，“同志式的援助”也是靠不住的，每个国家必须主要通过本国人民的自力更生、艰苦奋斗来发展它的经济。

据说，1954 年在讨论越南问题的日内瓦会议上，周恩来与当时的美国国务卿杜勒斯相遇。周恩来伸出手来准备握手，杜勒斯却一摇脑袋走出房间。那是对抗的年代，美国与台湾当局签订了共同安全条约，中华人民共和国与苏联结成友好互助同盟条约。中国的志愿军在朝鲜战场让美国人丢了脸，杜勒斯在日内瓦的会场上发泄出战场上发不出的愤懑。

总之，那时的形势是对抗，而不是对话。

到了 70 年代，形势变了。毛泽东曾经坚持在改善国家关系前，应该解决所有的原则问题。但是，一旦看到形势的变化，毛泽东便果断地开展了现在众所周知的乒乓外交。可以说，是毛泽东首先看到一个旧的时代过去了，一个新的时代开始了，对抗变成了对话。

1972 年，毛泽东和尼克松以非凡的胆略打开冰冻 20 多年的中美大门，走到一起来了。一个是伟大的马克思主义者、无产阶级革命的导师和领袖，一个是最大的资本主义国家总统、资产阶级利益的总代表，对抗 20 多年，现在握手，开始对话。

对话，为今天的对外开放奠定了基础。

随着历史发展，毛泽东与尼克松握手对话，就愈加显示出其深远意义。应该说，我们的对外开放就始自这一刻！难道你不这样认为吗？

（参见权延赤：《走下神坛的毛泽东》，内蒙古人民出版社 2001 年 10 月版）

◇ 罗冰的所谓《毛泽东选集》真相究竟是"真相"还是捏造的谣言？

齐得平同志就《毛选》的编选过程，在《中华魂》上撰写专文，批驳了罗冰所制造的谣言，还原了中国革命和《毛选》所产生的真相。齐文的钢铁证言如下：

《毛泽东选集》第一至四卷，是毛泽东亲自主持编辑的，收入的是毛泽东在新民主主义革命时期的主要著作。前一段时间，网上流传一篇署名罗冰的所谓《〈毛泽东选集〉真相》（以下简称《真相》）的文章。诬称："《毛泽东选集》一至四卷的 160 余篇文章中，由毛泽东执笔起草的只有 12 篇，经毛泽东修改的共有 13 篇，其余诸篇全是由中共中央其他领导成员，或中共中央办公厅以及毛泽东的秘书等人起草的。"这纯属无中生有、肆意捏造的谣言。而不少不明真相的人被这种别有用心的编造弄得迷惑了，至今还有人写文章进行引证，以讹传讹。

这一谣言制造者的政治目的是很清楚的。虽是满纸荒唐言，而且造得离奇拙劣，但不可低估它的社会影响。

我从 1950 年就开始参加中共中央档案的管理工作。1960 年，中央档案馆领导决定将毛泽东手稿集中，指定由我专门负责保管。从此，我长期负责毛泽东手稿的管理工作，直至退休。我还参加了为编辑《毛泽东选集》第四卷提供文稿档案等项服务工作。面对罗冰们的造谣惑众，谬种流传，本着对历史负责、对读者负责的精神，我作为一名老档案工作者，深深感到有责任谈谈我所知道的真实情况，尤其是收入《毛泽东选集》第四卷中毛泽东文稿的情况，以正视听。

一、我为编辑《毛泽东选集》第四卷提供文稿档案的情况

1959 年 10 月中央档案馆成立。这年 12 月，中央档案馆副馆长裴桐到中南海开会，领受了为编辑《毛泽东选集》第四卷提供文稿档案的任务（此前《毛泽东选集》一、二、三卷已经公开出版）。我当时负责保管解放战争时期中共中央的档案，他要我将 1945 年 8 月日本投降后至 1949 年 10

月1日前毛泽东的讲话、报告做出一个目录，交给保管部主任吴善昌看过审定，然后上报《毛泽东选集》编辑委员会办公室。

1960年元旦一过，裴桐、吴善昌便召集中共中央档案保管部全体人员开会，动员、布置为编辑《毛泽东选集》第四卷提供文稿档案的工作。当时毛泽东同志起草的文电手稿分散在中央档案各卷宗中，需要逐卷翻阅查找。因要求急，任务重，时间紧，保管部30多人，大部分投入到这项工作中。大家把为编《毛泽东选集》提供文稿档案当作头等政治任务，参加这一工作的同志加班加点，用了将近一个月的时间，查阅三千多卷档案，从数万件文电中，将这一时期毛泽东同志起草的几千件文稿查出。此后，又由我负责把这些文稿编制目录，交付打印成册（其中本馆打印了两年的目录，另请中办机要室、机要局各帮助打印了一年的目录），同时将毛泽东的这些手稿一一调出来，提供给裴桐和吴善昌逐件阅览，遴选出他们认为可以考虑选用的文稿，陆续报送《毛选》编委会办公室。裴桐、吴善昌最后推荐上报的文稿共约一百余件，这些文稿后来有几十件收入《毛泽东选集》第四卷。其中《抗日战争胜利后的时局和我们的方针》（1945年8月13日）、《关于重庆谈判》（1945年10月13日）等几篇文章是根据毛泽东同志的讲话记录整理出来的文稿，其余绝大多数是毛泽东同志的手稿。

除了查阅馆藏档案之外，还需要在社会上广泛征集。1960年1月，经《毛泽东选集》编委会和中共中央办公厅批准，成立了中央办公厅征集小组。曾三任组长，叶子龙、裴桐任副组长。以中央档案馆征集科和中办机要室二三科为主，共抽调五人组成中办征集小组办公室，立即着手工作。征集工作首先在中直机关、国家各部委、北京市有关各单位和中央军委及各总部开展起来。在各有关部门的配合下，不到一个月就征集到毛泽东手稿原件165份。给我印象深刻的是，这165份文稿主要来自胡乔木处和新华社负责人范长江处。其中有几篇收入《毛泽东选集》第四卷中。

毛主席还亲自参加了《毛泽东选集》第四卷文稿的选稿工作。如《丢掉幻想，准备斗争》《别了，司徒雷登》《为什么要讨论白皮书?》《“友谊”，还是侵略?》《唯心历史观的破产》五篇文章，就是他自己从新华书店出版的《驳艾奇逊》一书中选定的。毛泽东同志写的这几篇文章的手稿和《驳艾奇逊》这本小册子，都收藏在中央档案馆保管的毛泽东文稿中。

二、我参加了《毛泽东选集》第四卷部分文稿的校对、鉴别、核实和考订等工作

在编辑《毛泽东选集》第四卷期间，我参与了一些文稿的校对、鉴别、核实、考订等工作，深深感到编辑《毛泽东选集》是一项极其严肃认真的事情。

我参加的校对工作，主要是用档案原稿逐件核对《毛泽东选集》第四卷的印文。当时，参加《毛泽东选集》编委会办公室工作的逄先知同志带着《毛泽东选集》第四卷书稿的印文，来到中央档案馆，在馆部领导安排下，我将原稿调出，用毛泽东同志文稿原稿，逐字逐句进行核对。核对的地点就在我的办公室，工作程序是我读原稿，他看印文，确保准确无误。

我参加的鉴别工作，主要是鉴定有些一时没有见到原始稿的文章是否是由毛泽东同志起草的。比如1948年2月25日《中共中央关于老区半老区土地改革和整党工作的指示》一文，当时《毛泽东选集》编委会办公室的一位工作人员打电话问我：档案馆有没有毛主席起草的这个指示的原始手稿？因为他看见的是毛泽东同志在抄清稿上作了修改的稿子。我查看了档案原始稿，发现是周恩来同志起草的，毛泽东同志作了修改，修改后由秘书誊清，毛泽东同志在誊清稿上又作了修改。《毛泽东选集》编委会办公室看到的就是在誊清稿上作了修改的稿子。我把核查的情况向编委会办公室作了汇报，说：这个指示是由周恩来同志起草、经毛主席修改的，原始稿就收藏在中央档案馆。后来这篇文章就没有收入《毛泽东选集》第四卷。1980年，该文收入中共中央文献编辑委员会编辑、人民出版社出版的《周恩来选集》上卷。

我参加的核实工作，主要是核实毛泽东同志手稿中涉及的一些地名、人名以及具体数字。比如1947年9月1日《中共中央关于解放战争第二年的战略方针的指示》中，详细列举了敌军的数字。编委会办公室为核实《指示》中的这些具体数字，四处查找材料。在军事科学院找不到，在中央档案中也没有找到，十分着急。我也急编委会所急，经过反复查找，终于在周恩来总理办公室交来的周恩来档案中，找到了周恩来当年亲笔写下

的关于敌军数字的统计材料，印证了上述指示中的数字，解决了一个大难题。

我参加的考订工作，主要是考证毛泽东同志手稿中的一些具体文字和写作日期。如为查实 1946 年 9 月 16 日《中共中央军委关于集中优势兵力，各个歼灭敌人的指示》的写成月份。当时，编委会办公室的一位同志打电话问我：“《指示》中说的有些事是 8 月 16 日以后的，《指示》末尾写的是‘8 月 16 日’，这是怎么回事?”接电后，我查阅了中央档案中保存的《指示》原稿，发现原稿文尾写的确实是“8 月 16 日”，但从字迹上看，“八月”二字是后人加上去的。为了查清这个问题，我又查阅了发文的编号，发现编号是 9 月的，证明这个重要指示发文时间应该是“9 月 16 日”，而不是“8 月 16 日”。1949 年中国人民解放军总部编辑出版的《军事文集》（第二集）中错印成“1946 年 8 月 16 日”。《毛泽东选集》第四卷中纠正了这一错误。

以上几例是我为编辑《毛泽东选集》第四卷提供文稿等服务工作中的几件小事，还远算不上是《毛泽东选集》的编辑工作。这些情况，足以说明《毛泽东选集》的编辑工作，是十分严肃认真、实事求是的。

三、《毛泽东选集》的真相不容篡改——批驳《真相》一文的几份档案文献

在《毛泽东选集》第四卷中，收录有 1948 年 1 月 7 日毛泽东同志起草的《中共中央关于建立报告制度的指示》一文，要求“各中央局和分局由书记负责”，同时特别强调给中央所写的报告应“自己动手，不要秘书代劳”（见《毛泽东选集》第四卷，第 1264 页）。毛泽东同志对各中央局和分局书记是这样要求的，而他自己就是这样带头做的。《毛泽东选集》四卷收入的文章，都是毛泽东同志的著作，都有原始档案为据。这都是经过认真核实的。中央档案馆保存有毛泽东同志的文稿档案几万件，这是他给我们党和国家留下的宝贵精神财富。

罗冰的所谓《真相》一文称：《毛泽东选集》中《论人民民主专政》等著作都“不是毛泽东写的，最后都变成毛泽东写的了”，“这就构成‘知识产权’的侵权问题”。这完全是一派胡言。

下面，我就列举中央档案馆保管的毛泽东同志的有关文章的原始文献为证，来回答谣言的制造者，澄清事实真相。因为这些文章都是被罗冰们诬指为由他人代笔的，相信广大读者看了之后自有明断。

1.《为争取千百万群众进入抗日民族统一战线而斗争》（1937 年 5 月 8 日）。这是毛泽东同志在延安召开的中国共产党全国代表会议（当时称“苏区党代表大会”）上所作的结论。毛泽东同志这篇重要著作的手稿，全文共 28 页，用的是 16 开纸，是用毛笔横写的。以下是这篇文章开头的 4 页（附照片）。

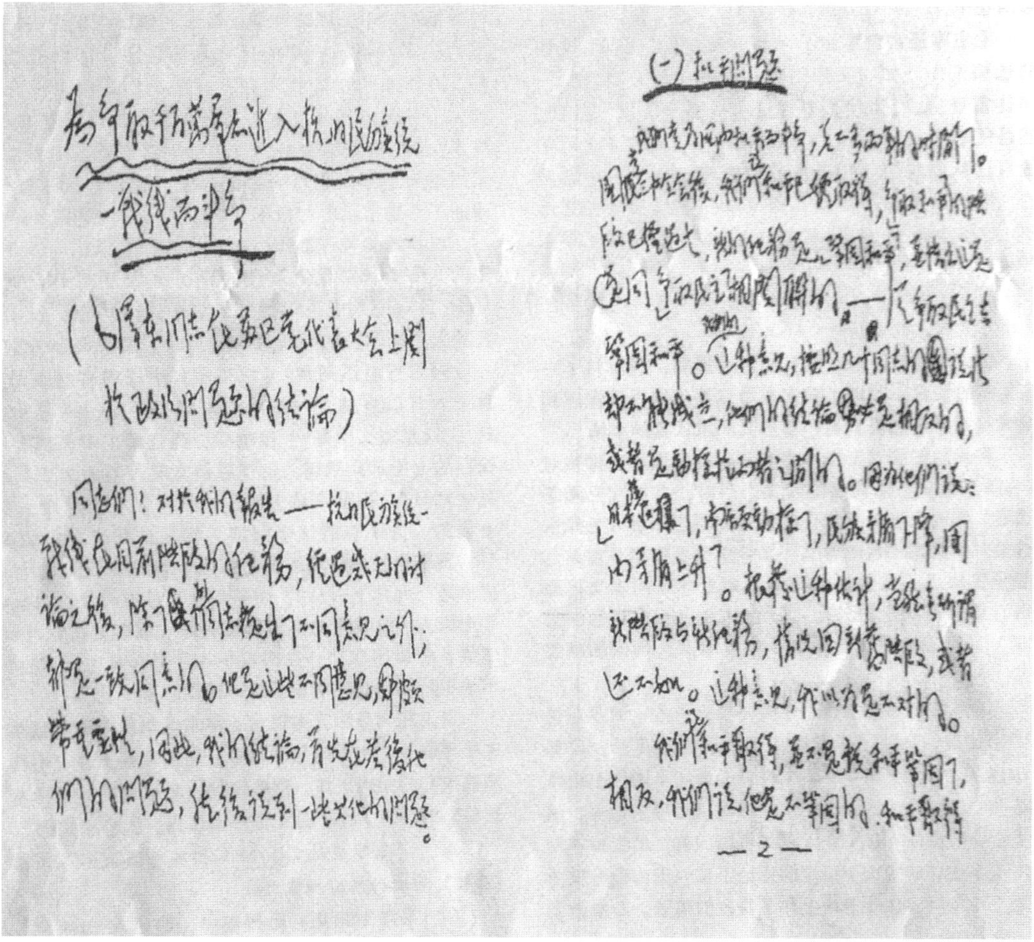
为争取千百万群众进入抗日民族统一战线而斗争

（毛泽东同志在苏区党代表大会上关于政治问题的结论）

同志们！对于我们报告——抗日民族统一战线在目前阶段的任务，经过两天的讨论之后，除了个别同志提出了不同意见之外，都是一致同意的，但是这些不同意见，都颇带严重性，因此，我们结论，首先在考虑他们的问题，然后说到一些其他的问题。

（一）和平问题

—2—

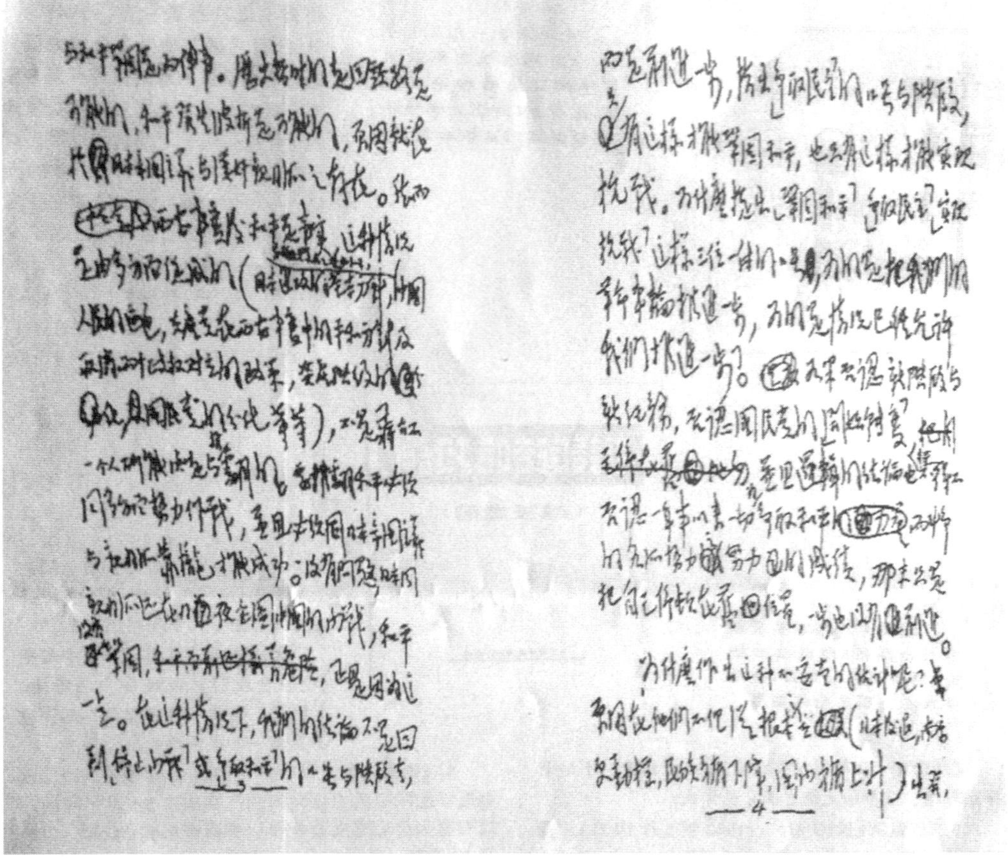

毛泽东同志的亲笔手稿，白纸黑字，历历在目。可造谣者却硬说是别人起草的，用心何在，不言自明。

2.《实践论》（1937 年 7 月）、《矛盾论》（1937 年 8 月）。这两篇文章是毛泽东同志应中国人民抗日军事政治大学（简称抗大）的请求，前往讲授辩证法唯物论所写提纲的部分章节，当时毛泽东同志每周到抗大讲两次课，每次 4 个小时，历时 3 个月。总政治部把讲课记录整理出来，经毛泽东同志同意后印了若干份。中央档案馆收藏有 1937 年 9 月油印的毛泽东在抗大讲《辩证法唯物论》的讲授提纲和 1940 年八路军军政杂志社出版的《辩证法唯物论》讲授提纲。《实践论》是讲授提纲第二章的第十一节。《矛盾论》是讲授提纲第三章中的一节。新中国成立初期，毛泽东同志亲自将这两节整理收入《毛泽东选集》。1956 年 3 月 14 日，他在谈到这两篇文章时说：自己对已经发表过的东西，完全满意的很少。《实践论》算是比较满意

的。(见《毛泽东文集》第七卷，第 15 页)

以下是中央档案馆收藏的《辩证法唯物论》讲授提纲的油印件和铅印件的封面，至今保存完好（附照片)。

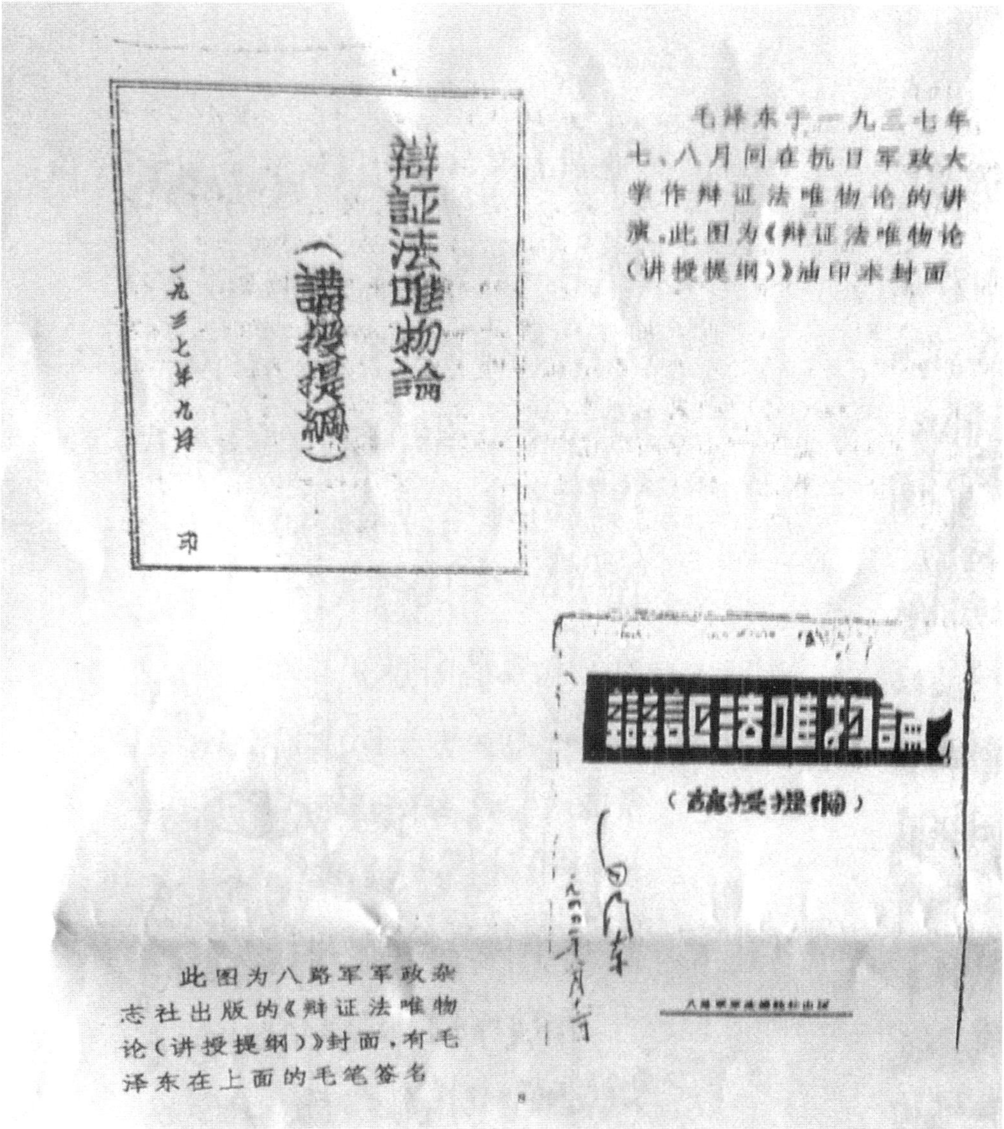

《真相》一文却说《实践论》《矛盾论》不是毛泽东写的，这不是无稽之谈又是什么？

3.《改造我们的学习》（1942 年 5 月 19 日）。这是毛泽东同志关于延安整风的重要著作之一。当时毛泽东同志在延安干部会上讲演时，只写一个提纲。这篇文章的手稿是他按照讲演提纲亲自加以整理的。全文 18 页，用的是 16 开纸，是用铅笔横写的。

以下是这篇手稿的前 4 页。(附照片)

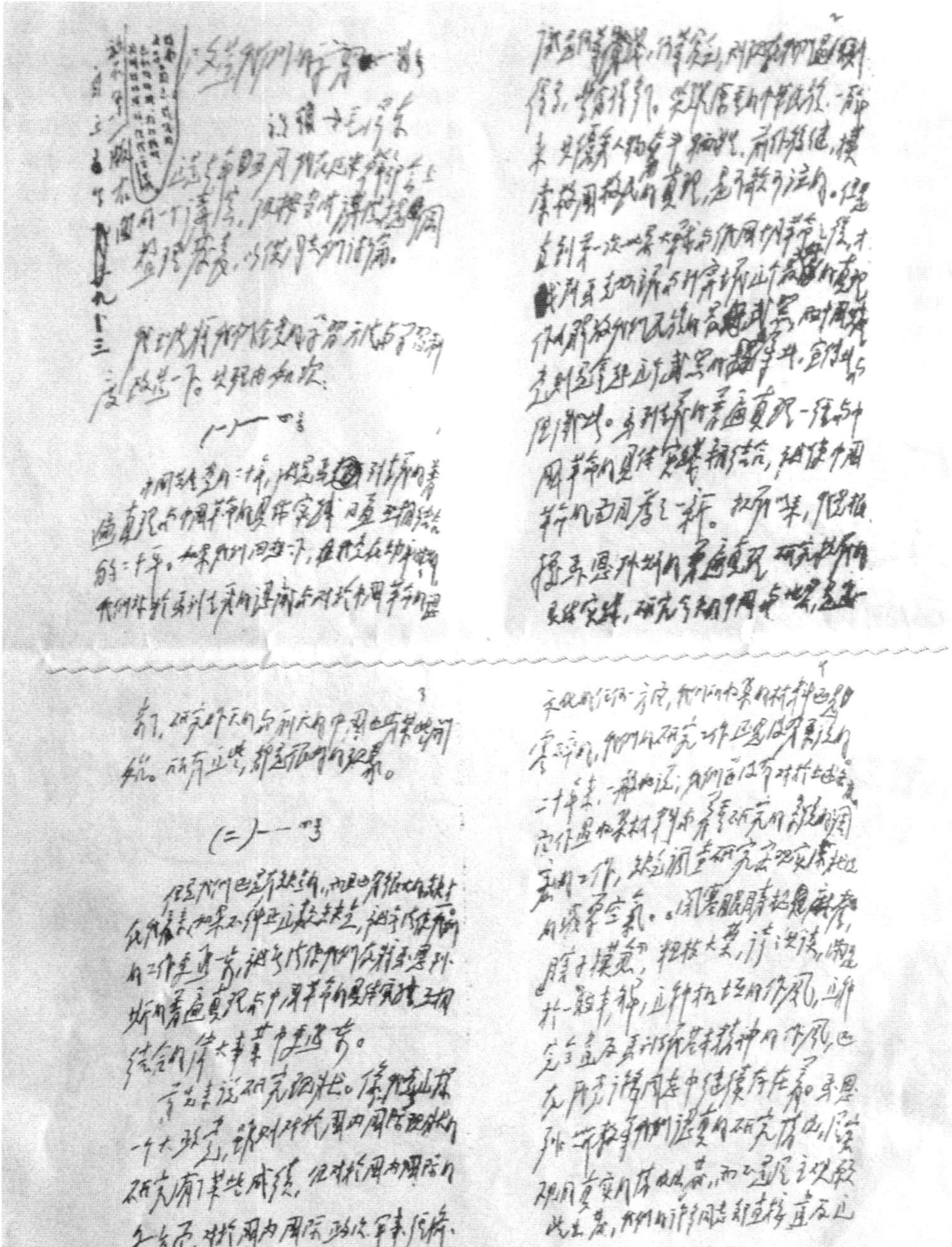

而《真相》一文却捏造说，这篇“文稿是由康生起草的，经王稼祥修改的”。这种捣鬼之术，实在是荒唐可笑。

4.《论联合政府》（1945 年 4 月 24 日）。这是毛泽东同志向中共七大作的书面政治报告。1944 年 5 月 21 日，扩大的中共六届七中全会第一次全体会议通过七大的议事日程及报告负责人，决定政治报告由毛泽东同志来作，并特别说明政治报告不设准备委员会。1945 年 3 月 31 日六届七中全会全体会议讨论为七大准备的政治报告草案和党章草案时，毛泽东同志对政治报告的写作原则进行了详细的说明，对报告的主要观点也进行了具体的阐释。他说：如果同志们同意这些基本观点，政治报告修改后可以印发参加七大的所有代表，代表大会上仍可提出各种修改意见。并说：我已改了 8 次。这次会议一致通过了毛泽东同志起草的政治报告《论联合政府》。

胡乔木同志后来在回忆文章中说：“4 月 24 日，由毛主席向大会作政治报告。他写一个书面政治报告，即作《论联合政府》，发给大会代表，每人一册。”

中央档案馆原副馆长裴桐同志也对我说过：“《论联合政府》是毛主席一个字一个字写出来的。”

而罗冰在《真相》一文中却把《论联合政府》说成是“由康生、艾思奇、胡乔木等人起草”的，这不又是一个谎言吗？

5.《论人民民主专政》（1949 年 6 月 30 日）。这是毛泽东同志为纪念中国共产党成立 28 周年写的一篇有重大历史意义的著作。手稿全文共 31 页，用的是 16 开纸，横写。文章标题原为《二十八年》，后来毛泽东同志用毛笔改成《论人民民主专政》，后边还有他的亲笔署名。

正文第 1—15 页是用铅笔写的，第 16—31 页是用毛笔写的，均用毛笔修改过。有过两次竖排铅印的清样稿。

第一次清样稿 16 页，标题原为《二十八年》。毛泽东同志用毛笔改为《论人民民主专政——纪念中国共产党二十八年》。正文先是用铅笔修改，后又用毛笔修改，增加了很多内容。

第二次清样稿也是 16 页，毛泽东同志用毛笔作了一些修改，又增加了一些内容。

以下是这篇文章手稿中的 4 页和清样修改稿的最后一页。（附照片）

而《真相》一文却说文稿“主要执笔人是陈伯达、艾思奇和邓力群”。

显然，又是在向壁虚构，信口雌黄。

从我所列举的上述这些毛泽东文稿的真实情况中，读者可以清楚地看到《真相》一文作者所编造的谣言是何等离奇，何等荒诞不经！

《毛泽东选集》第1—4卷，是由毛泽东同志亲自主持编辑的，它收入了毛泽东同志在新民主主义革命时期的主要著作。这些著作，对探索中国革命道路，夺取新民主主义革命的胜利，创建新中国，产生了深刻而巨大的影响。完全可以这样说，在中国近现代历史上，没有哪一个历史人物的著作能够与之相比，这些著作中所体现的毛泽东思想，是我们党和人民的宝贵精神财富，是永远应该倍加珍惜和不懈学习的。编造《真相》一文的罗冰们使出造谣之术，企图瞒天过海、欺人欺世，沽名钓誉。但谣言毕竟是谣言，一经被事实揭穿，就会被击得粉碎。毛泽东同志和毛泽东思想在中国人民心目中的崇高形象，是任何力量、任何诡计诋毁不了的。他们这样做，最终只能是搬起石头砸自己的脚。

档案是历史的见证，而历史不容篡改！

（参见齐得平：《罗冰的所谓〈毛泽东选集〉真相究竟是“真相”还是捏造的谣言》，载《中华魂》2012年4月上）

◇毛泽东是如何亲自主持审定《毛选》一至四卷的？

1950年毛泽东访问苏联期间，受到了斯大林的隆重礼遇和苏联政府的热情接待。斯大林握住毛泽东的手，一再说，胜利者是不受谴责的。

就在毛泽东、周恩来准备结束访问在克里姆林宫拜访斯大林时，斯大林建议毛泽东把自己写的文章、起草的文件、报告等编辑成选集出版，以帮助人们了解中国革命的经验。毛泽东表示也有此意。虽然在战争年代各地先后编辑过一些毛泽东的选集、文集以及小册子，但由中央统一编一本毛泽东的选集，这是一件十分重大的事，必须编好。苏联在编辑经典著作上有着丰富的经验，因此，毛泽东希望斯大林能派一位理论上强的同志来中国帮助完成此项工作。斯大林当即答应派尤金来华予以协助。

《毛泽东选集》第一、二、三卷的编辑工作，基本上是在1950年至1953年间进行的。此间，毛泽东曾集中了一段时间，专门从事这项工作。1951年2月初，中央决定毛泽东去“附近地点正式休息一时期”，毛泽东利用“休息”时间全力进行《毛泽东选集》的编辑工作，而“附近地点”就选择在河北石家庄。

毛泽东的办公室是在院中一间宽大的房子里，当间摆着一个大写字台，左侧摆了个可躺可靠的长沙发。办公桌上和床上摆满了书和文件。毛泽东通常彻夜工作，累了就斜靠在沙发上闭目养神，或是闭目沉思。时而也到院中散散步，有时还哼上两句京剧和湖南花鼓戏，以调节一下神经。

毛泽东亲自主持编辑工作，主要是从以下四个方面进行的：

一、选定篇目

《毛泽东选集》一至四卷收入的文章共158篇，都是经过毛泽东亲自审定的。他对选稿的要求非常严格。有的篇目毛泽东很欣赏，当即定稿编入选集。有的篇目，毛泽东不太满意，认为不宜收入。还有的篇目，毛泽东曾反复审阅，几经修改，但最后还是不满意而未能入选。还有一种情况，就是有些曾经流行的著作，如《农村调查》，毛泽东的意见是不编入选集；又如《经济问题与财政问题》，也是根据毛泽东的意见，只编进了其中的第一章（即《关于过去工作的基本总结》）。当然，也有些篇目，毛泽东开始认为不宜收录选集，后经过修改，最后还是收录了，如《矛盾论》等。从现存的档案来看，有30多篇文章，毛泽东在审定时，批上“此件不用”“此件不收”“此文不收”“不用”“不收”等字样。如《中国工农红军第四军布告》（1929年1月）、《寻邬的土地斗争》（1930年5月）、《查田运动的初步总结》（1933年8月）等文章，最初曾作为入选篇目选入第一卷，毛泽东在审定篇目时，决定“不收”。还有一些篇目，在是否选入《毛选》时，毛泽东自己也是经过反复考虑的。有些文章，他甚至改拟了标题，写了题解，但最后还是割爱了，未能选入。如《在陕甘宁边区第二届农工展览会讲演词》（1940年2月7日），最初就曾考虑选入第三卷，毛泽东曾将标题改拟为《反对吃磨擦饭》，并撰写了题解：“这是毛泽东同志在陕甘宁边区第二届农业和工业产品展览会上所作的讲演”。再如1940年11月7日中共中央关于反对投降活动的指示，也曾考虑选入，后来，毛泽东审定时写上“此件不收”。这里面还有一种情况，就是有个别文章，如《调查工作》（后毛泽东改题为《反对本本主义》），虽然毛泽东特别钟爱，但因当时未找到文稿，未能收入《毛选》第一版，毛泽东本人也极为遗憾。这一遗憾，直至1991年出《毛选》第二版增加了这篇文章，才了却了毛泽东的生前夙愿。

《毛泽东选集》第四卷的编辑工作，毛泽东亲自动手比较少，但对第四卷所收的篇目，他是逐一审定，并提出了具体意见的。1960年3月22日，毛泽东在广州白云山主持第四卷通读定稿时给田家英的信中说：“此书（指解放社1949年7月出版的《将革命进行到底》一书）内除已收者外，打圈的均拟收录，请印清样送我。此书以前及以后类似此书各文的评论及几个重大战役的贺电，请与乔木商量是否还有可收者，搜集一下，告我为盼。”《将革命进行到底》一书中收录了毛泽东为新华社写的社论和评论，中共中央发言人的谈话，以及中共中央的贺电等，其中有若干篇后来收录在了《毛泽东选集》第四卷。

二、修改内容

毛泽东在校阅准备收录《毛泽东选集》的文章时，有些地方作了一些内容上的增加和修改。首先，改拟了标题；收录《毛选》一至四卷的文章题目，有数十篇是由毛泽东改拟的。如第一卷的《中国的红色政权为什么能够存在》，原题为《政治问题和边界党的任务》；《中国共产党在抗日时期的任务》，原题为《中国抗日民族统一战线在目前阶段的任务》。第二卷的《论政策》，原题为《中共中央关于政策问题的指示》；《团结一切抗日力量，反对反共顽固派》，原题为《相持阶段中的形势与任务》；《抗日根据地的政权问题》，原题为《中共中央关于政权问题的指示》，等等。其次，对有些文章的内容作了适当的补充和修正。如《矛盾论》一文，毛泽东修改得比较多。1951 年 3 月 8 日，毛泽东在给陈伯达、田家英的信中说："《矛盾论》作了一次修改，请即重排清样两份，一份交伯达看，一份再送我看。现形式逻辑的后面几段，词意不畅，还须修改。其他有些部分也还须作小的修改。"

"此件在重看之后，觉得以不加入此次选集为宜，因为太像哲学教科书，放入选集将妨碍《实践论》这篇论文的效力，不知你们感觉如何？此点待将来再决定。"

"你们暂时不要来，待《矛盾论》清样再看过及他文看了一部分之后再来，时间大约在月半。"

到了这个月的 15 日，毛泽东又致信田家英："《矛盾论》的原稿，请即送来。"毛泽东在反复修改之后，对原来第二章"形式论理的同一律与辩证法的矛盾律"这一部分仍感不满意，后来在收录《毛泽东选集》时，被他整章删去了。《矛盾论》一文，也因毛泽东的修改，未能收录在 1951 年 10 月出版的《毛泽东选集》第一卷，后收录在 1952 年 4 月出版的第二卷。中共中央毛泽东选集出版委员会在送审《毛选》第二卷文稿时，关于《矛盾论》一文曾作一说明，毛泽东对说明作了个别文字修改，内容是："本卷所载《矛盾论》一文，按著作时间排列，应收录第一卷，现暂刊于此，拟待再版时，移入第一卷。"这样，《毛泽东选集》第二次印刷时，按照时间顺序，将《矛盾论》移入了第一卷。

毛泽东对收录《毛选》的每篇文稿均反复修改，反复审阅。1951 年 4 月 1 日，他在给田家英的信中说："《中国共产党在民族战争中的地位》《矛盾论》请不要送去翻译，校对后再送我看，已清印出的各篇，请送来看。”《实践论》一文，毛泽东修改了好几遍，在最后的清样上仍批道：“此件改正后，连同原稿，再送我看。”在《矛盾论》文稿的清样上，毛泽东也这样写：“照此改正，连同已经改正的清样一起，送来再看，第一次原稿也请送来。”直到他对文稿修改满意为止，他才让送去翻译。1951 年 4 月 16 日，毛泽东写信给田家英：“此九篇请送陈伯达阅后付排改正。其中，《和英国记者谈话》《和中央社等记者谈话》《一个极其重要的政策》《全世界革命力量团结起来》等四篇，我已照原件修改，请即照此改正，新送来这四件稿子我就不必看了。以上这些及昨付第二次看过的一大批，都可付翻译——惟其中的一篇，即《井冈山的斗争》，请送来再看一次。”毛泽东这里提到的四篇文章，后来都收录了《毛泽东选集》，前两篇收录在第二卷，题目是《和英国记者贝特兰的谈话》《和中央社、扫荡报、新民报三记者的谈话》。《一个极其重要的政策》收录第三卷。第四篇在收录第四卷时题目改为《全世界革命力量团结起来，反对帝国主义的侵略》。

再如 1940 年 2 月 1 日毛泽东在延安民众大会上所作的讲演《团结一切抗日力量，反对反共顽固派》一文，在收入《毛选》第二卷时，毛泽东对其内容作了部分删改，删去了原来讲演中的第四部分“共产党的十大任务”。

毛泽东对语言文字的使用要求十分严格。他认为语言文字应力求将思想表达得准确。这是他在校阅《毛选》文稿时所注意的一个重要问题。为此，他提议要纠正电报、报告、指示、决定中的文字缺点。根据这个建议，中共中央还专门发出了关于纠正电报、报告、指示、决定中文字缺点的指示。这个指示稿，在形成过程中，毛泽东根据编辑《毛选》过程中遇到的一些问题，作了许多重要的修改。《人民日报》还为此专门发了社论。《毛选》中收录的每篇文章，毛泽东在校阅过程中都字斟句酌。有时哪怕是一个意思相近的字，毛泽东都反复琢磨，考虑用哪个更能把思想表达得准确些。例如，《毛选》第一卷收录的《中国共产党在抗日时期的任务》一文的第一个小标题“民族矛盾和国内矛盾的目前发展阶段”，原稿在民族矛盾和国内矛盾之间用的是“与”字，毛泽东在阅稿时把小标题和文章中间用的“与”字统统改为“和”字了。所以这样改，这是有他自己的考虑的。毛泽东是不赞成这种半文半白的文字用法的。

三、撰写和修改题解与注释

《毛泽东选集》一至四卷第一版共有题解 118 篇，注释 872 条。

从现存的不完全的档案来看，仅《毛泽东选集》第一卷的 16 篇题解和 249 条注释，就有 10 篇题解和 120 多条注释是由毛泽东自己撰写或修改的。在毛泽东撰写的题解中，既有简单的技术性的题解，如《论政策》一文的题解，毛泽东写道："这是毛泽东同志为中共中央写的对党内的指示"，也有一些是对重要历史背景的说明，还有一些是政治性、理论性的阐述。如《关于纠正党内的错误思想》一文的题解，内容就很丰富："这是毛泽东同志为红军第四军第九次党的代表大会写的决议。中国人民军队的建设，是经过了艰难的道路的。中国红军（抗日时期是八路军、新四军，现在是人民解放军）从 1927 年 8 月 1 日南昌起义时期创始，到 1929 年 12 月，经过了两年多的时间。在这个时期内，红军中的共产党和各种错误思想作斗争，学到了许多东西，积累了相当丰富的经验。毛泽东同志写的这个决议，就是这些经验的总结。这个决议使红军完全建立在马克思列宁主义基础上，将一切旧式军队的影响都肃清了。这个决议不但在红军第四军实行了，后来各部分红军都先后不等地照此做了，这样就使整个中国红军完全成为真正的人民军队。二十几年来，中国人民军队中党的工作和政治工作有广大的发展和创造，现在的面貌和过去大不相同了，但是基本的路线还是这个决议的路线。"还有如《中国革命战争的战略问题》《中国革命和中国共产党》《新民主主义的宪政》等文的题解都具有重要的思想内容。

毛泽东撰写的一些思想性、理论性很强的题解和注释，具有和正文同样的文献价值和理论价值。有些文章的题解，经过毛泽东的修改，内容更为充实，思想上更强了。例如，第二卷收录的《陕甘宁边区政府第八路军后方留守处布告》一文的题解，毛泽东除对一些提法作了重要修改外，还加写了一段话，这就是题解当中的："当时国共合作成立不久，蒋介石集团即阴谋破坏共产党领导的革命力量。破坏陕甘宁边区，是这种阴谋的一部分。毛泽东同志认为为了保护革命的利益，必须采取坚定的立场。"

关于注释，毛泽东在编辑《毛选》的过程中也十分注重。从挑选注目，到释文内容以及排列，毛泽东都提出了一些具体的要求。毛泽东在校阅文稿的过程中提出需要"加注"的也不乏其例。例如，毛泽东在通读第四卷收录的《中共发言人关于命令国民党反动政府重新逮捕前日本侵华军总司令冈村宁次和逮捕国民党内战罪犯的谈话》一文时，关于新华社陕北25日广播中共发言人谈话，毛泽东批写道“找出来”。这篇文章中还提到“你们提出了5条，我们提出了8条”，在文稿送审时，只注释了“8条”，毛泽东在“5条”处用铅笔写了2个字“加注”。在《毛选》一至三卷的编辑过程中，毛泽东亲自撰写了一些注释，如《井冈山的斗争》一文关于“打土豪”的注文；《怎样分析农村阶级》一文关于“管公堂和收学租”的释文；《论持久战》中关于“亡国论”“速胜论”的释文；《青年运动的方向》一文中“五四青年节”的注释等。这些注释文笔不凡，内容深刻，是一般人难以写出来的。毛泽东做过一些重要修改的注释有：《我们的经济政策》一文中的“耕田队”；《关于蒋介石声明的声明》一文中的“上海爱国领袖”；《团结一切抗日力量，反对反共顽固派》一文中的“点线工作”；等等。以“点线工作”一注为例，最初的注文是这样写的：“点线工作，即指国民党的特务间谍活动。”毛泽东修改为：“以边区的城市为据点，并将这些据点联系起来成为几条线，这样来布置他们的反革命工作。他们自称这种工作为点线工作。”

说到注文的排列，毛泽东在《实践论》的文稿上写道：“除第一页附注移至题下外，其他九条附注均移至文尾，请校正勿讹。”又如“停战议和，一致抗日通电”一注，编委会最初曾考虑作为《论反对日本帝国主义的策略》的附录，送请毛泽东审定，毛泽东除对注文用铅笔作了一些修改外，建议“放在《对12月26日蒋介石的声明的声明》之后作为附注”，并且批示“送来校对”4个字。编委会在研究了毛泽东的批示后，建议改为《中国共产党在抗日时期的任务》一文的注［3］，送请毛泽东审定。毛泽东表示同意。先用铅笔，后又用毛笔，划去了原来的批示。这一注释最后定稿时，因《中国共产党在抗日时期的任务》一文增加了“华北事变”一注，原来的注［3］才改成注［4］。毛泽东知识渊博，思想理论性强，他撰写和修改的注释，不仅提供了重要的历史情况，而且阐述了一些重要的观点，具有重要的学习和研究价值。

四、参加校对

毛泽东审定文稿，除了修改内容和文字外，还亲自做一些校对工作。1951年3月15日，毛泽东在给田家英的信中说：“《矛盾论》的原稿请即送来，凡校对都须将原稿连同清样一起送来，以前的一切原稿均请送来。”不仅如此，他还做一些技术性的处理工作。例如，他在校阅《中国共产党在抗日时期的任务》一文时，其中有 3 处地方，清样排得不好，毛泽东即在各处写道“排拢”“排齐”，还画出了校对符号。毛泽东校阅文稿十分仔细认真，再小的印刷差错都难逃他的眼睛。例如，他在校阅《为争取千百万群众进入抗日民族统一战线而斗争》一文时，有两个字因铅字磨损，字体比其他字瘦小，他批道：“换一个铅字。”还有一处字号不对，几乎看不出来，但是，毛泽东在此处画出，并写道“改老 5 号”。对文章中出现的一些数字，毛泽东在边上总是打上一个“?”，要求编者查核。有些数字他自己经过查核作了纠正。例如，《毛选》第四卷收录的《四分五裂的反动派为什么还要空喊“全面和平”?》一文原稿中，提到“国民党在去年 11 月初至今年 1 月底的不足 3 个月中丧失约 105 万人，包括国民党正规军 105 个整师”。毛泽东经过查核，将“11 月”改为“10 月”，将“3 个月”改为“4 个月”，并在“105 万人”和“105 个整师”这两处各打上了一个“?”。经编者查核，结果是原稿的数字不准确，“105 万人”应为“154 万多人”，“105 个整师”应为“144 个整师”。

《毛泽东选集》第一版，由于毛泽东亲自主持编辑工作，到今天看来，在编辑上没有发现任何问题，可以说是一个完善的版本。

1951 年 10 月，在出版总署召开的《毛选》第一卷出版庆祝会上，出版总署副署长叶圣陶在《毛选》第一卷出版当天的日记中写道：“选集凡四卷，今出版为第一卷。各篇取舍，经毛氏审慎考虑，存录者复亲加修订校阅，多者七八遍，少者亦 2 遍。”由此可见《毛选》的编辑质量之精，要求之高。《毛选》一至四卷倾注了毛泽东的心血和智慧的结晶。

（参见刘金田、吴晓梅：《尘封：毛泽东选集出版的前前后后》，台海出版社 2012 年 5 月版）

◇毛泽东极其认真的写作态度，他从不让秘书代劳吗？

毛泽东不仅是一位胸怀谋略的伟人，而且还是一位在日常生活和工作中，一丝不苟、认真负责地对待文字的大师。

汉字是世界上最繁杂最有诱惑力的语言，精辟的诗词曾让许多外国翻译家难堪。毛泽东在这方面有许多闪闪发光的事例。

毛泽东在自己的著作和作品中，极严格地对待语法修辞和遣词造句。一生中他与文字语言打交道中，对文字缺点和错别字上，毫不留情的作斗争，为祖国语言的纯洁和健康而努力。

毛泽东重视和培养他身边工作人员、卫士们，亲自抓他们的文化学习。在延安时期曾为他们创造条件，在简陋的窑洞里，为了使他们尽快掌握文化知识，而习字弄文。新中国成立后他又组织卫士们办学习班，督促他们学文化，亲自为他们讲解“的、地、得”的用法，并检查他们的作业，帮助他们改正调查报告中的错别字。有一次，毛泽东在检查作业时，发现封耀松得了个5分，很高兴地说：“好，又进步了。”可是，毛泽东看过5分之后，还在进一步检查作业，这回可不满意了，他“嘿”了一声说：“你们那位老师也是马大哈呀！”接着他指着封耀松默写的白居易《卖炭翁》中的一句话问：“这句怎么念？”封耀松回答：“心忧炭贱愿天寒。”毛泽东严肃地问：“你写的是忧吗？哪里伸出来一只手？你写的是扰，扰乱的扰。怪不得炭贱卖不出价钱，有人扰乱嘛。”毛泽东毫不留情，还在问：“这句话怎么念？”封耀松回答：“晓驾炭车辗冰辙。”毛泽东严肃地问：“这是辙吗？到处插手，炭还没卖就大撤退，逃跑主义，这是撤退的撤。”毛泽东抓起笔来把封耀松的错别字改了过来，说：“虚有5分，名不副实。”于是封耀松的5分变成了3分。这件事给小封留下了不可磨灭的既严肃认真又幽默风趣的教诲。

毛泽东对自己的著作更是精益求精，从不马虎了事。例如他在1947年写的《目前形势和我们的任务》名篇中，不仅精心创作，反复修改，而且把原稿交秘书抄写时，还书面提出五条要求：不要写错字；不要写草字；不要写怪字；不要写别字；不要写简字。（阎长林《警卫毛泽东纪事》第206页）

毛泽东在文稿的刊行上也一向严谨精细，发现差错，毫不含糊，公开予以更正。在一些文章中都留有他修改的手迹。为了解决这些问题，他还深谋远虑地思考怎样从根本上、有系统地解决问题，在这方面，他提出的根治方法就是，也要走群众路线。在1948年《对晋绥日报编辑人员的谈话》中说：“办报和办别的事一样，都要认真地办，才能办好，才能有生气。我们的报纸也要靠大家来办，靠全体人民群众来办，靠全党来办，而不能只靠少数人关起门来。我们的报上天天讲群众路线，可是报社自己的工作都往往没有实行群众路线。例如，报上常有错字，就是因为没有把消灭错字认真地当做一件事情来办。如果采取群众路线的方法，报上有了错字，就把全报社的人员集合起来，不讲别的，专讲这件事，讲清楚错误的情况，发生错误的原因，消灭错误的办法，要大家认真注意。这样讲上三次五次，一定能使错字得到纠正。小事如此大事也是如此。”

毛泽东对文字的要求之高、之讲究，咬文嚼字真是到了家。他当然不只是要注意纠正错别字，也“痛恨文理不通的现象”，他对纠正文字工作中的种种缺点，简直到了不遗余力的地步。目的在于要使每一件稿、每一本书在提供给读者时，都成为精品，努力做到完全彻底为读者去服务。

1952 年 2 月毛泽东在审定《中共中央关于纠正电报、报告、指示、决定等文字缺点的指示》中加写了一段话：“中央认为此种文字缺点的纠正，将使我们同志头脑趋于精密，工作效能有所提高，故须予以重视，对已存在缺点认真地加以改革。”

毛泽东之所以反复强调要重视文字工作的改进，就是因为文字是人们交流思想达到互相了解的工具，更是执政党在革命和建设中须臾离不开的武器，重视笔杆子是中国共产党取得胜利的法宝，所以这个光荣传统也应该继续发扬光大下去，为今后与时俱进的新时代服好务，为祖国语言的纯洁健康而努力奋斗，发挥语言独特的先进文化的作用。

毛泽东是汉语的语言艺术大师，他对汉字有很深的造诣，绝不是马虎了事的写家。他的文章和讲演历来都是精益求精，经过深思熟虑的精品，通观《毛选》没有一句多余的废话。从他的思想高度和写作艺术风格上看，没有一个可以替代的伪作者，没有一位秘书能写出像毛泽东那样高屋建瓴的文章。毛泽东就是靠这种笔杆子打败了蒋介石的枪杆子。罗冰们的诬蔑纯属无中生有的谣言，这丝毫无损于光芒四射的中国化了的这些马列光辉著作。毛泽东的文章可以说是“笔走龙蛇惊风雨，白纸黑字写春秋”。他写作的风格、语言、做派，穿过纸背，只有他才能具有这样的特色，堪称文章群山中的一个巍峨的险峰。

（参见《毛泽东新闻工作文选》，新华出版社 1983 年 12 月版）

◇毛泽东没有说过“死3亿人没关系”

近年来，在某些媒体特别是网络上，时常出现一些引起轩然大波的毛泽东的话。其中“中国死3亿人没关系”是影响最大的一例。此话一经“披露”，即引来批评声一片。有位法学家在其论述新中国人权的文章中，将这句话列为“1955—1976年以阶级斗争为纲残害人权时期”的证据之一。还有一位主讲历史讲坛而走红的历史教师，声称：“毛泽东说：‘我们准备拿出3亿人来打核战争’，死3亿无所谓，全世界敢这么干的就俩，除了毛泽东，就是本·拉登。”这些批评声又引来大批网民的追捧，纷纷赞扬“深刻”“犀利”和“理性”。

毛泽东真的说过这句话吗？如果仔细查阅相关历史资料，就会发现，这完全是一个有意无意的误传。简言之，毛泽东从来没有说过这句话。

网络流传的说法

网上流传的说法之一是：“毛泽东讲核战争吓倒一大片：中国死3亿人没关系。”其相关的详细内容是这样说的：“但是毛泽东的想法恰恰相反，毛泽东说，既然我们力量这么强大，我们还跟他谈什么，打就完了，说敌人不打是不倒的，扫帚不到灰尘照样不会自己跑掉。必须要打，通过革命的手段，通过武装打败他，既然你的力量这么强大，还谈什么，所以什么‘绞索政策’都是在这样的观念下提出来的。大不了就是核战争，核战争有什么了不起，全世界27亿人，死一半还剩一半，中国6亿人，死一半还剩3亿，我怕谁去。这个话一讲完，全场鸦雀无声，很多人没听懂，说毛主席怎么了，死3亿人不算什么，下面喝茶的时候都议论纷纷，捷克斯洛伐克总书记拿着咖啡直哆嗦，说中国6亿人，我们才2000万啊，都不理解。在这个问题上毛的这次发言，我说的是11月18号即席演说，关于核武器这个吓倒了一片人。”

还有一个类似的说法出自外国的一个学者，他说：“毛主席说，苏联又在发射卫星，苏联又要核扩张，那打起来不是很好了嘛，3亿人民牺牲了，没关系，很快就恢复了，这是毛泽东在莫斯科共产党会议上说的话。那这算什么意思呢，现在中国不会这样说。毛泽东的说法，现在恐怕中国朋友们也不以为这个是正确的。”

这些说法是怎么来的呢？

说法主要来自赫鲁晓夫的回忆

关于中苏关系的历史，目前国内最具权威著作之一无疑是沈志华主编的《中苏关系史纲》。沈志华和几位中苏关系研究领域的著名学者通力合作，在掌握大量丰富的中国与苏联历史档案的基础上，对中苏关系进行了全面、系统的梳理和分析，特别是对中苏关系的许多重大事件做出新的注释。这部著作专门有一章关于毛泽东在莫斯科会议上讲话的，标题是《毛泽东在共产党莫斯科会议独领风骚》。而这一章又有一节是专门谈毛泽东在1957年11月18日讲话的，标题是《毛泽东即席发言语惊四座》。该书引用的有关资料主要来自赫鲁晓夫的回忆。需要注意的是，这个回忆是在中苏关系破裂、赫鲁晓夫下台后写的。

《赫鲁晓夫回忆录》的中文全译本2006年由社会文献出版社出版。该书谈到了1957年11月莫斯科会议的情况，提到了毛泽东的有关讲话。

《赫鲁晓夫回忆录》有这样的相关内容：

“80多个党的使者前来莫斯科。我们讨论了国际局势，以及防止世界大战的可能性。导弹核战争一向是这种会议的主题。”

“毛在这次会议上就战争问题发言。他的讲话内容大致是这样：不要怕战争。既不要怕原子弹，也不要怕武器。无论这场战争是什么战争，我们社会主义国家都一定会取胜。具体谈到中国时，他声称：‘如果帝国主义把战争强加给我们，而我们现在6亿人，即使我们损失其中的3亿又怎么样，战争嘛，若干年之后，我们培育出新人，就会使人口得到恢复。’他发言之后，会场上是一片坟墓般沉默。”

“这次会后各代表团开始谈感想。我还记得诺沃提尼诺沃提尼（1904—1975）时任捷克斯洛伐克共产党中央第一书记和捷克斯洛伐克总统同志说：‘毛泽东同志说他们准备损失6亿人口中的3亿。那我们怎么办？我们只有1200万。我们到那时将全部损失掉，就没有人来恢复我国人口了。’”

赫鲁晓夫的这个回忆毫无疑问是断章取义并加以改编的。那些网传者也明白这一点，因此就参照毛泽东讲话原文，增添了“全世界27亿人，死一半还剩一半”，再接上“中国6亿人，死一半还剩3亿，我怕谁去。”但即使这样，还是出现了一个不靠谱的算术问题。就算全世界会“死掉一半人”，这与一个国家是6亿人还是1200万人（即中国网传的2000万）会损失的人口的关系，显然不是像赫鲁晓夫和捷克斯洛伐克总统等人计算的那样。如果在小学课堂上，一位数学教师出题：“假设一场战争可以使一个国家的人口损失一半，那么，6亿人口的国家会损失多少?”学生回答“3亿”肯定会得满分。如果那位教师又问：“假设那个国家人口是1200万呢?”万一有位学生回答“1200万都损失了”，肯定只会得0分。因此可以说，赫鲁晓夫的这个细节的回忆也只能得到0分。

时隔多年后的今天，我们的某些国人，包括某些专家学者，却把那些“并不难理解”的毛泽东的讲话理解错了，有的甚至上纲上线到“残害人权”，还与恐怖大亨本·拉登并列。这种误解可以说比当年的外国人的误解有过之而无不及。针对这种误解，《中苏关系史纲》主编沈志华在2008年接受采访时特地指出：“他（指毛泽东）说这句话的意思也不是说中国死3亿人没关系，而是表示一个态度，就是，中国不怕核威胁，你用原子弹吓不倒我。这是毛泽东惯用的讲话方式。后来西方媒体根据这句话把毛说成是战争狂人，这是一个误会。”

但愿这样的误会不要再继续流传下去。

毛泽东究竟是怎样说的?

现在来看毛泽东的原话，就马上可以发现：毛泽东从来没有说过“死3亿人不算什么”这样的话。

《毛泽东外交文选》中有多处涉及中国应对核讹诈这个话题，现在来看与“3亿人”有关的两次。第一次是网上提到的“即席演说”，即毛泽东1957年11月18日在莫斯科共产党和工人党代表会议上发言。毛泽东当时说道：

“现在还要估计一种情况，就是想发动战争的疯子，他们可能把原子弹、氢弹到处摔。他们摔，我们也摔，这就打得一塌糊涂，这就要损失人。问题要放在最坏的基点上来考虑。我们党的政治局开过几次会，讲过这个问题。现在要打，中国只有手榴弹，没有原子弹，但是苏联有。要设想一下，如果爆发战争要死多少人。全世界27亿人口，可能损失三分之一；再多一点，可能损失一半。不是我们要打，是他们要打，一打就要摔原子弹、氢弹。我和一位外国政治家辩论过这个问题，他认为如果打原子战争，人会死绝的。我说，极而言之，死掉一半人，还有一半人，帝国主义打平了，全世界社会主义化了，再过多少年，又会有27亿，一定还要多。我们中国还没有建设好，我们希望和平。但是如果帝国主义硬要打仗，我们也只好横下一条心，打了仗再建设。每天怕战争，战争来了你有什么办法呢？我先是说东风压倒西风，战争打不起来，现在再就如果发生了战争的情况，作了这些补充的说明，这样两种可能性都估计到了。”

这个发言中根本没有什么“死3亿人不算什么”之类的话，也没有“具体谈到中国时”中国会死多少人之类的内容。毛泽东只是针对有人认为“如果打原子战争，人会死绝的”预言，说出了“极而言之，死掉一半人，还有一半人”，还特地重申了中国的“希望和平”。把毛泽东的这种对全世界人口“极而言之”的估计和中国“希望和平”的意愿解读为“死3亿人不算什么”，显然是一种有意无意的误传和误读。

现在再来看看毛泽东1958年9月5日在第十五次最高国务会议上的讲话。这次谈话中关于对付核讹诈的看法，可以说是毛泽东在前一年莫斯科会议上讲话的继续。他说道：

“最后一条，就是准备反侵略的战争。头一条讲了双方怕打，仗打不起来，但世界上的事情还是要搞一个保险系数。因为世界上有个垄断资产阶级，恐怕他们冒里冒失乱搞。所以要准备作战。这一条要在干部里头讲通。第一，我们不要打，而且反对打，苏联也是。要打就是他们先打，逼着我们不能不打。第二，但是我们不怕打，要打就打。我们现在只有手榴弹跟山药蛋。氢弹、原子弹的战争当然是可怕的，是要死人的，因此我们反对打。但是这个决定权不操在我们手中，帝国主义一定要打，那么我们就得准备一切，要打就打。就是说，死了一半人也没有什么可怕。这是极而言之。”

毛泽东的这个讲话说了“死了一半人也没有什么可怕。这是极而言之。”这无非是说，对于帝国主义的核讹诈，尽管知道“氢弹、原子弹的战争当然是可怕的，是要死人的”，但怕是没有用的！打不打不能由爱好和平的人们说了算，因此只能做好应战的准备。万一战争爆发，就要不怕牺牲去争取胜利。核战争不可能消灭整个人类。打完仗幸存的人还是可以重新建设好自己的家园的。当然，有人可能还是坚持自己的解读。认为“死了一半人也没有什么可怕”和“中国死3亿人没关系”是一样的意思。有人非要这样认为也是没有办法的事情。但有一条，这次国内会议没有请外籍人参加，却是不争的事实。因此，即使“吓倒了一片人”，也轮不到赫鲁晓夫和捷克斯洛伐克总统等外国人“被吓倒”。怎么能把“一半人”化解为“3亿人”呢！

（参见胡新民：《毛泽东有没有说过“死3亿人没关系”》，《党史文汇》《旧闻参考》，西安商报社2014年7月17日版，第413期）

◇《毛泽东私人医生回忆录》是一本怎样精心制作的政治宣传品？

毛泽东的英文秘书林克说，我读了李志绥的“回忆录”的英、中两个文本的正文及前言后语，得到两点认识。这是一本采取个人回忆录的形式，适应西方某些敌视中共的人们需要的，地地道道的政治宣传品。无怪乎“美国之音”等西方舆论工具，要一齐出马，大肆宣传这本书。

“回忆录”作者们利用李志绥的身份和李志绥伪造的三块招牌，欺骗读者，制造谣言，捏造事实，诽谤毛泽东，诋毁共产党，对毛进行人身攻击，已经到了不择手段的地步。毛泽东这样一位根本改变了中国面貌，甚至影响世界历史发展进程的伟人，被李志绥、黎安友等人描述成为一个“残忍的、虚伪的、玩弄权术的、生活糜烂的、独裁的封建君主”。

他们这些人很不愿意，似乎也不敢面对以下这些最基本的事实。这就是：在毛泽东的领导下，中国人站起来了，中国实现了空前的统一（虽然还没有完全统一），结束了100多年受帝国主义压迫的屈辱历史和几千年的封建统治，中华民族终于昂首挺胸地立于世界民族之林。

在毛泽东的领导下，中国的经济建设虽然经过曲折，但毕竟以旧中国不可想象的速度向前发展，建成了独立的、比较完整的工业体系和国民经济体系。

在毛泽东的领导下，中国的科学技术特别是国防尖端技术取得了重大突破，有的还处于世界前列。

在毛泽东的领导下，中国的国际地位和国际威望空前提高，敢于同任何超级大国的霸权主义和霸权行为进行针锋相对的斗争，谁也不敢再来任意欺侮我们这个民族了；在他的晚年，又打开中美建交的大门，实现中日关系正常化，为后来的对外开放创造了十分有利的条件。

在毛泽东的领导下，中国人的精神面貌根本地改变了，什么“一盘散沙”“东亚病夫”的帽子统统被甩掉了。

毛泽东是伟大的思想家，是接受世界最先进的科学思想——马克思主义，又批判地吸收了中华民族五千年优秀文化的第一人，为中华民族留下了一笔巨大的精神财富。

这一切，反映了毛泽东一生中的基本方面和主流方面，而在李志绥的“回忆录”里是根本找不到的。李志绥及其同伙们对这些都有意视而不见，统统抹掉。

正是这么一本书，被黎安友吹捧为“没有任何一本官方传记呈现了一幅比李医生此书更真实的毛画像”，这正好反映了黎安友这类少数西方人对中国共产党，对新中国，对中国社会主义事业，对中华民族的重新崛起，存在着根深蒂固的仇视甚至是恐惧的阴暗心理。

新中国成立以后，毛泽东犯过错误，包括反右扩大化，发动“大跃进”、人民公社化运动，特别是发动“文化大革命”这样的严重错误，给党、国家和人民造成严重损失。

这些错误，有的当毛在世时，已由他本人领导做过某些纠正；其他错误，已在中共十一届三中全会以后，由邓小平为核心的中共中央第二代领导集体纠正，并郑重地作出深刻的历史总结和自我批评，特别是采取了一系列重大措施，防范这类错误使不再发生。

而“回忆录”对毛泽东的错误一味地加以夸张、歪曲，而且无中生有地进行捏造，在毛的生活、性格、待人接物方面，更制造了大量的十分恶毒的谣言，使用不堪入目的下流语言，将污水泼在毛泽东的身上。这本书死劲地“印证”西方某些人所需要的“中共权力斗争说”。

李志绥等人觉得，只要有了李的做过毛泽东保健医生这个身份和那三块招牌，造毛泽东的谣，是很方便的，而且就会有人相信。所以，我想提醒一下读者，凡是书中写的，“毛在会议后跟我说”“毛有天跟我说”“后来毛告诉我”“毛私下和我说”，以及毛与李的单独对话（我再重复一遍，李志绥没有同毛长谈的可能性），等等，一定要特别警惕！不管他们怎样吹嘘这本书是“全球第一手资料”，实际上这些东西一钱不值。

整部“回忆录”是一个为反毛反共的目的服务的政治宣传品。如果依据李志绥的瞎说胡诌，来研究毛泽东，研究中共党史，研究中华人民共和国的历史，研究工作定会失去客观性、科学性，走上与历史事实相悖的歧途，而且会铸成历史性的错误。单凭我所熟知的李志绥那点能力和经历，是不可能写出这本书的。“回忆录”英文版的“鸣谢”名单证实了这一点。最近，“回忆录”的英译者戴鸿超在台湾出版的《传记文学》杂志第六十六卷第四期上发表《英译〈毛泽东私人医生回忆录〉的回忆》一文，对成书经过略有透露，也证明了这一点。

从英文版的“鸣谢”名单里可以看出，程度不同地参与这本书的竟有26人之多。

名列榜首的是美国哥伦比亚大学的教授黎安友（Idrew J. Nathan）。“鸣谢”里说黎安友“从一开始就参与了这本书的出版工作”，戴鸿超则说黎安友被聘为该书的顾问。这位教授又是“回忆录”前言的作者。这个前言可以说是整部“回忆录”的一个概括，是全书的“点睛之笔”，说出一些李志绥不便说的话。也可以说，这本“回忆录”就是按照这篇前言所透露的意图写出来的。

其次是石文安（Anne F. Thurston）女士。“鸣谢”里面说她的贡献是“使这本书更加适合非中文读者的口味”，并且负责“监督”（Supervision）许亚民（Yamin Xu）的工作，将李志绥的回忆同其他人写到有关回忆毛的内容相比照。

关于这位女士怎样插手“回忆录”的工作，戴氏透露了如下情况：当笔者（指戴氏。——林克）的译稿交到蓝登书屋总编辑兼副总经理（Jason Epstein）手中以后，“他认为李医生写作态度太过客观，只是记事，不表示意见”。

“编者有这样的理想，便需大动干戈，编修文稿，要李医生提供三类新资料：（一）李的身世及经历；（二）李对毛的看法及评语；（三）原文稿衍生的各项问题。李医生并不完全同意他的看法，但已签约在先，同意出版书局有权增删资料，只好勉为其难。1991年春天，由黎安友教授推荐，李医生出资聘请一位修习中国文史的石文安女士作为助理编辑。一方面与李连续面谈，搜集上述三类资料；一方面协助编修工作。”

“哪晓得这位助编一晃之下，花去两三年的时间，才完成任务。”“据笔者的看法，她的编修工作，非常成功，把原本是一部历史性文稿变成了一本兼具文学气味的作品。可是这期间，她与李医生之间，或多或少发生不同意见。”

再次是戴鸿超。他的任务是把李志绥的“回忆录”初稿译成英文，供黎安友和石文安等人“大动干戈”地进行“编修”，“定为标准版”。

再其次是许亚民。此人是李志绥进行中文写作时的助手。“鸣谢”中说，许亚民的工作同中文原始稿及英文稿本都有密切的关系，“做了许多有益的建设性工作”。但他的工作要在石文安女士的“监督”下进行。

除了上述四位重要人物，据李志绥说，还有美国一些学者在英文书稿的不同阶段，读过并且评论过这本书。李志绥在谈到这些学者读过并且评论过的“英文书稿”时，月了另一个词“the English draft”，而且说明是“在其不同阶段”。也就是说，在“中文原始稿”（the Original Chinese Text）和“英文稿本”（the English Manuscript）之外，英文本“回忆录”正式出版以前，还有过一系列不断修改增补的“英文草稿”。李志绥说：“他们的意见和鼓励，是极其有价值的。”

此外，还有蓝登书屋的人员参与此书出版。还有罗伯特·巴尔内特（Robert Barnett）作为李志绥的“版权代理人”。据李志绥称，此人给他以强有力的支持，鼓励他“度过了困难的日子”。夏元瑜允许李志绥使用他的一张中南海示意图。还有田北辰（Tian Beichen）将李的“部分日记”从北京带到美国。

这样，通过李志绥在“鸣谢”中提供的名单，我们终于发现了这本“回忆录”的参与者和策划者了，也知道这本书在写出“原著”之后，如何经过多人之手，又“花去两三年的时间”才“编修”完成的过程了。他们以为掌握了李志绥这样一个有着“特殊身份”的人，又“已签约在先”，“有权增删资料”，就可以施展瞒天过海的手段，将广泛收集来的各种资料按照他们的需要拼凑起来，改头换面，通过李志绥的口，向不了解真相的读者捏造出一个被完全歪曲和丑化了的毛泽东，从而达到其有计划有步骤地丑化中国共产党，根本动摇中国人民对中国共产党和社会主义制度的信念的目的。

对于这样一个罪恶的目的，李志绥和黎安友都直言不讳。李志绥在全书“终曲”中声称：“我要此书成为在毛泽东的极权统治下，平民百姓生灵涂炭，以及善良知识分子，为了求生存，不得不扭曲良知、牺牲理想的历史记录，申诉给公众。”这就是李志绥跟他的外国同伙们惯用的语言，说出了他们共同（或称集体）炮制这本“回忆录”的意图所在。

毛泽东对中华民族以至世界所做出的贡献，已成为历史事实，谁也抹杀不了。只要是不存偏见、持严肃公允态度的学者和研究者，都不会采取李志绥、黎安友一类人的态度。我有几位研究毛的外国朋友，他们就是这样。

施拉姆教授就是其中的一位。比如，他在 1994 年 3 月号《中国季刊》上发表的文章中认为，在 20 世纪有影响的人物中很少有人超过毛泽东。他说：毛随着年龄的增长，迷恋所享有的特权和环绕他的光环。虽然我是第一个指出毛的这种思想，但目前流行的对毛的看法，即毛只不过是又一个皇帝，则又走得太远了，因为他有意识的思想结构是由马克思主义决定的。

施拉姆还说：1949 年以后毛泽东提出的现代化、经济发展和社会改造等目标是普遍受到共产党内外拥护的。“大跃进”的目的是加快经济发展，却导致前所未有的死亡与苦难，“文化大革命”的目标是摧毁官僚主义，建立一个人类的新集体，却将社会弄得分崩离析。这两件事都使中国倒退，或走进死胡同。然而，在他掌权时期，经济增长率很高，技术发展很快（如制造出热核武器），这些都是载入史册的。将这些因素加在一起考虑，毛的形象还是正面的。如果说，对毛的评价是正确的，那么，毛的统治时期应当说是一个现代化的时代。

我同施拉姆教授虽然在一些观点上存在分歧，他的看法我也并不是全都同意。但我始终认为，作为一个学者，他评价毛泽东时所采取的态度是比较客观的、严肃的。

李志绥是一个置历史事实于不顾的人，也是一个丧失了人格和国格的人。他为了诽谤毛泽东、污蔑共产党，讨好西方国家的某些人，赚取一笔可观的美金收入，可以昧着良心，咒骂、诽谤毛泽东和中共其他领导人。在毛泽东身边工作过的人，凡是看过这本书的，都异口同声地表示出极大的愤慨！

从 20 世纪 50 年代到 60 年代，在我同李志绥相处的近十年里，我看到的是一个对毛表面表示忠诚，向江青百般讨好、阿谀奉承的李志绥，他那张面孔，至今还栩栩如生地留在我的脑海里。当我读到他的“回忆录”时，真是大吃一惊，完全不是当年的李志绥了，是同当年的李志绥的面孔截然相反的另一副面孔，是一个丧尽了自己的人格尊严，丧尽了中国人的良知的李志绥。这大概才是真正的李志绥。

李的“回忆录”中有一句诬蔑毛泽东的话：“原来他正如演员一样，除去前台的经过种种化妆的他以外，还有一个后台的真实的他存在。”我看，用这一句话来说李志绥自己，再恰当不过了。

李志绥们想用一本书，把一代伟人、中华民族的英雄毛泽东打倒搞臭，那真是蚍蜉撼大树，痴心妄想！历史的发展必定作出这样的判决：毛泽东终究是一个历史巨人，而李志绥们必将同他们的“回忆录”一起，被抛到历史的垃圾堆里！

（参见林克、徐涛、吴旭君：《〈毛泽东私人医生回忆录〉真相追击》，载《传奇》总第 11 期）

◇李志绥是何许人也？

历史是属于整个社会和人民的，任何人都不能够歪曲和篡改……长期在毛泽东身边工作的秘书林克撰文说：

前些年，我们听说李志绥出了一本《毛泽东私人医生回忆录》，当时没有太留意。我们和李志绥共事多年，对他的情况是比较熟悉的，凭他对毛泽东极其有限的接触和了解，能写出多少东西呢？

后来，得知一些西方传媒对李志绥的这本书大事吹捧和渲染，使我们觉得李志绥“回忆录”的出现并不简单，看来在这本书背后大有文章。

我们找来李志绥的“回忆录”仔细看了，果然如此。

这本书名为李志绥的个人“回忆录”，但我们很清楚，以李志绥个人的经历和能力，是绝对写不出来的。应该说，是一些西方人士直接插手这件事，通过李志绥的口，来说出他们想要说的那些话。他们所看中的，正是李志绥当过毛的保健医生的这个身份。

李志绥和这本书的其他参与者以为，这本“回忆录”一出来，别人就会把书中所写的都看作真实可靠的事情，他们甚至说中国共产党以及中华人民共和国的历史都要因此而改写。这显然太荒谬可笑了。这本书造假的手段的确很不一般，经过了不少“高手”的精心策划、编排和捉刀。但在我们这些十分熟悉实际情况的人看来，全书漏洞百出。李志绥等人忘记了一个起码的原则：历史是不能编造的，谎言并不难被戳穿。何况那些参与捉刀的人，远在海外，对毛泽东周围的情况实在太隔膜，一编起故事来总要弄得牛头不对马嘴。所以，让读者了解历史的真相，对于曾经长时间在毛泽东身边工作的我们来说，是义不容辞的。

正当我们着手写这两篇文章的时候，李志绥死了。听到这个消息，我们为失去对质对象而感到遗憾。本来，我们是很想同李志绥就他的“回忆录”中涉及的重要问题逐个对证的。如今，这已经是不可能了。但我们还是应该把它写出来。只要是抱着客观和公正的态度的读者，把那本“回忆录”和我们的文章细心地对照一下，便不难辨别什么是真的，什么是假的。

我们都是在新中国成立前就受过高等教育的。林克毕业于燕京大学，徐涛毕业于北京大学医学院，吴旭君毕业于上海国防医学院。我们早在李志绥之前就来到毛泽东身边工作，同毛的接触和了解，远比李志绥要广泛和深入得多，单凭我们的记忆，差不多就可以判明在李志绥的“回忆录”里哪些是假的，而这本“回忆录”里的假东西实在太多了。

为了对历史负责，我们没有单凭自己的回忆就来写这两篇文章，我们还花了许多时间，到中央档案馆查阅大量材料，包括摞起来足有二三米高的毛泽东病历档案，找出由李志绥亲笔签名的接任毛泽东保健医生的接班记录、毛泽东临终前的护理记录和抢救记录，还采用了毛泽东的一些手稿。这些证据的权威性，自然不是李志绥书中那些信口胡说所可比拟的。

我们还采访了汪东兴、吴阶平、黄树则、阎明复、孙勇、陶寿淇、王海容、唐闻生等几十位重要的当事人。书中的有关访问记录，都是我们记录下来后，又经他们本人做过核定。这些是当事人的证言。

这些证据和证言，已经收录在我们这两篇文章里。

我们在文章中所澄清的事实，只是我们所接触和了解到的李志绥“回忆录”中涉及的一些基本的和重要的问题。可说的话，当然不只这些，但我们觉得这样就已经够了。

我们注意到，李志绥的“回忆录”出版以后，海外舆论很关注我们三个人的态度，对我们一直没有公开表态有这样那样的猜测。读者们只要看一看这两篇文章，知道我们为写这两篇文章下了多少功夫，就会明白我们的态度了！

1994 年，美国的蓝登书屋（Random House）和台湾地区的时报文化出版企业有限公司，先后出版了英文版和中文版的《毛泽东私人医生回忆录》

(*The Private Life of Chairman Mao*)。出版者对这部书做了许多宣传，甚至用夸张的语调进行吹嘘，说它“是前所未有的第一手珍贵史料”；“本书问世后，不只毛泽东个人传记，连中华人民共和国史的相关写作，都将受到重大影响”；“本书以全球第一手资料，披露毛的政治与权谋、性与死亡”。

我一见到这部厚达600多页的“回忆录”，就大吃一惊。我和李志绥共事近十年，可以说相当熟悉。说实在的，他同毛泽东接触的机会非常有限，单独交谈的机会更是少得可怜，他只是一个医生，怎么能写出这样一部涉及党内高层领导政治情况的“巨著”呢？怎么能提供得出“全球第一手资料”呢？

常常有人问我：李志绥在毛泽东身边到底是怎样一个人？他在“回忆录”中说的那些事究竟可靠不可靠？你对这本书有什么感想？我想，这些也许是大多数读过这本“回忆录”的读者的共同疑问。

其实，李志绥“回忆录”涉及的人和事，离现在并不太久。同李志绥共过事并了解他底细的人并不少，有关的文献档案也都保存着，许多当事人还健在。李志绥在“回忆录”的不少地方提到我。作为一个重要的当事人，我深感有责任说出事实的真相，就一些重大的史实问题与李志绥对质。我翻阅了自己当时的日记，查阅了中央档案馆保存的有关档案，并就有关问题找当时与我一起在毛泽东身边工作的同志进行了核实。因我年届七旬，身体又不好，这项工作断断续续，迁延日久。

当我正在写这篇文章的时候，李志绥死了。1995年5月，美国施拉姆教授来华进行学术访问，我们会面时，我向他谈了我对李志绥“回忆录”的看法，并告诉他：我正在写一篇反驳的文章，遗憾的是李志绥死了，看不到我的文章了。

的确，我真为失去了对质的对象而遗憾。但是，为了给历史留下一个真实的记录，我还是决定把这篇文章发表出来。

李志绥心里很明白：如果他不竭力抬高自己的身份和地位，不把自己说成是和毛泽东有着特殊亲密关系的人，他的话就没有多少人会相信，他的“回忆录”也不会产生多大的影响。所以，他在这方面下了不少的力气。归结起来，大概有三点：

第一，他是毛泽东的保健医生，“无论在北京或去外地，都跟随在他身边，为时22年”。

第二，他教毛泽东读英文，见面和闲谈的机会很多。毛睡不着觉时就找他谈话，他因此成了“毛的清客”。

第三，他深得毛的信任，毛要他读《参考资料》，做政治研究，给毛写报告，毛甚至要他当自己的秘书。

这就是李志绥用夸张和虚构来欺骗读者的三块招牌。这三块招牌归结起来，就是他在“序幕”中带有总结性的那段话：“22 年来我每天都随侍在毛的左右，陪他出席每个会议，出巡任何地方。在那些年里我不只是毛的医生，我还是他闲聊的对手，我几乎熟知他人生中所有细枝末节。除了汪东兴之外，我可能是随侍在他身边最久的人。”

李志绥讲这些话的时候，难道他不心虚吗？但他一定要装出理直气壮似地这样讲，才能使一些无法了解真实情况的读者以为这部“回忆录”里所讲的事情都是真的。

事实上，在毛泽东身边的工作人员中，没有一个人能处于这种地位。即使是最受信任的秘书和警卫，都不可能在一年之内“每天都随侍在毛的左右，陪他出席每个会议，出巡任何地方”。

我同李志绥相处近 10 年，他的底细我是比较了解的。我将根据自己亲眼目睹和亲耳所闻的种种事实，对李志绥的真实情况和他同毛泽东的实际关系，作出负责任的说明。

（参见林克、徐涛、吴旭君：《〈毛泽东私人医生回忆录〉真相追击》，载《传奇》总第 11 期）

◇李志绥是何时开始担任毛泽东的保健医生的？

李志绥在“自序”中说，他是 1954 年被任命为毛的保健医生的。在“回忆录”的另一处，则又自称做“毛的专任保健医生”，是 1955 年 4 月下旬以后的事情。

事情一开始就是编造的。

李志绥历次亲笔填写的《干部履历表》和《党员登记表》现在都完整地保存着。

关于他担任毛的保健医生的时间，在他本人填写的《党员登记表》和干部任免报告表中，有的写为“1957 年 7 月”，有的写为“1957 年 6 月”，我们就按 6 月计算。这个时间，同我和当时在毛身边工作的徐涛（他自 1953 年至 1957 年 5 月担任毛的保健医生，也可以说是李志绥的前任）等人的记忆，是相吻合的。我还问了汪东兴，他记忆的时间跟我们也是一致的。

这就证明，李志绥作为毛泽东“身边工作人员”，正式担任保健医生的开始时间是 1957 年 6 月，而不是他在“回忆录”中说的 1955 年 4 月，更不是他在“自序”中说的 1954 年，时间相差两年多或三年多。1956 年他曾被临时找去为毛泽东看过病，但不是毛的专职保健医生。这些都有完整地保存着的毛泽东病历档案可以说明。

李志绥把他担任毛泽东保健医生的时间从 1957 年提前到 1954 年。这不是记忆的误差，也不是任期时间的些许夸张，而是有很重要的目的的。因为“回忆录”中许多重要情节和毛对李的大量“个别谈话”，正是写在这段时间里：先是李同毛一谈即合，成了“往后多次与毛彻夜长谈的开端”，从而做了“毛的清客”；随后，又随毛登天安门城楼，去北戴河海滨，到外地出巡；在取得毛的信任之后，毛还要李当他的秘书，“除了读读《参考资料》外，还要做政治研究，写报告给他”。

说起来真可笑：1954 年至 1957 年 5 月这三年多时间里，李志绥根本还没有做毛的保健医生，还没有到毛的身边，“回忆录”里居然编造出那么多根本不存在的事，而且描写得那样绘声绘色。这些，都是“回忆录”作者们（李志绥这本“回忆录”是由多人参与写作的）精心埋下的重要伏笔。这样，他们就可以任意编造一些毛只对李一人“彻夜长谈”的“内心的话”。

李志绥把他到毛泽东身边工作的时间从 1957 年提前到 1954 年，还有更深一层的用意，那就是便于对在 1956 年召开的中共八大做文章。

坦率地说，读这本“回忆录”，我处处感觉到一种浓烈的政治意图，是借“回忆录”的形式来发表政论。在全书中，一个核心论点是把中共八大说成是“文化大革命”的起因，是毛泽东同刘少奇、邓小平矛盾的起点。李志绥说，他跟随毛泽东到了八大开会的地方，听了刘少奇、邓小平的报告，并且就此做了一大篇文章。

关于八大本身的问题我放在下面再谈，这里先说一点，就是 1956 年 9 月八大开会时，李志绥还不是毛的保健医生，谈不上跟随毛去参加那次会议。当时，我是毛的秘书，毛要我去听大会的报告和发言，我自始至终就没有看见过李志绥。

我也向当时还担任毛泽东保健医生的徐涛和护士长的吴旭君核实过，他们也都说，李志绥根本没有、也不可能陪同毛主席参加会议并在后台旁听。

我还问过毛的机要秘书高智，他十分肯定地告诉我："我一次也没有见过李志绥跟毛主席出席过任何一次中央会议。他没有资格参加，根本不可能。"

"回忆录"用了很大的篇幅来写毛泽东1956年游三江（珠江、湘江、长江）的情况，写得活灵活现，让读者真以为他是紧随毛身边的经历者。其实，他除了随心所欲地编造以外，还有些是抄自别人回忆的东西，甚至连别人搞错了的东西也照抄过来。

所谓负责勘察水情的警卫中队长韩庆余因阻止毛泽东游长江被撤职，就是一个例子。那是抄自李银桥回忆错了的地方。

当年毛的副卫士长、现任中央警卫局副局长孙勇和当时的警卫中队队长韩庆余是一直陪同毛游三江的两位主要警卫人员。最近孙勇向我详细地讲了当时的情景。他说："当时我没有看到李志绥。说韩庆余被撤职，不是事实。老韩不但没有被撤职，而且后来多次和我一起勘察水情，保护毛主席游泳。老韩不久还提升为大队长，后来又提升为中央警卫团副团长（副师级）。毛主席发火归发火，但心里明白大家是对他的安全负责，都是一片好心，根本谈不上撤谁的职。"

我想，举这些事实已经够了。这本被称为"回忆录"的书，从李志绥什么时候做毛泽东的保健医生开始，就是编造的。

我再说一遍：李志绥开始担任毛泽东的保健医生是1957年而不是1954年。而1957年以后，李志绥还有几次下放、到医院工作等，离开毛的身边。所谓"跟随在毛的身边为时22年"，无非是他用来抬高自己身价的虚张声势之笔。

（参见林克、徐涛、吴旭君：《〈毛泽东私人医生回忆录〉真相追击》，载《传奇》总第11期）

◇ 李志绥是否负责教毛泽东学英文？他有机会经常同毛"彻夜长谈"吗？

凡在毛泽东身边工作过的人都知道，毛泽东很少生病，他也不愿意让医生看病，这在毛泽东的保健医生王鹤滨、徐涛和护士长吴旭君公开发表的回忆文章里都有记载。毛有什么必要常把李志绥叫到他那里去呢？但这样一来，李志绥这本书就没法写下去了，更说不上达到出版者所要求的提供“全球第一手资料”了。于是，他就挖空心思地给自己加了一个教毛泽东英文的头衔。

他在“回忆录”里着意地向读者揭示道：“我作为医生，是所谓身边工作人员，可以随时见到他。特别在他让我教他英文以后，见面与闲谈的机会更多了。”

帮助毛泽东读英文的到底是谁？是我，而不是他。这是在毛泽东身边工作过的人都知道的。

我是1954年秋来到毛泽东身边，担任他的秘书的。

我作为秘书第一次和毛面谈，是1954年11月在广州越秀山游泳池畔。他对我说：你当前的工作就是研究国际形势和重要动向，筛选文件，随时向我汇报。毛交给我另一项工作就是教他学英文。他还对我说：“你教我学英语好吗？过去，我做过教书先生，现在要做学生喽！”说罢就放声大笑起来。

毛第一次见我就要读英文，问我是否带着英文读物。我因为事先有准备，便拿出一本英文版的《人民中国》，选了一篇时事短评，读了起来。

从这一天开始，我就帮他学英文。1957年起毛又要我研究国内问题和理论问题。这种情况，一直持续到1966年我离开中南海。

我从李志绥的“回忆录”里看到，1955年夏李志绥就教起了毛泽东学英文。我真想不到这位在书中还自称是我的“朋友”的人，竟会干起了冒名顶替的把戏。他那时是中南海门诊部的医生，毛泽东还不认识他，怎会让他教英文呢？

因为是撒谎，一说到具体情况，自然就漏洞百出。

李志绥说，1955年6月中旬左右，他在北戴河教毛读英文版的《社会主义从空想到科学的发展》。他还说：自从1956年7—8月间在北戴河，“我们每天晚上都读英文。毛晚上睡不着，便找我去闲谈”。

不论是他说到的1955年还是1956年，一直是我在教毛读英文，这是毛身边全体工作人员都可以证明的；李志绥这时绝对没有教过毛读英文，这也是毛身边全体工作人员都可以证明的。这么多人都在，他居然能编出这样荒唐的话来，实在叫人吃惊。

再翻翻我的日记：1955年，毛是在8月7日才动身去北戴河的，李志绥怎么可能在6月中旬左右就在北戴河教起毛泽东学英文呢？

毛每年去北戴河的时间一般是在8月，这是海水温度最适合游泳的时候，个别年份也有7月去的，但6月份去北戴河是从来没有过的。自称为“22年来每天都随侍在毛的左右”的李志绥，连毛的这个最基本的生活习惯都不清楚！

说教毛学英文版《社会主义从空想到科学的发展》，更无其事。毛那时只是读些英文新闻稿、时事评论和政治文章，连英文版的《实践论》和《矛盾论》都还没有读。因为当时毛的英文程度读这些书还有困难，怎么会一下子就能读起英文版《社会主义从空想到科学的发展》来了？这本书的文字要比《矛盾论》艰深许多。

根据我的日记记载，1956年5月10日，毛才开始阅读《矛盾论》的英文版。

在毛读过的英文版《矛盾论》目录的背页上，毛亲笔写了三行字：“一九五六．五．十初读”；“一九五九．十．三十一重读”；“一九六一．十．九”。在最后一页他又写了一行字：“Ended at. June 18，1956”。在最后一页亲笔写了“Ended at 1956. 11. 19”。

这就是说，毛读《矛盾论》英文版，第一遍是从1956年5月10日开始，1956年6月19日结束，6月18日当天紧接着读起《共产党宣言》英文版，11月19日结束。

凡是毛读过的英文版书籍，如《矛盾论》《共产党宣言》等，从第一页到最后一页，他都用蝇头行草密密麻麻地做过注解，这些书都保存在中央档案馆。但在中央档案馆恰恰没有李所说毛读过的英文版《社会主义从空想到科学的发展》这本书。

李志绥说，1956年7—8月间在北戴河，“我们每天晚上都读英文”。但他始终说不出在读什么，因为他实在不知道毛当时正在读什么书。说他每天晚上都陪毛读英文，这本来就是凭空捏造出来的。

我倒可以把实际情况说清楚：从1956年6月18日，毛在北京就开始同我读《共产党宣言》，先读英文版《共产党宣言》一书中的1872年德文版序言，边读边议论。序言中谈到：“这些基本原理的实际运用，正如宣言本身所说，是随时随地依现存的历史条件为转移的。”毛说：“可惜教条主义者就不懂得这个道理……”毛的议论很多，过去我已经写过文章介绍，这里就不重复了。毛 1956 年 7 月 23 日从北京到北戴河后，继续同我读这本书。李志绥对这些当然都一无所知。

毛读英文的时间，绝大部分是在白天，在晚上学习只是极个别的情况。根据我 10 多年的经验都是如此。在北戴河，有很多时候，是毛游泳前后在海滨浴场的休息室里读的。

李志绥为什么连毛读英文的时间都要胡编？这不难明白，因为如果不把他所说的帮助毛读英文的时间放在晚上，他的所谓“彻夜长谈”不就没有着落了吗？所谓毛对他个人所说的许多政治议论，不也就一概没有着落了吗？

根据我长期在毛泽东身边工作的体验，毛对身边工作人员是非常照顾和体贴的。毛极少在夜间找我，即使夜里有事要找我，要是过了 10 点多钟，他总是要卫士先看一下我房间的灯熄了没有（我同毛的住所是前后院，相隔很近），如果我已睡下，就不要叫我，除非有急事。

在毛写给我的信中，有好几封谈到读英文的事。还有几封毛的亲笔信的手稿，保存在中央档案馆，现将其中几封摘要如下：

1957 年 8 月 4 日，毛泽东给我的信中说：

林克：

请找列宁《做什么?》《四月提纲》（一九一七年）两文给我一阅。我这几天感冒未好，心绪不宁，尚不想读英文。你不感到寂寞吧？……

1959 年 12 月 16 日，毛泽东给我的信中写道：

林克：

……请你找 ecember8，1959，V01. Ⅱ，No. 49《北京周报》看一下，看 Battling with Nature 这一篇文章，将一切我不认识的字查明注出。我准备学习一下。

1960 年 9 月《毛泽东选集》第四卷出版，毛泽东在同年 10 月 5 日给我写了一封短信，要读这一本的英译本：

林克同志：

选集第四卷英译本，请即询问是否已经译好？如已译好，请即索取两本，一本给你，另一本交我，为盼！

1960年《莫斯科会议声明》发表后，毛泽东在同年12月17日又给我写了一封信：

林克：

莫斯科声明英文译本出版了没有？请你找两本来，我准备和你对读一遍。

李志绥大吹大擂，说是他教毛泽东学英文，可是他讲不出这方面的具体情况，当然更拿不出任何一件像这样确凿的证明来。

据护士长吴旭君说，在1961年上半年我去农村调查期间，李志绥曾偶尔陪毛读过几次英文，但同毛读英文的主要是吴旭君。

事实上，李志绥根本没有担任过教毛泽东学英文的任务。至于他借此编出的所谓毛常常同他“彻夜长谈”，我可以断言，这从来就没有过。

（参见林克、徐涛、吴旭君：《〈毛泽东私人医生回忆录〉真相追击》，载《传奇》总第11期）

◇ 李志绥是否深得毛的信任？毛甚至提出要他当自己的秘书吗？

李志绥在“回忆录”中，把自己打扮成一个在毛泽东身边的“全能”的角色。用这种办法，使一些人真以为他的那本书有着很大的“权威性”。

他时而是一个医术高明、观察精细的保健医生，时而又是精通外文的毛的英文教员，时而是一个预知一切、洞悉一切（特别是关于国内重大政治问题）的近观者，时而又是涉世不深、头脑简单可以作为闲聊对象的“清客”。

他深得毛的信任，而又心怀贰志，颇有些“身在曹营心在汉”的样子。毛对他不但可以谈党内重大的人事安排，谈自己对党内高层领导人的看法，让他出席许多重要会议，而且派他去见外国贵宾。

在毛病逝之前，他又成了一位“全能”的“医疗组长”，指挥全国第一流的各科医疗专家进行抢救，而又能穿梭斡旋于各种复杂的政治关系之间，处变不惊，游刃有余。

甚至连逮捕江青这样的大事，汪东兴都要求教于他。

这一切，都使人感到太离奇了。

就我所知，在毛身边从来就没有这样一位身兼数项要职、“每天都随侍在毛的左右”的工作人员。至于李志绥，他当时不仅很少有机会见到毛，而且还害怕见到毛。用毛的护士长吴旭君的话说，“他躲还躲不及，他接近不了毛主席”。

他每次都是先到卫士那里了解毛这一段时期的身体情况，如果没有异常情况，总是转身就走，从不主动到毛的住处去。即使生了病，他也总是叫护士长吴旭君陪着他去。关于这一点，毛泽东的身边工作人员，包括我、高智、吴旭君、孙勇、封耀松等在内，都可以作证。

高智还告诉我：“我们很少见到李志绥，他很少到一组（由毛身边工作人员组成）来，隔几天才来一次。就是来了，也从不主动到主席那里去。我每天好几次给主席送文件，从来没有见到他同主席坐下来谈过话。我们工作很忙，没有时间到门诊部去看病，有时他来，向他要些药吃。李志绥这个人和我们都不一样，从来不随便说话。外出赶上陪主席散步，他也是离得远远的。”

卫士封耀松说：“李志绥见到毛主席就紧张。”

就是这样一个李志绥，为了抬高自己的身价，把自己卖个好价钱，却能厚着脸皮造出这样的谎言：毛曾经考虑要他当秘书，汪东兴也劝他答应下来，但他没有同意。“毛要我除了读读《参考资料》外，还要做政治研究，写报告给他。”

为了这些事，我去问了汪东兴。汪说：“根本没有这些事，更谈不上劝他接受了。毛主席从没有要他教英文，当秘书，他也从没有向我谈过。如果毛主席对他有这些要求的话，他必须向我报告，我一定会知道。”汪东兴还说：“我看了李志绥的那本书，里头充满了假话。”

至于《参考资料》，在一组，当时能够订阅的人，只有汪东兴、叶子龙和我。毛从来没有交给李志绥一个读《参考资料》的任务。他连一份《参考资料》都没有，怎么个读法？如果说李志绥偶尔也能看到《参考资料》的话，那是他到我那里走动时，顺手翻看一下而已。

从书里的叙述中也无意中透露出，李志绥连《参考资料》是什么性质的资料都不清楚。他在“回忆录”里说：在1957年反右派斗争期间，“《参考资料》上满是声讨、批判右派的报道和评论，毛读了很多”。很多人都知道，《参考资料》刊登的都是外国通讯社，主要是西方通讯社播发的各种电讯稿，以及国外政界要人的讲演、时评、政论文章等，从不刊登国内报刊的消息，更不要说是什么“批判右派的报道和评论”了，即使在“文化大革命”时期，也一直是这样。

李志绥还根据早已公开的秘密，故弄玄虚，给人造成他曾经与闻中共高层人事变动和重大决策的假象，结果往往弄巧成拙，反而暴露他对中共中央和毛本人政治生活的无知。

长期在毛泽东身边工作的人都知道，毛从来不跟他们议论其他中央领导人，从来不谈中央的人事安排和人事变动。这是一条原则。对此，毛是严格恪守的。我同毛泽东的接触比李志绥要多得多，保守地说，也是几十倍，况且我还是他的秘书，但毛从来没有在我面前谈过这一类的事。

李志绥说，1966 年 4—5 月，毛事先给他看了“中央文化革命领导小组名单”，这完全不符合毛泽东处理这类问题的严格规矩。李志绥和参加写这本“回忆录”的那些人由于是抄袭和编造的，而又不了解真实情况，弄出了许多错误。随便举几个例子来说：

第一，搞错了机构的名称，把中央文化革命小组说成“中央文化革命领导小组”。

第二，搞错了机构的组成情况。李志绥说，毛给他看的名单上，“顾问陶铸和康生，第一副组长江青，副组长王任重、张春桥”，而在中央文化革命小组的最初名单上，顾问只有康生一人，没有设第一副组长，副组长（连同江青）不是三个人，而是四个人，就是江青、王任重、刘志坚、张春桥。直到 1966 年 5 月 28 日中共中央正式公布这个名单时，始终是如此。陶铸兼任顾问，江青得到“第一副组长”的头衔，都是这年 8 月间才有的事。

第三，搞错了名单的酝酿过程。李志绥说，“毛告诉我，这个名单是林彪提出来的，原来没有陶铸和王任重，是毛加上去的”。名单里最初根本没有陶铸，何能有毛告诉李志绥说是他加上的这一番话？而且这个名单也不是林彪提出的。

李志绥还说，他看过 1966 年 7 月 8 日毛写给江青的那封信，“在将信还给办公厅前就抄了一份下来，保存至今日”，并称江青“将信在少数核心领导人中印发流传”。李志绥这又是想显示他与闻机密的身份和他公布这封信的神秘色彩，结果却再一次露出了编造的破绽。

其实，这封信里面有批评林彪的内容，当时没有也不可能在党内任何一个范围内“印发流传”。毛泽东写成此信后，只给那时在武汉的周恩来、王任重看过（李志绥说“先交给周恩来及康生”，他又编错了，实际上康生当时没有看过）。后经毛同意将原信销毁，销毁前江青留下了一份抄件。

至于中央决定将这封信印发向全党传达，那是1971年林彪叛逃以后的事，自然李志绥也会听到或看到的。

原信销毁时留下的那份抄件，毛泽东曾经做过校阅，并且做了一些修改。如果李志绥果真在当时早就将原信“抄了一份下来，保存至今日”，倒是一件重要的文献稿本了。但只要核对一下，就会发现：他在“回忆录”中全文发表的这封信，同林彪倒台后作为中共中央文件，按照毛泽东修改过的抄件向全党传达的那封信，一字不差，完全一样。

这个文件，国内很多人看到过，如今更广泛地见诸国内多种公开出版物，没有什么稀奇。李志绥为了抬高自己的身价，连这样的事情都要故弄玄虚，干出骗人的勾当，这也可以看出这本书的可信度究竟有多少了。

因为李志绥这本“回忆录”伪造自己的经历，抬高自己的身价，在造假中又经常露出马脚，这就在书中出现了两个李志绥。一个是无时不在、无所不知的“李志绥”，“每天都随侍在毛的左右，陪他出席每个会议，出巡任何地方”，似乎什么事情也逃不出他的眼睛。

另一个则是保健医生李志绥，对政治上的事情了解不多，自称“在糊糊涂涂之中度过”，“完全与世隔绝”，“每次毛有‘客人’，我也避得远远的”，甚至有一段时间“很少见到毛”。

这是李志绥“回忆录”里无论如何也消弭不了的一个极大的矛盾。尽管“回忆录”经过许多“高手”的指点，又有经验丰富的石文安（Anne F. Thurston）女士的“监督”（Supervision），做了大量的手脚和掩盖，但总没有处理干净，后一个李志绥还是若隐若现地出没于书中。

李志绥就是一名医生，他在一组的职务就是为毛泽东做保健工作。我作为毛的秘书，在10多年中，看过的机密电报、文件、内部资料，不下十几万件，李志绥根本看不到这些材料。我参加的中央各种会议总有二三十次，而李志绥连参加一次这种会议的资格都没有。李与毛接触的机会和时间很少，他能了解什么机密？他能听到多少毛泽东的谈话？

李志绥吹嘘自己“22年来我每天都随侍在毛的左右，陪他出席每个会议，出巡任何地方。在那些年里我不只是毛的医生，我还是他闲聊的对手，我几乎熟知他人生中所有细枝末节。除了汪东兴之外，我可能是随侍在他身边最久的人”。这些又以何为证呢？李志绥所能提供的东西少得可怜，很引起一些人兴趣的就是几张他与毛的合影照片（其中也有一些是作伪的），其他什么也拿不出来。

据我所知，凡是毛的身边工作人员，胡乔木、陈伯达、田家英、汪东兴、叶子龙不说了，就说高智、徐业夫、罗光禄和我个人，都有毛泽东写给我们的亲笔信或便条，我就有几十件。唯独李志绥这位据说是最受毛信任的、经常与毛“彻夜长谈”的、同毛相处时间要数天下第二的人，却连一件毛写给他的信或便条都拿不出来。这难道不奇怪吗？

李志绥本人和“回忆录”的参与者们，出于他们的政治需要，硬把李志绥往政治上扯，通过李的口说了许多同他的身份、地位、工作、能力十分不相称的他自己懂也不懂的事情，还对一些重大政治问题作了种种分析、概括和判断，不但十分荒唐，而且搞得自相矛盾、漏洞百出，显得十分可笑。

（参见林克、徐涛、吴旭君：《〈毛泽东私人医生回忆录〉真相追击》，载《传奇》总第11期）

◇李志绥是一个什么样的善造谎言的谣言大家？

李志绥在“回忆录”的结尾写道：“我要此书成为在毛泽东的极权统治下，平民百姓生灵涂炭，以及善良知识分子，为了求生存，不得不扭曲良知、牺牲理想的历史记录，申诉给公众。”

有着特殊政治色彩的黎安友在为这本书所写的“前言”中更是画龙点睛地写道：“没有任何一本官方传记呈现了一幅比李医生此书更真实的毛画像。此书是有关毛——或许也是有关历史上任何一位专制者——的著作中，最深刻入微的一本。”

这些话尽管根本不符合事实，倒是把他们所以要出版并且用那么大力气来宣传这本书的真实意图说明白了。

我在前面已经说了，李志绥和毛泽东的接触十分有限，也并不了解多少中共高层领导的政治状况，要他把这些“深刻入微”地写出来，除了把一些道听途说的东西拼凑起来以外，就只有靠任意编造了。

这自然谈不上是什么“真实的毛画像”。对书中涉及的事实，如果一加以驳正，实在是说不胜说。我只能就其中的若干重大问题，根据我的所见所闻，参考现在保存着的文献记载，说明一些事实真相。

李志绥这部“回忆录”的中心内容，是以中共八大为起点、“文化大革命”为终结，来刻意描述被它称为毛泽东与刘少奇、邓小平等人之间的“权力斗争”的。中共八大前后毛与刘、邓等人的所谓严重分歧和矛盾，是这部“回忆录”立论的一个重要基点。

为了让读者了解李志绥和“回忆录”的参与者们在这个问题上是怎样胡编乱造的，我不得不占用一些篇幅把书中的有关部分抄录如下：

“刘少奇负责讲第八次全国代表大会上最重要的政治报告。这报告的起草讨论须经毛先行过目和修改。后来毛在‘文化大革命’期间告诉我多次——刘少奇的政治报告事先没有送交毛过目。那时即将担任新职（党中央总书记）的邓小平要毛休息，不参加会议。”

“毛说：‘我提出辞去中华人民共和国主席，可是我仍然是党的主席啊。召开八大为什么事先不同我打招呼，八大的政治报告起草讨论我没有参加，事先稿子也不给我看，说是来不及了。我又没有离开中国，有什么道理说来不及，不让我看一看呢？’”

“我不确知毛究竟批阅过刘的政治报告没有，但他显然不喜欢其中强调经济建设并避开阶级斗争的论调。我想毛跟我发的牢骚，是他在气头上的话。八大路线（即坚持集体领导、发展经济、反对个人崇拜、主张实事求是等）从未得到毛的支持。毛往后所有的政治行动——共产党整风、推翻‘八大’所制定的总路线而做的出击。”

“毛在‘八大’中做了开幕讲话。我随同毛出席了开幕和闭幕会议，并在后台听了刘少奇的政治报告。我一听到刘、邓两人的报告，就知道毛一定会大为震怒。我也非常惊骇。毛的确有理由觉得中央在压制他。刘的政治报告和邓修改党章的报告中，赞扬集体领导路线，反对个人崇拜。邓小平进一步向党代表保证，中国绝对不会出现个人崇拜。邓修改的新党章中，不但删掉‘毛泽东思想作为党的一切工作指针’这句话，并为毛设立了荣誉主席的职位——这些都显示毛的党主席职位并非终身职，党领导要他交出权力。”

“我在‘八大’会议中首次发现，毛和他的指定接班人刘少奇之间，存在着如此重大的歧异。‘八大’是毛与刘、邓两人关系的转捩点。毛觉得中央领导是有意排挤他，并且想削减他的权力。”

这些话简直都是天方夜谭。

召开八大事先不同毛泽东打招呼，八大政治报告的起草讨论，毛泽东没有参加，事先连稿子都不给他看。这难道是可能的吗？

只要稍微懂得一点中国共产党常识的人，一看就知道这全是胡说。

召开党的全国代表大会这样的大事，作为党的主席的毛泽东居然会事先不知道，还要别人向他打招呼；大会的政治报告居然会不让他参加讨论，连过目都不让他过目。自称与闻中国共产党最高机密的李志绥，怎么会说出这么一大堆违反常识的话呢？

就在“回忆录”的第171页上又明明这样写着：1956年毛说：“我这次到北戴河来，中央有些事要解决，下半年要开第八次党的全国代表大会。”这样两处截然相反的说法，竟然都是通过同一个李志绥的口说出来的，叫读者该相信哪一种说法呢？

我的日记中记着，1956年7月23日到达北戴河不久，8月份毛泽东不但认真看了刘少奇的政治报告初稿，还看了周恩来关于第二个五年计划的建议的报告初稿。

事实上，确定在1956年下半年召开中共八大，是1955年3月31日由毛泽东自己在中国共产党全国代表会议作结论时宣布的。从大会的筹备（主要是刘少奇的政治报告的起草工作）到大会的召开，都在毛泽东的直接指导下进行的。

在档案中记载得很清楚：从1956年7月6日到9月8日，毛泽东分别在北京和北戴河主持政治局会议，八大政治报告起草委员会会议以及少数起草人的会议，专门讨论修改八大政治报告，前后共达19次之多。其中，除少数几次是毛泽东同几位起草人的谈话以外，刘少奇参加了全部会议，邓小平只有一两次会议没有参加。直到八大开幕前几天——9月6日至8日，毛泽东还连续三天分别同刘少奇、周恩来、陈伯达、胡乔木研究八大政治报告的修改问题，最后一次谈的是社会主义改造与社会主义建设这一部分的修改。

从8月上旬直到9月14日（八大开幕的前一天），毛泽东的主要精力就用在指导并亲自修改八大政治报告上。在现存的八大政治报告起草过程中的80多份修改稿，经过毛泽东本人修改的有21份，增加了许多重要内容。

在修改过程中，毛泽东和刘少奇、周恩来以及陈伯达、胡乔木、陆定一等人交换意见十分频繁，仅毛发出的有关信函就有24件，其中大部分是写给刘的。例如：在1956年8月24日毛给刘的信中写道："此件（指政治报告稿'关于人民民主专政和人民民主统一战线问题'部分。——林克）已经看了一遍，改得很好。我又作了一些小的修改，请酌定。"政治报告临近定稿时，毛泽东在9月21日又写信给刘少奇说："你和周总理的修改，都看了，都同意。我也改了一些，请看是否可以。如你同意这些修改，请令人将三个本子上的修改处抄在一个本子上，并立即打清样，付翻译。"（《〈毛泽东私人医生回忆录〉真相追击》，《传奇》总第11期）

毛泽东对邓小平的修改党章的报告所作的修改和提出的意见，虽然没有对刘的政治报告那样多，但同样是认真审阅，并亲笔修改。他在1956年8月27日写给邓的信中说："此件（指邓的关于修改党章的报告修改稿。——林克）看了一遍，觉得大体可用。作了一些小的修改，请你们酌定。在第23页上批了一点建议修改的意见，请考虑。许多句子太长，不好读。我在第32页的一段中试增了一些标点，请考虑全文都增加一些标点。"

9月13日，毛在七届七中全会第三次会议谈到刘、邓和周恩来的三个报告的修改过程时说："第一次推翻你的，第二次推翻他的，推翻过来推翻过去，这也说明我们是有民主的。不管什么人写的文件，你的道理对就写你的，完全是讲道理，不讲什么人，对事不对人。"这三个报告就是在毛的主持下，由这次中央全会通过的。

李志绥的书中所谓毛说八大政治报告起草讨论，"我没有参加"，"事先稿子也不给我看"云云，究竟是像黎安友所说的"真实"而"深刻入微"，还是纯粹造谣？用不着我说，读者大概都可以自己作出结论。

请读者注意，凡是关键问题、要害问题，"回忆录"的作者们总是让毛泽东出来说话，而且往往又只是对李志绥一个人说的。反正毛已作古，死无对证，他们认为可以根据某种需要，想要毛说什么话就让他说什么话。李志绥为什么要凭空捏造，给自己戴上一个教毛学英文的头衔，说他可以经常同毛"彻夜长谈"，无非就是为编造种种离奇古怪的政治谎言作铺垫的。至于李志绥所说"八大路线（即坚持集体领导、发展经济、反对个人崇拜、主张实事求是等）从未得到毛的支持"，上面介绍的情况就已可说明这全是瞎说。因为这上面的问题很重要，我想再补充说几句。

中共八大以经济建设为主要议题，正是毛泽东确定的。他在1956年8

月22日七届七中全会第一次会议上说："这一次重点是建设。有国内外形势，有社会主义改造，有建设，有人民民主专政，有党，报告里面有这么几个大题目，都可以讲。但是重点是两个，一个是社会主义改造，一个是经济建设。这两个重点中，主要的还是在建设。这个报告（指刘少奇的政治报告。——林克）的主要部分，三万字中有三分之一是讲建设。"

在政治报告里，有一段经过毛推敲斟酌而引人注目的文字，是这样写的："目前我们党的中心任务，就是要依靠业已组织起来的勤劳勇敢的6亿中国人民的共同努力，又多、又快、又好、又省地来进行经济建设和文化建设的工作，以便迅速克服我国经济落后和文化落后的状态，使我们的国家和人民富裕起来。"

八大强调集体领导，提出防止个人崇拜，也是根据毛泽东的意见。早在八大举行前5个多月，即1956年4月初，毛泽东在审阅《关于无产阶级专政的历史经验》时特意加写了几段批评个人崇拜和维护集体领导的文字，例如："斯大林在他一生的后期，愈陷愈深地欣赏个人崇拜，违反党的民主集中制，违反集体领导和个人负责相结合的制度。""我们需要建立一定的制度来保证群众路线和集体领导的贯彻实施，而避免脱离群众的个人突出和个人英雄主义。"

邓小平的修改党章报告中讲集体领导和防止个人崇拜的内容，就是遵照毛泽东的这些意见写的。

毛泽东是不是从中共八大开始，对刘、邓越来越不满？不。恰恰相反，正是在八大前夕召开的七届七中全会上，根据毛泽东的意见，决定增设刘少奇、周恩来、朱德、陈云四位副主席，推举邓小平任总书记。七届七中全会上有一段毛、邓的话，可以清楚地说明毛当时对邓小平的看法。

邓说："我还是比较安于担任秘书长这个职务。"

毛说："他愿意当中国的秘书长，不愿意当外国的总书记。其实，外国的总书记就相当于中国的秘书长，中国的秘书长就相当于外国的总书记。他说不顺，我可以宣传宣传，大家如果都赞成，就顺了。我看邓小平这个人比较公道，他跟我一样，不是没有缺点，但是比较公道。他比较有才干，比较能办事。他比较周到，是个厚道人，使人不那么怕，这个人比较顾全大局。我今天给他宣传几句。他说他不行，我看行。"

回过头来，再看看李志绥书里所讲"'八大'是毛与刘、邓两人关系的转捩点”“邓小平要毛休息，不参加会议”等，真不知道他在胡说些什么。

“回忆录”还说，“邓修改的新党章中，不但删掉‘毛泽东思想作为党的一切工作指针’这句话，并为毛设立了荣誉主席的职位”。事实上，那时首先提出不要再提“毛泽东思想”的，正是毛泽东自己。

从1949年以后，毛在审阅中共的一些重要文件包括收入《毛泽东选集》第三卷的《关于若干历史问题的决议》时，把“毛泽东思想”统统改掉，或者删去，有的改为“马克思列宁主义的普遍真理和中国革命的具体实践相结合”，有的改为“马克思列宁主义”。

中共中央宣传部根据毛的指示，在1954年12月专门发了关于毛泽东思想应如何解释的通知。通知说：“毛泽东同志曾指示今后不要再用‘毛泽东思想’这个提法，以免引起重大误解。我们认为今后党内同志写文章做报告，应照毛泽东同志的指示办理。”毛在审阅这个通知时，还亲笔加写了一句话：“在写文章做讲演遇到需要提到毛泽东同志的时候，可用‘毛泽东同志的著作’等字样。”这个通知下发的时间，离开正式宣布召开八大只有3个月，离八大正式召开也只有1年零9个月。

至于设立党中央名誉主席的建议，也是毛泽东提出来的。毛的出发点是为党和国家的安全着想。对这些问题，李志绥和“回忆录”的参与者们，不知根底，妄加评说，硬归结到了一个他们十分喜爱用的概念，叫做“中共权力斗争说”。举一可以反三。他们关于中国共产党历史的许多严重错误的结论，根据往往就是这么来的。

李志绥还说，他陪同毛出席了八大会议，“我一听到刘、邓两人的报告，就知道毛一定会大为震怒。我也非常惊骇”。“我在‘八大’会议中首次发现，毛和他的指定接班人刘少奇之间，存在着如此重大的政治歧异。”

李志绥甚至借我向他介绍情况之口，说毛对八大各项决议“极为震怒”。这倒真使我“非常惊骇”。我人还在，他居然就能这样造谣，真不知该说他什么好了！

无中生有地编造谎言，总是很难把话说圆，稍不小心，就会露出漏洞来。李志绥这本书的中文版第456页上有一句十分醒目的话：“我这时（指1966年8月）才完全明白，毛在1956年第八次全国代表会议上就对刘少奇及邓小平深为不满”，是在1966年“文化大革命”发动之时，而不是在1956年中共八大开幕之日。这类自相矛盾的纰漏，在编造谎言的人那里总是会要不断出现的。真是奇文共欣赏，疑义相与析。

（参见林克、徐涛、吴旭君：《〈毛泽东私人医生回忆录〉真相追击》，载《传奇》总第 11 期）

◇毛泽东对警卫工作不满吗？

李志绥把一些毫不相干的事情同八大拉扯到一起，给它们涂上一层浓厚的“政治”色彩，塞进所谓“中共权力斗争”的私货。“回忆录”中的所谓毛对警卫工作恼怒，大发脾气，就是一例。

“回忆录”中说：“但毛平息怒气（指所谓八大时毛对刘、邓的不满。——林克）的策略，是先针对敌手的下属迂回攻击，而不是直接铲除真正的目标。”“1956 年，八大开幕，国庆日后不久，毛便爆发了。”“毛不能明说他真正生气的原因——罗、汪两人过于服从党组织，凡事都要向刘少奇报告。”“八大后，罗、汪仍照旧前去向党中央报告毛的起居一切，这使毛大为恼火。”

关于这件事，我也问了孙勇。他是这样说的：

“八大那个时候，是我们党及中央领导人之间最团结、最融洽的时候。中央发生分歧是‘大跃进’、庐山会议以后。毛主席批评警卫工作与八大毫无关系。对警卫工作，不仅主席有意见，少奇同志、周总理、陈云同志也有意见，不满意。主要是感到警卫森严，限制太多，与群众隔离，脱离了群众，有时惹得他们生气。他们有意见也不是从 1956 年才开始的。1949 年进城以后就有意见了。有一次政治局开会，在正式开会之前，大家对警卫工作提出批评，我记得有总理、陈云同志。我从延安时期，就为中央首长做警卫工作。那时首长经常接触群众，在转战陕北时还住在老百姓家里，同群众没有隔膜。进城以后，情况变了，社会情况复杂了。我们警卫工作很紧张，限制是多了一点，因为怕出事，目的是要确保首长的安全。这样，首长就觉得不自由了，与群众隔离了，脱离群众了。毛主席就曾多次批评警卫工作脱离群众。中央首长对警卫工作有意见，甚至不满，主要就是这个。李志绥说，毛生气的真正原因，是罗瑞卿和汪东兴把‘毛的起居一切’都报告了刘少奇、党中央，这完全是瞎扯，是绝对没有的事。李志绥根本不知道情况，在那里胡说。”

“回忆录”中关于中共八大的种种谎言，单凭李志绥那点本事，是编不出来那么多的。“‘八大’是毛与刘、邓两人关系的转捩点”，这是点睛之笔。这句话我很熟悉，这正是一些西方学者包括像黎安友这样的人所持的一个重要观点。他们用这个观点来解释和说明中共以后发生的许多重大历史事件。这次不过是又刻意地借着李志绥这本书搬用过来，仿佛又找到了这个当时并不在场的所谓“当事人”的“回忆录”来“作证”罢了。这是别有用心的。

（参见林克、徐涛、吴旭君：《〈毛泽东私人医生回忆录〉真相追击》，载《传奇》总第 11 期）

◇毛泽东发动整风和反右派斗争的动机是什么？

李志绥在“回忆录”里说：毛对八大决议极为震怒，便借机发动整风，鼓励民主人士提意见，“向毛自己认为最需要改造的党内人士（包括刘少奇和邓小平）和政策进攻”。“他万万没有料到批评的箭头会转而指向他本人”，又“不得不在党内求和解，以一致对付党外人士”。李的结论是：“如果当时民主人士提的意见未涉及到毛，那么‘文化大革命’一定会提早十年。”

事实是这样的吗？

在 1956 年 11 月 15 日中共八届二中全会上，毛泽东提出在 1957 年开展整风运动，“一整主观主义，二整宗派主义，三整官僚主义”。为什么要整风呢？是要解决执政党脱离群众的问题，而这恰恰是刘少奇首先提出来的。

1956 年波匈事件发生以后，刘少奇感到执政党脱离工农群众的问题，是一个需要解决的根本问题。他在八届二中全会上提出，如果我们不加以注意的话，也可能产生一种新的贵族阶层。他认为，这次整风就是要解决部分党员在党执政情况下产生的“特殊的思想，特权的思想，站在人民头上的思想，社会沙文主义的思想，脱离人民群众、主观主义跟命令主义的思想，官僚主义的思想”。刘少奇的这些观点得到毛泽东的赞同。

后来，毛泽东 1957 年 2 月在最高国务会议上发表《关于正确处理人民内部矛盾的问题》的讲话，使这次整风有了明确的指导思想。

在这段时间，毛泽东非常繁忙。3 月间，他出巡外地，先后在天津、济南、南京、上海等地多次讲话，阐述正确处理人民内部矛盾问题，动员整风。

4月7日，他回到北京，又同刘、周、陈、邓、彭真等人研究讨论整风问题，几乎每天都要开会，气氛是和谐融洽的，意见和看法是一致的。毛泽东几乎集中全部精力研究人民内部矛盾问题和整风问题。

毛、刘等希望党外人士帮助党整风，是真诚的。一方面是由于有波匈事件的前车之鉴，另一方面也是想由此造成一种生动活泼、有利于调动一切积极因素的政治空气。

5月10日，《解放日报》摘要刊登上海中小学教师座谈会的发言，揭露出不少党员干部脱离群众的问题。毛看后，特地批给刘、周、陈、邓、彭传阅，并且写了这样两段话："这一整版值得过细一看，不整风党就会毁了。""请你们注意看上海解放日报、南京新华日报、上海文汇报、北京日报、光明日报，集中看人民内部矛盾和我党整风消息，这是天下第一大事。"

这时已是5月中旬，毛仍然把报纸上反映的各种意见，包括对共产党提出的尖锐批评意见，看作"值得过细一看"的，丝毫没有提到敌我问题。

这一时期，毛泽东是真心真意鼓励党外人士提意见，谈不上什么"引蛇出洞"的问题。他认为，党在群众中威信很高，整掉脱离群众的作风以后，威信会更高。

1957年5月初和5月中旬，中共中央统战部分别召开各民主党派、无党派人士座谈会和工商界人士座谈会。两个座谈会总的气氛是好的，提出了许多尖锐但又是善意的批评。有极少数人借机发难，否定社会主义建设的成就，否定共产党的执政地位。

两个座谈会期间，毛多次听汇报。这极少数人的言论，引起他的警觉，感到事情并不是完全如他所预期的那样发展。5月中旬，毛在听取汇报中得知，极少数人在会上提出要"轮流坐庄"，还要搞"海德公园"。他当即表示：他们这样搞，将来会整到他们自己头上。他决定把会上的言论在《人民日报》上发表。

毛的心情是沉重的，甚至是忧虑的。他关心的是国家政权的稳定，而不是个人地位的安危。有一次他对我说：你看我们的政权能不能稳得住，会不会乱？

当时毛的确因为患感冒而身体不适，并不是李志绥捏造的什么我所说的"毛这次是受到重大打击，而形体衰弱，精神忧抑"。我根本没有说过这种话。李志绥作为一个医生，讲到病人的病情，他连起码的职业道德都不要了，更不用说一个正派人应有的道德了。

毛派我和胡乔木等人到北京各大学去看大字报，回来向他汇报，连续了好几天。

5 月，毛泽东写了《事情正在起变化》一文，供党内高级干部阅读。在这篇文章中，他提出了“诱敌深入，聚而歼之”也就是“引蛇出洞”的策略。

在这篇文章里，毛认为：“多数人的批评合理，或者基本合理，包括北京大学傅鹰教授那种尖锐的没有在报纸上发表的批评在内。”“他们的批评是善意的。”“善意，恶意，不是猜想的，是可以看得出来的。”5 月 16 日，毛就如何对待当前党外人士批评的问题，为中共中央起草了一个党内指示。

从以上事实中我们可以得出几点认识：

第一，发动全党整风，是毛、刘、周、朱、陈、邓等人的一致意见，是中共八大之后加强执政党建设的重要措施，绝非像李志绥所说是党内高层斗争的产物。整风的目的，是要解决执政的共产党脱离群众的问题，贯彻正确处理人民内部矛盾的方针，以便调动党内党外一切积极因素，建设社会主义国家，这也就是八大路线的精神。李志绥说什么整风是由于毛对八大路线的“震怒”而引发的政治斗争，真是南其辕而北其辙，不知扯到哪儿去了！

第二，毛泽东鼓励民主党派和其他党外人士帮助共产党整风，最初的目的是要用党内党外的批评互相结合的方法解决执政党脱离群众的问题，绝非像李志绥所说从一开始就是搞“政治圈套”，借民主党派解决共产党内“权力斗争”。

第三，“引蛇出洞”的策略，是在毛认为出现了右派分子要同共产党“轮流坐庄”、否定社会主义制度的特定情况下提出的。即便如此，毛从主观上仍是力图将少数右派分子同真心帮助共产党整风的广大民主人士、知识分子严格区分开来，绝非像李志绥所说是将矛头对准整个民主党派和知识分子。

第四，反右派斗争以后，毛从理论上重新考虑国内的主要矛盾问题。由于对国内阶级斗争的形势估计过分严重，夸大了阶级斗争，对国内主要矛盾作出错误的判断，从而改变了八大路线，改变了直至 1957 年 3 月他还一再强调的“现在处于转变时期：由阶级斗争到向自然界斗争，由革命到建设，由过去的革命到技术革命和文化革命”这个观点，成为后来毛的一系列政治失误乃至犯严重错误的理论根源。

由于毛泽东对形势的估计过于严重，使得反右派斗争严重地扩大化了，伤害了党内党外一大批好人，给他们带来极大的痛苦，这是毛泽东的错误。

但是，这场斗争的出现及其不幸的结局，都超出了毛泽东预先的估计和部署。李志绥把这些情况都说成是毛在事先有计划、有步骤搞的一个“政治圈套”，甚至追究到所谓中共八大开始出现的毛与刘、邓的“矛盾”，甚至说毛预先就说出会有几十万右派。这就完全违反了事实。

“回忆录”中引述了毛在 7 月初对李关于反右派问题的一大段谈话：不明真相的读者很可能认为真有这么一回事。实际上这些全是假的。作为李志绥听到毛讲这段话的主要根据，就是他所说的 1957 年 7 月这次南行的行程，而这是胡编的。

“回忆录”是这样写的：“专列的驶停，仍以毛的作息时间为转移。我在火车上发现，随行的人大大减少。”“这次南行，一中队只出来十来个人，警卫处只派了一个人，其余就是秘书、卫士和我了。”“一路上谈话，讲的都是反右派问题，毛不像在北京时的消沉，显得精神高昂，语言有力。毛在那期间跟我说的许多话，直至今日，犹仍在我耳边回响。”“我们先去山东济南，然后到上海……毛此次的上海之行是公开的。他要全国人民知道他仍是最高领导，他策划的反右派运动已正式展开。”

“我们旋即离开上海，到以西湖驰名的杭州。”毛在杭州作了一次讲话，几天后便乘专列到了南京。从南京乘飞机到济南，“第二天毛在省委礼堂会见省委和济南军区的干部。毛的讲话内容仍是反击右派，与一路所讲的相同”。然后到青岛。

根据我的日记记载，毛泽东这次外出，是 7 月 1 日从北京乘飞机当天直达杭州（上午 3 时 55 分起飞，9 时 30 分到杭州），而不是乘专列。档案记载和我的日记是一致的。可见，李志绥说“我在火车上发现，随行的人大大减少”云云，纯属子虚乌有。

这次毛根本没有到济南（他是 7 月 12 日由南京乘飞机直接到青岛的，当天上午 6 时 30 分起飞，8 时 30 分抵青岛），怎么会在济南“会见省委和济南军区的干部”呢？怎么会同他们说什么反击右派的问题呢？

李志绥还造了我的谣。他说：“我不在时，林克跟毛接触最多（这又是李志绥为抬高自己的身份而说的谎话，不客气地讲，李志绥和毛接触的机会是无法同我相比的。——林克）。他跟我谈起他对毛的政治评估。林的看法，在当今这个局势下，毛不得不在党内求和解，一致对付党外人士。”

这完全是凭空捏造出来的。我从来没有对李志绥说过这样的话。在我的头脑中，过去没有，现在也没有对毛的这种“政治评估”，因为这是根本违反事实的。再说，那时李志绥不过是一个刚刚到任的保健医生，我怎么能同他谈这类问题呢？

李志绥在其“回忆录”中，常常用这种手法：把他想要说的话，强加在别人的头上，特别是借同毛接近的人的嘴说出来，有时甚至还有对话，让读者看起来，仿佛是有根有据、真实可信的。对我是如此，对别人自然也会如此，至于那些已不在人世的人就更不用说了。这一点，请读者务必注意。

（参见林克、徐涛、吴旭君：《〈毛泽东私人医生回忆录〉真相追击》，载《传奇》总第 11 期）

◇ 1957 年米高扬秘密来华，李志绥编造了一些什么样的谎言？

李志绥在“回忆录”中说：“米高扬一行人到了杭州，想跟毛讨论中国核武器发展计划。毛要我去见见米高扬。”“米高扬同我谈起原子弹的可怕。”据李志绥“回忆”，他和米高扬还讨论了一阵子原子弹问题。

随后，李志绥将他与米高扬的谈话告诉了毛。“毛说：‘米高扬同我说，有他们的原子弹就够了，他们的原子弹伞可以蔽护我们。苏联其实是想控制我们，不要我们生产原子弹。苏联生怕我们不服他的控制，怕我们得罪美国。我们是从来不受谁的控制，也不怕得罪哪个。我们是搞定了原子弹了。我常说，和尚打伞，无法无天。谁也不要想限制、控制、吓唬我们，你控制，我就反控制。谁也不要想做我们的太上皇。’”

李在编造了这一番对话后，笔锋一转，道出了他真正要说的话：“对毛来说，原子弹炸死一千万、两千万人都算不得什么。所以杀掉几十万个右派又有什么好大惊小怪呢？”

这一切，全部是无中生有的编造。米高扬这次秘密来华，唯一的使命，就是向中共中央通报苏共马林科夫、莫洛托夫、卡冈诺维奇“反党集团”的情况，根本没有同毛泽东谈原子弹问题，更谈不到什么“中国核武器发展计划”。

1957年7月5日晚，毛泽东、刘少奇、周恩来、陈云、邓小平、王稼祥等在杭州会见了米高扬。根据当时的谈话记录记载：这次会谈，从5日晚7时30分一直持续到第二天凌晨3时30分（中间吃饭时间40分钟）。主要由米高扬通报情况，毛、周等偶尔插话和提问。毛泽东也向米高扬简单提了一下中国的反右派问题，还谈到他第二次访苏的日期问题。

毛泽东在听完米高扬的情况通报之后，当即向他宣布，中共中央政治局已经决定支持苏共中央的决定，并让翻译将中共中央致苏共中央的电报读给米高扬听。在整个会谈过程中，李志绥根本不在场，也不可能在场，他对谈话内容毫无所知。

至于李志绥讲，毛泽东要他去见米高扬，真是编造得绝顶的荒唐离奇。米高扬来，毛泽东竟会派他的一个刚刚到任的保健医生去谈原子弹这样极端机密而敏感的问题，这本来是任何一个头脑健全的人都不会相信的，但我还是去查证了一下。

关于这件事情，最了解情况的是当时负责俄文翻译并全程陪同米高扬的阎明复。

他说：“米高扬7月5日到杭州后，就说他腰痛。当晚，他同毛主席等领导同志会谈，会谈一直到第二天凌晨3点多钟，接着就去休息了。他离开后，我给叶子龙讲了米高扬说他腰痛的事。叶子龙说，让李大夫带人去看看（请读者注意，不是毛泽东，而是叶子龙叫李志绥去米高扬那里。——林克）。那天中午12点多钟，米高扬才起床，李志绥带了一位名叫孙振寰的年轻大夫来给他针灸。由于1点多钟飞机就要起飞，李志绥和孙大夫前后只待了十几二十分钟就离开了。其间，李志绥除了问了问米高扬的病情以外，根本没有谈别的事。我一直在场。我是翻译，李志绥不懂俄文，不通过我他怎么与米高扬交谈呢？”

我告诉阎明复：“李志绥的书里说，他与米高扬谈了原子弹问题。”

阎明复说：“这是胡说八道！”

李志绥还讲到，毛泽东说苏联想控制中国，不让研制原子弹，这也是捏造。当时，苏联政府正准备同中国签订帮助中国利用原子能的协议，还要派专家来。

好了，李志绥造假造得太离谱了。那些假东西，他以为写得越是具体细致，越是绘声绘色，越容易使读者相信。但是他没有想到，这类假东西，一经戳穿，他就越要触霉头。相信过他的话的读者，就会有一种受到欺骗、受到侮辱的感觉，看到那个在他们面前有声有色地讲“故事”的人，其实是一个人格卑劣的骗子，这种人的话还能够相信吗？

写到这里，我想起黎安友教授在该书前言中对李志绥的一段评价的话：“李志绥那张坦荡而带着微笑的圆脸，在毛众多家臣的团体照中，特别突出。他直率的表情、柔和的笑容和整洁的打扮，都掩不住他所受的西方训练。李医生的外国气质和西方仪态似乎既说明了他的才干，又说明了他的弱点，因此使他显得特别不可多得。”

黎安友这些话，其实不过是在替这本书做广告，把它“包装”得更诱人一些。这倒反映出现在出版这本书实际上正是说出了黎安友之流想说的话。

但人们一旦了解了事实，自然会问：李志绥真的是“坦荡”和“直率”的吗？难道在黎安友看来，经过“西方训练”出来的、具有“外国气质和西方仪表”的人，就应当是这个样子吗？

如果说，李志绥编造谎言，欺骗世人，是没有道德和良知的表现，那么，他对毛泽东进行人身攻击，则说明他连做人的起码准则都丢掉了。

他说：“对毛来说，原子弹炸死一千万、两千万人都算不得什么。所以杀掉几十万个右派又有什么好大惊小怪的呢？”

谁都知道，毛泽东对战争（包括核战争）的态度，历来是：一反对，二不怕。首先是反对，这是前提。新中国的和平外交政策就是由他和周恩来奠定并一贯坚持的。其次是不怕。人家要打（包括核战争），怕有什么用？你越怕，人家可能越要打你；你不怕，有准备，反而他不敢来。这就是毛的辩证法。

正是本着争取和平、避免战争的基本态度，他在1957年11月访问莫斯科时说：“我和一位外国政治家辩论过这个问题，他认为如果打原子战争，人会死绝的。我说，极而言之，死掉一半人，还有一半人，帝国主义打平了，全世界社会主义化了，再过多少年，又会有27亿，一定还要多。我们中国还没有建设好，我们希望和平。但是如果帝国主义硬要打仗，我们也只好横下一条心，打了仗再建设。”

任何一个不抱成见的人，都不会认为这是一种对原子弹炸死一两千万人“都算不得什么”的态度。相反，这是对人类进步和世界和平抱有乐观主义的态度。毛泽东有时说过一些极而言之的话，这决不意味着他不在乎死多少人，而是说即使死了那么多人，只要正义的力量存在，战争的胜利就一定属于爱好和平和维护正义的人民。

至于说，“杀掉几十万个右派又有什么好大惊小怪”，更是无稽之谈。大家都知道，对于内部审干肃反，毛泽东从延安时期就定下了“一个不杀，大部不抓”的方针，并一贯坚持。连被俘的战犯宣统皇帝、康泽这样的人都不杀，后来他们还分别当上了全国政协委员和政协文史资料研究委员会专员。李志绥之流，用这种恶毒的语言对毛进行人身攻击，天理难容！

（参见林克、徐涛、吴旭君：《〈毛泽东私人医生回忆录〉真相追击》，载《传奇》总第 11 期）

◇1959 年庐山会议期间两件事的真情是什么？

一是所谓彭德怀拒绝与毛泽东谈话。

李志绥在“回忆录”里详细讲述了 1959 年庐山会议的情况，似乎他就在现场。其实，李志绥作为一名保健医生，虽然跟着上了山，却根本参加不了会议。当时他对庐山会议的情况所知甚少。

中共十一届三中全会以后，一些参加过庐山会议的人，写了不少有关这次会议的回忆材料，有关方面也公布了一些档案。李志绥的“回忆录”利用了这些材料，由于他们真假不辨，连有些不实的材料也照抄过来。书中关于彭德怀拒绝同毛谈话的叙述，就是其中一例。

李志绥称：在 7 月 23 日的全体会议之前，“彭德怀曾私下去和毛谈过一次话，并当面顶了起来”。“散会时，彭立刻走了出去。毛走出礼堂，向山坡下行走，这时彭又向山坡走过来。毛立住脚说：‘彭老总，我们再谈谈。’彭红着脸，右臂在头上一甩，大声说：‘现在还有什么好谈的，不谈了。’毛又说：‘我们有不同的看法，还是可以交换意见嘛。’彭匆匆走过，说：‘现在没有什么好谈的了。’”

李志绥的这段“回忆”，是抄别人的，只是改了一些字。经核实，这段回忆并不准确。这次会后，彭德怀确实同毛泽东匆匆谈了几句话，但是没有顶嘴，更没有拒绝同毛谈话。我倒是参加了庐山会议的。散会后，我正走在毛泽东后边，那时周围的人很多，我只听见他们简单交谈了几句话，并没有见他们之间发生争吵。

据《彭德怀传》说：彭德怀“出了场走出不远，周恩来派人追来，请他去开会。彭德怀猛一回头，看到毛泽东夹在人群中正朝他这边走来。被一种难以克制的力量推动着，彭德怀迎过去，走到毛泽东身边说：主席，那封信是我写给你作参考的，为什么把它印发了？”“毛泽东愣了一下，回答说：你也没有讲不要印发嘛。”

这个记载，主要是根据彭德怀当年写的庐山笔记。其中写道：“信上明白写了是给你参考的，是否有参考价值，请斟酌。不妥之处，烦请指示。我们30余年患难相处，我7月14日的信真有那样严重的错误，你要印发，展开讨论，也可以先找我谈谈吧！我当时尽量抑制了激动的感情，避免争吵，离开他到总理处开会去了。”

李锐也是这次彭毛碰面的目击者。他在回忆录中写道：“散会后，我们离开小会场不远，回头看见彭德怀挡着毛泽东在说话。（后来知道，是彭德怀申明，这封信只是供主席个人参考的，没有准备印发给大家。）”

据高智前不久说：“庐山会议期间，有一次主席要我听听大会，我一进会场，看到一位同志正在大声批判彭德怀，讲到长征期间的一些事。我听了一会就离开会场，回来报告了主席。大概过了两三天，彭总打电话说要见主席。我报告了主席，主席说，好啊，请他来。这天上午，彭总来到主席的住处，我带他进去。一见面，彭总还向主席问好。起初，我还有些担心，在门口坐了五六分钟，一直听不到房间里高声说话，就放心地走开了。这是开始批判彭总不几天发生的事。”

这些材料都说明，彭德怀尽管对毛的讲话有意见，但是并没有拒绝同毛谈话。至于李志绥所说7月23日全体会议之前彭曾私下和毛谈话，当面顶了起来，更是道听途说的事。

二是毛1959年在庐山同贺子珍见面的情况。

毛泽东在庐山接贺子珍上山会面，确有其事，这些年已公开发表了一些材料。

李志绥借此大肆渲染，像写小说一样，编织了许多故事，作了细腻的描写。不仅有毛、贺之间的对话，而且贺子珍什么时候“眼睛开始红润，沁出了泪水”，什么时候“神情越加激动”，什么时候“脸色出现淡红色”，等等，都有详细记述，仿佛他就在旁边一样，而且还知道毛贺会见前的通信内容。更有甚者，李还捏造了贺子珍走后，毛和他之间的一段对话。李志绥这样明目张胆地造假，是不是还知道人世间有“羞耻”二字？

其实这次会面，毛泽东当时为了避免引起麻烦，除值班卫士封耀松外，避开了所有的身边工作人员，李志绥就更不用说了。我也是在事后很久才听说此事的。

既是造假，肯定就要出错。首先一个大错，就是把毛、贺见面的时间搞错了。李在“回忆录”中称：“1961 年夏季，毛叫他的第二位妻子贺子珍前来庐山。”事实上，这次会面是在 1959 年 7 月的第一次庐山会议期间，不是在 1961 年夏季的第二次庐山会议期间。这本号称提供“全球第一手资料”的“回忆录”，却连这样最起码的事实都弄错了，原因在于当时李志绥根本不知道这次会见，而在他的“回忆录”中，却要冒充自己在现场，胡编乱造一气。

据水静（当时江西省委书记杨尚奎的夫人。在“回忆录”第 200 页上，李志绥张冠李戴，把她说成是当时山东省委书记“舒同”的夫人。——林克）回忆，1959 年 7 月 7 日，杨尚奎要她接贺子珍上庐山。7 月 8 日下午 3 时，水静和贺子珍准时从南昌出发，到达庐山牯岭，在事先安排好的 28 号房住下。

第二天晚上 9 时左右，毛泽东在庐山 180 号院住处同贺子珍见了面。当时在毛住处守候的，只有值班卫士封耀松和陪同贺子珍前来的水静。毛与贺谈话时，他们两人就离开了，等候在楼下值班室。

毛同贺单独谈了一个多钟头，然后由封耀松扶贺子珍出来，又叫水静进去。毛泽东告诉她，贺子珍的脑子坏了，答非所问。要她注意贺子珍的情绪，明天就送她下山（李志绥想当然地说是江西公安厅牛厅长陪着贺子珍走的。——林克），还说：“下山以前，你一步也不要离开她。怕她出去碰到熟人，那不好。”他还要水静把贺子珍从他那里拿走的三小瓶安眠药设法要回来。

关于毛泽东与贺子珍庐山相会，我还特地通过通信方式向封耀松进行了解。他写来一个材料，现将全文转录如下：

> 时在 1959 年 7 月 1 日傍晚，我与毛泽东主席同车上庐山，住在 180 号院。
>
> 主席到庐山后，情绪很好，一路风尘，但毫无倦意。他对等候

接待的江西省委书记杨尚奎和夫人水静同志讲："庐山，山好，水好，空气好，还有老俵好！"

在7月5日这天晚上，毛主席突然问我："小封，你什么时候值班？"我算了一下，报告主席："7号，9号……"主席当时并没有再说什么，但他似乎在安排着一件事情，我也想了好久。

7月9日晚，约9点多，一辆轿车停在180号院楼下台阶边。当时，主席在二楼，就只有我一个人值班。我走到车边，打开车门，将一位女同志扶下来，与同车来的水静同志一起，把她扶进一楼的卫士值班室。我上去报告主席："水秘书她们来了。"主席说："好的。"然后看了看表，站起身来，好像要到楼梯口迎接的意思。我下去与水静同志一起把那位女同志扶上楼来。水秘书先下去了。我拿过藤椅，在主席对面放好，安排她坐下，然后泡了杯茶给那位女同志，又给主席的杯子添了水，并为主席放了香烟在桌边，回到卫士值班室。大约过了45分钟，主席按铃召我去。我给他们的茶杯里又加了水，绞了两条小毛巾放在桌上，看他们谈得很热烈，就下去了。

回到卫士值班室，水静同志讲："小封，他们还在谈吗？""是啊！"我讲。他们讲话的声音很响，至今我还记得很清楚。水静同志讲："小封，贺子珍同志身体不太好（至此，我才知道那位女同志是贺子珍），是从山下边刚接上来的。"我与水静断续谈着。这时，铃又响了。我上楼，搀下贺子珍同志，并告诉水静同志："主席要你上去一下。"水静同志上去，只一会儿，即下来与我一起搀着贺子珍上了车。看贺子珍的表情很高兴，并讲："主席还像原来一样，只是老了一点，头发有点花白。"

送走贺子珍一行，我上楼去，主席在屋里来回踱着步，对我说："小封，你看怎么办呢？这个同志把我的香烟、安眠药都拿走了。香烟倒还不要紧，安眠药她吃了，身体不行的。"主席并让我再下楼为他去拿香烟，主席是离不开烟的。我拿烟上来，看了一下，主席显出既高兴又不高兴的样子。"小封啊！这个女同志，是女中豪杰，人是很耿直的，就是缺少文化，本来身体很好的，让她不要去苏联，劝也劝不好，苏联卫国战争期间，生活很艰苦的！我们也不知道消息……”

接着，主席让我打电话给水静同志，不要把安眠药给贺子珍吃了。我马上下楼去与水静同志通了话。因为主席的安眠药有三种，按顺序吃的，错服是会出事情的。这时快一点钟了。我为主席擦了澡，梳了头，给他服了安眠药，安排睡下。

次晨，水静同志来电话，说已将安眠药从贺子珍手里要回来了。我报告了主席，主席连连讲：“好，好!”就从烟盒内抽出一支烟点着，深深吸了一口。

关于贺子珍同志上庐山一事，只有我与水静同志接待、安排的。以往有这样那样的说法，都是没有根据的。

毛主席贴身卫士　封耀松 1995. 8. 8

这就是毛泽东同贺子珍会面的经过。连引见人和值班卫士都没有听到毛、贺的谈话，李志绥却有本事在“回忆录”里绘声绘色地写了毛贺对话和他们各自的神情。

你说怪也不怪?

（参见林克、徐涛、吴旭君：《〈毛泽东私人医生回忆录〉真相追击》，载《传奇》总第 11 期）

◇李志绥制造中共八届九中全会和广州会议的谣言有哪些?

对中共八届九中全会，李志绥“回忆录”有这样一段话：“九中全会对毛是个打击。参加的领导认为党首要的工作在恢复农业生产。在饿殍遍野中，毛的迅速工业化只是空想。‘民以食为天’是不变的道理。”

九中全会是 1961 年 1 月召开的。主要议题是集中力量加强农业战线，坚持把农业放在首要地位的方针。这同毛泽东的思想是完全一致的，其实就是毛的意思。从 1960 年冬天起毛就下决心解决农业问题，1961 年这一年他的主要精力用于解决农业问题，用农业生产的恢复和好转，来带动整个国民经济的恢复和好转。所谓“九中全会对毛是个打击”，又不知从何谈起?

李志绥其实根本不了解政治情况，他的书又偏要把重点放在大谈政治问题上，这也许是出于某些方面对他的要求。强不知以为知，这就使他常常陷于漏洞百出的狼狈境地。

九中全会是在中国经济困难时期召开的。毛面对这个困难局面，为解决农业问题，转变国民经济和人民生活的困难处境，召开了一系列重要会议（九中全会、广州会议、北京会议、第二次庐山会议等），采取了一系列措施。全党团结一致，全国人民团结一致，用了3年时间，到1964年国民经济就实现了根本好转。“回忆录”对这些大量存在的事实却连一个字也不提，而造谣说什么“九中全会对毛是个打击”。

李志绥还说，毛对“横行”的浮肿病和肝炎病“特意漠视”，“十分残酷无情”。他把毛泽东在困难时期不吃肉这件事，讥讽为“毛的牺牲对大饥荒毫无助益”。甚至说：“尽管如此，毛主席这个姿态仍赢得了大家的赞叹。”

在三年困难时期，特别是1960年冬，毛泽东的心情确是十分沉重的，对出现浮肿病、饿死人等情况十分不安。我经常同他接触，深深地感觉得到，他在困难时期不吃肉，表现出人民领袖与人民群众同甘共苦、同舟共济的精神。

对于“大跃进”中发生的一些错误，从1960年开始，毛泽东多次作过自我批评。

1960年11月，他看了甘肃省委关于贯彻中央紧急指示信的第四次报告，其中讲到“今年以来，在一部分县、社发生了严重事故（指浮肿病及非正常死亡现象。——林克），情况是严重的，并且直到现在还没有完全解决”。报告还检查了省委工作中的缺点错误。毛亲自为中央起草了批示，将这个报告转发全国。他在批示中说：“毛泽东同志对这个报告看了两遍，他说还想看一遍，以便从其中吸取教训和经验。他自己说，他是同一切愿意改正错误的同志同命运、共呼吸的。他说，他自己也曾犯了错误，一定要改正。”

毛泽东在全党强调实事求是，大兴调查研究之风，采取了一系列的政策、措施，很快见效，农业生产比较快地得到恢复和发展，人民生活随之逐步改善，饿死人和得浮肿病的状况很快改变并扭转。

李志绥说毛对“横行”的浮肿病和肝炎病“特意漠视”，“十分残酷无情”。这些完全不符合事实的话，无非还是出于某种政治需要。我从它背后，仿佛闻到了充满敌意的火药味！

在困难时期，我常看见毛泽东心情沉重，寡言少语，独自在那里沉思。

1960 年 12 月 26 日毛的生日那天夜里，他请我、高智、叶子龙、李银桥、王敬先、封耀松、汪东兴七个人吃饭。毛的神情严肃，对我们说："现在全国人民遇到了灾难，人民生活很困难，我很不放心。除了汪东兴同志外，你们六人都下去，和群众打成一片，实行同吃、同住、同劳动，了解真实情况。农村人民的生产、生活有什么困难和问题，群众有什么意见，都如实地反映上来，不要隐瞒。"

这类事实太多了。李志绥对这些却只字不提，而刻意渲染什么"越来越多的百姓因严重的饥荒而饿死时，共产党变得更加腐败"。试想，如果真像李志绥说的那样，中国能够只用三年时间就克服了如此严重的经济困难吗？

关于 1961 年 3 月的广州中央工作会议，李的"回忆录"是这样写的："中央各领导的信念在广州会议上仍不明显，但个别的意识倾向则可一目了然。1961 年 3 月，我第一次听到邓小平发言表示支持曾希圣的责任田制，他说了一句'名言'：'管他白猫黑猫，只要抓住老鼠就是好猫。'这是在青年团一次会上讲的。""刘少奇发言虽没有邓有力生动，也逐渐表明他的态度。在广州会议上，他倾向于支持包产到户的方法。""广州会议并未解决这些分歧。领导人决定亲自深入农村，调查研究，以求第一手资料，才能决定。""领导人们表面上的表现还是团结的。但在幕后，党内意识形态分裂日异［益］加深。全心跟随毛主席脚步的人已经寥寥可数了。"

听李志绥的口气，他是参加了广州会议的，而且听了邓小平关于"白猫黑猫"的发言，还很有把握地称这是他"第一次听到"。

其实，李志绥根本没有资格参加这个会议。这一段话又是李志绥及其同伴胡诌出来的，搞得牛头不对马嘴。

广州会议根本没有讨论包产到户（或称"责任田制"），甚至连人民公社的核算单位下放到生产队这个问题都没有讨论，主要是制定《农村人民公社工作条例（草案）》（简称《六十条》），是为了克服农村人民公社中严重存在的两个平均主义（即队与队之间、社员与社员之间在分配上的平均主义），以调动农民的积极性，尽快地恢复和发展农业生产。顺带说一下，李志绥把《农村人民公社工作条例》说成是《农业合作社工作条例》，说明他根本不了解广州会议是干什么的。

至于邓小平的那句"名言"，那是 1962 年 7 月 7 日在接见出席共青团三届七中全会全体人员时的讲话中说的。

邓小平1962年7月在北京讲的话，李志绥怎么会在1961年3月在广州就听到了呢？李志绥不说亲自“听到”还好一点，那样还可以给自己留一点辩解的余地，如果有人指出来，可以推说是听别人说的。他却偏要摆出一副会议参加者的样子，为了显示自己的身份，显示自己对中共内情十分了解，干脆写上个“第一次听到”，这一下子坏了，马脚全都露出来了。

我可以告诉“回忆录”的作者们，不论是邓小平，还是刘少奇，还是别的什么人，谁也没有在广州会议的发言中表示支持曾希圣的责任田制（或称“包产到户”）。

刘少奇、邓小平等提出同意搞包产到户是1962年。1961年他们没有提出这样的意见。例如，刘少奇1961年春回到湖南家乡宁乡县花明楼公社炭子冲大队时，还制止了有的社员向他提出搞包产到户的要求（这是田家英1962年带着调查组到这里调查时了解到的情况）。

我说明这些事实，不是说搞包产到户或责任田制不对，主要是为了揭穿李志绥所谓“广州会议并未解决这些分歧”。至于什么“领导人们表面上的表现还是团结的。但在幕后，党内意识形态分裂日异［益］加深。全心跟随毛主席脚步的人已经寥寥可数了”等等，完全不是事实。

但李志绥并没有到此为止。接着，他又说出一段骇人听闻的话来：“有一天晚上，毛叫我去读英文。在谈到国内的状况时，他说了一句使我非常吃惊的话。他说：‘中国共产党里，好人早都死完了。现在剩下的都是些行尸走肉。’5年后，到‘文化大革命’时，毛的行动充分证明，当时他说这句话时，是认真的，是经过深思熟虑的。我那时才知道哪些人是毛口中的‘行尸走肉’。”

对于不了解情况的人来说，很可能把李的这番刻画细致、有情有景的生动描写信以为真。噢！原来“文革”中被打倒的中央领导人，毛早在五年前的1961年就“深思熟虑”地决定了。但是，只要看一看当时的历史情况，这类谎言就不揭自破了。

我是1961年8月下旬，下放河南回来后不久，遵照毛泽东的指示，和毛身边的其他一些工作人员，到江西省贵溪县蹲点、调查和参加劳动的。9月初，省委打电话要我立即回南昌。回到南昌后，江西省委书记方志纯才告诉我，毛要我立即上庐山。

我见到毛，他说，会议很忙，有许多文件要看。他让我帮助他筛选文件。我看了会议的全部文件和会议简报，每天选送给他。由于会议文件多，工业问题较农业问题复杂，所以毛集中精力研读文件。在我送文件和同他的交谈中，从未发现毛对会议有什么不满的情绪或表示。李志绥既没有参加庐山会议，也没有看过一份文件，怎么能断言中央领导人有严重分歧呢？

我比较熟悉毛的思维方式和语言习惯，李志绥编造的那种昏话，决不可能出自毛之口。李还伪造了许多话强加于毛：什么“高帽论”“争宠论”“我就要用英美派”“英美派万岁”等等。我在毛身边10多年，从来没有一次听到毛讲过这类观点，也从没有听到过他用这种口气谈话。

李志绥的“回忆录”惯用的一个手法，就是任意编造他和毛泽东及其他领导人的“个别谈话”，特别是他同已去世的人的“个别谈话”，而且往往还要带上一句：对方要他不要再对别人谈。李以为这样一来，“死无对证”，又是独家新闻，就可以以假乱真。可惜他疏忽了，有的人虽然去世了，但不少的见证人还在，大量的会议记录仍在，并不是由他怎么说，便可以把事情变成另一个样子的。

（参见林克、徐涛、吴旭君：《〈毛泽东私人医生回忆录〉真相追击》，载《传奇》总第11期）

◇所谓毛泽东批评陈云的批语是如何出笼的？

李志绥说：“1961年，陈云就认为包产到户不能解决问题，而提出要争取时间，分田到户。七千人大会后，陈主管财经工作。陈将他的意见详细写在财经小组报告中，呈送毛阅批。毛在上面批了：“将情况说成一片黑暗，没有光明。此人是店员出身，资产阶级本性不改，一贯的老右倾。”“田家英为了维护党的团结和陈的政治安危，下了一个史无前例的决定——田叫林克把这个批件压下，不要交到中央书记处去，免得以后被拿来用作批斗陈的材料。林确实没有交出，将这个批件压在他的宿舍床上的褥子下面。”

李还说，1964年，徐业夫“以清点机密文件为名，检查了林克的宿舍。在褥子下面找到了这份文件。他将文件转给了书记处。事后徐对我说：‘林克这个人不适宜做机要工作，这么重要的文件压在褥子下面。’徐也向汪东兴和毛讲了这件事，由此造成1964年底林克调出中南海。”

李志绥在这里编造了一个直接牵涉到我的故事，伪造历史，欺骗读者。

第一，毛泽东有没有这样一个“批语”？1962年七千人大会后，中央财经小组向中央提交了一个报告，即根据陈云讲话精神起草的《中央财经小组关于讨论1962年调整计划的报告》。这个报告起草后，周恩来曾经将报告的第一部分（对形势的估计）送毛看过。在5月1日中央政治局常委会上，毛表示同意报告提出的方针。

在5月7日至11日为讨论这个报告而召开的中共中央工作会议上，周说：“今年七千人大会之后，在西楼开会，陈云同志讲了话，少奇同志作了结论，毛泽东同志也同意，就是说，调整时期要成为一个阶段，主要的内容就是恢复。”会后，周在5月19日将中央转发中央财经小组报告的通知稿送毛。

5月24日，毛在通知稿上批示：“退总理。照办。”可见，毛泽东对中央财经小组的报告是赞同的，不是像李志绥说的那样对陈云极为不满。所谓毛的“批语”，完全是李志绥凭空捏造的。至于毛对陈云等对经济形势的估计不满意，是1962年巡视外地以后的事，那是他的看法后来起了变化，即使在这种情况下，毛也没有写过这种批语。

第二，造田家英和我的谣言。李说，林克在田的授意下，把“毛批”给压下了。本来，连“毛批”都没有，何来“压下”？从李的记述来看，好像他连我是干什么工作的都不大清楚，给我安上一个“做收发文件的机要秘书”的头衔。在“文革”以前，先后给毛泽东做机要秘书的，只有叶子龙、罗光禄、高智和徐业夫，我从没有做过机要秘书。就从收发文件来说，中央有关人事问题的文件、档案，从来都是领导人亲自密封后，再由机要秘书传递，决不会不经密封就交秘书传递的，更不可能由秘书随便看并且把它压下。这是起码的常识。李志绥把自己描写成参与机密的核心人物，其实他不过是个医生，连保密文件如何处理的起码常识都没有。再说，这是财经小组的报告，批件应该送财经小组，不应该送中央书记处。

退一万步说，即使真有那么一个“毛批”，而且要我交给中央书记处，我有这样的胆子，敢压这样的文件吗？而且一压两年之久，毛泽东居然不闻不问，中央财经小组也没有人催问一句，这样的事是可能的吗？

我确实也接触或保存过一些机密文件。这类文件，我们都是锁在办公桌或保险柜里。如果有这样重要的文件，竟敢压在褥子下面，这不是太荒唐了吗？

据李志绥说，我压文件的事，后来是徐业夫报告了汪东兴和毛泽东。徐业夫已经死了。汪东兴还健在，他否认有这件事。再说，如果真有私压毛泽东批示这样的大事，我还能不受批评处分吗？可我没有为此受到任何批评处分。至于说“由此造成1964年底林克调出中南海”，那更是信口开河。

1965年初，根据毛的指示，我到了河北新城县参加“四清”工作，半年后又回到中南海。我调出中南海是1966年8月初，是我主动提出来的。

总之，李志绥越要把自己打扮成一个深知中共高层内情、处于重要位置的角色，就越是在事实面前栽跟头。事实上，他又根本不处在这样的位置，不知道多少内情，就只好在那些参与者的帮助下，东拼西凑，胡编乱造，结果漏洞百出，这是毫不奇怪的。

但对不了解实际情况的人，他那些绘声绘色的描写，还是可以起一些欺骗作用的。但是，欺骗作用总归是不能长久的。

（参见林克、徐涛、吴旭君：《〈毛泽东私人医生回忆录〉真相追击》，载《传奇》总第11期）

◇“回忆录”中对毛泽东会见尼克松一事的情节是怎样编造的？

从“回忆录”上看，在毛泽东会见尼克松这个重大的政治事件过程中，李志绥好像在扮演着一个重要的角色。他先是“等在大厅”迎候尼克松。见了尼克松，跟尼克松“点头”“打招呼”，随后陪着尼克松去见毛泽东。会见结束，毛又问李志绥谈得如何，并向李讲了一大段对尼克松的看法。

这又是一段编造得太离奇的“故事”。它是真的还是假的，恐怕稍有常识的读者也很容易分辨清楚。

对这次会见的一些情况，吴旭君记得很清楚。那是1972年2月21日上午，毛泽东刚一睡醒，就叫吴旭君立即去了解美国总统尼克松到达北京的具体时间，吴前后打过五次电话，总机都迅速接通。最后了解到总统座机即将在北京机场着陆时，毛泽东告诉她说：“你给总理打个电话，告诉他请总统从机场直接到游泳池来，我立刻会见他。”

吴打电话给周恩来时，周正在路上。到了钓鱼台国宾馆后，周一得知毛要立刻见尼克松，当即作了安排。等吴旭君打完电话，毛就要起床。那时，他因病已有七八天很少起床久坐了。

起床后，吴安排他坐好，就一路小跑地去告诉张玉凤，因为会见时由她负责搀扶毛。又跑去告诉周福明（毛泽东卫士）去给毛刮胡子、理发，把会见大厅（也就是毛的书房）和茶水准备好。吴又跑去值班室，通知毛的近身警卫李连庆，叫他通知汪东兴、张耀祠、徐业夫、（秘书）和门卫，又通知了管理员吴连登（他做毛泽东的生活管理员多年，毛病重时，他对饮食、生活物品供应等都十分尽心）准备点食物，因担心毛在会见时有可能出现低血糖。吴又跑去医疗组，告诉他们毛要立刻会见尼克松，请专家们待命。

吴赶回毛的卧室，把他扶到会见大厅让他坐好，再到医疗组所在的地方，再一次检查了医疗器械和急救用物。那时看见李志绥也在那里，李一直没有去游泳池门口，尼克松和周恩来到底几点几分才能来到游泳池，他根本就不知道。他在"回忆录"中却说："尼克松与周恩来乘坐的红旗车抵达时，我已等在毛书房外的游泳池大厅。"这是不可能的。这次外交会见与李志绥毫不相关。

李志绥在"回忆录"中还说："尼克松总统进门时，我点头打招呼，并领他到毛的书房。"

我们又问了当时在场的汪东兴。他说："毛主席会见尼克松总统，照李志绥的说法，好像他从头到尾都参加了。没有那回事。尼克松来到主席住地门前，周总理在门口迎接，周总理让我也在门口，负责安全警卫，李连庆（毛泽东住地警卫）站在另一边。尼克松车子过来时，周总理让尼克松的警卫陪同人员不要来。我立即通知我们的警卫，让尼克松的警卫人员等在怀仁堂休息，李志绥当时不在。尼克松来到时，是周总理陪同尼克松进入毛主席书房的。礼宾司有韩叙、王海容，翻译是唐闻生。我在大门口，连我都没有进书房，李志绥怎么能陪尼克松进去呢？去他的吧！"

我们还访问了王海容和唐闻生。她们都是在场的第一见证人。

王海容，曾任外交部礼宾司副司长、外交部部长助理、外交部副部长，现任国务院参事室副主任。有关基辛格秘密来访和尼克松正式访华的许多事情，周恩来都是直接交给她办理的。当时毛泽东会见外宾，她一般都在场。她回忆说："当时，周恩来总理在毛泽东主席的住地门口迎接尼克松总统，并陪同他进入毛主席的书房。礼宾司由韩叙（礼宾司司长）和我陪同会见，还有外交部的翻译唐闻生。我协助唐闻生的工作，为会谈作记录。汪东兴同志在门口负责指挥安全警卫工作。李志绥不在场，谈不上他向尼克松'点头'‘打招呼’，‘领他到毛的书房’。”

唐闻生回忆说：“1973 年 2 月 21 日，毛主席会见美国总统尼克松，当时我担任英文翻译。尼克松一行到达中南海毛主席的住处游泳池的时候，中共中央办公厅汪东兴主任和张耀祠副主任在大门口迎候。周恩来总理陪尼克松进入大门，经过走廊和值班室，再进入毛主席会见外宾的大厅。我和王海容随同进入。主席身边工作人员张玉凤扶他站起来迎客。我当时看见吴旭君和周福明站在值班室门口，但是没有看到李志绥。”

毛泽东会见外国国家元首，外交部礼宾司有一整套接待规格。按外交礼节，只有周恩来总理才有资格代表中国去迎接对方国家元首，这是基本常识。当时，毛泽东大病初愈后，第一次进行外事活动，体质很弱。医疗组的全体人员都集中起来，一切急救设备都已备齐，大家坚守岗位，处于一级战备状态。作为保健医生的李志绥，此时此刻也只能在医疗组所在地一起待命。可是照“回忆录”的描写，他却置本身职责于不顾，而去做不属于他的工作范围的、不应当也不可能由他去做的事情——到大门口迎接外国国家元首，向尼克松“点头”“打招呼”“领他到毛的书房”。“回忆录”这是胡诌了一些什么呀！

李志绥在“回忆录”中说：“书房和内走廊只以帏幔相隔，因此我听到了所有的谈话内容。”

这只能欺骗不了解实际情况的读者。其实，游泳池同会见大厅之间有一个五六米宽的内走廊，一侧不但有帏幔相隔，帏幔后还有厚墙和关闭的房门，另一侧还有一道高大结实的金属框玻璃墙。关上玻璃墙上的门以后，李志绥在游泳池的这一边，根本不可能听到大厅内的声音。李志绥就是想去偷听也不可能，因为当时还有严格的警卫和外事保密纪律。

王海容说：“毛主席不喜欢对话的人说话声音过大，他曾批评过我：‘你说话的声音能不能小一点？’所以那天与尼克松会谈时，毛主席的声音、翻译的声音都不大。我也知道大厅外面有个走廊，放了乒乓球台，再过去还有游泳池的玻璃门，李志绥说他在外面听到了‘所有的谈话’，那是不可能的。”

毛泽东与尼克松会谈时，除规定在场的人以外，没有任何人敢在附近偷听。当时只有吴旭君为了了解毛的身体情况，曾经隔着会谈大厅的大门从缝隙去观察过四次，看毛的神情、体态、语音等，以防有意外变化，在房里根本没有看到过李志绥的影子。

李志绥在“回忆录”中又说：“送走尼克松以后，毛十分高兴，换上睡袍，坐在沙发上。毛主动伸手让我测量他的脉搏。脉搏洪大有力，搏动规律。毛问怎么样。我说，脉跳得很好。毛问我：‘你听到我同尼克松的谈话了吗?’我说，我一直坐在书房门旁，听到了。……毛说：‘我很喜欢尼克松这个人……’”下面紧接着的还有李编造的毛的讲话，共三行，这里从略。

毛泽东和尼克松会谈结束，客人要走的时候，吴旭君在场。为了避开摄影摄像镜头（这是多年来的工作纪律，除非因工作无法躲开，一般都要想尽办法远离镜头），她站在旁边。由张玉凤搀扶毛泽东送走客人，然后她和张玉凤一起把毛送回座位，把会见厅里用不着的灯光都关了，让他休息。

这次会见，从下午 2 点 40 分开始，原定 15 分钟，后来毛决定延长到 1 小时零 5 分。会谈结束时已经是将近 4 点钟了。毛确已十分劳累，吴、张让他在沙发上休息了 30 分钟，然后请他上床休息。在这段时间，一直到上床以后，他绝对地需要安静与休息。

“回忆录”的作者们，为了抬高李志绥的身价，强化这本“回忆录”的政治性，凭空捏造出会见后毛、李的一大段对话。这难道是可能的吗？这难道是合情理的吗？这是不可能的，是既不合情也不合理的。

当时李志绥根本没有和毛泽东见面，吴旭君和张玉凤一直在旁照顾着毛。毛会见外宾后，从来不会向身边工作人员去询问谈得怎么样，他压根儿就没有这个习惯。所谓毛泽东对尼克松的那段“评论”，就同书中其他许多内容一样，统统都是凭空编造出来的。看过这本书的读者们是不是会想到，事情竟然是这个样子的！

文章就要写完了，但我们总觉得言犹未尽。对李志绥“回忆录”所制造的谣言，应当戳穿和批驳的实在太多太多了，真是驳不胜驳。我们这篇文章里所说的只不过是其中的一些。

李志绥这个人，我们过去同他相处的时间不能说不长，对他的了解，也不能说很浅。他的缺点和毛病大家也是知道的。

李志绥做毛的保健医生也有十几年，尽管他不是真正在第一线直接值班，虽然他不常和毛泽东见面，但多年来他是处于听班待命状态，做了一定的保健工作。但是万万没有想到，他一跑到国外，就堕落到这个份上，确切地说，是他的彻底自我暴露。他伙同几个外国人，搞出这么一部“回忆录”来，专门造谣，作假，诽谤人，诬陷人，对别人进行人身攻击。这能叫回忆录吗？不能。有什么价值吗？没有。

当然，那些敌视中华人民共和国和中国共产党的人们，以为这是一个了不起的“宝贝”，把它用来打人。但是，一旦这本书的谎言被戳穿，他们就会落得一场空。毛泽东是20世纪的伟人，是在中国革命洪流中造就出来的深受中国人民尊敬的民族英雄。他根本地改变了中国的面貌，对世界的历史进程也产生了重大的影响。

毛泽东来自人民，把自己的一生献给了人民。我们长期在毛身边工作，看到的毛泽东是廉洁奉公，敏而好学，生活俭朴，贴近人民。他的精神、思想、学识、智慧、骨气、品德，为世人所称道。

当然，在李志绥等人的笔下，毛泽东的这些根本方面和本质特点，是见不到的。他们刻意向世人宣扬的，是用谣言编织起来的攻击和诽谤毛泽东的种种荒诞无稽的故事。

若要问我们对李志绥的《毛泽东私人医生回忆录》怎样评价？我们只有三个字：

“不可信！”

我们这篇文章，讲述的事实和引用的证词都是有根据的，是对读者和历史负责的，是经得起历史检验的。

纪实作家叶永烈关注热点，追踪热点，擅长穿过历史的风雷，进行“焦点访谈”。他的作品是建立在大量独家采访历史当事人基础之上，以第一手资料，披露人所未知、人不敢言的种种史实。

当叶永烈采访“文革”风云人物王力时，聊到毛泽东，提及李志绥的《毛泽东私人医生回忆录》。王力说，他不仅看过这本书，而且他家里有这本书。他以为，这本书许多地方不符合事实。他说，他写《王力回忆毛泽东》，将纠正这本书中的一些错误。

顺便再提一笔，笔者前些日子在与华国锋的秘书通电话时，得知华国锋也“翻了一下”这本书。华国锋以为这本书不屑一顾。看来，不论是王力，还是华国锋，在忠于毛泽东这一点上是完全一致的。

李志绥编造的谎言刚完，他便寿终正寝了，真是天理昭昭，还是人间正道是沧桑。

（参见林克、徐涛、吴旭君：《〈毛泽东私人医生回忆录〉真相追击》，载《传奇》总第11期）

（参见叶永烈著：《黑红内幕——叶永烈采访手记》，作家出版社1999年1月版）

◇徐涛、吴旭君眼中的李志绥是一个什么样的人？

徐涛、吴旭君说："听说台湾出版了一部李志绥的'回忆录'，我们借来细细地看了。

"我们两人都是毛泽东身边的医务人员。徐涛从1953年到1957年担任毛泽东的保健医生，吴旭君从1953年到1974年担任毛泽东的护士长。我们同李志绥共事的时间相当长，对他很了解。看了《毛泽东私人医生回忆录》以后，觉得书中假的东西太多。这本书也不是他一个人能写出来的。

"我们十分清楚，李志绥当年做毛泽东的保健医生的时候，能见到毛泽东的机会实在不多。他甚至不敢主动地去见毛，毛也很少找他，至于交谈就更少了。书中涉及的大小事情，绝大部分我们都经历过，书中提到的众多人物我们也都熟悉。坦率地说，在许多方面，我们远比李志绥了解得更直接、更清楚。所以，对书里所写的那些东西，特别是关于李志绥本人的情况，关于毛泽东的生活方面和健康方面的情况，究竟是不是真实，我们是很容易作出判断的。

"因为我们是曾在毛泽东身边工作过的医务工作者，在这篇文章里准备着重从医疗保健方面来谈，顺带也讲到我们亲身经历的其他一些事情，用事实说话，让读者看一看李志绥和他的合作者是怎样编造谎言的。"

李志绥在"回忆录"中说："1954年……我被任命为毛泽东的保健医生，以后并兼任毛的医疗组组长。从此，直到1976年毛去世为止，我作为毛的专职健康保护人和监护人，无论在北京或去外地，都跟随在他身边，为时22年。"

这是李志绥表明自己身份的最重要的一段话。许多读者大概也是因为他有着这样一种"特殊身份"，才相信了他在书中说的那些事。我们就先从这一点说起，看看事实究竟是怎样的。

李志绥到底是从什么时候开始做毛泽东的保健医生的？

徐涛可以十分肯定地说，从1953年到1957年6月以前，从来没有向李志绥移交过毛的保健工作。最可靠的证据是毛泽东的病历档案。1957年6月3日的病历上有如下记载："今日由黄树则局长（按：黄当时任卫生部保健局局长）交待，今后主席保健工作由我负责。卞志强大夫已将工作及病历交待。”这个病历是李志绥亲笔写的，并有他的签名。卞志强任毛的保健医生时间很短。

李志绥亲笔填写的个人履历表是又一个可靠的证明。他在履历表上是这样写的：“1950 年 10 月至 1956 年：警卫局中南海门诊部医生。”“1957 年 6 月 1 日：中南海警卫局，专职大夫。”请注意，他自己写得很明白，是在 1957 年 6 月才担任中央领导人的保健医生的，而不是他在那本书里所说的 1954 年。那份履历表是他在国内时填写的。周围熟悉情况的人都在，他不敢随便乱写，不可能像他到了海外以后可以任意乱说。

还有一个旁证：李志绥在“回忆录”中说，他在担任毛泽东的保健医生以后，曾经在 1956 年 11 月至 1957 年 5 月到北京医院神经科进修班脱产学习过。熟悉这方面情况的人都清楚，只要担任了毛的保健医生，从来没有在任职期间离开岗位脱产学习的，王鹤滨和徐涛等都是如此。李志绥这次进修，不是在做了毛的保健医生以后，而是在这以前由中南海门诊部派去的，这时他还在门诊部工作，同毛没有任何关系。我们保存着 1957 年 4 月毛在杭州和所有随同的身边工作人员的一张合影照片，里面就没有李志绥。

在我们的记忆中，1954 年、1955 年这两年内，在一组（这是毛泽东身边工作人员行政组织的代称）里没有见到过李志绥。1956 年徐涛因毛交给的任务而临时外出，周泽昭（当时任北京医院院长，并负责毛泽东的保健工作）在一组主持专家会诊时，根据毛泽东病历的记载，毛的健康情况是由毛的卫士长李银桥和护士长吴旭君介绍的。李志绥临时被找来帮助作过记录，那时他和毛偶尔有过接触。其他有关情况，无论是毛的，还是一组的，他都不知道。

1957 年 6 月李志绥担任毛的保健医生以后的几个月内，毛泽东的日常医疗保健护理，包括观察操作、饮食营养管理和药品器材管理等，基本上还是由吴旭君负责，李志绥几乎不怎么来一组。直到 1957 年 11 月，毛泽东参加苏联十月革命 40 周年纪念活动去莫斯科时，吴旭君才第一次和李志绥进行保健医疗护理上的合作。

李志绥说他担任毛泽东的保健医生 22 年。除去他前面虚报的三年，还有他 1965 年下乡搞四清，1967 年下工厂“支左”，1970 年下基层参加医疗队，1975 年到 1976 年较长一段时间内因为毛泽东不满意他而不要他在一组工作，扣除这些以后，李志绥实际上做毛的保健医生的时间，就没有他自我吹嘘的那样长了，要打一个大大的折扣。

李志绥居然还说："除了汪东兴之外，我可能是随侍在他身边最久的人。"这更是笑话了！在毛身边工作比他时间长久的人有得是，例如叶子龙、孙勇、罗光禄（机要秘书）、韩阿富（炊事员，在毛身边工作二十余年）等等。他这些自我吹嘘，无非是要在不了解实际情况的读者面前抬高自己的身价，让读者相信他所编造的那些话罢了。我们先来谈谈 1954 年到 1957 年 5 月这段时间。那时李志绥还没有到毛身边工作，更不是毛的保健医生，可是"回忆录"居然编造出大量关于李志绥为毛泽东做保健工作的情节以及他同毛"交谈"的详细描述。这些统统都是无中生有的，实在令人吃惊。下面举一些例子来说说。

李志绥在"回忆录"中说：1954 年 10 月 2 日汪东兴同他谈话以后，"汪将毛以前的一些病历记载拿给我，要我了解毛的病史"。

这件事我们问了汪东兴，汪斩钉截铁地说："毛主席的病历，我自己从来就没有看过，更没有拿过，不可能由我拿给李志绥看。"

毛泽东的病历，徐涛经手过。于 1953 年徐涛从前任保健医生王鹤滨手中接收过来以后，一直锁在自己专用的保险柜内，只由他一个人管理和使用，在 1957 年 5 月向卞志强交班以前从未给任何人看过或者借出过，包括当时的三位保健处处长、警卫局局长汪东兴、公安部部长罗瑞卿、卫生部副部长傅连暲等在内。那时李志绥不是保健医生，根本不可能看到这些病历。

李志绥在"回忆录"中说："1955 年 4 月 25 日下午……毛终于召见我了。""李（银桥）将我引进室内游泳池，毛泽东正躺在游泳池南端的一个木床上看书。"

一个游泳池，一个木床，一个躺在床上看书，毛泽东的这些生活特点都是人们非常熟悉的。李志绥自以为这样说总是万无一失吧！但由于他是编造的，就难免破绽百出。

在我们的记忆中，1955 年 4 月中南海室内游泳池尚未建好。为了弄清这个问题，我们问了专门负责修建中南海游泳池等建筑的工程师王爱琛。他告诉我们："中南海室内游泳池是 1954 年开始修建，1955 年秋天大约 9 月或 10 月完工的。游泳池南端的太阳光室是 1959 年扩建，1960 年春天才完工。"

李志绥却说1955年4月25日毛第一次找他谈话是在"室内游泳池"。因为这是在讲毛第一次找他谈话的情景，当然不可能是什么记忆"失误"，只能是把后来他所知道的某些境况搬到前头来说，使故事细节编得活灵活现，好让读者信他那一套。没料到这样恰恰露出了马脚。

李志绥在"回忆录"中说："他讲过以上的高论（按：指书中说的1955年4月30日毛同李的'谈话'。）之后，又说：'明天是五一国际劳动节，你同我一起到天安门上面去看看，这也是一次很好的受教育的机会。'"毛还对李说："你把孩子也带上去，让他看看。"

这件事又是凭空编造出来的。我们去问过汪东兴。他肯定地说："1955年5月1日李志绥不会上天安门。"是啊，李志绥1955年既没有同毛泽东见过面，更没有谈过话，说毛让他带孩子上天安门，不但那时，就是后来，在这种场合连中央领导人也没有带孩子上天安门的。李志绥编造的这些，谁会信呢？

我们还问了当年中南海保健处的保健医生王敏清，每年大的节庆日如"五一""十一"，他都上天安门值班做医疗服务。他告诉我们说："1955年五一节，没见过李志绥在天安门上。"

李志绥在"回忆录"中又说："1955年6月中旬……汪东兴突然要我火速赶往北戴河。""北戴河事件（按：指书中所说的罗瑞卿、汪东兴阻挠毛泽东游泳而受到毛的批评一事。）也是我生活的转捩点。夏季将尽，周（泽昭）医生被悄悄撤了职。……我成了毛的专任保健医生。"

李志绥这些话，句句是假的。

先请读者听听汪东兴是怎么说的。汪说："1955年6月，我没找过李志绥火速去北戴河。周泽昭没有被撤过职，他是中南海保健处副处长。如果那一年李志绥去过北戴河，那就可能是由中南海门诊部派去为出差工作人员做医疗服务的。李志绥那个时候不负责毛主席的医疗，我又不管门诊部的事，我怎么会叫他去？"

汪东兴的判断是对的，郑学文（当时任中南海门诊部主任）也可以证明。她告诉我们："我是1950年4月调到香山门诊部的，半年后从香山搬进中南海，成立中南海门诊部，仍做主任。1957年我回保健局以前，一直和李志绥在一起工作。1955年、1956年，中南海门诊部那时派人去过北戴河，李志绥是随门诊部去北戴河的，给一般工作人员看病。"

李志绥说毛泽东 6 月份在北戴河，这又编造错了。那些年的每一个夏季，徐涛都和毛泽东一起去北戴河，从来没有在 6 月份去过。6 月份北京并不太热，而北戴河的气温和海水温度都还比较低，不适宜下海游泳。到七八月份，北京天气炎热了，北戴河的气温比较凉爽而海水又比较温暖，适宜于游泳和休息，所以毛泽东总是到 7 月或 8 月才去北戴河。

请看徐涛等人当年记载的跟随毛去北戴河的时间表：

一九五四年（首次去北戴河）

七月二十六日至八月二十日

一九五五年：

第一次　八月七日至九月五日

第二次　九月十四日至九月二十五日

一九五六年：

七月二十三日至八月二十日

一九五七年：

八月十八日至八月二十八日

一九五八年：

八月十六日至九月三日

（据《毛泽东年谱》记载毛确实没有在 6 月份去北戴河游泳。）

由上表可见，这五年中，毛离京去北戴河的时间，只有 1954 年和 1956 年是在 7 月，其余都在 8 月，从来没有在 6 月就去的。

1955 年夏天在北戴河游泳，有一件令人难忘的事。

9 月 2 日，毛泽东游向远海，遇见一只小船，他同船上老渔民闲谈，老渔民没有认出这位穿着游泳裤、浑身水淋淋的人是毛泽东，怕耽误生产而不愿意多谈。毛泽东说把船上的螃蟹全部买下来，老渔民高兴了，谈得很畅快。讲了渔民合作社内不团结的情况，讲了家里的生活情况，连他老伴的一些事也津津有味地讲起来。毛泽东了解到渔民合作社的许多情况，一个普通渔民的家庭生活和经济情况，心里特别高兴。

回到第五浴场，毛请全体工作人员吃螃蟹，吃完后他又提出和全体同志合影。现存的合影照片中，李敏、李讷、毛远新、汪东兴、孙勇、沈同、林克、周泽昭、徐涛都在，偏偏没有自称这时在毛身边工作的李志绥，因为他还只是门诊部的大夫，没有到毛泽东身边工作。吴旭君当时正怀孕临产，所以没有去北戴河，留在中南海值班。

李志绥在“回忆录”中还说：“自毛从北戴河回中南海开始，我每天都去见他。此后，我也随同他出巡北京或外地。”

按照他的时间表，这段话所说的一些事应该在1955年9月以后。我们不知道那时他每天到底怎么去见毛？他在书上也讲到毛的住地警卫很严，当时他还不是一组的工作人员，连毛的住地周围地区的通行证都没有，怎么能进入毛的院中？又怎能进入毛的屋子里？他自己的履历表上明明写着，从1950年10月至1956年任警卫局中南海门诊部医生。他不负责毛泽东的医疗保健工作，有什么理由“每天都去见他”？而且还要“随同他出巡北京或外地”呢？

李志绥的编造并没有就此结束。为了显示他医术不凡，初来乍到就取得了毛的信任，他在“回忆录”里编了这样一段情节：

1955年“夏季将尽，……我成了毛的专任保健医生”。“我不断翻阅毛的病历时发现，近两年毛每次检查血液中的白血球，总数都高，其中的中性白血球计数也高。……这表明在毛的体内某处，有慢性炎症存在，但是没有检查，我确定不下来。”

随后，李志绥设法“说服”了毛，他同意检查身体，并做了一次“全面检查”。检查内容包括鼻腔、上颌窦及额窦、口腔，还有前列腺，他向毛说明“牙齿是主要问题”，并请牙科医生为毛拔了牙。“过了两天，我又给毛取了耳垂血检查，白血球总数和中性白血球计数都恢复到正常。我将检查结果告诉他时，他高兴地说：‘你解开了存在几年的一个谜。你胜利了，英美派万岁。”

且不说李志绥在1955年根本不是毛的保健医生，没有资格为毛做“全面检查”，仅就他在“回忆录”里所说的细节来看，也都十分荒唐。

李志绥借毛的口说：“你解开了存在几年的一个谜。”事实上，毛本人早就知道问题出在牙齿上。早在徐涛之前担任毛的保健医生的王鹤滨，就发现了毛的白血球偏高的问题，并在病历上做了记录。1953年徐涛接任后，专门研究过这个问题，断定是由牙病引起的。徐把结果向毛报告，要毛做一下检查，但毛工作紧张，一直抽不出时间。

为了动员毛及早检查治疗，徐涛早在1953年10月向主管中央保健工作的傅连暲报告，并于1953年10月向中央写了报告。可见，这个“谜”早就解开了，但不是李志绥解开的。

李志绥对于为毛泽东拔牙作了十分细致的描绘。对于这种描绘，除了毛身边的医护人员等当事人以外，谁能怀疑呢？谁会怀疑呢？但我们一读到这个地方，就感到不对头，书中写的同我们记得的事实完全不一样。

为了证实我们的记忆，我们又查阅了当时毛泽东的病历记录，结果与我们的记忆是相符合的。

一、李志绥编错了拔牙的时间。病历记载，毛泽东第一次拔牙是在1956年4月，这以前没有拔过牙。李志绥在时间上含糊其词，但从上下文推断，他所说的那次拔牙是在1955年10月1日国庆节以后。

二、李志绥编错了拔的是哪一颗牙。李说拔的是“左边上面第四个牙齿”，病历上记的是“右上方第五个牙”。

三、李志绥编错了拔牙的地点。李说是在北京，实际上是在杭州，由张光炎医生（北大医院口腔科主任）拔的。

李志绥把这些基本事实都说错了，同样不是因为记忆“失误”，而是因为他在1955年还不是毛的保健医生，根本没有参与这件事。这三点，特别是二、三两点，对保健医生说来是不会记错的。

他编那些拔牙经过的细节，是为了引出毛泽东对他说什么“英美派万岁”。凭我们对毛泽东的多年了解，这样的话绝不会出自毛的口。毛对医学界中分什么“英美派”“德日派”“苏联派”，向来不赞成。毛对徐涛多次表示过这样的观点。

为毛泽东解决失眠的难题，又是李志绥为吹嘘自己医术“高明”“深得毛的信任”而编造的。他在“回忆录”中说：“对我来说，最头痛的难题是毛长年的失眠症。”他建议毛在晚饭前服用速可眠钠，晚饭后再服用安米妥钠。“事实上用这个方法以后，确实使入睡好些了，睡的时间长些了。”他把毛改服速可眠钠说成是他首次建议的。

其实，早从1953年11月起，徐涛已经给毛泽东服用速可眠钠和安米妥钠。李志绥接任后，不过继续照过去的办法给毛服用这两种药罢了，哪来什么由于他的“建议”才开始这样做？李志绥之所以抓安眠药问题大做文章，是因为睡眠问题几乎是毛泽东生活中的头等大事。

以上事实足以证明，李志绥编造的谎言漏洞百出，经不起阳光的照射，在照妖镜下，现出了他丑恶的面目。

（参见林克、徐涛、吴旭君：《〈毛泽东私人医生回忆录〉真相追击》，载《传奇》总第11期）

◇李志绥何曾跟随毛泽东在长江游泳？

李志绥在"回忆录"中用了很大的篇幅讲1956年他同毛一起游长江的事。这又是令人奇怪的。

那次游长江，徐涛是随同的，没有见到有李志绥。我们还访问了许多当事人，都异口同声地说：那次没有见到有李志绥。

汪东兴说："1956年毛主席游长江时，没有李志绥，他游泳游得不行。我记得那次是徐涛和周泽昭给主席做保健。李志绥的书里说，我要他向毛主席打招呼。根本没有这回事！"

我们向陈长江（做过毛泽东的警卫兼游泳队员，1956年曾和毛一起游长江）问到1956年毛游长江时，有没有李志绥。他说："没有。后来主席游泳时，李志绥一般不下水。"

李志绥在"回忆录"中说，在广州向毛汇报长江里能不能游泳的时候，是"我们一起去见毛"的。既然说"我们"，自然是包括他李志绥了。

我们访问了当时同孙勇一起向毛汇报的韩庆余（当时是警卫一中队队长）。他说："孙勇同志汇报后，主席还是决定游长江，主席叫我和孙勇先去武汉做准备。我们汇报时，没有李志绥，没有看到他。他后来做了保健医生以后，主席游泳时，他一般都不下水。"

我们又问了孙勇（当时是警卫科长，毛的副卫士长）。他说："1956年主席游长江时，李志绥不在，我记得徐涛和周泽昭院长在。那时李志绥还没接班呢。在广州，主席向我了解长江能不能游泳时，当时屋子里没有李志绥。这件事他可能是以后听别人说的。主席找我谈完话，我就离开广州先去武昌找王任重，为游长江做准备。我专门试水试了三天，正试水时，你们和主席就由长沙来武昌了。主席在长江一共游了三次，徐涛和周泽昭都在小木船上。那时有三级风，长江水温是摄氏21度到22度。从武昌一直游到汉口中间未停的，只有毛主席、我、韩庆余三个人。那次李志绥根本不在。"

当时，徐涛和周泽昭作为保健医生，对毛泽东游长江，从一开始就不同意，但是毛下了决心的事，谁也改变不了。游长江前，徐涛和周泽昭做了充分准备，包括药品、器材、急救措施等。尽管这样，徐涛还是一夜没有睡好觉。游泳前毛要徐涛同他一起下水，徐说：“我得管这些药箱和救护工作，我还是要预防为主。”因此，徐涛和周泽昭带着药箱乘小木船一直跟随着毛。游完后，毛对徐涛说：“你没游，你不后悔吗？这可是中国的长江啊！”

那一回徐涛清楚地记得，在四天之内毛三次横渡长江，第一次由武昌游到汉口，第二次、第三次都是由汉阳游到武昌，徐涛和毛身边其他人员始终没有看见有李志绥。

如果李志绥那时真的当了毛的保健医生，又真的跟随着毛，那么，毛要横渡这水深浪大、江流湍急的天堑，在这重要的时刻，徐涛和周泽昭在研究保健和万一救护的方案时，为何不见李志绥的踪影呢？“回忆录”中对救护方案一事只字未提，又是什么原因呢？这并不是他的疏忽，而是他根本不在场，无从知道救护工作的准备情况。

毛的保健医生在同一时期内一般只有一名，最多两名（一个是一线值班、直接负责保健医疗的医生，另一个是上级指导、不直接参加值班的医生），从来没有第三位医生。这时毛的保健医生是徐涛和周泽昭，何来一个李志绥呢？

当年毛泽东游长江，从中央到湖北省的各级负责人员，都很紧张，十分谨慎，生怕发生意外事故。徐涛和周泽昭更是重任在身，不能下水同游，只能乘坐一条小木船，紧随在毛的身边，随时准备救护。李志绥如果作为一个在场的保健医生，怎么能对毛的安全就那么漫不经心，那么“无限轻松”地去游泳呢？这是完全不合情理的描写，因为它是根本不存在的事情。

李志绥的游泳技术甚差，这一点李本人也承认。一个游泳技术很差的人，却能在水流急速、波涛汹涌的长江中，游起来“感到无限轻松”，又有谁能相信呢？

李志绥为了证明他在1956年跟随毛游了长江，特地在“回忆录”里印了一张游泳的照片，并且写明：“1956年夏，李医生在武汉附近的长江游水。(毛泽东游在前头，不在照片内)”

但是，这张照片并没有给李志绥们以帮助，恰恰相反，给他们帮了倒忙。因为这是一张假冒的照片。

同毛泽东一起游泳的人都知道，毛游长江或其他的大江，都是在江心深水处，从机动轮船上下水，同游的保护者，也要在同一处下水，相距不能太远。因为江水湍急，人一下水，就冲出十几米，如果互相之间距离远了，就会被冲散。但从李在那张照片中的姿势、神态和他周围的环境，明眼人一看就知道，绝不是在长江中游泳的照片。在他身旁没有江水的浪花，李不会踩水，他的身体却站得那么直，他的神态却表现得那么轻松。可以断定，这张照片只能是在浅水无浪的地方拍的。

何况，1956 年时随行的摄影记者只一两个人，主要是紧跟在毛泽东身边摄影，根本不可能分出一个人来，远离毛而专门去给李志绥拍照。

李志绥及其同伙造假的手法，也实在太低劣了。他们以为只要在照片说明中加上几个字“（毛泽东游在前头，不在照片内）”，就可以以假充真。这不是在愚弄读者吗？“回忆录”的顾问黎安友在该书的“前言”中写道：“他（按：指李志绥）的身影牢牢嵌在无法修改的纪录影片和照片中，而某些可靠来源也确定他的身份。”可是，这“无法修改的照片”（加上说明词中的要害之笔）的确“确定”了一个东西，但所确定的不是“他的身份”，而是李志绥之流的造假。

对 1956 年广州之行，李志绥说了那么一大篇，看来不少是听别人讲的或者从别人的回忆文章中抄过来的。除此之外，全都说得不对。他同毛的“对话”更是百分之百的凭空编造。

说起在照片上造假，还不只是游泳照片这一张。例如，中文版的第一张照片就是作伪的。

该照片的说明是：“李志绥医生 1954 年夏摄于中南海毛泽东的内住地外。此照片由汪东兴所摄。”实际上，在中南海生活过的人一看就知道，这张照片摄于中南海南船坞对面的“流水音”（这里有潺潺流水，因而名“流水音”），背景正是当时李志绥在那里工作的中南海门诊部的围墙，进入那个小门，向右拐就是李志绥当时与人共用的诊室。

南船坞（即南楼，李志绥住在这里）同毛泽东居住的菊香书屋相距很远。当时，这里属于“乙区”，毛的住地属于“甲区”，持“乙区”证件的人不能进入“甲区”。我们问过汪东兴，他说这张照片不是他拍摄的。

李志绥们搞这种偷梁换柱的把戏，无非是为了配合正文，以“证实”李志绥的假履历，把他担任毛泽东保健医生的时间，从 1957 年 6 月提前到了 1954 年。

又如，中文版的第三张照片也是作伪的。

照片的说明是："1957 年 11 月于莫斯科克里姆林宫。毛泽东当时前往克宫，是要向赫鲁晓夫、米高扬、布尔加宁辞行。右起：李医生、毛与卫士长李银桥。"

当时，毛一直就住在克里姆林宫的一座楼上，无须"前往克宫"。这张照片，其实是毛泽东在楼梯转弯处，向已经走到楼下的吴旭君和中方波兰文翻译高佩玉笑面相送，根本不是什么向赫鲁晓夫等人辞行。如果真的是去向赫鲁晓夫等人辞行，那么，毛怎么会居高临下地从楼上望着离去的赫鲁晓夫等呢？在毛身边站立的理应是翻译或者中方官员，总不会是保健医生和卫士长。

我们现在还保存着另一张当时的照片，与李志绥书上的那张照片差不多是同时摄下的。照片里是毛泽东与吴旭君、高佩玉并排走在楼上的走廊里，后面跟着李志绥。当时毛正送吴、高下楼。吴、高下楼后，毛在楼上向她们送别。——这就是李志绥书上的那张作伪的照片的真相。

又如，中文版的倒数第二张照片。说明是："1977 年 12 月 26 日，毛泽东遗体工作组。前排右坐者为李医生，李身后为黄树则。"这个说明又是为了抬高李的身价而做了手脚。

黄树则明明坐在前排，而且就在李志绥的上手，照片说明却把他说成在"李身后"。黄树则是毛泽东遗体保护组主要领导成员。李志绥不敢冒充这一职务，而又要把自己摆在黄之上，于是就搞这种小动作，真是无聊透顶！

此外，第八张照片的文字说明是："1961 年夏，在庐山新建的招待所：毛泽东当时于此地会见他的第三任妻子贺子珍。"这个说明，同正文一样，把时间、地点都编错了，证明李志绥对毛贺相会一无所知。

连几张照片都要作假，可以看出李志绥等人已经不择手段到何等地步，什么骗人的勾当都能做出来。

我们计算了一下，在李志绥的"回忆录"中，讲述 1954 年、1955 年、1956 年和 1957 年 5 月李志绥还没有到毛泽东身边工作的三年中间的事情，约有 180 多页，占了全书近三分之一的篇幅。为什么李志绥和他的同伙要在这方面花那么大的力气，煞费苦心地去编那么多他根本不在场的事情呢？我们看至少有这么几个目的：

第一，想"证明"李志绥做毛泽东的保健医生长达 22 年，这是一个可以吓唬人的身份。

第二，使人感到他从一开始就得到毛的“信任”，他能随意和毛“长谈”，他甚至一下子就能改变毛一向不愿看病、不愿体检、不愿吃药的老习惯。

第三，更重要的是，在 1954 年至 1957 年 5 月期间，有几件重要的事，如中共八大的召开，毛首次在北戴河游泳，首次在长江游泳等。如果李志绥不把自己扮成“亲身参与”者，“回忆录”的其他参与者们怎么能借用李的“身份”对这个时期内的许多重要的政治性的事情进行捏造和歪曲呢？但这样做，也未免太卑劣了！

（参见林克、徐涛、吴旭君：《〈毛泽东私人医生回忆录〉真相追击》，载《传奇》总第 11 期）

◇李志绥和毛泽东究竟是什么样的关系？

李志绥在“回忆录”里总是把他说得和毛泽东的关系十分亲近，深受毛的信任，毛对他几乎是无话不谈。实际情况是怎样的呢？

毛泽东与李志绥的关系究竟怎么样，我们太清楚了，特别是吴旭君。我们深感有责任把真实情况向世人、向一切看过李志绥“回忆录”的人们说清楚。

李志绥为了编造一些毛泽东同他的“个别谈话”，特地给自己安排了许多特殊身份和工作任务，如：教毛读英文，毛让他看《参考资料》，研究政治，向毛写报告，帮助毛挑选红卫兵小报，等等。读者也许不会想到，这些也都是他编造出来的。

先从教毛泽东读英文说起吧。

李志绥在“回忆录”中多次讲到他教毛泽东读英文，在教英文中间，毛又怎样同他进行交谈，甚至是“彻夜长谈”。

到底是谁和毛泽东一起读英文呢？

1954 年下半年，林克调来做秘书，毛泽东就要林克教他学英文。从这时起，直到 1966 年大都是林克同毛一起读英文。

林克 1961 年 1 月下乡后不久，有一天毛泽东对吴旭君说：“国家困难时期，要节约开支，精兵简政，我要带头执行。你帮我的忙，我这里的人，秘书、卫士等都陆续离开了，你多承担些工作，既当护士长，又兼点医生工作。我们订个约法三条：第一，发烧不超过38度5不许找医生，我病了由你看；第二，学着搞些国际问题，每天看了《参考资料》要和我讲，还要和我读英文；第三，你也参加卫士的值班。”从这时起，吴旭君就和毛泽东一起读英文，谈“参考”。林克回北京后，仍由林克继续同毛一起读英文。

李志绥只是在1961年初偶尔和毛泽东读过几次英文，后来就不读了。

吴旭君曾经问过毛泽东：“主席，为什么不找李大夫读了？”

毛说：“此人不像你的徐涛（徐是吴旭君的丈夫）和林克那么温和，他是另一种类型的人，我还不太适应，他比较紧张，我觉得不舒服。我看还不如找你来和我一起读好。”

吴旭君说：“我的英文程度不如林克那两下子，恐怕达不到你的要求，怕胜任不了。”

毛说：“我们不是读过几次吗？就按你的办法挺好。你爱跟我争论问题，有时提出一些问题促使我去思考，我对我们的争论挺欣赏。就这么办！你就辛苦点，多背点政治术语和单词。”

吴旭君和毛泽东一起读英文，吴还给他选了一些医学词句读，把中英文句子分别用大字抄在八开的纸上。

在1964年初，毛还曾找章含之（当时是外国语学院教师）教过几个月英文。

唐闻生曾任外交部翻译、外交部美大司副司长、《中国日报》副总编辑，现任铁道部对外合作司司长。她回忆说：“在60年代末和70年代，毛主席会见外宾前后，或者当我们向他汇报工作时，他常问一些中文词句用英文怎么表达，还让我给他写下来，有时他会反复念好几遍。我给他写过不少英文单词和句子的卡片。在我为主席担任翻译期间，没有听说过他向李志绥学习英文。”

关于看《参考资料》，据我们所知，当时一组只有汪东兴、叶子龙、林克各订有一份，每人一天两大本。毛泽东告诉吴旭君说：“特别批准你可以看我的那一份，看完了，每天要和我谈。”因此看“参考”、谈国际问题，又成了吴旭君的工作任务之一。李志绥根本没有《参考资料》，毛泽东没有给他看《参考资料》的任务。

李志绥的“回忆录”说：“毛知道了我的处境（按：这里指‘回忆录’

里写的‘文革’初期红卫兵抄家对他造成的不安全），特别给我一个工作。毛让我和吴旭君筛读每天由全国各地如雪片般涌来的各种小报，挑选一些送给他看。”

“文革”初期小报很多，毛泽东把筛选小报的任务直接交给了吴旭君，并且每天她要和毛交谈这些小报的内容。毛对吴说：“我现在不得不借你的眼睛了。”这件事同李志绥毫无关系，毛从来没有交给他筛选小报的任务。

李志绥的“回忆录”反复说，他是毛泽东“闲聊的对手”，是毛的“清客”，经常同毛“彻夜长谈”，“几乎熟知他人生中所有细枝末节”。李志绥和“回忆录”的参与者们特别强调这些话，无非是为他们编造毛泽东的“谈话”和所谓“深刻入微”地描写“真实的毛画像”作铺垫。

然而事实是，他同毛泽东交谈得很少很少，长谈是绝对不可能的。

李志绥同毛泽东接近的机会很少，毛泽东很少找李志绥。李在毛泽东面前很紧张，有事几句话说完就走了。李平时从不主动去看毛，我们感到他是有些发怵，他可以很长时间不同毛见面。李志绥自己对我们说过：“没事少在他（按：指毛泽东）眼皮底下晃，说不定哪天就给晃下去了（按：指下放基层）。”

卫士们也反映，李志绥了解毛的健康情况大多是向值班卫士和吴旭君询问，了解毛泽东的意见和指示大多是靠吴旭君转达。李志绥亲笔在毛的病历上所作的记录更足以证明这一点，上面反复地写着：“根据吴旭君反映”“根据值班卫士反映”。我们同李志绥相处那么多年，他几乎没有单独一个人为毛泽东检查过身体，他怕负责任，只是在会诊时跟在专家后面去看看。

毛泽东在50年代曾跟徐涛说：“我要在自然科学方面补课，以后你就和我多谈谈自然科学问题。”当时正值第一个五年计划期间。毛和徐涛除了谈些历史、哲学、文艺、诗词以外，更多的是谈工农业建设中的实际问题，谈物理、化学、天文、原子能等，但从来不跟我们工作人员谈中央领导之间的人事关系问题。

在60年代前期，毛泽东忙于搞三线建设，忙于克服经济困难，他常找吴旭君或卫士了解社会情况和群众对生活问题的反映等，从来不找李志绥闲谈。

70年代毛的健康状况日渐下降，经常生病，他一直带病坚持工作。那些年代，他同身边工作人员闲谈的时间很少了。

李志绥同毛泽东既然在思想上很隔膜，没有什么共同语言，那么，他有没有可能经常与毛进行交谈，甚至是“彻夜长谈”，读者自然会作出自己的结论。

李志绥在“回忆录”里讲了许多他和毛交谈的具体情节，我们仔细看了，全是假的。这里举一个例子。

“回忆录”里说：“1955 年 4 月 30 日凌晨一点多钟，我匆匆赶往后门（按：指毛居住的院子的后门），心想毛一定生病了。门卫看到是我，立刻按电铃，卫士开了大门，我同他一起走进卫士值班室。我问他这么晚了，有什么事叫我。他说：‘主席已经吃过两次安眠药，睡不着，叫你来谈谈。’我穿过相接的明廊（按：我们记得，1955 年还没有‘相接的明廊’，这个明廊是 1958 年以后修建的），入北屋进到毛的卧室。”接着，“回忆录”编了好大一篇毛同李的谈话。据说，谈完话，李“回到南船坞宿舍，已经是凌晨 3 点半钟”。

这段描写，在“回忆录”的第 76 页至 81 页上。在不明内情的人看来，会觉得像有那么回事。但对于毛身边工作人员，特别是我们两个长期做毛的保健医护的人来说，一眼就看出这是假的。

首先，1955 年毛还不认识他，这在前面已经说过。

其次，根据我们多年的经验，毛泽东吃过两次安眠药以后，不能兴奋，要安静下来，逐渐入睡。这时绝对不会找任何人谈话，顶多和值班卫士随便谈几句家常，或是找护士长用十分平和单调的语气给他读读诗词，这是有的，那是为了催眠。“彻夜长谈”是没有的，是绝对不可能的。

毛泽东的脾气是喜欢同讲真情实话的人交谈，他要了解交谈者的真实想法和社会上的真实情况。而李志绥对上级讲话一向是顺从逢迎，毛不喜欢这样的人。

在“回忆录”中，李志绥说毛和他谈到“医生总有那么一副医生架子，让人讨厌”。毛又问李：“你有没有架子呢？”“我才恍然大悟，我是受西方医学教育出身，自然有‘医生架子’。”这件事，我们倒曾经听说过。毛在这里不是泛指一般的医生，主要是说李志绥有医生架子。这也是李不可能跟毛多接近、多交谈的一个原因。

毛泽东同身边人员进行交谈，总是有来有往，不只是他一个人发表长篇讲话，真正是交谈。他希望对方能对他的意见作出反应，能说出自己的观点和看法，即使说错了也无妨。要是能跟他争论，提出不同的看法，他是高兴的。但必须是讲真话，他才能听得进去。尽管如此，他很少同我们谈过什么国家政治生活中的大事，更没有同我们“彻夜长谈”。

这本长达600多页的“回忆录”中，写了那么多所谓毛、李的交谈。可是我们这些长期在毛身边工作的人，谁也没听说过李同毛有什么“彻夜长谈”。而谁跟毛谈话，谈多久，值班卫士都是一清二楚的。

（参见林克、徐涛、吴旭君：《〈毛泽东私人医生回忆录〉真相追击》，载《传奇》总第11期）

◇李志绥是一个怎样的保健医生？

李志绥“回忆录”说：“1954年……我被任命为毛泽东的保健医生，以后并兼任毛的医疗组组长。从此，直到1976年毛去世为止，……为时22年。”

这些话，在书中反复地讲，似乎他还长时期地担任“毛的医疗组组长”。

毛泽东的医疗组，是在他病情危重时，根据需要临时组织的。总共只有两次，每次时间都不长。第一次是1971年至1972年（美国总统尼克松访华前）毛泽东病重期间组织的，时间一年多。第二次是从1974年到毛逝世，共两年多。

第一次的医疗组，组长是李志绥，副组长是徐涛、卞志强、胡旭东（原为中国医学科学院阜外医院心内科主任，后调中南海保健处做保健医生）。参加医疗组的有北京医院的心血管内科主任吴洁，外科主任周光裕，麻醉科主任高日新，医学科学院院长、泌尿科专家吴阶平，阜外医院麻醉科主任尚德延，北京同仁医院耳鼻喉科主任徐荫祥等。

周恩来很重视医疗组的工作，后来决定由吴洁担任这次医疗组的专家组组长，对保健、医疗、抢救等业务负总责。护理工作由日夜坚持在第一线的护士长吴旭君负责。毛会见尼克松后，健康日渐恢复，各位专家陆续回到原单位，持续一年多的第一次医疗组就结束了。

第二次医疗组，是在1974年6月中旬，由神经科和内科专家会诊时提出、经领导决定成立的。李志绥不是医疗组组长，他只负责医务行政方面的事务。有关这次医疗组的情况，我们访问了几位当年参加医疗工作的主要专家。

王新德（北京医院神经科主任、教授，第二次医疗组专家成员，直至毛去世为止）说："没有宣布过李志绥是医疗组组长。"

方圻（北京协和医院副院长，心血管内科主任、教授，第二次医疗组专家成员，直到毛去世为止）说："不清楚，没听说医疗组组长的名称。"

那么，在医疗组大会诊中，关于诊断、治疗、抢救，到底如何集中意见，如何决定治疗方案，如何进行抢救，由谁下定医嘱？

经多方了解访问后得知，情况是这样的：在心血管内科、神经内科、麻醉科、耳鼻喉科、呼吸管理、外科、重病护理等各科诊治、护理、抢救的综合配合下，每一科都有一两位独当一面的专家，负责把关和直接管理，如神经科是黄克维（解放军总医院神经科主任）、王新德，耳鼻喉科是姜泗长（解放军总医院耳鼻喉科主任），外科是周光裕（北京医院外科主任）、高日新（北京医院麻醉科主任）。

在以心血管内科为主的三个专家小组里，陶寿淇（阜外医院院长，心内科主任、教授）、陶桓乐（北京医院心内科主任、教授）、方圻三位是分组组长，吴洁（曾任北京医院院长、心内科主任）也是心血管内科专家组的重要成员。总负责是陶寿淇。这些人都是第二次医疗组的专家成员。

方圻对我们说："陶寿淇、陶桓乐和我们一起商量，决定由我、陶寿淇、陶桓乐三个人各领一组人值班，三组人倒班。最后的医嘱，由陶寿淇说定，护士记录、执行。我有时在这边，有时在心电图处监护，我在主席床头右手，另外王新德、高日新等专家都在。"

专家们都没提到李志绥是医疗组组长。那么，李志绥在医疗组中起些什么作用呢？

李志绥在"回忆录"中把自己描绘成为医疗业务的决定人与领导人。不妨再听听医疗专家们是如何评说的。

方圻说："主席的病情我们向李志绥讲，需要向外单位送查化验，或者对外面联系一些事情，还有医疗组内的分组、分工等，都由他分管。他主要管医务行政方面。在主席的医疗、抢救等业务工作上，他不起什么作用。"

陶寿淇说："当讨论主席病情时，都是医疗组的专家们发表意见。李志绥只坐在后边，不参加讨论，不发表意见。由专家们讨论决定治疗方案与下达医嘱。"

王新德说："凡是重要的医疗讨论和作决定的时候，或是在抢救的时

候，李志绥都向后缩。毛主席心肌梗塞抢救时，李志绥又是向后缩。”（加点字的点是引者加的）

把这些话归纳起来看，在整个医疗组的诊断、治疗、抢救过程中，在医疗业务上，主要由各有关科的专家负责，李志绥不起什么作用。他分管的是医务行政工作。这同李志绥在书中所吹嘘的情况就有天壤之别了。

前面讲到在毛泽东病危需要抢救时，李志绥总是“向后缩”，使我们联想到1972年毛病情危重抢救时，李志绥临阵逃脱一事。

事情发生在1972年尼克松访华之前。那年2月12日凌晨，吴旭君正观察毛的病情，发现他突然精神不好，出汗很多，脉搏细弱，吴旭君叫他，也没有反应。吴意识到他发生了休克，便一只手给他做穴位指针按压，一只手紧按电铃，大声喊人。胡旭东、吴洁立即跑来，吴旭君按照他们的医嘱，同他们共同进行抢救，但一直没有见到李志绥。

胡旭东回忆这一段事情的时候说：“我听见吴旭君在大声叫人，我立刻向主席屋里跑去。当我进到屋后，看见李志绥向屋里探探头，然后扭头就走了。我发现主席心脏已停止跳动，赶紧做胸外心脏按压，吴旭君、俞雅菊（原为阜外医院心内科护士长，解放军三〇五医院内科护士长及门诊部副主任）配合注射药物等急救，那时吴洁也在，但自始至终没有看见李志绥进来。经大力抢救，主席很快恢复了。”

胡旭东还说：“事后听李志绥自己解释说，他当时跑去工字楼找尚德延去了。其实，他是有意躲避的。工字楼离毛的住地有一段距离，约四五百米，李志绥要找尚德延尽可以打电话，或者派人去找一下，在那么紧急的情况下，为什么非要亲自跑去找呢？这且不说，那么后来尚德延也来一同进行抢救了，可李志绥还是不来，是什么理由呢？”

这次我们查阅了这一段期间毛的病历，当时医生的分析，是毛泽东原有的肺心病，在心律失常情况下，由于严重缺氧所引起的。李志绥在“回忆录”中用了17页的篇幅，来描绘1972年1月18日至2月21日那一段时间他如何“主持”对毛泽东重病的诊治（实际是吴洁和胡旭东主治），而对这次十分危重的抢救工作，只字不提。这并不奇怪，就是因为这一次他临阵逃脱，对抢救情况实在是一无所知。

顺带说一句，我们正在写这篇文章的时候，又看到了李志绥的儿子李大重的谈话，说在毛泽东治丧委员会的名单里，李志绥的名字列在陶寿淇之前，证明李是医疗组组长。我们查阅了发表在 1976 年 9 月 10 日《人民日报》上的治丧委员会名单，名单中有陶寿淇，但没有李志绥。这份报纸是很容易找到的。它说明，陶寿淇在毛泽东医疗组中的地位和作用是首屈一指的。

在平时的医疗保健工作中，李志绥又是怎样一个情况呢？

李志绥在“回忆录”里，自我吹嘘了一番：在做毛的保健医生之前，“无论是首长或是普通工人，我都一样的细心认真治疗”，受到“上上下下人们的交口赞誉”，“我被任命为（中南海）门诊部主任”，后来又担任“北京医院第二保健办公室主任”，等等。

这里提到中南海门诊部，我们先介绍一下。这个门诊部是为中南海内中央办公厅所属的工作人员做医疗服务的。它同专为中央领导人做保健医疗工作的中南海保健科（后改保健处）没有直接关系，是两码事。

李志绥在中南海门诊部工作过 7 年多，但没有当过主任，主任是郑学文。黄树则（从 1943 年起做过毛的保健医生，曾任中南海保健处处长、卫生部保健局局长、卫生部副部长）证明说：“当时门诊部主任是郑学文。”

郑学文说：“李志绥不是门诊部主任，那时我是主任，他从来也没有当过副主任。”

李志绥在书中说：“直到 1976 年毛去世为止，我作为毛的专职健康保护人和监护人，无论在北京或去外地，都跟随在他身边，为时 22 年。”

“健康保护人和监护人”，根本就没有这个名义，而且也不通。“监护”，作为法律用语是指对未成年人、精神病人的人身财产及其他一切合法权益的监督和保护。毛既不是未成年人又非精神病人，所以不属于这种“监护”范围。

“监护”的另一含义，是指对病情危重的病人，进行密切的观察和记录，有的还应用电子仪器——监护器，随时记录和显示病人的心电图、脉搏、呼吸、体温、动脉压、中心静脉压、尿量及各种引流量，以便及时发现微小的病情变化，采取紧急治疗措施。从这个含义上讲，符合毛晚年几次病重抢救期间的情况。但是在毛病情危重期间，真正进行这种“监护”的是轮流值班的各科医疗专家，及经验丰富的特别护理组的人员，他（她）们是分秒不离地昼夜 24 小时轮流守候在床旁。

李志绥既不参加专家分组值班，也不参与医嘱的决定，更不参加任何医疗仪器的操作。当时负责临床诊治的专家们一致的印象是：在专家讨论诊治方案时，李坐在后面不发言；毛病危时，李甚至很少到床边去观察与检查，一切都靠其他专家医护人员；在紧急抢救时，李志绥不但不抢上前去，反而向后缩。作为毛的保健医生的李志绥的这种表现，实在是使人感到吃惊！

到后期，毛泽东对李志绥的工作已经很不满意了。在 1975 年到 1976 年很长一段时间内，毛不让他在一组工作。

关于这一段，李的"回忆录"透露出一点信息。他说："（1974 年 9 月至 1975 年 1 月）毛仍在长沙，未参加北京的会议。""我想回北京。我在长沙起不了作用。我们的人手不足，万一发生突变，需要抢救，很难进行。""胡旭东、吴洁和我于 1 月初回到北京。""我留在北京，开始向几位高级领导做简报。我先找到叶剑英，希望寻求各领导人的合作。毛不肯接受治疗，我们亟需政治局的帮助。另一方面，也该让政治局了解毛的病情。叶元帅很热心。我们聊了一会，谈到我已负责毛的医疗保健 21 年之久。然后我将外出这半年的情况详细告诉了他。"

从 1974 年底到毛泽东逝世这一段时间，吴旭君已经不在毛身边工作，其间有关毛的医疗情况，我们主要是通过访问当事人包括一些专家了解到的。

关于上面李志绥说的那些事，我们访问了当时随同毛泽东在长沙的汪东兴。汪说："这是假的。他怎么能同叶剑英去谈？实际上是主席有病，对李志绥有意见，不满意。主席说他只观望不行动，不动手，不解决实际问题，病好不了，不要他，让他回去！"

这就完全明白了，李志绥之所以回北京，不是他"想回北京"，而是他"在长沙起不了作用"。1974 年底李回北京后，一直到 1976 年 6 月他基本上就不参与对毛的医疗工作。

1975 年，毛泽东做了白内障手术。当年为毛做眼科手术的唐由之教授是著名的眼科专家，现任中医研究院副院长。他对我们说："我于 1975 年春节大约是 2 月份，在杭州与毛主席见面，给毛主席做眼科会诊。那时李志绥不在杭州，汪东兴要我负责准备了眼科、耳鼻喉科等有关各科的整套手术室需用的器械设备。回北京后，我住在中直招待所，和几位眼科专家选择了适当的病人做了二三十例的手术，效果比较好。几次政治局扩大会议听取治疗方案汇报，李志绥也没有参加。我于 1975 年 3—4 月间住进中南海，住了 7—8 个月。在手术前、手术中、手术后，都不见李志绥。"

我们问唐由之：李志绥的“回忆录”中说，手术前，“毛说：元朝人萨都刺写过‘天低吴楚，眼空无物’。那么做完手术，我的眼里就会有物的了”。您当时一直在毛泽东身旁，毛泽东说过这些话吗？

唐说：“没有，毛主席没有说过这些话，李志绥没有在场。毛主席只是问过：‘你准备好了？’我说：‘准备好了。’主席说：‘准备音乐了吗？’后来由秘书找来弹词《满江红》录音带放的。做手术时，周恩来、汪东兴等都在门外等候，李志绥并不在。”

李志绥真是会编“故事”，那段对话，又是他或那些参与者们发挥想象力所写出来的。

我们又问：李志绥书上说，“从注射麻药到针拨完成，一共不过 12 分钟。这次做的是右眼，打算两个月以后再做左眼”。是这样吗？

唐说：“不是。手术用了 7 分钟，做的是左眼。毛主席说：‘明年我再请你来，为我做右眼手术。’”

1975 年做的那次眼科手术，在当时对毛的保健工作来说，不是件小事。但就在这个重要时刻，李志绥不见了。一直住在中南海主持手术的唐由之，在 7—8 个月的时间里没有看见过李志绥的影子。这就是自称每天都随侍在毛身边的、为时 22 年的毛的“专职健康保护人和监护人”哩！李此时根本不在毛身边，却偏要装出他对毛的眼科手术情况十分了解的样子。于是又不得不靠编造了，既然是编造的，尽管有那么些中国通下手，也难免错误百出。

从唐由之的谈话，我们又想到要弄清楚李志绥自 1975 年 1 月以后离开毛泽东的保健工作到底有多久。我们向从 1975 年初起就一直在医疗组里的两位医护人员进行了访问。

俞雅菊护士长说：“1975 年初我第二次去长沙，毛主席在长沙游泳馆游泳。当时毛主席有皮肤瘙痒症，只有皮肤科医生在，我很着急，临时从湘雅医学院请了心脏科专家来值班。毛主席最后游了三次，那时李志绥肯定不在长沙。我到长沙，以后又跟随主席去杭州，李志绥也没有去杭州。从 1975 年 1 月以后，直到 1976 年 6 月，始终没见到李志绥。”

这是第一见证人的证言。李志绥却在“回忆录”里编造说什么 1975 年 1 月 21 日他“带着 12 名护士和 10 名医生”由北京去杭州，这全是假话。

胡旭东说：“1975 年初去长沙时，主席对李志绥已不信任了。李志绥已走了，由我负责主席的保健。李志绥也没有去杭州，什么‘带着 12 名护士和10名医生'，没那回事。从1975年1月直到1976年6月，李志绥一直不在主席处。我主持并组织眼科手术的准备工作等。眼科手术时他也不在。"

在文章的开头，我们就根据事实说明，李志绥开始做毛泽东的保健医生不是1954年而是1957年。现在又可以说，在毛的最后年月里，从1975年1月到1976年6月，李志绥实际上已经不担任毛的保健工作了。正是在这一头一尾的两段时间里，李志绥的"回忆录"编造了许许多多的中伤、诽谤毛泽东的"故事情节"。

再说一说李志绥对毛泽东的平时保健工作，这个我们更清楚。平时他和毛很少照面。偶尔组织专家会诊，他不直接介入医疗业务，不承担任何责任，只做医务行政工作。毛泽东平时的防病、护理、饮食营养管理、康复等工作，常年主要是靠护理人员、卫士组、管理员、炊事员、服务员等协作完成的。

李志绥明知毛泽东日常生活中有许多不利于健康的生活习惯，但他怕和毛意见不一致，不提合理的建议。比如徐涛做保健医生时，常常劝毛戒烟，少吃肥肉，减少安眠药量，多安排体力活动，调整安排合理膳食，定期检查身体等等。而李志绥强调"习惯难改"，"（主席）多年的习惯，不可能再改变了"，"（安眠）药量，可以不改"。

徐涛原来规定对毛食用胆固醇含量高的和油脂多的食物，要适当限量和掌握，要毛少吃"红烧肉"、动物内脏一类的食物，毛最后同意了，配合得很好。但李志绥改变了这个规定，决定"饮食不再禁食鸡蛋、动物内脏等（包括肚子、肝子、腰子等）"。（按：原来只是适当限食，从未禁食。）"食物中未加特殊限制，目前食用油均为猪油"（以上都见于李志绥所写的毛的病历记录）。直到1959年，护士长吴旭君一再提出要搞饮食营养热量计算，要改进膳食，尤其要减少油脂，并建议花生油与猪油按比例配用等。1959年5月专家会诊后，也认为原来油脂过多（见病历记录）。李志绥才不得不改变他的办法，再度限制食物中的油脂类，最后毛泽东还是同意了。可见并非"习惯难改"。

吴旭君把毛的安眠药，根据需要作了调整，既保证睡眠，又不增加用量，毛也接受了，可见也不是"习惯难改"。所谓"习惯难改"，这是李志绥为迎合毛的老习惯不坚持保健医疗原则的一个托词。

根据以上所述，对李志绥这个"毛的专职健康保护人和监护人"应当怎样看呢？我们想读者会有自己的评价的。

（参见林克、徐涛、吴旭君：《〈毛泽东私人医生回忆录〉真相追击》，载《传奇》总第 11 期）

◇李志绥是怎样对毛泽东进行人身攻击和诬蔑的？

李志绥和“回忆录”的参与者们，利用李志绥所谓“22 年”保健医生的身份，在毛的生理和健康方面造了许多谣言。

就凭这一点，仅仅说李志绥没有医德是不够的，他连做人的起码道德都丧失了。我们作为保健工作者，本不应该把保健对象的生理和健康状况公之于世。但是，由于李志绥在这个问题上公开造谣，我们就不得不公开辟谣，而且不得不引用一些毛泽东的病历，以正视听。

李志绥在“回忆录”中说，他在 1955 年检查了毛的前列腺，做了前列腺按摩。

且不说当时李志绥还不是毛泽东的保健医生，他没有为毛泽东检查前列腺的机会，就是别的时候他也不可能做这种检查。毛的一生中，直到老年，没有这方面的病状。我们仔细查阅了毛泽东的病历和会诊记录。泌尿科专家曾多次为毛检查身体和会诊，但从来没有哪一位专家给毛做过前列腺的检查，更没有做过前列腺按摩，病历上没有这方面的任何记录。

李志绥在“回忆录”中又说：“过了两天”，“前列腺的检查结果也出来了。毛的前列腺正常，但报告显示他没有生育能力”。这些话一看就是瞎编的，谁也没有给毛查过前列腺，怎么会有检查结果出来呢？不但有结果，而且还有一个“他没有生育能力”的结论，这不是荒唐吗？

关于毛泽东有没有生育能力这个问题，暂且不论。单就李志绥讲述的“结论”得出的经过，就能看出他的破绽。李志绥在书中说：“我做了前列腺按摩，用试管装了精液，拿回到办公室。”从医学上来说，如果李志绥真的做了前列腺按摩，能得到一些液体，那也主要是前列腺液。但只有对精液检查，对男性生育能力的判断才有价值。何况，李志绥的办公室里根本就没有化验仪器，如何进行化验呢？

我们曾向在国内外享有盛名的，当年曾给毛泽东会诊过的泌尿科专家吴阶平教授请教。他是中国科学院院士、中国工程院院士、第三世界科学院院士、比利时皇家医学科学院国外院士。他还曾担任过周恩来的医疗组组长。他说："前列腺按摩得到的主要是前列腺液，偶尔可能带些精囊液，而精囊液不是精液。要确定男性有无生育能力，主要是根据真正的精液检查，仅靠前列腺按摩得到的液体，不可能作出有无生育能力的结论。"他还说，他从未给毛泽东做过前列腺检查。我们查阅了毛泽东病历中的全部化验报告，没有见过一张关于"前列腺按摩液"或"精液"这一类的化验报告单。

对毛泽东进行稍有一点特殊性的检查，都要向上级报告，而李志绥最怕负责任，如果真有检查前列腺以及有无生育能力的事，他是一定要向上级领导报告的。我们特地向当时任中南海保健处处长的黄树则询问。黄说："李志绥没向我报告过。"我们又问汪东兴。他说："李志绥没有向我报告过，我没有听说做过这种检查。"

李志绥没有做过这种检查，毛泽东无需做这种检查，根本也不可能让他做这种检查，那么，李志绥为什么要凭空捏造这一档子事呢？

李志绥还造谣说毛泽东患有"滴虫病"，这同样是出于对毛泽东进行诬蔑的目的。

我们在毛泽东身边做医务工作多年，十分清楚地了解，毛绝未患过什么滴虫病。

我们到中央档案馆把积累了有几十年的，堆起来有几米高的毛泽东的病历翻了不止一遍，把包括李志绥在内的毛的所有保健医生所开具的化验单，包括李志绥及专家们所记载的病历记录（直到1976年9月9日毛逝世为止），仔细地一张一张地查阅，没有见到任何有关滴虫病的症状的记录。在数以千计的详细的化验报告中（也是直到1976年9月9日毛逝世为止），没有见到一张关于滴虫病检查的化验报告单。

关于这个问题，还需要向读者指出，李志绥"回忆录"中文版凭空说毛患有滴虫病，英文版却不讲什么滴虫病，而诬蔑毛患有"性病"。黎安友的"前言"，在中英文两种版本中也是如此。"滴虫病"只是一种寄生虫病，它与"性病"是完全不同的两类疾病，这是常识。李志绥一伙在两个版本中玩弄这样的手法，正好反映出他们心虚，不敢在中国读者面前造毛泽东"患性病"的谣言！

（参见林克、徐涛、吴旭君：《〈毛泽东私人医生回忆录〉真相追击》，载《传奇》总第11期）

◇潇洒豁达的毛泽东人生观有什么特点？

李志绥在“回忆录”中说：“50 年代中期以后，他（按：指毛泽东）相信一些长寿药，也想寻求这类药。”“毛不断求长生不死药”。

这又是荒唐的编造。毛泽东从来就不相信什么“长生不老药”“长生不死药”。他多次向徐涛说过：“人哪有长生不死的？古代帝王都想尽办法去找长生不老、长生不死之药，最后还是死了。在自然规律的生与死面前，皇帝与贫民都是平等的。”

他还说：“不但没有长生不死，连长生不老也不可能。有生必有死，生、老、病、死，新陈代谢，这是辩证法的规律。人如果都不死，孔老夫子现在还活着，该要有 2500 岁了吧？那世界该成个什么样子了呢！”

对待生与死的问题，毛泽东跟吴旭君也多次谈过。1963 年 12 月，罗荣桓逝世后，毛泽东对吴旭君说过：“在战争中我有好多次都要死了，可是没有死。人们都说我命大，可我不信，我相信辩证法。辩证法告诉我们，有生就有死？”他还按逻辑学的原理说：“人都是要死的’，‘毛泽东是人’，所以‘毛泽东是会死的’。”

又有一次，毛跟吴说：“我死了可以开个庆祝会。你就上台去讲话。你就讲，今天我们这个大会是个胜利的大会，毛泽东死了，我们大家来庆祝辩证法的胜利，他死得好。人如果不死，从孔夫子到现在，地球就装不下了。新陈代谢嘛，‘沉舟侧畔千帆过，病树前头万木春’。这是事物发展的规律。”

他又说：“我在世时吃鱼比较多，我死后把我火化，骨灰撒到长江里喂鱼。你就对鱼说：‘鱼儿呀，毛泽东给你们赔不是来了，他生前吃了你们，现在你们吃他吧，你们吃肥了好去为人民服务。这叫物质不灭定律’。”毛泽东从哲学方面，从自然科学方面，以辩证唯物主义的观点谈生死问题，谈得十分潇洒豁达。

但是在李志绥等人的笔下，毛泽东却被歪曲成另外一副样子。毛晚年有两次病情危重：一次是 1972 年，“回忆录”中编排了好长的一段毛、李对话，其中毛问李：“你看我还有救吗？”另一次是 1976 年 9 月 9 日零时，毛临终前 10 分钟，“回忆录”有一段描写，其中有张玉凤向李的“传话”：

"李院长，主席问您还有救吗?"请读者注意，这两次说的话几乎一模一样。

1972年那一次，吴旭君守护在毛的身边，没有听毛泽东说过这样的话。两次参加医疗组的医护人员和其他工作人员现今绝大部分都还健在，他们谁也没有听见毛泽东说过这样的话。毛泽东从来就把生死看作是自然规律，对死无所畏惧。

1976年在他病危的时候，多种严重疾病同时向他袭来，他所承受的痛苦是可想而知的。但他仍像平时一样，关心国事，酷爱读书。请看1976年9月8日毛泽东临终前一天的护理记录，现摘抄如下：

1976年9月8日零时零分　体温36.9℃，脉搏103次/分，呼吸21次/分，血压170/80（mmHg）。看文件14′。按摩双下肢，腹部人工辅助呼吸，有些微汗，生理盐水喷口腔六下。

零时五十分　呼吸24次/分。看文件10′30″。辅助人工呼吸，按摩下肢。

一时十分　看文件15′30″。

一时二十九分　血压150/70（mmHg），T波倒置，ST段压低0.15mv。（注：表示心肌缺血。）

一时四十分　主席自己使劲。马上去看，发现尿床约200ml。

一时四十五分　血压180/80（mmHg）。看文件10′。

二时零五分　脉搏116次/分。看文件9′。爽身粉擦大腿。

五时十六分　有轻度紫绀（注：表示缺氧。），尿床200cc。

五时五十分　换枕头及耳枕。看书7′。

十一时十五分　体温37℃，脉搏102次/分，呼吸26次/分。双手双脚发凉。

十一时二十一分　嘴唇紫绀明显。做呼吸器很短，不要。手指甲发绀。

十一时五十分　ST段压低加深0.3my。（注：表示心肌缺血加重。）

十二时四十七分　看文件21′。液体滴数速（度）调至20gtt/分。（注：即每分钟二十滴。）

十三时十五分　ST段压低0.3mv。出现二个室性早跳连续发生。（注：表示心肌缺血加重，并有一定程度的心律失常。）

十三时十八分　看文件12′。

十四时零四分　口唇、手指甲发绀明显，给做呼吸器1′27″。

十四时零八分　继续做腹部人工辅助呼吸。

十四时零九分　脉搏 106 次/分，呼吸 24 次/分。看文件 18′。

十四时三十五分　血压 160/65（mmHg）。看文件 23′。按摩右上肢及双脚。

十六时三十分　ST 段压低 0. 1—0. 2mv，室性早跳一次。

十六时三十七分　看文件 30′。（注：这是毛泽东一生中最后一次看文件。此后，病情进一步加重，插上鼻咽管。）

根据上述记录，9 月 8 日这一天，毛泽东看文件、看书 11 次，共 2 小时 50 分钟。他是在抢救的情况下看文件、看书的：上下肢插着静脉输液导管，胸部安有心电监护导线，鼻子里插着鼻饲管，文件和书是别人用手托着。

看了这个记录，谁能不为毛泽东的坚强毅力而感叹呢？谁还会相信李志绥的那套鬼话呢？这才是真实的毛泽东。

（参见林克、徐涛、吴旭君：《〈毛泽东私人医生回忆录〉真相追击》，载《传奇》总第 11 期）

◇毛泽东临终前，李志绥在哪里？

李志绥在"回忆录"中用浓重的笔墨，描绘了李志绥在毛泽东临终前的所作所为，以及他当时所处的特殊地位。李和他的同伙们，把这个事看得很重，在"序幕"里写了，还觉得不够，到书尾又大书特书。既然如此，我们也多花点力气来弄清这个问题。

让我们先听听一直坚持在抢救第一线的医学专家对当时情况是怎样说的。

方圻说："1976 年 6 月 23 日我刚从日内瓦回到北京，到家后就立刻去了中南海。有时我给毛主席读读唐诗，读过几次，后来就不读了。那时他讲话也不清楚，我也听不懂。他要什么东西，就用红铅笔在纸上写字，我们也看不懂。那是在老游泳池住地。

"唐山地震后，7 月 29 日就搬到 202 号楼。以后我再也没看见他写字条了。李志绥说的不是事实。

"在 9 月 8 日，毛主席的血压就下降了，我们拼命给用升压药，又怕血管收缩过分，同时给血管扩张药，吸氧，由高日新教授做辅助呼吸。9 月 8

日晚，血压仍在下降，药物一直用着，但血压很难维持。那时已经不行了，心电图显示只有微弱心电，已没有明显的心脏跳动了。那时只有我们进行抢救的一些人在毛主席的身旁，李志绥不在身旁。”

“到9月9日零时，毛主席已经完全没有反应了。他不可能提什么问题了，也不可能让人去叫李志绥。”

陶寿淇和姜泗长都说：“9月8日下午4时，毛主席已插着鼻咽管，已经不能说话，也不能写字了。李志绥在‘回忆录’上说他拉着毛泽东的手，那是假的，根本没有，他胡说八道。”

王新德说：“李志绥说得不对，9月8日晚大约在六七点钟，毛主席血压下降，陶桓乐教授决定给用升血压药，那时主席已不大知道事了。从这时到去世，其间有5—6个小时，毛主席既不能说话，也不能写字了，根本不可能找李志绥说话。李志绥说那时他拉着毛泽东的手，没那回事，根本就没有！李志绥当时就没有在毛主席的床边，他怎么会拉着毛主席的手？最后毛主席心电图呈水平线时，是由陶寿淇、陶桓乐、吴洁、方圻宣布毛主席去世的。当时，医疗组的全体医护人员和值班的中央领导都在场。”

汪东兴是9月8日代表中央值班的成员之一。他对医疗组进行的抢救，以及当时的整个情况了解得比较多。他说：“李志绥在他的‘回忆录’中说的是假的，9月8日晚主席已是病危，人已昏迷，不省人事，连续抢救4个多小时，直到去世也没醒过来。李志绥没有参加直接抢救，也没有动手。9月9日零点，毛主席怎么能叫李志绥到床前讲话，问还有没有救呢？”

再让我们看一看白纸黑字的文字记录铁证。这是毛泽东临终前，在医疗组进行抢救过程中，由医疗组专家成员的总负责人陶寿淇所作的医疗抢救记录，现摘抄如下：

9月8日晚上20时5分，紫绀明显，吸痰及用呼吸器几分钟后紫绀一度减轻。

20时30分，四肢发凉，神志模糊，紫绀又加重，用呼吸器后稍减轻。

20时55分，神志更不清楚，经鼻腔吸痰时无反应。

21时44分，出现阵发性房性心动过速。

22时15分，血压降至80/58（mmHg）。

23时15分，进入昏迷状态。

23时44分，瞳孔散大，对光反射消失。

9 月 9 日零时 4 分，抽吸两下，血压测不到。

零时 6 分，自主呼吸完全消失。

零时 10 分，心跳停止。

这份记录，由医疗组全体医生一一过目核实，并亲笔签名。按当时的签名顺序，他们是：胡旭东、陶寿淇、方圻、吴洁、姜泗长、高日新、翟树职、李志绥、陶桓乐、王新德、薛世文、周光裕、朱水寿、徐德隆、李春福。

现在，我们再看看李志绥的"回忆录"是怎样描写的：

"1976 年9 月 9 日午夜零点，毛泽东的呼吸越来越微弱。……华国锋殷切的眼睛望着我，他低声急促地问我：'李院长，还有没有别的办法了？'王洪文、张春桥和汪东兴都凑了过来。"（划线部分的线是引者加的）

"汪起身出去时，内室中的一位值班护士跑过来，匆匆对我说：'李院长，张玉凤说毛主席在叫您。'我绕过屏风，走到毛的床边。""张玉凤对我说：'李院长，主席问您还有救吗？'毛用力点点头，同时慢慢伸出右手抓住我的手。我握住他枯槁的手，桡动脉的搏动很弱，几乎触摸不到。""我站在那，握着毛的手，感觉他微弱的脉搏时，江青从她居住的春藕斋赶到。""我弯了腰对他说：'主席放心，我们有办法。'这时有一痕红晕在毛的两颊出现，两眼顿时露出了刹那的喜悦光彩，接着长长地出了一口气，两眼合下来，右手无力地从我的手中脱落，心电图示波器上呈现的是一条毫无起伏的平平的横线。我看看腕上的手表，正是 9 月 9 日零时 10 分。"

"回忆录"作者们的这段"深刻入微"（黎安友语）而且活灵活现的描写，是很能欺骗一些人的。要不是众多的（不是一个人）、最具权威的当事人的证言，要不是保存在中央档案馆的毛泽东的病历记录出来作证，似乎历史就只能按照李志绥一类人的主观意志来剪裁了。

事实已经无可辩驳地证明了，毛泽东临终前，李志绥既没有参加直接抢救，也没有在毛的身旁。"回忆录"这段生动的描写全是骗人的。

请想一想，9 月 8 日晚上 8 点 30 分毛泽东已经"四肢发凉，神志模糊"；8 点 55 分，"神志更不清楚，经鼻腔吸痰时无反应"；11 点 15 分，"进入昏迷状态"；11 点 44 分，"瞳孔散大"。人都昏迷了，还能问"有没有救"？瞳孔都散大了，还会"有一痕红晕在毛的两颊出现"？还会"两眼顿时露出了刹那的喜悦光彩"？不知道李志绥凭哪里来的这种神奇的本事，能从毛泽东已经瞳孔散大的眼睛里，看到毛泽东露出的喜悦光彩？

李志绥们造假，这一条是铁板钉钉了，任何抵赖也无济于事。

"回忆录"在对毛逝世的全过程作了描写之后，紧接着一句话，就是："毛的逝世并未使我感到难过。"我们说，李志绥对毛泽东逝世全过程的整个描写都是假的，只有这一句是真的。

我们还想谈谈"遗体保护组"的问题，因为李志绥在这个问题上同样编造了许多假东西，应一并予以揭穿。

李志绥在"回忆录"中说："我成立了遗体保护组，从全国大的医学院校的解剖、病理和生物化学等专业调来研究人员20多人参加工作。""我们研究了中国古代保存遗体的方法，便马上发觉行不通。""我们研读了大量科学刊物，最后决定，唯一保存毛泽东遗体的方法就是改善原已采用的福尔马林灌注法。"这段描写也很"深刻入微"，但很遗憾，也是假的。

为弄清真相，我们访问了三位重要当事人。一位是吴阶平，一位是黄树则，一位是徐静。

吴阶平说："毛主席逝世后，确定遗体长期保存供瞻仰，国务院专门成立了办公室，由谷牧副总理领导，下设纪念堂建筑组、水晶棺制作组、遗体保护组、机电组等。每周开会由各组汇报工作，协调进度，解决工作中存在的问题。

"遗体保护组，由北京、上海、长沙、广州有关学科的专家组成。在原新疆办事处进行研究讨论保护的技术措施，长达11个月之久。在这期间，遗体现场的工作，由保护组的负责人黄树则、吴阶平、林钧才（按：当时任北京医院院长）3人24小时轮流值班，直至遗体移入纪念堂。

"李志绥从未在遗体保护组参加过遗体保护技术工作，从未参加过国务院专门办公室的汇报讨论，也从未参加过遗体现场的值班。"

黄树则说："遗体保护组开始由刘湘屏（当时的卫生部长，谢富治的夫人）任组长，我任副组长。后来谢富治出了问题，谷牧副总理说，刘湘屏不能负责了，由黄树则、吴阶平、林钧才来主持。"

徐静当时是中国医学科学院形态教研室第一副主任、组织学讲师，后任毛主席纪念堂管理局局长。她对我们说："毛主席遗体保护工作是中央交给卫生部，开头由卫生部长主持，后来由黄树则领导，组织科研人员来完成的。李志绥参加了遗体保护组，但他并不懂得遗体保护技术。遗体保护任务的全部工作，从提出研究方案，到实施研究方案，到在毛主席遗体旁值班，李志绥一项也未参加。

“李志绥在‘回忆录’中说：毛的外形大变，‘将准备好的中山装穿上去，但胸腹肿胀，系不上纽扣，只好将上衣及裤腰的背后中线剪开，才勉强穿好’。根本没有这回事。我们是量好尺寸，赶制了一套中山装给毛主席的遗体穿上的。”谎话一经揭穿，便无人相信了。

（参见林克、徐涛、吴旭君：《〈毛泽东私人医生回忆录〉真相追击》，载《传奇》总第 11 期）

◇李志绥是如何诽谤中伤毛泽东和周恩来的？

李志绥在“回忆录”中写了不少毛泽东和中共其他领导人之间的事。这当中，除了从这些年来别人发表的回忆录中抄了一些之外，他造了许多谣，既诽谤毛泽东，又刻意攻击中共其他领导人。我们只举一个例子。

李志绥在“回忆录”里说：“1966 年 11 月 10 日，毛第七次接见红卫兵，因人数有 250 多万，已不可能在天安门广场检阅。周恩来提出，让红卫兵分别排在天安门前东西横贯北京的长安大街，和向北郊去的二环路上。毛则乘敞篷吉普车巡行检阅。为了说明行车路线，周带了一张北京市大地图来到人民大会堂一一八厅，将地图在地毯上摊开，跪在地图前，为毛指点方向。毛站在地图旁，一面吸着纸烟，一面听着周的解说。……以堂堂一国的总理，怎么能举止像个奴仆一样呢？毛的态度带着一丝嘲讽，似乎在享受着这一切。”

吴旭君对这件事十分清楚，她当时就在现场。李志绥所说的“接见红卫兵”“北京市大地图”“人民大会堂一一八厅”、周“跪在地图前”等等，全部与事实不符。

事情的经过是这样的：在“文革”期间，有一次周恩来和汪东兴把一个重要的建筑工程图拿给毛泽东看，并不是检阅红卫兵的路线图，地点是在中南海室内游泳池，不是在大会堂一一八厅。因为那张图太大，大约有两米多长，一米多宽，桌子上放不下，就打开摊在地毯上。屋子里光线不够亮，毛泽东、周恩来、汪东兴 3 个人都蹲在地图边上看。吴旭君把大厅的电灯都打开了，但光线不集中，还是看不清楚。她立即跑去值班室拿来一个手电筒和一个放大镜。吴旭君站在毛泽东的身后，打开手电为他们照亮。谁也没有跪着看。“回忆录”中说：“毛站在地图旁，一面吸着纸烟，一面听着周的解说。”这全是按照毛泽东嗜好吸烟这一生活习惯编织出来的，但是他们编错了。

毛泽东边看边听，一只手拿着放大镜在地图上移动着看，因为太胖，蹲着看很吃力，就用另一只手撑在地图上。当时屋内加上吴旭君一共只有 4 个人，李志绥不在场。李说的那些话是对周恩来的侮辱，对毛泽东的中伤。

我们问了当事人之一的汪东兴。他说：“当时给毛主席看的是一个工程图，不是路线图。由于那张图很大，桌子上摆不开，只好铺开在地毯上。起初毛主席和周总理并排坐在沙发上，随后都蹲在地图边上看，总理边指着地图边介绍，主席边听边看地图，有时看不清还用放大镜来看。我当时在场，我们都蹲在地上看，没有人跪着。李志绥的目的是为了诋毁中国领导人，侮辱周总理。”

对毛周之间的关系，我们长期在毛泽东身边工作时所看到、所听到、所亲身经历的，与李志绥说的完全不同。周恩来尊重和爱护毛泽东，毛泽东也尊重和爱护周恩来。

周恩来对毛泽东很关心，他常到中南海游泳池来开会，每次看见吴旭君几乎都要问：“主席身体好吗？睡觉怎么样？吃饭好吗？”等等。就是在“文革”时期，周恩来日夜连续工作，身体十分劳累时，仍然非常关心毛泽东的健康。1971 年毛泽东病重，那一年第一次成立的医疗组，就是在周恩来的关心下组织的，他亲自到医疗组的住地，了解毛泽东的健康情况。

1972 年毛泽东会见尼克松以后，原来的重病经过治疗已大有好转。周恩来到游泳池和毛泽东谈过话以后，看见吴旭君，对她说：“吴旭君同志，毛主席这次重病治好了，你非常辛苦，为党做了不少工作，现在我代表中央向你表示感谢。来！我们合个影留作纪念。”他就在游泳池的值班室单独和吴旭君照了相，也和其他人照了一张集体相。

毛泽东经常接见外宾，为了避免过多过强的灯光、闪光灯等对毛泽东眼睛的刺激与损害，周恩来找了新华社等有关部门研究并改进了灯光与照明，既不影响摄影时光线的亮度，又避免对毛泽东眼睛的强烈刺激。他为毛泽东考虑安排得这样细致周到，我们工作人员都很受感动。

毛泽东对周恩来一向很尊重。周恩来要来谈话，毛泽东总是立刻同意。即使他正在卧床办公或读书（这是毛的习惯），他也要从卧室里出来，到大厅内见面和交谈。毛泽东有事要找周恩来，叫吴旭君去打电话，每次都要嘱咐她一句："先问问总理是不是睡觉了，如果睡了，不要叫醒他，等他醒了再说。"而周恩来有事打电话到毛泽东处时，每次总要先问："吴旭君同志，主席今天睡了几个小时？"然后说："请你报告主席，有这么一件事……"

关于毛泽东与周恩来的关系，王海容有这样一段回忆："周总理和尼克松去上海进行会谈，签订《上海公报》，我也随同到了上海。尼克松离开上海以后，我接到护士长吴旭君从北京打来的电话，她说：'你们什么时候回北京？主席让我告诉你，要组织 5000 人的队伍，在北京机场欢迎周总理的归来。'这一次毛主席安排了 5000 人欢迎的盛大场面，说明毛主席对周总理在中美会谈、执行打开中美关系的决策所取得的满意成果，极为重视。"

根据我们与毛泽东长期的接触，感到他总是以平等的态度待人，尊重别人的人格。他历来反对人有高低贵贱之分。这是毛的思想性格中的一个突出而鲜明的特征。而在李志绥和"回忆录"的其他几位参与者的笔下，毛泽东被歪曲成了什么样子？周恩来被歪曲成了什么样子？毛周关系被歪曲成了什么样子？

毛泽东从来不在背后议论其他中央领导人，从来不向身边工作人员谈论中央的人际关系、中央领导人之间的不同意见等。他绝不可能跟李志绥谈这类内容的话，凡是身边工作人员都了解这一点。

（参见林克、徐涛、吴旭君：《〈毛泽东私人医生回忆录〉真相追击》，载《传奇》总第 11 期）

◇毛泽东的一首政治词是怎样难倒歌舞团的？

"文革"期间，每逢元旦，《人民日报》《解放军报》和《红旗》杂志都要发个元旦社论，等于总结一年，传达中央新精神，展望来年，号召为什么而奋斗而奋勇前进之类。

毛泽东身边的护士孟锦云回忆说，一天，主席把诗刊杂志要发表的他的两首词的清样，拿给小孟，对她说：

"小孟，请你把这两首词读给我听听。"

小孟拿过来，也不先看一遍，马上就读起来：

《念奴娇·鸟儿问答》一九六五年秋

鲲鹏展翅，
九万里，
翻动扶摇羊角。
背负青天朝下看，
都是人间城郭，
炮火连天，
弹痕遍地，
吓倒蓬间雀。
怎么得了，
哎呀，我要飞跃。
借问君去何方？
雀儿答道：
有仙山琼阁，
不见前年秋月朗，
订了三家条约。
还有吃的，
土豆烧熟了，
再加牛肉，
不须放屁！
试看天地翻覆。

小孟用高声快速地读了起来，当她读到“不须放屁”这句的时候，她扑哧一下笑出声来。

“主席，您写不许放屁，可您今天放了二十八个屁。我都给您数着呢。”

“噢，你还给我记着黑账。”

主席也笑了。

“活人哪个不放屁，屁，人之气也，五谷杂粮之气也。放屁者洋洋得意，闻屁者垂头丧气。”

小孟听了，笑得前仰后合，直不起腰来。

小孟边笑边说：

“那您为什么在词里还写上‘不须放屁’？”

“两回事情嘛。孟夫子。”

在毛泽东诗词中，《念奴娇·鸟儿问答》这一首，无论主题方面还是词体方面，都应该说是独具异彩的。

我国古人写词，一般都是主题单一，乡思便乡思，愁怨便愁怨，言志便言志……中唐，晚唐基本都如此。只是到了宋朝以后，才渐渐产生带有对话情态的词作。元、明的散曲，有的就是台词、唱词，对话式，口吻不是出自诗人。

毛泽东这首词，采取非正常抒情方式，大鹏鸟与蓬间雀一问一答，诗人作为旁述和评论的角色参加进来，写得既庄重、雄浑，又诙谐、幽默，也很辛辣。庄与谐达到高度统一，大与小构成鲜明对比。这种带有寓言意味的非严肃政论的喜剧风格特征的作品，在我国古代诗词传统里不占主导地位，在毛泽东诗词中也是仅见的一首。

毕星星回忆说，毛主席这首新词我们学习后是这样理解的。两个鸟儿，一个“鲲鹏展翅九万里”，一个“蓬间雀”鼠目寸光。这里一个象征“革命力量”，一个象征“赫鲁晓夫修正主义”被革命吓破了胆。词中“三家条约”指美英苏三家签订的禁止核试验条约，我们认为那是核垄断。“土豆烧牛肉”式的共产主义，是对“赫鲁晓夫修正主义”的讽刺，一看就明白。最后大鹏怒斥“不须放屁”，革命要席卷，天地要反转，这都是当年习惯使用的自我膨胀式的豪言壮语。

难就难在这个不须放屁。

中国文学传统中，有“词乃艳科”之说，凡作诗填词，是件极为风雅的事情。屎尿屁类肮脏之物，大体不入诗词。文人墨客偶尔打油一回，不过私下逗趣。这回却是伟大领袖的诗词堂皇地要在国内所有大报登上头版，这确实有些难为人。

我们只能挖空心思找美感，或者说把反感叙述转变成美感叙述。比如说，从古至今，俗语不能入诗，主席大胆使用俗语入诗，表现了毛主席一空依傍超越前人的革命首创精神。比如说“不须放屁”属于痛斥，表现了主席对于赫鲁晓夫修正主义的切齿痛恨和鄙视。言之不足，故痛骂之。使用劳动人民喜闻乐见的民间表达方式，这又表现了革命领袖对劳动人民的深厚感情，通俗易懂，普及提高，和延安文艺座谈会上的讲话强调的文艺方向完全一致，主席身体力行等等。

其实这时，最难交差的是歌舞团的日子，难过多了。难也难在“不须放屁”。唱歌那是一板一眼要唱那四个字，把放屁唱成乐音，还要托出跳跃跌宕的旋律，谁也觉得别扭，这也太难为人了。

不过逼到绝路上就会出聪明人，不久各地歌舞团一直到中央乐团都有颂歌献上。据我有限的感知，对付“不须放屁”，大致有以下三种方法：

第一，回避法。只唱《重上井冈山》，不唱《鸟儿问答》。既交代了歌颂主席新词的政治任务，又回避了难题。大多数基层歌舞团，都是这样做的。

第二，朗诵法。全诗都用合唱，到“不须放屁”处，音乐停止，一人站出来，类似领唱，但他不唱，边挥臂指斥，边高声诵骂：不——须——放——屁！前三字拉长，“屁”要短促有力，喷吐而出，显示对于修正主义的无比义愤。

第三，抑扬法。这种方法要求比较高，我记得只有中央乐团用过。前两种无论如何都还在回避，没有唱出主席的词句来。小乐团可以推说自己水平低，中央乐团只好硬着头皮知难而上。据我的记忆，中央乐团的演唱，“不须放屁”当然是正儿八经谱了曲。演唱时强调“不须”，在“不须”之后拖长尾音，旋律略为上扬，然后突降，“放屁”低唱，轻唱，短促。全国只有一家中央乐团，能够正面突破，它也必须正面突破，否则《鸟儿问答》将不能演唱。

无论如何，这一关总算过去了。毛主席的这首词配着乐曲，在神州大地传扬开来，鼓舞了全国人民同敌人进行不懈的斗争精神。

（参见毕星星：《毛泽东“不须放屁”词难倒全国人民》《炎黄春秋》《书刊报》2014 年 4 月 14 日）

（参见郭金荣：《伟人毛泽东的黄昏岁月》，载《新创作》1993 年第 1 期总第 71 期）

◇毛泽东的诗友究竟是谁？

1964 年元月初，《人民日报》发表了毛泽东的 10 首诗词。随后，当时长沙很多学校和单位都来请周世钊去作关于如何理解毛泽东这 10 首诗词的报告。周世钊为了宣传毛泽东思想，愉快地接受了这些邀请。他在谈自己的体会时说：我认为我们对于毛泽东诗词的理解，不能单纯地把它看成是文学作品。如果光从诗词的概念来说，诗词是属于文学的范畴，这是不错的。对于毛泽东的诗词，首先要从政治的角度来看，它是毛泽东思想的一个重要组成部分。毛泽东的诗词，是毛泽东思想的艺术结晶。它既是伟大的革命史诗，又是伟大的革命号角。在这些作品中，充分体现了无产阶级敢于斗争、敢于胜利的最坚决最彻底的革命精神，依靠广大人民群众将革命进行到底的战略思想和专门利人、毫不利己的崇高的共产主义风格。

要学习毛泽东诗词，必须要从理解每首诗词写作的时代背景、革命斗争的特点及当时的形势入手，这样学习起来才会有收获。

有一次，周世钊到北京开会，应毛泽东的约请，他到中南海向毛泽东汇报了长沙一些学校和单位请他去作毛泽东诗词的报告，以及他是怎么理解和如何作报告的情况，请毛泽东订正。

毛泽东听后对周世钊说：你可以己意为之。我认为对诗词的理解和解释，不必要求统一，事实上也不可能求得统一。在对某一首诗或词的理解和解释的问题上，往往会出现理解和解释人的水平超出原作者水平的情况，这是不足为奇的。所以我认为长沙有人请你去作我的诗词报告，你就积极地去。你愿意怎么讲，就怎么讲，你爱怎么说，就怎么说好了！

周世钊说："润之兄的指示我完全拥护，并且坚决照办。但在理解上也存在一些问题，譬如有人把你那首《七律·答友人》中的长岛，说成是日本的长崎，而我认为你指的是湖南，是长沙！"

毛泽东说：我的那首《七律·答友人》的诗，当然是答我的朋友，而且是答我的诗友。我的诗友经常写诗寄给我，我也应当用诗来回答嘛！这叫做诗友往来，也叫做礼尚往来嘛！我的诗友在哪里？诗的最后两句是："我欲因之梦寥廓，芙蓉国里尽朝晖"。"芙蓉国"指哪里？唐朝诗人唐用之秋天到湖南遇雨夜宿湘江，他看见湘江边上到处是芙蓉花的美丽景色，因之便写下了"秋风万里芙蓉国，暮雨千家薜荔村"的诗句。后来我们湖南就算是清浥之地、芙蓉之国了。既然芙蓉国是指湖南，那么长岛自然是长沙，不会在日本了。我的诗友自然是在湖南，而且是在长沙。

毛主席谈到他的诗友在湖南长沙，但毛泽东的诗友到底是谁？到今天还是个谜。毛泽东的《七律·答友人》发表以后，长沙当时有不少人前来询问周世钊，问“答友人”诗中的友人是否指的他？周世钊总是平和地笑着对问者说：“那不一定。我认为毛泽东是泛指的，是指在湖南长沙的一些人，当然其中也可能包括我在内。”

周世钊曾在 1968 年 7 月 16 日致吉林师范大学中文系毛泽东诗词学习班的信中说：

“毛主席的《七律·答友人》一诗发表以后，我这里接到一些询问是否答我的信，郭老甚至对人讲肯定是指答我的。但我的看法不同。我在长沙和他处为人讲解这首诗的时候，我是这样讲的：《答友人》所答的肯定是湖南的友人，甚至肯定是长沙的友人。但所答的友人可能不止一人。”

现经了解，这个问题其实早已说清楚了，毛泽东 1964 年 1 月下旬在对翻译他的 30 多首诗词所遇到的一些问题作答复时说过，友人就是指周世钊。

毛泽东和周世钊在第一师范读书的时候，两人对诗词方面的问题经常进行磋商，交换意见和看法。中华人民共和国成立后，在他们两人之间恢复正常通讯联系以后，就诗词方面的书信往来也很频繁，从现在可以看到的信件就有十余封。

第一次是 1949 年 10 月 15 日，毛泽东在给周世钊的信中说：“……倘有可能，尊著旧诗尚祈抄寄若干，多多益善。”

第二次是 1950 年 9 月下旬，毛泽东请周世钊到北京参加国庆观礼。当车过河南许昌时，周世钊写了一首《过许昌》的诗寄给毛泽东。诗曰：

“野史闻曹操，秋风过许昌。荒城临旷野，断碣卧斜阳。满市烟香溢，连畦豆叶长。人民新世纪，谁识邺中王。”

第三次是 1955 年 10 月 4 日，毛泽东在给周世钊的信中写了一首《七律·和周世钊同志》的诗。

全文如下：

“惇元兄：惠书早已收读，迟复为歉。承录示程颂万遗作，甚感，并请向曹子谷先生致谢意。校额诸件待暇当为一书，近日尚未能从事于此。读大作各首甚有兴趣，奉和一律，尚祈指政。春风浩荡暂徘徊，又踏层峰望眼开。风起绿洲吹浪去，雨从青野上山来。尊前谈笑人依旧，域外鸡虫事可哀。莫叹韶华容易逝，卅年仍到赫曦台。顺问近佳！毛泽东。”

第四次是 1955 年 11 月 24 日，毛泽东在给周世钊的信中又谈“大作”问题。信中说：

“你的信好久就收到了，你的大作及附件各种都已读悉，极为感谢！嘱写的字至今未能应命。你那里还不那样急需罢，我想等一等再讲，如何？你下去跑没有？最好一年下去跑几次，每次两三星期也好。我最近出外跑了一次，觉头脑清新得多。你下去时，不只看学校，还可看些别的东西。”

第五次是 1956 年 12 月 5 日，毛泽东又为诗词问题给周世钊写信。信中说：

“两次惠书均已收到，情意拳拳，极为高兴。告知我省察情形，尤为有益。校牌仍未写，因提不起这个心情，但却时常在念，总有一天要交账的。时常记得秋风过许昌之句，无以为答。今年游长江，填了一首水调歌头，录陈审正。《水调歌头・长江》。才饮长沙水，又食武昌鱼。万里长江横渡，极目楚天舒。不管风吹浪打，胜似闲庭信步。今日得宽余。子在川上曰：逝者如斯夫！风樯动，龟蛇静，起宏图。一桥飞架南北，天堑变通途。更立西江石壁，截断巫山云雨，高峡出平湖。神女应无恙，当惊世界殊。暂时不会出国，你们的意见是正确的。”这里，毛泽东寄给周世钊的手稿词题为“长江”，后来正式发表时改为“游泳”。

第六次是 1958 年 10 月 25 日，毛泽东在给周世钊的信中对《送瘟神》一诗的有关问题作了解释：

“……坐地日行八万里，蒋竹如讲得不对，是有数据的。地球直径约一万二千五百公里，以圆周率三点一四一六乘之，得约四万公里，即八万华里。这是地球的自转（即一天时间）里程。坐火车、轮船、汽车，要付代价，叫做旅行。坐地球，不付代价（即不买车票），日行八万华里，问人这是旅行么，答曰不是，我一动也没有动。真是岂有此理！囿于习俗，迷信未除。完全的日常生活，许多人却以为怪。巡天，即谓我们这个太阳系（地球在内）每日每时都在银河系里穿来穿去。银河一河也，河则无限，‘一千’言其多而已。我们人类只是‘巡’，在一条河中‘看’则可以无数。牛郎晋人，血吸虫病，蛊病，俗名鼓胀病，周秦汉累见书传，牛郎自然关心他的乡人，要问瘟神情况如何了。大熊星座，俗名牛郎星（是否记错了?），属银河系。这些解释，请向竹如道之。有不同意见，可以辩论。”（《毛泽东书信选集》第 548—549 页）

第七次是 1959 年 12 月 29 日，毛泽东复信给周世钊说：

“信及诗收读，甚快。我尚好。某先生楚辞，甚想一读。请你代候蒋竹如兄。又请你代候曹子谷先生，谢谢他赠诗及赠南岳志。”

第八次是1961年12月26日，毛泽东在给周世钊的复信中说：

“惠书收到，迟复为歉。很赞成你的意见。你努力奋斗吧。我甚好，无病，堪以告慰。‘秋风万里芙蓉国，暮雨朝云薜荔村’。‘西南云气来衡岳，日夜江声下洞庭。’同志，你处在这样的环境中，岂不妙哉？”（《毛泽东书信选集》第588页）

第九次是1963年3月24日，毛泽东给周世钊复信说：

“去年及今年惠寄数函并附诗词，都已收到，极为高兴。因忙迟复，尚祈鉴谅。……你到京时，我适外出，未能晤面，深致歉怀。嗣后如有所见，或有诗作，尚望随时见示为盼！”（《毛泽东书信选集》第591页）

第十次是1964年1月31日，毛泽东答复周世钊的信说：

“两次惠书及大作两首，另附余同学信，均已收到。……拙作解释，不尽相同，兄可以意为之，俟见面时详谈可也。”

第十一次是1966年1月29日，毛泽东又为诗词问题致函周世钊：

“数接惠书及所附大作诗词数十首，均已收读，极为高兴。因忙，主要因懒，未及早复，抱歉之至。看来你的兴趣尚浓，我已衰落得多了，如之何，如之何？”

第十二次是1968年9月29日，毛泽东复信周世钊说：

“此信今天收读，甚慰。前两信都未见，可惜。拙作诗词，无甚意义，不必置理。”

中华人民共和国成立后，周世钊写了很多诗，填了很多词。现在已收集到的计有195首。周世钊用这些诗词表达了他对中国共产党的无限热爱，对社会主义制度的衷心拥护。他还在这些诗词中宣传马列主义、毛泽东思想，歌颂我国人民，特别是湖南人民在社会主义建设事业中所取得的伟大成就。

毛泽东写给周世钊的书信，仅统计中华人民共和国成立后的部分，就有20余封。其中选入中共中央文献研究室编辑出版的《毛泽东书信选集》一书的，共计有10封。

毛泽东和周世钊的深厚友谊，是始终不渝的。他们之间的诗词应对和切磋是经常不断的。毛泽东1961年写的《七律·答友人》，在《毛泽东诗词选》一书中明确说明，友人即周世钊。应该说，周世钊在当时心里是清楚的。但他那时总是对别人说：“那是主席泛指的，不光是指我一个人。”这里可见周世钊坦荡谦逊的胸怀。

由此可见，毛泽东和周世钊在诗词唱和中，可以看出他在诗词中所云答友人，友人就是周世钊无疑。

（参见陈明新编著：《领袖情——毛泽东与周世钊》，中共中央党校出版社 1997 年 1 月版）

◇毛泽东为何用两个司令员的所“短”？

对于领导人来说，人才的使用无疑是重中之重。而毛泽东的用人之道，已经达到了哲学上的高度。比如说他让晕船的萧劲光担任海军司令、让晕飞机的刘亚楼担任空军司令，这都成为军事史上的奇闻。那么，毛泽东为何如此用人呢？

1949 年 4 月，解放军靠着木船、舢板，百万雄师过大江。但毛泽东认为，大无畏的精神不可少，拥有一支正规的海军更加重要。因此，他火线征调时任四野第十二兵团司令的萧劲光入京，让他筹建新中国的海军。

萧劲光一听，当即傻了眼，因为他从来没跟海军有什么瓜葛，甚至他本人还是一只旱鸭子，连坐船都晕，怎么可能去筹建海军呢？

毛泽东看出了他的顾虑，笑道：“我就是看中了你这只旱鸭子，要是你精通水性，我还不用你呢！”萧劲光更加莫名其妙，赶紧又向主席说明自己确实不适合当这个海军司令。但毛泽东大手一挥，说：“让你当海军司令，是让你去组织建设，又不是让你天天坐船出海打仗。中央已经决定了，海军司令你是逃不掉了！”

同样的事情也发生在空军司令刘亚楼身上。1949 年 5 月的一天，时任四野参谋长的刘亚楼接到中央军委的通知，让他火速进京，讨论筹建空军的事宜。刘亚楼当时也傻了眼，因为他几十年来跟空军也没怎么打过交道，甚至还有晕机的毛病，每次坐飞机都吐得不行，怎么能当空军司令呢？但毛泽东没有理会他的顾虑，坚决任命他为新中国第一任空军司令。

后来，毛泽东在一个非正式场合解释了这么做的原因：“当一个人把他最大的弱点克服了，那这个弱点就会反过来成为他最强的一点，而且在这个转变的过程中，会锻炼一种无所畏惧的精神，以后面对任何困难都会游刃有余。”

而刘亚楼和萧劲光也没有让毛泽东失望，短短几年的时间，他们就让新中国空军、海军的力量迅速壮大起来。

（参见马少华：《毛泽东用人为何喜欢用人所“短”》，《国防时报》2014 年 6 月 2 日，《党史天地》2014 年 8 月 18 日第 32 期）

◇为什么说毛泽东没有阻碍民法典颁布？

学界有人认为毛泽东直接反对民法典的编纂，有人认为毛泽东虽同意民法典编纂，却借故阻碍民法典颁布。可见毛泽东是一位抛弃法治、推崇人治的政治家。此种观点有必要予以辩驳。

1954 年颁布《宪法》的同年，民法典的编纂工作正式启动。这次起草工作到 1956 年底宣告结束，法典文本以仿行苏联民法为主调。需要注意的是，此时苏共二十大已经召开，中苏两党分歧也已初露端倪，此种背景之下，仿行苏联为主调的第一部民法典草案文本被弃之不用，当然不难理解。

第二次民法典的起草工作肇始于 1962 年毛泽东提出的“刑法需要制定，民法也需要制定”的要求。第二次民法典文本很快形成，但在毛泽东有生之年并未颁布。不少人认为原因在于毛泽东不断地发起各种政治运动，致使民法典错失颁布的历史时机。其实，民法典的编纂工作一直萦绕在毛泽东心头，只不过他并不认为当时颁布民法典的历史条件已经成熟。1963 年 5 月 5 日晚，当毛泽东会见朝鲜法律工作者代表团时，他表示，社会主义的法律工作是一项新的工作，至今我们还没有制定出社会主义的民法和社会主义的刑法，原因是“需要积累经验”。1965 年 8 月 8 日，毛泽东在会见外宾介绍中国的经验时，又表示中国的很多工作尚处于“改造过程中”，如“还没有颁布民法”，他认为“大概还需要十五年”的时间。

毛泽东的预测是鉴于当时的条件还不成熟，还需要做深入的调查和探索。实践证明，民法典的产生和颁布是在积累了经验，形成了中国特色的民法典后才逐步颁布和实施的。

（参见迟方旭：《毛泽东并未阻碍民法典颁布》，《中国社会科学报》2014 年 8 月 18 日，《报刊文摘》2014 年 8 月 25 日）

◇毛泽东为什么频频阻止江青办影展？

江青学摄影始于1962年。她从1955年起就开始病魔缠身，6年间几乎是在病榻上度过的。其间有几次她离开中南海，去遥远的莫斯科治病休养。到了1962年，江青的身体逐渐好了起来。

江青生了几年病，爱使性子、脾气暴躁、喜怒无常，情绪很不稳定。

毛泽东非常理解江青的痛楚，希望能为她创造一个宽松的环境，因此，1959年和1961年中央在庐山召开的两次会议，都让江青上了山。江青不是中央领导人，身心轻松，游离于高层政治的紧张空气之外。她十分喜欢庐山的自然景色，对拍摄风景照表现了极大的兴趣。

1971年，江青决定办个人影展。她将自己几年的摄影作品交给新华社摄影部进行挑选，选出多张照片放大展出，展出地点选定在人民大会堂。没有几天，100多个做工精致的相框就做好了，送到人民大会堂的展厅。连新闻机构也严阵以待，作好了报道的准备。出乎意料，毛泽东出来讲话了，他对江青越来越强烈的表现欲十分恼火，严厉批评了江青，叫她立即取消影展，注意政治影响。

1974年，钓鱼台传来了令人吃惊的消息：江青放火烧毁了自己的摄影作品。这怎能叫人相信！江青历来将自己的作品视为珍宝，几次将照片交新华社摄影部保管，又几次因不信任要回照片。现在她为何会这样对待自己的心血之作？

原来江青又经历了一次影展梦破碎的打击！钓鱼台18号楼是接待外国元首的国宾楼。1972年周恩来指示有关部门，从各地选来一些丹青大师的国画，悬挂在楼里。江青经常出入18号楼。不久前她还为江苏老画家陈大羽画的一只公鸡大动肝火，成了她大批“黑画”的导火线，搞得悬挂国画的几家大宾馆惶惶不可终日。画家们如大祸临头。

终于，厄运降临到18号楼的国画上。10月间，江青突然要杜修贤为她放大摄影作品。杜修贤按照影展的规格，放大了78张不同尺寸的照片，并且根据以前的规定收取了江青1205元的制作费。他将照片送给江青时才知道，江青放大照片是为了取代18号楼的国画。她的13张20英寸花卉照片很快取代了国画，挂在主厅里。

照片只挂了 3 天就不见了。等人们发现时，13 张国画已经回到了老地方。

原以为江青要气得发疯，负责警卫的人心惊肉跳找到江青时，竟不敢相信自己的眼睛！江青正在 10 号楼用照片招待政治局的委员们，大照片摊了一长桌，见警卫局来人，她笑眯眯地说："这些照片是我为委员们准备的，他们喜欢我照的照片，这次随他们挑，喜欢什么就拿什么。"江青这番话令人惊奇，好像她根本不知道她的"国际影展"已经宣告破产！

其实，江青是在掩饰自己的愤怒和难堪，勉强保持表面的镇静，以显示她大度、不与人计较。

毛泽东虽然远在千里之外，可是江青在北京的一举一动都瞒不过他。

当他知道江青又在"照片搭台，政治唱戏"时，对江青进行了严厉的训斥。

过了几天，江青发疯般地从楼里抱出剩余的照片，奔到院子里，将憋了许久的委屈、痛苦、失意和愤怒统统发泄了出来，化为熊熊烈火。那价值 1000 多元的照片终于成了江青影展梦的牺牲品。

1975 年 9 月，全国农业学大寨会议在山西昔阳县大寨召开。江青又一次萌动影展念头，这难以止息的欲望日夜折磨她好强的心灵，竟成了她心头一块沉甸甸的心病。或许是吃了一堑的缘故，这次她长了一智。一到大寨她就四处造舆论："这次我的影展要多拍些大寨的镜头，给大家开开眼界。照片制作费用稿费支付。这件事我已经报告了政治局，国锋同志都同意了，搞好后我再报告主席。"她想造成既成事实，来个先斩后奏，好让她的影展梦变为现实。

在大造舆论的同时，她逐步实现她的影展计划。她让杜修贤为她挑选照片放大后送来。杜修贤立即为她挑选、放大了 30 幅照片，派人送到大寨交给江青。

没有想到江青一见到照片，立刻火了："为什么不选庐山、海南岛、北海和颐和园的照片？我的展览是一个大厅，一个大厅！尽量多选，快点送过来。"

100 多幅照片源源不断送往大寨。大寨的大队部在江青的手中变成了她第一个"展览大厅"，从会议室到客厅都悬挂着江青拍摄的大幅照片。

从大寨回到北京，江青又开始紧锣密鼓地张罗她的正式影展。毛泽东无疑是她面前最难逾越的一道门槛。毛泽东虽然深居简出，却能耳听八方，眼观六路。江青要办展览，迟早要叫他知道的。江青又想了绝妙的主意——和摄影师联合举办展览。她知道毛泽东向来对家人严厉，对外人宽厚，如果拖上别人，毛泽东没准会同意的。但毛泽东回复她的仍只有两个字："不行！"江青最后一次影展的梦宣告破灭！毛泽东觉察到江青欲出风头的行为，所以屡屡禁止她办影展。

（参见《湘潮》，《人物汇报》2014 年第 12 期总第 307 期）

◇毛泽东有没有为英雄王杰题过词？

1965 年 7 月 14 日，解放军某部战士王杰在组织民兵进行实爆训练时，因炸药包发生意外爆炸，为保护在场的 12 名民兵和人武干部，扑向炸点英勇牺牲。1965 年 11 月，国防部命名他生前所在班为"王杰班"。同时，解放军总政治部、全国总工会、共青团中央、全国妇联等分别发出通知，要求广泛开展学习王杰的活动。

多年来，一些报纸杂志和纪念王杰的场所，在提到王杰的时候，往往认为毛泽东曾为他的牺牲题过词，或者赞扬过他的"一不怕苦，二不怕死"（简称"两不怕"）精神。实际上，毛泽东并没有为王杰题过词，关于"两不怕"精神的谈话与王杰也没有直接的联系。

王杰牺牲之后，朱德、周恩来、邓小平、董必武、叶剑英、陆定一等党和国家领导人为王杰题过词。朱德的题词是："学习王杰同志不怕苦不怕死的革命精神"。周恩来的题词分两部分，其中第一部分为："一定要学习王杰同志一不怕苦、二不怕死的革命精神"。他们的题词中都有"两不怕"精神的内容。毛泽东没有题词。而这个"两不怕"精神，实际上是 1952 年诞生在解放军驻西藏部队中的。1963 年，罗瑞卿和张国华先后向毛泽东汇报过"两不怕"精神在部队中起到的巨大精神鼓舞作用。

1952 年 4 月，为了修筑长达 2400 多公里的川藏公路，历尽艰难险阻，由四川徒步进军到拉萨的十八军某部又迅速踏上筑路的艰苦征程。这支部队的二连官兵发出誓言："我们的战士都不是神仙，而是凡人。但我们有一不怕苦、二不怕死的革命精神。”时任该部队副政委的乔学亭也在工地现场，他在一次集会上激动地说：“二连官兵总结得好，‘一不怕苦，二不怕死’。”

1962 年 10 月中印边境自卫反击作战打响后，乔学亭带领该部奉命开赴前线。在战斗中“两不怕”精神成了广大官兵的精神力量。其中最有代表性的便是被国防部授予荣誉称号的“阳廷安班”。在作战中，该部二连六班班长阳廷安在枪林弹雨中对身旁的战士喊道：“‘一不怕苦，二不怕死’。跟我来，打进去！”阳廷安牺牲后，副班长曾祥智高喊着“‘一不怕苦，二不怕死’，为班长报仇”的口号，带领战士们奋力冲向敌人，一鼓作气，连续攻下印军七座地堡。

1963 年 2 月中旬，西藏军区司令员张国华到北京向中央军委汇报中印边境自卫反击作战的情况。

张国华在谈到反击战的主要经验时说：“这次边境作战部队的表现好得很，简单地说，就是两句话：一不怕苦，从上到下没有叫苦的；二不怕死，前赴后继，倒下一个马上有人顶上去。这两方面的事例多得很。”中央军委秘书长罗瑞卿当即赞扬了“两不怕”精神。

1963 年 2 月 15 日，罗瑞卿在陪同毛泽东会见柬埔寨西哈努克亲王时，当面向毛泽东汇报了张国华讲的“两不怕”精神。毛泽东听了非常高兴，说：“撼山易，撼解放军难！”

1963 年 2 月 19 日下午，在中南海怀仁堂召开了由中央领导、各大区负责人、各省市区党委书记以及中央各部门负责人参加的中央工作会议，毛泽东亲自主持。张国华在汇报刚刚结束的中印边境自卫反击作战情况时，又一次提到了“两不怕”精神。

1964 年 1 月 15 日，西藏军区政治部《高原战士报》刊登的第十一师三十三团政委耿晓林《八连为什么能过得硬》的文章中说：“八连同志用毛泽东思想武装了头脑，所以他们能够一不怕苦，二不怕死，能够以顽强的斗志战胜敌人，压倒敌人。”从这时起，“两不怕”精神开始由西藏军区部队传向全军。

王杰于 1961 年 8 月应征入伍。王杰在部队期间一直坚持记日记，他在 1965 年 5 月 1 日的日记中写道：“我们要一不怕苦，二不怕死，做一个大无畏的人。”王杰牺牲后，10 月 30 日和 31 日，《人民日报》《解放军报》和中央人民广播电台分别刊登和广播了王杰日记摘抄。那段关于“两不怕”的日记成了王杰日记中的闪光点，这在无形中成了王杰精神的集中概括，并广为传播。

“两不怕”第一次作为“毛主席语录”公开发表是在 1969 年 8 月 1 日。这一天，《人民日报》《红旗》杂志、《解放军报》为纪念解放军创建 42 周年发表了题为《人民军队所向无敌》的社论。社论中写道：“毛主席最近教导说：‘我赞成这样的口号，叫作一不怕苦，二不怕死’。”在此以前，报刊中也经常出现有关“两不怕”精神的文字，但从来没有用过黑体字。当时刊登的毛泽东的言论都是用黑体字的。从这篇社论开始，“两不怕”精神就用黑体字了。

1969 年 8 月 2 日的《人民日报》的头版头条是《毛主席最新指示》：“我赞成这样的口号，叫作‘一不怕苦，二不怕死’。”

毛泽东这段关于“两不怕”精神的讲话，是 1969 年 4 月 28 日在中共九届一中全会上讲的。

会上，毛泽东说：“大家要谨慎小心，无论是候补中央委员、中央委员、政治局委员，都要谨慎小心。不要心血来潮的时候，就忘乎所以。从马克思以来，从来不讲什么计较功劳大小。你是共产党员，是整个人民群众中间比较更觉悟的一部分人，是无产阶级里面比较更觉悟的一部分人。所以，我赞成这样的口号，叫作‘一不怕苦，二不怕死’，而不赞成那样的口号，‘没有功劳也有苦劳，没有苦劳也有疲劳’。这个口号同‘一不怕苦，二不怕死’是对立的。你看我们过去死了多少人，我们现在存在的这些老同志，是幸存者，偶然存在下来的。皮定均（时任福州军区副司令员）同志，你那个鄂豫皖那个时候多少人？后头剩了多少人？那个时候人可多啦，现在存在的就不那么多了。那个时候，江西苏区，井冈山苏区，赣东北，闽西，湘鄂西，陕北，经过战争有很大的牺牲，老人存下的就不多了，那叫作一不怕苦，二不怕死。多少年我们都是没有啥薪水的，没有定八级工资制。就是吃饭有个定量，叫三钱油、五钱盐、一斤半米就了不起了。至于菜呢？大军所过，哪里能够到处搞到菜吃呀？”由此可以看出，毛泽东谈到的“两不怕”精神，与王杰并无任何直接联系。

2004 年 12 月 27 日，《解放军报》刊登了成都军区政治部原主任乔学亭的回忆文章。

文中说，毛泽东在1963年2月19日听取张国华汇报时说："我赞成这样的口号，叫作'一不怕苦，二不怕死'。"毛泽东还用手指了指张国华，说："这是你的发明权。"这段史实在时隔40多年后才见诸媒体。

毛泽东的这一段关于"两不怕"精神的谈话与王杰也不可能有任何联系，因为王杰的英雄事迹是在1965年7月14日他牺牲之后才传播开的。因此，一些报纸杂志和纪念王杰的场所在宣传王杰时违背了这个历史细节，在一定程度上影响了宣传效果，这是值得注意的，也是应该及时加以改正的。

（参见胡新民：《"一不怕苦，二不怕死"精神的来历》，《老同志之友》2014年第8、9期上）

◇被误为毛泽东手迹的江青的哪四幅书作？

据李晓航在《党史博览》第2期上撰文说，笔者近来在查阅毛泽东诗词手迹时，意外地发现，有的出版社出版的毛泽东诗词版本，竟将"文革"时期误传的四幅他人的书法作品当作毛泽东的手迹予以收录，并加以评点、赏析。

如四川大学出版社1992年10月出版的《毛泽东书艺精萃博览》一书中，有三幅律诗《七绝·为女民兵题照》《七律·答友人》《七律·和郭沫若同志》的手迹和一幅词《卜算子·咏梅》的手迹，显系他人之作，并非毛泽东所书。既然这四幅作品不是毛泽东的手迹，那么，它们究竟出自何人之手呢？据专门研究和鉴别毛泽东手迹的专家李树庭考证，它们均出自江青之手。

因江青长期在毛泽东身边生活工作，对她来说，接触与观摩毛泽东的手迹，有着得天独厚的便利条件。成年累月的耳濡目染，使江青的书法深受毛泽东书法的影响，字迹有几分接近与相似，自在情理之中，难免使不明书道的读者难辨真伪，以致这四幅作品长期被人误认为是毛泽东的手迹讹传至今。以假乱真，应予澄清。

江青手迹

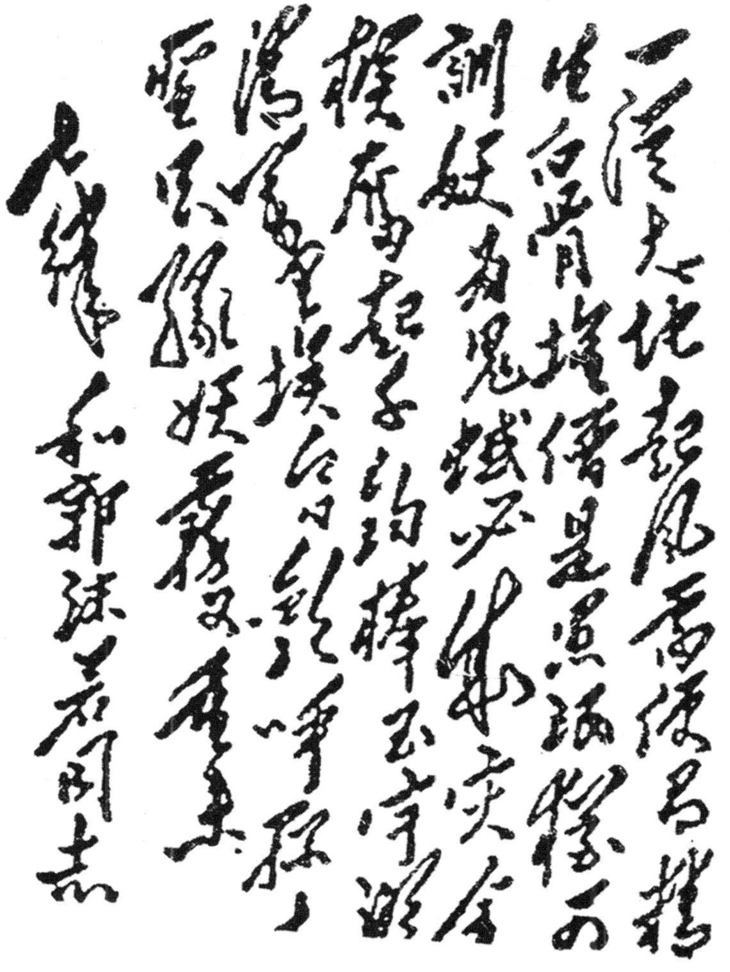

一从大地起风雷便有精生白骨堆僧是愚氓犹可训妖为鬼蜮必成灾金猴奋起千钧棒玉宇澄清万里埃今日欢呼孙大圣只缘妖雾又重来

七律

和郭沫若同志

《七律·和郭沫若同志》

江青手迹

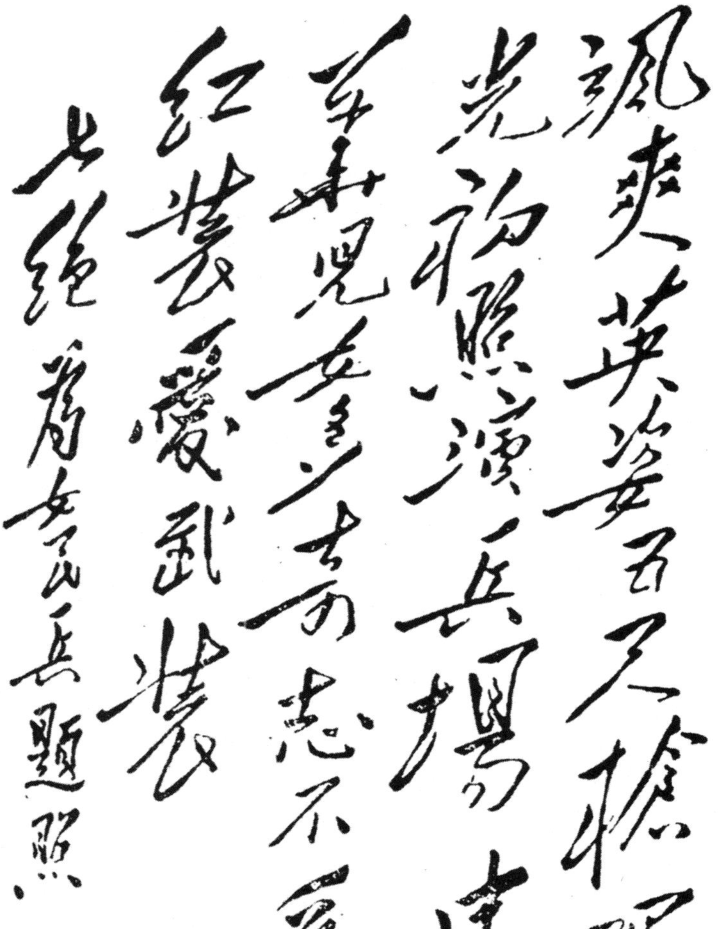
飒爽英姿五尺枪
曙光初照演兵场
中华儿女多奇志
不爱红装爱武装
七绝 为女民兵题照

《七绝·为女民兵题照》

江青手迹

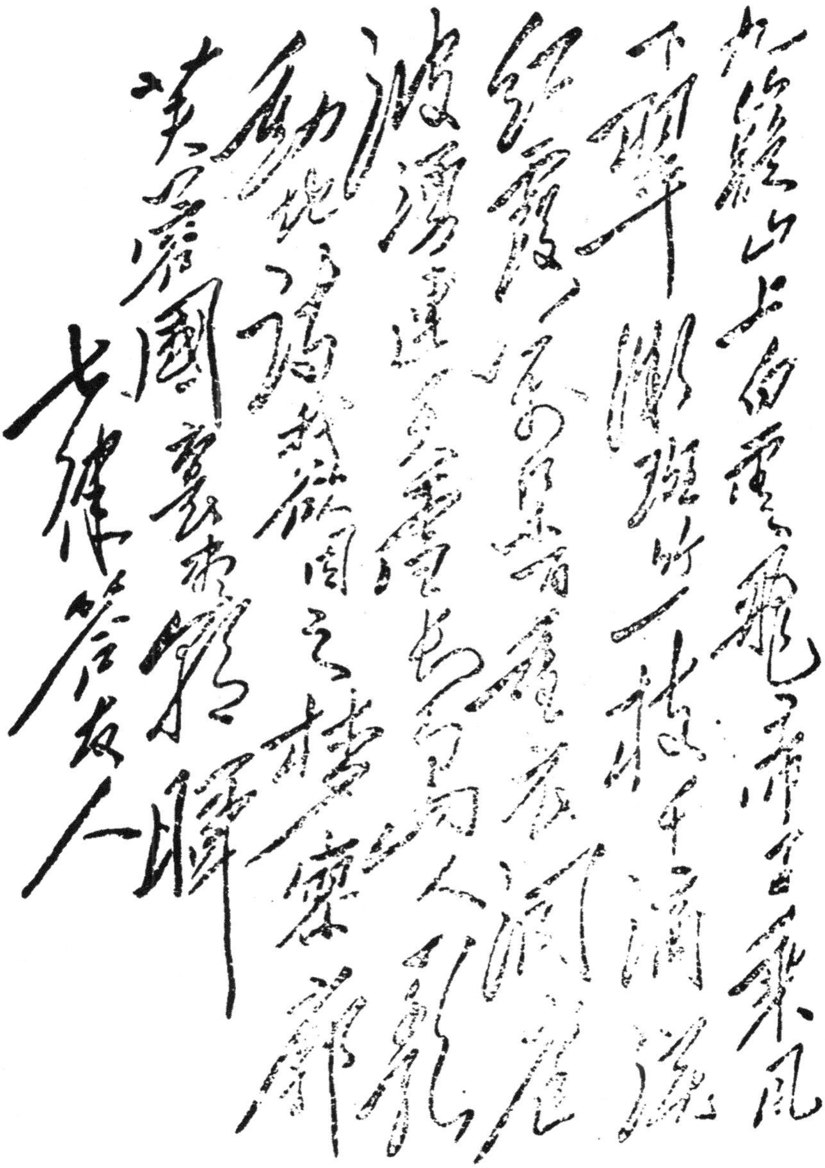
九嶷山上白雲飛，帝子乘風下翠微。斑竹一枝千滴淚，紅霞萬朵百重衣。洞庭波湧連天雪，長島人歌動地詩。我欲因之夢寥廓，芙蓉國裡盡朝暉。
七律 答友人

《七律·答友人》

江青手迹

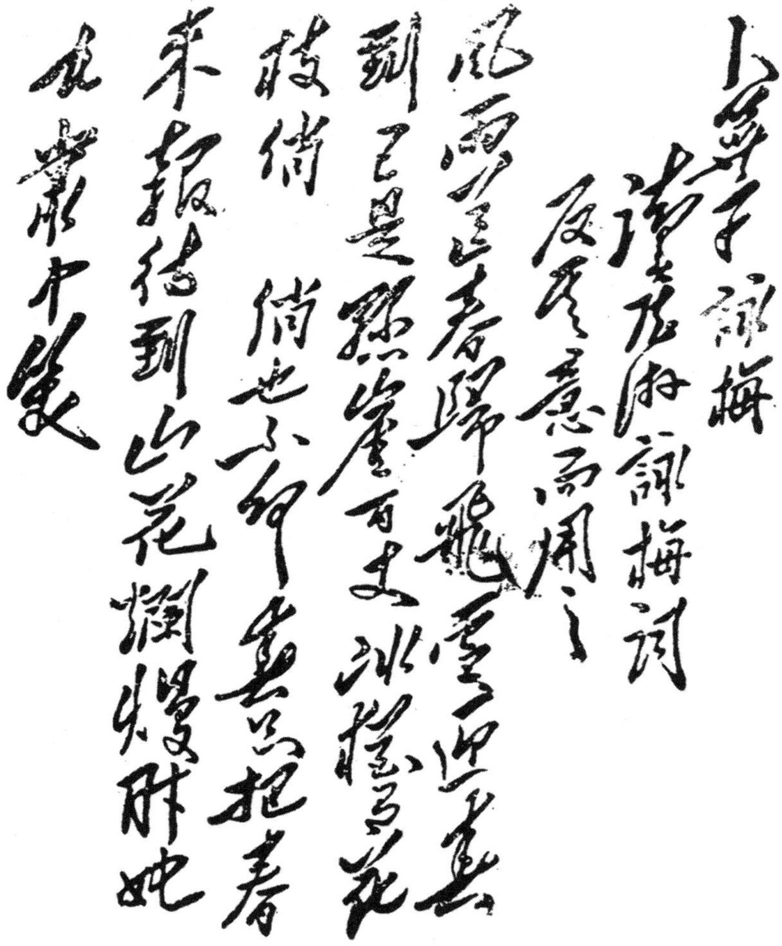

《卜算子·咏梅》

（参见李晓航：《被误为毛泽东手迹的江青的四幅书作》，原载《党史博览》2003 年第 2 期）

◇毛泽东与杨开慧有第四个儿子吗？

1990年中国人民大学图书古籍研究所馆员宋平生等在编纂《中国人民大学图书馆藏家谱目录》时，意外地发现了一部珍贵的家谱资料——《韶山毛氏族谱》。

这部族谱，系1941年毛氏西河堂活字印本，是由毛泽东的族兄和私塾老师毛泽启，号宇居，根据宣统三年（1911年）三修本，于民国三十年（1941年）继增总纂的四修本。

此谱记录了毛氏从元末明初始祖毛太华至民国间凡22代人的家谱简史。其中一些有关毛泽东本人以及其祖父、父母、兄弟、妻子和子女情况的记载尚属首次披露，可据此考订和填补有关毛泽东一家史事方面的一些误传和空白，因此具有重要的研究参考价值。

根据这部族谱的记载，宋平生撰写了《新发现的〈韶山毛氏族谱〉叙略及毛泽东家族史事考订》一文，发表后受到国内外广大读者的关注。其中这样写道：

关于毛泽东与杨开慧的后代，通常的说法是三个孩子，即毛岸英、毛岸青、毛岸龙。岸英生于1922年10月24日，1992年6月，广西人民出版社和漓江出版社共同出版的《毛泽东大辞典》第1288页，记载毛岸英生于1922年10月22日，有误。岸青生于1923年，岸龙生于1927年4月4日（参见《杨开慧》一书）。

但是，《族谱》却记载毛泽东与杨开慧共生有四个儿子，而且还首次披露了他们的本名。他们是：长子毛远仁，字岸英；次子毛远义，字岸青；三子毛远智，字岸立；四子毛远怀，字式谷。远怀名下注云："民国十二年癸亥二月初二辰时生"（即公元1923年3月18日）。奇怪的是，其中并无毛岸龙。而毛远怀的生年竟与次子毛岸青相同，若用孪生子来解释，那么为何毛远怀又排行第四呢？《族谱》上说他过继给了毛泽铭，现在还没有其他旁证。总之，《族谱》中关于毛泽东与杨开慧的后代的记载，还有待进一步核实。

宋平生撰写的《新发现的〈韶山毛氏族谱〉叙略及毛泽东家族史事考订》一文，还有这样的记述："毛泽民，字润莲。"这是《中共党史人物传》

第九卷的说法，也是最流行的说法。现在，我们通过《族谱》知道，他原名泽铭，字咏莲。他与原配夫人王氏共生有三儿三女，但只有一个女儿幸运地长大，并嫁给了一位姓王的男人。后来，毛泽民夫妇抚养了毛泽东与杨开慧所生的第四个儿子——毛远怀，以弥补膝下无子的缺憾。

毛泽东与杨开慧真的生有第四个儿子吗？据考证和多方面证实，毛泽东和杨开慧共生有三个儿子，即长子毛远仁，字岸英；次子毛远义，字岸青；三子毛远智，字岸龙。毛泽东与杨开慧生有四个儿子之说，肯定是错误的。

那么，上述《韶山毛氏族谱》的记载，为什么说毛泽东与杨开慧生有四个儿子呢？显然，是误把毛远怀视为毛泽东与杨开慧生的第四个儿子了。

毛远怀不是毛泽东与杨开慧生的儿子，他是谁的孩子呢？说起来话长。

在毛泽东的亲友中，的确有一个叫毛远怀的人，而且至今健在。笔者早在1967年12月就认识他，而且曾请他讲过自己的家世和生活经历。他告诉笔者：1949年8月，湖南和平解放后，他曾先后任湘潭县委组织部部长、县委副书记、书记。1955年4月，调湖南省林业厅任副厅长。1957年，任湖南省教育厅副厅长。1960年，任湖南省档案局副局长。1961年，任湖南省委政策研究室副主任，并兼任湖南省农林水办公室副主任。然而，他原名叫王华初，湖南浏阳人。他的母亲罗醒英英勇牺牲后，便改姓毛，名毛华初，又名毛远怀。

他的情况既然如此，为什么《韶山毛氏族谱》记载他是“泽铭（毛泽民，又名泽铭，笔者注）抚子远怀，字式谷，民国十二年癸亥二月初二辰时生”（即1923年3月18日）。1976年9月，毛泽东逝世后，他怎能作为毛泽东的家属到北京参加追悼会向毛泽东遗体告别呢？

这个问题的源头可追溯到1927年。这一年，蒋介石在上海发动了“四一二”反革命政变后，又策动湖南国民党反动军官许克祥等搞“马日事变”，大肆捕杀共产党人。在白色恐怖笼罩下，毛泽民的结发妻子王淑兰，在韶山无法生存下去，便带着6岁的女儿毛远志到长沙，希望能找到党组织，但没有躲过敌人的魔爪，被捕入狱。

在她所在的牢房里，有一位名叫罗醒英的女共产党人，带着8岁的儿子王华初，早已被关押在这里。共同的革命信念和患难，使她们很快成为相依为命的姐妹。

有一天，罗醒英对王淑兰说：“国民党反动派杀人不眨眼，我们都面临随时被杀头的危险。不论我先被杀，或你先被杀，谁幸存谁就承担抚养孩子的责任。我和你，是这两个孩子的共同妈妈。”说罢，顺手把王华初拉到王淑兰面前，往地下一按说：“华初，快叩头，叫妈妈！”王华初按照母亲的要求，认了王淑兰为妈妈。

1930年7月25日下午，彭德怀带兵攻打长沙，罗醒英和王淑兰趁机越狱。她们到了湖南浏阳，罗醒英不幸再次被捕，不久壮烈牺牲。从此，王华初便由王淑兰抚养，并改名叫毛华初。

1942年，韶山毛氏家族修族谱时，尽管王淑兰没在韶山，毛华初已去延安，仍将毛华初列入毛泽民和王淑兰名下，给他排行第23，取名远怀，字式谷。

根据上述情况，无论怎么说，都不能把毛远怀视为毛泽东与杨开慧生的第四个儿子，正确的应当说他是毛泽民和王淑兰的养子。

宋平生在《新发现的〈韶山毛氏族谱〉叙略及毛泽东家族史事考订》中说：“奇怪的是，其中并无毛岸龙。”其实并非如此。《韶山毛氏族谱》中记载的“毛远智”，不是毛岸龙是谁？毛岸龙，又名毛远智，或者这样说：毛远智，字岸龙。《韶山毛氏族谱》上记载：毛远智，字岸立，显然是笔误，应当纠正。至此，毛氏族谱才有了比较正确的记载。

（参见田树德：《真相：毛泽东史实80问》，中国青年出版社2002年6月版）

◇林彪是如何取悦毛泽东的？

新中国成立后的近十年间，林彪的名字并不多见。似乎，随着战争的结束，他也离开了中国政治军事舞台的中心。

据说，他在平型关负伤落下病根，解放战争南下时病情加重，怕光，怕水，怕风，拉稀，患的是一种神经系统疾病。于是，他称病休养。1960年10月，在全军高级干部会议上，他曾谈起读书，他说：“我们要站在书上来读书，不要趴在书下来读书。要批判的读，要吸取的读。书应该为我服务，而不是我为书服务。让书牵着鼻子走，我不干。有些书就是换汤不换药，没有什么新东西，只是旧思想、旧材料、旧词句，重新编排了一下，换了个地方，就像搭积木一样从这块换到那块，就是那么几块板子。”

但林彪没有永久地沉寂下去。他终于露面了，终于“骑上去”了。1958年5月26日《人民日报》以头版头条大幅标题报道了“中共八届五中全会昨日举行”的消息，消息说：“这次会议增选林彪同志为中央委员会副主席、政治局常务委员；增选了柯庆施、李井泉、谭震林同志为政治局委员；增选了李富春、李先念同志为中央书记处书记。”

林彪这次露面，比之解放战争时期，地位显然更高了。有趣的是，林彪的当选总有些特殊，他当政治局委员，是在1955年4月4日召开的中共七届五中全会上补选的；他当政治局常委并副主席，是在1958年5月25日的八届五中全会增选的；他后来成为党的唯一的副主席并接班人，则是在1966年8月1日至12日的八届十一中全会上形成的。

八届五中全会后，因为国防部长彭德怀既不是常委也不是副主席，林彪成为政治局常委及党的副主席，在元帅中的排位事实上已越过彭德怀仅次于朱德，一年后，林彪果然接替彭德怀主持军委工作了。

林彪，他一向那么清高，又读了那么多史书，为什么不一直托病？为什么再度出山？没有人回答这个问题。推测起来，也许是毛泽东批评了他，要他打掉暮气，继续革命？因为林彪曾在1959年的庐山会议上这样讲：“只有毛主席能当大英雄，你我离得远得很，不要打这个主意，我有暮气，但没有这个野心：搞大局面，自己一套拿出来。这种雄心、信心没有；缺点是有暮气，主席讲元帅中有暮气。”也许，是林彪本人在经过一番读书思考后，认为自己还应该轰轰烈烈再干一场，不甘心在百无聊赖的养病生活中了此余生？还有一种可能，就是林彪的养病其实是“韬光养晦”，他其实一直在等待时机以求一逞？

不管出于什么原因吧，1959年林彪主持军委工作后，立即采取了与彭德怀不同的办法，他旗帜鲜明地大搞“突出政治”。

林彪说：“一定要把毛泽东思想真正学到手，一是掌握精神实质；一是掌握方法，就是唯物辩证法。要勤学多练。多练，就是反复地学，学深学透，多实际运用，不要学一下就过去了。”

他说：“我们学习马克思列宁主义怎样学呢？我向同志们提议，主要是学习毛泽东同志的著作。这是学习马克思列宁主义的捷径。马克思、列宁的著作那么多，里面有许多人名地名你都搞不清。最好先读毛泽东同志的著作。读化学并不一定找到发明化学的人，学几何不一定要找欧几里德，不一定要读他们的原著；后来的著作，有一些当然不及原著，但是有一些比原著还好，发展了，新的创造很多，……毛泽东同志全面地、创造性地发展了马克思列宁主义，综合了前人的成果，加上了新的内容。要好好学习毛泽东同志的著作。我们学习毛泽东同志的著作容易学，学了马上可以用，好好学习，是一本万利的事情。”

他又说：“在政治工作领域中，要正确处理四个关系。”“一是武器和人的关系，打仗时武器也要，人也要。但是武器要人去使用，人不勇敢，武器就不能充分发挥作用，所以战争的胜利还是靠人。原子弹、炮弹打过以后，到接近敌人几十米时，还是要靠人的勇敢，靠人的高度觉悟和牺牲精神。”“二是各种工作和政治工作的关系，军队工作有司令部工作，后勤工作，有军事训练，文化教育，等等。政治工作做好了，人的积极性、创造性发挥起来了，各种工作就都能做好。从这一环节着手，一通百通。”“三是政治工作中的各种工作和思想工作的关系。政治工作中有些是事务性、行政性的工作，有些是思想性的工作。各种工作都要做，不能只做哪一个，但是重点要摆在思想工作上。”“四是书本思想和活的思想的关系。书本要读，但是重要的是掌握活的思想。”“这就是说，人的因素第一，政治思想第一，思想工作第一，活的思想第一。这是我军政治思想工作的方向，也是整个军队建设的方向。”

真是三年不鸣，一鸣惊人。林彪在养病中读书思考，此时终于亮出他丰满光滑的羽毛。他的这些讲话确有令人耳目一新之感，这是林彪的特色。

毛泽东当年对林彪的这些讲话评价很高，他说：“解放军的思想政治工作和军事工作，经林彪同志提出四个第一，三八作风之后，比较过去有了一个很大的发展，更具体化又更理论化了。”

林彪恰恰从这里开始，越来越把政治，把毛泽东本人及其思想强调到了极致。他后来在“文革”中说毛泽东思想是“马克思列宁主义的顶峰”，“是最高水平的马克思列宁主义”，“毛主席的话句句是真理，一句超过我们一万句”，“毛主席比马克思、恩格斯、列宁、斯大林高得多”，“毛主席这样的天才全世界几百年，中国几千年才出现一个，毛主席是当代最伟大的天才”等等，恰是他过去许多讲话的延续和发展。这种延续和发展，将个人崇拜的狂热推到了无以复加的程度。

1959 年，正是毛泽东正式退居二线之时，在此后几年中，接班人刘少奇在一线十分活跃。而林彪，恰是在这几年里，大力提倡毛泽东思想，这种做法同当时的刘少奇恰成鲜明对照。据林立果的未婚妻张宁撰文，甚至到了“9·13”前夕，9月8日，林彪还对张宁说：“你应该认真研究文艺理论，站在马列主义、毛泽东思想的原则上，高屋建瓴地对文艺理论和方针，提出自己的见解。”据说这天林彪已经下达反革命政变手令“盼照立果、宇驰同志所传达的命令办”了。林彪乔装打扮，难察心扉。

罗瑞卿的女儿罗点点回忆说，1959年彭德怀下台后，主持军委工作的一直是新国防部长林彪。爸爸回军队，很大程度上是他的主意。爸爸和林彪历史上的关系很好，他们都是红一军团出身，同在抗大工作。按照通俗的说法，是一个“山头”的。

庐山会议刚结束，毛泽东从反“左”突然变成反右，以及揪出“彭、黄、张、周”反党集团的做法，使全党沉浸在震惊和沉默之中。是林彪第一个打破了这片寂静。他在当年9月份召开的全军高级干部会议上发出了异常响亮的声音：“毛泽东同志全面地、创造性地发展了马克思列宁主义。”他号召大家以主要力量学习毛泽东著作，称学习毛主席著作“是学习马克思列宁主义捷径”，而且“学了马上就可以用”。

9月30日，林彪发表了《高举党的总路线和毛泽东军事思想的红旗阔步前进》。文中说：“1958年以来的国民经济‘大跃进’和人民公社化高潮，显示了党的社会主义建设总路线的无限光芒……不要群众运动，抓住一些个别的、局部的、暂时的而且是迅速克服的缺点反对群众运动，就是不要前进，不要革命。”

1960年1月，林彪在党中央的会上把毛泽东在延安对抗大题词中的三句话、八个字，总结成所谓“三八作风”，作为军队革命化的标准。这一年春天在广州召开的军委扩大会，林彪再次提出要高举毛泽东思想伟大红旗，要把毛泽东思想真正学到手。对于毛主席著作的学习要“带着问题学，活学活用，学用结合，急用先学，立竿见影，在‘用’字上狠下功夫”。林彪的响亮口号是：“读毛主席的书，听毛主席的话，照毛主席的指示办事。”嫌不够，又加上“做毛主席的好战士”。后来在“文革”中大行其道，据说印数超过《圣经》的《毛主席语录》也是林彪在此时的发明创造。他要《解放军报》在报眼的位置刊登毛主席语录。对毛主席著作中最重要的篇章，要反复学，反复用，对于其中的许多警句，要熟读、熟记，能够背诵出来，等等。

林彪就是这样独树一帜。他带着浑身熠熠的光彩，以一种即使在党内也鲜为人知的语言，塑造自己毛泽东思想捍卫者的形象。

1960 年 9 月的军委扩大会议上，林彪又提出了“四个第一”。在他的主持下，通过了《关于加强军队政治思想工作的决议》。在这个决议里从内容到表达方式尽量模仿毛泽东在红军创建时期为红四军党代会起草的《古田会议决议》。林彪俏皮地称自己这是在“复古”。

毛泽东看到这个文件颇为心领。爸爸回忆当时的情况时说：“我把文件呈送主席，并把此点（指林彪‘复古’的提法）报告了主席，主席表示了极大的喜悦。”

实际上，就是没有爸爸的报告，毛泽东也不会不注意到林彪这一系列举动。要知道，“大跃进”的悲惨结局和庐山会议上彭德怀等人代表的，正在全党蔓延的不满情绪，使毛泽东在很长的一段时间里感受到了孤独，透过这厚重的孤独的云雾，毛泽东不能不注意到这个他选定的国防部长，大异于人的一举一动。

但是，对于“大跃进”，对于庐山会议前后反“右倾”而造成的三年严重的国民经济困难，对于这期间全国饿死了许多人的事实，毛泽东还是必须给全党一个交代。

1962 年 1 月，中共中央扩大的工作会议（由于参加人数多于往常任何一次中央工作会议，所以直接称七千人大会）在北京召开。

在这个会上，林彪也发了言。会前，林彪的讲话稿是爸爸这个军委秘书长找人替他准备的。林彪的妻子叶群是林彪办公室的主任，在北海附近的三座门军委办公地讨论这个发言稿的时候，她代表林彪说要加上关于毛泽东个人天才的内容。爸爸经过一番考虑，斟字酌句地说：“毛泽东思想是在党和人民集体奋斗中形成的，这个话是从中南海出来的，是主席的秘书田家英提的。”爸爸是好心地告诉叶群，毛泽东本人未必同意天才的提法。爸爸这样说了，稿子上就没有出现天才的字样。

发言稿送到林彪的办公桌上，林彪觉得不是这句话写上不写上的事情，而是爸爸他们搞的发言稿根本不能用，根本没有体现他的意图，完全要另起炉灶的问题。他自己拟定了讲话提纲，而且他在会上的发言果然独树一帜，他说：“三面红旗是正确的，是现实生活中的反映。”

他认为，产生经济困难“恰恰是由于我们有许多事情没有按照毛主席的指示，毛主席的警告，毛主席的思想去做。如果听毛主席的话，体会毛主席的精神，那么弯路会少走很多，今天的困难会要小得多。”

林彪强调指出：“我们的工作搞得好一些的时候，是毛主席思想能够顺利贯彻的时候，毛主席的思想不受干扰的时候。如果毛主席的意见受不到尊重，或者受到很大的干扰的时候，事情就要出毛病。我们党几十年的历史，就是这么一个历史。”林彪刚讲完，毛泽东带头鼓掌。

会后，林彪把他的讲话稿送给了在武昌的毛泽东。毛泽东很快看完，要爸爸、田家英、王任重几个人把稿子再做一些文字上的处理和个别问题上的推敲。整理好后，毛泽东又很快看完，并批示说：“这是一篇很好、很有分量的文章，看了令人大为高兴。”毛要求将其“发给党内干部学习”。毛泽东还要爸爸把修改过的稿子和他的指示送给林彪看，爸爸马上照办了。

以后，毛泽东又将爸爸叫到武汉梅园他的驻地，在一种私下的场合里问：“林彪的这一篇讲话，你讲不讲得来？”

爸爸认真地说：“我怎么讲得出来？恐怕永远也不可能讲得出来。”

毛泽东说：“讲不出来，要学嘛！这次你们给他准备的稿子不能用，还不是他自己写出提纲去讲了一遍。我也是这个办法，在会上边听边想边写提纲，最后就按提纲去讲了一遍。”

毛泽东对爸爸说：“要懂得一些马列主义，要认真读几本马列主义的书。”

爸爸赶快颔首称是，而且很有一些自责。如果说他在和叶群争论的时候还对自己的马克思主义理论常识有点自信的话，那么他在林彪面前，尤其在毛泽东面前，就只有服膺和顺从了。这就是林彪所以能取悦毛泽东的真相。

（参见点点/文《言论中国——观点交锋 20 年》，四川人民出版社 1997 年版，载《书刊报》2002 年 3 月 9—15 日）

◇毛泽东一生登上天安门城楼有多少次？

2013 年 12 月 26 日，是毛泽东主席诞辰 120 周年。从 1949 年开始，每年的“十一”和“五一”天安门前都要举行庄严隆重的庆典活动。每到这一天，毛泽东都要在天安门城楼上与民同乐。至今，人们仍爱把天安门和毛泽东联系在一起，只要一看见天安门，自然会想起毛泽东。那么，毛泽东一生共多少次登上天安门城楼？

据统计，从1949年7月7日至1971年5月1日，在长达22年的时间里，毛泽东主席先后46次登上天安门城楼。一般情况下，毛泽东主席都是在每年的“五一”和“十一”各登上城楼一次。但在1966年的特殊年代里，从8月18日至11月26日这100天的时间中，毛泽东曾8次登上天安门城楼，接见来自全国各地的红卫兵代表约1300万人。

毛泽东第一次登上天安门城楼是何时？

在许多人看来，毛泽东是在开国大典的那一天，也就是1949年10月1日这天第一次登上天安门城楼的，但实际情况并非如此。毛泽东第一次登上天安门城楼的时间，是在1949年7月7日晚上的9点20分。

1949年7月7日这一天是“七七事变”12周年纪念日。为纪念抗日战争爆发12周年并庆祝新政协筹备会成立，天安门作了精心的布置。天安门城楼上悬挂着7个大红灯笼，城台周围插着32面鲜艳的红旗，城楼正中挂着一个巨大的红五角星光耀夺目，两边分别是毛泽东主席、朱德总司令的巨幅画像。整个广场呈现出一派节日气氛。7月的北京阴雨连绵，这天，北平城风雨交加，大雨下个不停，北平20万市民顶风冒雨会集到天安门广场，参加在这里举行的盛大集会。

晚8时，大会在七七四十九响礼炮和雄壮的《义勇军进行曲》中开始。首先，通过了大会主席团名单，随后，与会人员起立，向抗战中的死难烈士静默致哀。主席团主席彭真致开幕词：“刚才有炮声，十二年前的今天北平也有炮声，但是，那是日本帝国主义进攻的炮声。今天，却是人民庆祝人民解放战争的胜利，庆祝新政治协商会议筹备会的成立，庆祝人民民主新中国开始建立的炮声。”

晚9时20分，毛泽东莅临大会。当毛泽东出现在天安门城楼上时，会场气氛达到了高潮。这是毛泽东第一次同这么多北平市民见面，20万群众情不自禁地高呼起来。“毛主席万岁！”“中国共产党万岁！”的口号声此起彼伏，响彻云霄。

这是毛泽东第一次登上天安门城楼，也是第一次听到这么多的人不约而同地向他欢呼。此时，毛泽东抑制不住内心的激动，操着他的湖南口音，带领全体与会人员高呼："中国人民万岁！""全国人民团结起来！""打倒帝国主义！""打倒帝国主义的走狗中国反动派！"……这声音经久不息地回旋在天安门上空，震撼着北平古城。

毛泽东在天安门城楼上站的时间最长的是哪次？

1949年10月1日，中华人民共和国中央人民政府在天安门广场举行盛大的开国盛典。下午3点整，中央人民政府委员会秘书长林伯渠宣布典礼开始。毛泽东走近麦克风，朝广场深深地望了一眼，以沉稳、激越的湖南乡音，一字一顿地向全中国、全世界庄严宣告："中华人民共和国中央人民政府今天成立了。"这声音成为一个时代的结束语，也成为一个历史新纪元的开始。

开国大典这天，面对万众欢腾的大游行，毛泽东一直和人民在一起。从下午3点到晚上9点25分，一直站在城楼上向游行的群众挥手致意。毛泽东始终没有坐下休息，总是举着一只手，时而庄严地停在空中，时而有力地挥动。他一直在城楼上不停地走动，从城台的东边走向西边，又从西边走回东边，频频向群众招手，右手举累了，就换左手，左手累了又换右手，与空前的盛典融为一体。广场上川流不息的群众一面呼着口号，一面向前走，走到面对城楼的时候，都停下来高声地呼喊"毛主席万岁！"周恩来看到毛主席已经站了好几个小时，再三劝说他休息一下，他才走进休息室坐下来，一边吸烟一边跟程潜先生交谈起来。可是，连水还没来得及喝一口，周恩来又走进来说："主席，游行的群众看不见你了，他们都停下来不肯前进了，看来你还得站下去。"

毛泽东起身说："好吧，疲劳也得去啊！"他把香烟在烟缸中熄灭，向程潜先生抱歉地笑了笑，又回到主席台上。面对群众的呼声，毛泽东情不自禁探身栏杆外，伸手招呼群众。面对麦克风高呼："同志们万岁！""人民万岁！"

退场群众发现领袖仍在他们中间，并且通过广播和他们讲着亲切的话，便改变了原来向东西分走的路线，潮水一般涌向天安门，挤在金水桥上，拼命喊："毛主席万岁！""毛主席万岁！"毛泽东在城楼上呼喊："同志们万岁！""人民万岁！"城楼上下一呼一应！

有多少少先队员到城楼上为毛泽东献花？

在天安门城楼上给毛主席献花，是一件令少先队员们感到最光荣、最幸福的事情。从1951年起，每年“五一”“十一”游行，当少先队员的队伍行进到天安门前金水桥时，就会有一男一女两名少先队员，手捧鲜花，一路小跑，登上天安门城楼向毛主席献花。今天的小朋友可能难有这种感觉，那时候，向毛主席献花是全国少先队员的荣耀，上天安门城楼向毛主席献花是最激动人心的时刻，每当这时，整个天安门广场掌声雷动，“毛主席万岁！”“中华人民共和国万岁！”的欢呼声此起彼伏，经久不息。

1954年“五一”，少先队员给毛主席献花后，毛主席提出“不要只给我一个人献花嘛！”之后，从同年国庆节开始，便取消了向毛主席献花这一项内容。从1951年“五一”至1954年“五一”，先后共有14名少先队员（男女各半）给毛主席献过7次花。每次献花过后，献花的两名少先队员就一左一右依偎在毛主席身旁，一起观看群众游行。

毛泽东唯一一次走下天安门城楼是何时？

1966年10月1日，是新中国成立17周年庆典的日子。入夜后天安门广场上依然人山人海，锣鼓喧天，载歌载舞的人群，延续着白天的喧闹。毛泽东虽然参加了白天的庆典活动，但晚饭后兴致依然很高，大约8点半左右，对身边工作人员说：“走，到天安门看礼花去！”他换上绿军装，乘车来到天安门广场。那天晚上，毛泽东精神饱满神采奕奕，在广场下车后，健步来到金水桥桥头，双腿就势一盘，微笑着坐在地上。周恩来得知后，也即刻从城楼上下来，高兴地与毛泽东一起席地而坐，融于欢乐的海洋里，与首都群众共赏节日焰火。这是毛泽东在多次国庆活动中唯一一次走下天安门城楼。

毛泽东最后一次登上天安门是哪年？

1971年5月1日晚上，节日的天安门广场灯火辉煌，人声沸腾。天安门城楼上，78岁高龄的毛泽东主席和往常一样，向群众招手致意。毛泽东坐在中间圆桌的东面，紧挨着的是西哈努克亲王。董必武坐在西哈努克右侧，最西侧是林彪的位子。在烟火晚会开始时，“一贯紧跟”的林彪却姗姗来迟，这时，毛泽东略略地抬了抬头，朝对面的空座位瞥了一眼，又侧过脸和西哈努克谈话，仿佛根本就没看见那座位还空着！然而令人诧异的是，林彪到了之后也没跟毛泽东打声招呼，只在主桌前坐了一会儿，就转身走了。毛泽东对林彪的不辞而别，并没有表现出不快，继续和西哈努克亲王谈话，不时地望着绚丽多彩的天幕，微微张着嘴，露出亲切和善且带有童趣的笑容。

从 1971 年 5 月 1 日以后，毛泽东就再也没有走上过天安门城楼。同年国庆节天安门也没举行庆祝活动，自那以后，每年两次的天安门前的庆祝游行活动也就此停了下来。

但是，毛泽东在天安门城楼上的活动，却深深地留在了人们的脑海中。

（参见《中国新闻周刊》，《旧闻》《西安商报》2014 年 7 月 17—23 日第 413 期）

◇毛泽东是怎样禁绝为患 200 年的烟毒的？

毒品，这个如洪水猛兽般令人谈之色变的东西，在历史上带给中华民族的伤害罄竹难书。

新中国成立初期毛泽东对禁毒工作可以说是时刻关注的，他要求各地各部门随时汇总上报禁毒工作中的新情况新问题，以便正确分析形势，发布命令。在最初的治理中，禁毒成效并不显著，主要表现在对毒贩的惩处过宽，有的甚至以罚金了事，这样不疼不痒地对待毒贩，不但没能有力打击毒贩气焰，反使毒贩更加嚣张。看到这种情况，1950 年秋，毛泽东指示政务院发布了《关于贯彻严禁烟毒工作的指示》，纠正失之于宽的现象，对毒贩严惩，改变以罚代刑的做法，坚决处以徒刑和强制劳改。在以后的禁毒工作中，毛泽东始终亲自过问指示，亲自谋划布局，直到禁毒工作胜利结束。

对于禁毒工作，毛泽东强调不能“一哄而起，一哄而散”，为此在组织上进行了严密部署：责令公安部为总牵头，各部门配合，全国统一行动。各地区成立禁毒指挥部，下设禁毒委员会，基层设禁毒小组。公安部打出三记重拳，密网部署，做到一网打尽。第一期为“大破”，惩治大毒枭，杀一儆百。第二期，全面铺开，扩大战果。第三期，扫尾，追捕漏网之鱼。每期 10—15 天。根据部署，全国 1202 个禁毒重点部门和地区统一行动，在行动中，打破行业地区界限，各省市之间可直接交换毒贩材料，也可联合缉捕毒贩。

发动群众一直是毛泽东最为重视的方法之一。只有全民动员了，才能彻底勘清死角，使毒贩无处藏身，毒品无法泛滥。在禁毒运动中，毛泽东一再强调："要充分发动群众，不要只靠政府机关，禁毒关系到民众的切身利益。"1952 年春夏之交，一场轰轰烈烈的群众性禁毒运动掀起，全国群众争先投入其中，宣传政策、监视毒贩、提供线索、检举揭发，甚至出现了检举自己的亲属，妻劝夫、子劝父以及兄弟亲朋相互劝诫的感人事迹。据统计，1952 年下半年，全国召开各种禁毒宣传会 765428 次，参加会议的群众近 7500 万人。收到检举信 131 万件，共检举毒犯 22 万余人。毒贩藏匿的各个空间死角都被堵死了，不得不投案自首，据统计，全国投案毒贩有 34 万人之多，不能不说群众运动的作用巨大。

对于数量众多的烟民，国家还拨款 290 亿元（旧币）作为研究制造戒毒药品的专项经费，使 400 万吸毒者陆续戒除毒瘾，重新过上正常人的生活。1952 年底，为患 200 多年的烟毒在中国大陆被彻底禁绝。

这可以说是消除东亚病夫，禁绝为患 200 余年的烟毒的最有效的一场轰轰烈烈的群众运动。当时在全国影响极大，不仅堵住了毒源，而且还挽救了一大批有毒瘾的吸毒者。

（参见路卫兵：《毛泽东为何能禁绝为患 200 年的烟毒》，《老年日报》2009 年 6 月 13 日）

叁 缅怀伟人篇

◇1976年9月悼念毛泽东活动场景有哪些？

1976年9月9日毛泽东逝世，几十年来唱着“毛主席，爱人民……他是人民大救星”的全国人民立即陷入悲痛之中。八亿人民“泪飞顿作倾盆雨”。

发布毛泽东逝世的消息

毛泽东身体原本健康，73岁还能横渡长江。他的健康恶化，主要是由于林彪事件的打击，此后病魔缠身。

1976年天安门事件以后，毛泽东的病情进一步恶化。6月1日，毛泽东心肌梗死严重，中央向全国各省、市、自治区及各大军区的领导，通报了他的健康状况。8月，中央三次发出特急电报，向有关领导通告毛泽东病危的消息。

9月8日0时至16时37分，毛泽东偶尔苏醒，还要看文件、看书。

9日0时10分，毛泽东的心脏停止了跳动。

中央政治局委员在向毛泽东遗体默哀鞠躬后，立即研究治丧及遗体保存问题，组成了以华国锋为首的治丧委员会，并向全国主要机关部门包括各省、市、自治区的负责人通告了毛泽东逝世的消息；要求各地各部门对有关干部，分层次迅速进行秘密传达。中共中央、中央军委下达了《关于加强战备值班的指示》：“从9月9日上午8时起，全军进入一级战备。”

早在7月下旬，周启才（中央办公厅秘书局局长）和李鑫（中央办公厅副主任）就接受汪东兴的指示，起草了讣告《告全党全军全国各族人民书》和悼词文稿。9月9日晨5时余，政治局讨论通过了他们起草的讣告，并决定当天下午4时对国内外广播。

下午3时，中央人民广播电台开始连续预告："本台今天下午4点钟，有重要广播，请注意收听。"下午4时，广播了中共中央、全国人大常委会、国务院、中央军委发布的《告全党全军全国各族人民书》，宣告了毛泽东逝世的消息。下午6时、8时分别增加播出关于治丧活动五项决定的《中共中央、全国人大常委会、国务院、中央军委公告》和毛泽东主席治丧委员会名单。此后，每小时广播一遍。

10日晚，毛泽东的遗体从中南海住处移出，安放在人民大会堂北大厅的灵堂内。

16日下午3时，政治局开会讨论悼词文稿，商定18日在天安门广场举行追悼大会的有关事项，决定追悼大会由华国锋致悼词，王洪文主持，并对大会程序作了安排。

自10日起至月底，全国报刊、广播、电视，主要报道与毛泽东逝世有关的消息。

少数人较早得悉消息时的悲痛之情

实际上，当时人们从报纸上的新闻图片和新闻纪录电影上，已看到了毛泽东的衰老形象。翻译家沙博理（中国籍犹太人）记述："至少已有一年之久，我们知道他将不久于世。但是到最后他逝世时，我们仍感到震惊。"

最早直接从中央方面得悉毛泽东逝世消息的"局外"人，应该是当天凌晨被通知处理毛泽东遗体保存问题的卫生部部长刘湘屏，医学科学院的杨纯、徐静。他们都感到十分突然，徐静的脑子里顿时一片空白。

时任中央人民广播电台副台长的杨正泉，早晨5点多钟到台长办公室开紧急会议，听到毛泽东逝世的消息后，他"周身的血液像凝固了似的，木然地站在那里，泪水顺着面颊流了下来……"他向即将参与播音的有关人员传达了毛泽东逝世的消息，"大家都极其震惊，有的泣不成声"。

当时，在中央军委办公厅从事机要工作的傅学正早些时候就得到通知：不要出门，说不定有急事找你。9日上班之后，得知全军进入一级战备。他联想起7月6日陈锡联在一次会议上，讲了毛主席病重，又联想到近来总有中央发给驻京大单位领导人的"绝密""亲启"的文件，就猜测可能是毛主席出事了。

随后，驻京军事单位的领导人被召去西山会议厅开会。傅学正被安排去给军委顾问、外地来京的大军区首长传达中共中央的急电。他接过电报一看，“头嗡的一声大了，毛主席去世了。我鼻子一酸哭了”。傅先后给刘志坚、谭政、李聚奎、李志民、陈再道等 7 人分别传达了电文，他们都很悲痛。刘志坚闻讯，猛地站起来，流着泪不停地在客厅里踱步；谭政则“一下子斜卧在沙发上，面色苍白，喘不过气来”，经医生救治后，他不停地叹气、流泪。

在 301 医院住院的傅崇碧接到军区机要员送给他的绝密文电，得知毛泽东去世。他悄悄地告诉了一同住院的张爱萍和王震。他回忆说：“我们的心中都无法平静。我们这些跟随毛主席出生入死一辈子革命的红军老战士，尽管在‘文化大革命’中受过不公正的待遇和迫害，但是，对毛主席深厚的热爱、敬仰之情，是永远不会改变的。”

中午，黑龙江省委常委苏民通知在省委、省革委会任职的范正美：“告诉你一个极其悲痛的消息，主席去世了。”范正美一路眼泪长流，不知道自己是怎么回到北方大厦的，“到了会场，我向大家报告了这一不幸消息，情难禁，见着与会者一个个震惊、悲痛的神情，我还是失声痛哭，台下也是一片哭泣唏嘘声”。

下午 2 时 30 分，清华大学党委召开党支部书记以上干部会议，800 人参加，迟群宣布了毛泽东逝世的消息，整个会场一片哭声。

下午 3 时 30 分，张光年被接到《诗刊》编辑部，“王春同志向我和葛洛、孟伟哉宣布中央通知，顿时泣不可抑”。

作家浩然下午去会议室，“一进门，只见局里的吴林泉、石敬野、耿冬辰和田蓝几位领导同志，呆坐在那儿，一个个泪流满面，我这才得知伟大领袖毛主席逝世了！……闻知噩耗，我一边擦着眼泪，一边开始考虑写悼念毛主席的文章”。

当时北京的一位中学生蒋健看到，凌晨一架接一架的飞机掠过城区的上空，这是从未有过的事。他感觉，看起来是出大事了。没到上班的时间，军人们就被紧急召集去开会。大概在下午 3 点的时候，北京 50 中和 108 中的主楼顶上突然升起国旗，又突然降了半旗。几乎与此同时，附近的大喇叭突然响了起来，反复说：“今天下午 4 点钟，有重要广播，请注意收听！”他猜想，一定是毛主席去世了。

收听讣告后北京各界人士的悲痛之情

9月9日下午4时整，中央人民广播电台开始广播《告全党全军全国各族人民书》。

杨正泉记述："全国人民震惊了！八亿人民为失去自己敬爱的伟大领袖极其悲痛！还没有收听完第一遍广播，便纷纷打来电话，倾诉悲痛之情，寄托哀思。全世界震惊了！开动一切宣传机器，作为特大新闻纷纷报道，一些国家和政府的首脑、党政领导人、社会团体和知名人士接连发表谈话、打来唁电表示极其沉痛的哀悼。"

朱德夫人康克清失声痛哭："大半年里，三个伟人，周恩来、朱德、毛泽东相继去世，我们的党和国家损失实在太大了。"

作家茅盾无比悲痛，思绪万千。

作家叶圣陶在日记中写道："巨星陨落，非止我国，举世将永远追念。"

人民日报社副总编辑李庄"脑袋顿时一片空白"，他跌跌撞撞回到宿舍，十几分钟的路程竟走了一个多小时，想回东单煤渣胡同却走到了东四。之后，他折回宿舍，关起门来，自饮祭酒，"多么苦涩，多少联想。旷世伟人走了，留给后人无穷留念……"

赵朴初、冯友兰、萧军等人写挽诗志哀。张伯驹写的挽联是："覆地翻天，纪元重开新史；空前绝后，人物且看今朝。"

邓小平女儿邓榕在院子外面，突然听见远远地传来奏乐的声音："仔细一听，是哀乐！我赶紧跑到屋里，告诉父母亲。我们一起打开收音机，骤然间，听到了毛泽东逝世的消息。"

文化部学习班停止学习，改写文章、大字报，悼念和回忆毛主席对自己的感召。

清华大学全校师生员工和家属分单位集合在一起收听，许多人泣不成声，昏倒在地。被诬为"反革命"的清华大学女教师陶德坚也痛哭了一场："因为我还等着他来解决我的问题，这下子无望了。"

作家浩然走到西长安街上，在电报大楼前徘徊，后来躲到文化局大院最后边的一个角落，想让自己镇静下来。晚上回家以后，他从广播中得知自己是治丧委员会委员，是375名委员中"唯一的一名以作家身份承担这份光荣使命的人！为此，我心潮波涌，一夜没有入睡”。

故宫博物院一警卫正在打盹，突然听到大院里人声鼎沸，像是出了什么大事，“出去一打听，才知道是毛过世了，院子里有几个人在捶胸顿足地哭泣，过路的人也都知道分寸，无不低头疾行，恐怕在这个敏感时刻惹出是非”。一个不知情的同事正在御花园堆秀山上高唱杨子荣的那段《我心中自有朝阳》，警卫队几个人冲上去，把他摁倒，拖下山去。他起先还以为是闹着玩，唱得更凶，他们就捂他的嘴，弄得他满脸是土。

被关在北京通县（今通州区）军营的吴法宪的感受是：“虽然毛主席把我们关起来了，但是我对毛主席思想感情上当时是不可动摇的。”“我一直躺在铺板上，一动不动，一方面是毛主席的逝世使我感到悲伤，另一方面是考虑自己的前途。”

北京以外各界人士的反应

毛泽东逝世的消息传出后，人们普遍的感受，先是震惊，接着是悲痛。

曾任毛泽东秘书、在西安工作的高智回忆说：噩耗使我受到巨大打击，“我当时呆了，傻了，悲痛得泣不成声，几天不思饮食，直到 13 日，接到北京的电话通知，我怀着极其沉痛的心情，于翌日晚上 8 时半乘飞机到了北京”。

被下放到长治市嶂头村的女作家丁玲听见有人大声喊她快打开收音机，她急忙打开，听到了“继承毛主席遗志”这句话。一下子她什么都明白了，哇的一声哭倒在床上：“曾经希望有一天因为我改造得较好，能博得主席对我的原谅……主席逝世了，我永远听不到他对我的宽恕了！”

黑龙江省呼玛县，上海知青刘琪所在的生产队开会，老乡们也哭得死去活来，“好像天真的要塌下来了”。

哈尔滨街上的行人脸色忧悒，低头匆匆行走。

在黑龙江中医学院，时为工农兵学员的陈景文的感受是：“噩耗立时把我们惊呆了，刹那又哭声四起，悲情痛泣顿时笼罩了整个校园……”

士心所在的武汉一家小厂里，“哭的人越来越多，几位年纪大的人边哭边喊：‘怎么办喔，毛主席不在了怎么办喔，这要变了天怎么办喔，我们又要吃二遍苦，受二茬罪啊。’”在下班的路上，他看到绝大部分人都戴上了黑纱，几个居委会老太太在街上检查那些没戴黑纱的人。

陕西凤翔师范学校教师王志斌正与同事在农场劳动，“从村里的大喇叭里听到毛主席逝世的消息后，大家一下子震惊了。这时候，我们一下子瘫坐在土地上，也记不起劳动的事了，都放声痛哭……”

噩耗传到韶山，毛泽东的乡亲们难以接受。毛泽东的堂弟毛泽连说：“广播里响起了哀乐，我站在门槛边上，一边听，一边想，一边念，是三哥吗？三哥会过世吗？三哥不是要回来吗？我一直不停地问自己……”毛泽东过去的邻居毛爱桂从她的大女儿那里得悉毛主席去世了，“我瞪着眼望着她，打死不相信。就这个时候，广播里响起了哀乐，这个声音让我一下子就傻了。我十分恐惧、害怕。我不知道会发生什么”。当晚当地举行了哀悼会。次日人们又来到毛泽东旧居，肃立在毛泽东的遗像前默哀悼念。

遵义、延安等地，无不如此。

南京下关的王朝柱家，9月9日是大儿子结婚的日子。下午4点钟，接新娘的队伍正要出发，忽然听到收音机里传来了哀乐。于是，喜事停办，大门上的红喜字、红对联被揭了下来。

某军区常委们学习讣告，将军们抱头痛哭，“那几天，我们一辈子加起来，也没流过那么多泪水”。

林晓石所在的某部队连队中午集合，连长未发话眼里已涌出了泪水：“请大家摘下帽子。我们的……毛主席……逝世了！”全连都被连长的话震惊了。

被誉为识字专家，被毛泽东关心过又历经坎坷的祁建华感到绝望，企图以拼命劳动而自尽，最后晕倒在菜地里。清华大学原红卫兵头头蒯大富的感受是：周恩来、毛泽东这两个人的去世，都让我很伤心，我的感觉是心里的依靠一下就没有了。我当时也估计到是在劫难逃了，不会再有人护着我，也没有人会和我说话了。

8日晚间，远在乌鲁木齐的王蒙夫妇睡不着，唉声叹气：“我们说‘批邓’使国家陷入新的天怒人怨、众叛亲离，再一次掐灭了老百姓的希望。老人家一旦仙去，国家会发生什么情况？我们会遭遇哪些危险？边疆会出现什么情况啊？中国没有了毛泽东，天啊，天要塌下来的啊。”9日下午，王蒙被通知去听广播。王蒙回忆：“我已经猜到个八九不离十，我提醒自己，各级各界人士必须充分注意，万万不可粗心大意。”

有人使劲掐自己，怀疑自己是在做梦。一个女知青被身旁的同伴捏了一下手，她感到很痛："我对她点点头，知道她是在验证这是不是真的。这一夜，这个知青点无人入睡，却静寂得无人一般。直到快天亮，哀婉的小提琴声从东头的一间房里传出，拉的是《我战斗在金色的炉台上》……如泣如诉的琴声撩开了酝酿已久的帷幕，按捺不住的啜泣和呜咽，此起彼伏。"

那天出生的孩子的名字，不少叫作念泽、思东、念东……

南京大学教授王觉非暗想："一个时代到此结束了！"他感到，大家的心情都很紧张，一时南京街上行人一下子就空了。晚7点教师集体听广播，大家板着脸默不作声。

"老三届"高尔品和几个同学在芜湖的大街上，看到的是"没有一个人哭，没有一个人喊。每一个人的脸都铁青着……"

北京的吊唁和瞻仰活动

1976年9月10日毛泽东遗体放置到人民大会堂后，北大厅就迎来一批批悲痛欲绝的吊唁人群，哭声震响，不少上岁数的老干部老泪纵横，步履艰难。据卫生保健组第三期简报通告，10日这一天，人民大会堂内共有61个病号，其中因悲痛晕倒19人。天安门广场内出现674个病号，其中发生一例休克，经急救后均恢复正常。

第一天吊唁带有内部性质，来的多为中共高层领导人士。东大厅因室温过低，在那里休息的一些领导有嗓子痛、头痛、流涕等轻度感冒症状。最为严重的是湖南省委书记张平化，他平常就患有头晕、腹泻等毛病，吊唁过后感到严重不适，医疗点大夫打算紧急安排他到北京医院做脑血流图和下消化道窥镜检查。但张平化本人却要急于赶回湖南，放弃住院，搭乘当晚6时飞机返回长沙。从当时内部简报来看，张平化是整个吊唁期间唯一出险的高级领导干部。

9月11、12日以后在吊唁大厅发生的病号人数有上升的趋势，一些老弱病人禁受不住场面的刺激而在现场出现休克、冠心病等症状，加重了医疗点工作人员的劳累程度。大夫护士每天值班需16个小时以上。

据9月17日晚上统计，从10日到17日吊唁期间，大会堂内共治疗398人，大会堂外天安门广场共治疗8431人，巡诊6984人，合计15813人。15000多人在吊唁大厅内外出现不同程度的病状，体现出中国民众对最高领袖去世的悲恸程度和承受不住的精神打击。这么大的治疗量事先无法料到，居然就靠30多位大夫护士当场处置而圆满解决，在医学治疗史上也属一种特例。

从9月11日至17日，包括全国和首都各界代表以及各驻华使节、来华外宾在内，总共30多万人前往吊唁，瞻仰毛泽东遗容。

新华社记者报道，吊唁人群“从毛主席遗体两侧缓缓走过，瞻仰最敬爱的领袖的遗容时，都抑制不住心头的极大悲哀，失声痛哭，许多人高喊着：‘毛主席呀毛主席，我们永远怀念您。’”最后一天，“恸哭之声整日不绝。人们在毛主席的遗体前，一步一呼‘毛主席呀毛主席’，泪水沾满衣襟，久久不忍离去”。

第一天，主要是中央政治局委员、中央委员、候补中央委员，中直机关、中央国家机关的部长、副部长，解放军的高级将领吊唁。华国锋等人吊唁后，即站立在毛泽东遗体旁守灵。

吊唁组的傅学正看到了许世友，“他面目严肃，穿一身褪了色的军装，足蹬一双白线编织的有眼儿的便鞋，鞋的前尖上系着一撮紫色的缨子。他东瞅瞅，西看看，好像在观察人们的动静。在休息室里，他拍拍腰中的手枪对工作人员说：今天谁捣乱，我就对他不客气”。

第二天，毛岸青带着妻子邵华、儿子毛新宇来了。

1965年底就被打倒的罗瑞卿是第三天来的，坐着轮椅，痛哭不止，非要站起来鞠躬。傅学正和罗宇架着他站起来，他“连续向毛主席鞠躬五六次之多”。

参加守灵的浩然记述：“我跟几位守灵者站列一排，被这千万人同一的悲哀所震撼，也都陪着流泪。”“在哭泣的人流中，我认出了大寨的郭凤莲。她被人架着，哭着不肯离开，几乎被人抬出灵堂。我还看到了毛主席的两个女儿李敏和李讷。她们倒能够掌握住自己，眼泪枯竭，神情呆滞。她们默默地站到灵床边，深深地鞠躬过后，就默默地凝视她们的父亲，片刻过后，又默默地离去了。”

14日下午参加吊唁的叶圣陶记述，他“走近毛主席遗体，怅惘之甚，未能伫立瞻仰。记于他1949年3月间初次见到，今日为最后一见矣”。

16日下午5时30分，中央政治局成员再一次集体吊唁，并在毛泽东遗体旁守灵，直至6时整，吊唁活动结束。

郭沫若抱病瞻仰了毛泽东遗容，又勉力参加了守灵。

伍修权在瞻仰毛泽东遗容并向其遗体告别时，他看到许多年过花甲甚至古稀的老同志，都孩子似的痛哭起来："几十年来，不论什么危难情况和险恶环境，只要得到毛主席的指示甚至仅仅想到他，我们就有了战胜一切的力量和勇气，有他在，我们就有胜利，就有希望，就有光明。现在一下失去了他，我们真像忽然都成了'孤儿'……"

高智在毛泽东的遗体前站了许久，他的眼泪不断地往下流："难以压抑住自己的悲痛，有千言万语要向他老人家说，主席，您安息吧！我永远会记着您。"

1968 年曾被打倒的傅崇碧回忆："我们只被允许列队看看，给毛主席守灵都不让我们去。许世友司令对'四人帮'非常恼火，责问他们为什么不让我们跟随毛主席的老同志去给主席守灵。"

青年女工于向真边走边流泪，走出大会堂后号啕大哭，同事们纷纷劝解。其实，她是想起了三个月前，在新华社工作的父母出差越南前的嘱托："据可靠消息，毛主席健康已经非常脆弱，万一他老人家离去，国内局势有可能失控。……爸爸妈妈把他们设想好的两套特别方案秘授给我，以便万一发生严重动乱或打起内战，我好按此计划先救助家中老辈人，再带着妹妹逃难避祸。"

追悼大会准时在 9 月 18 日下午 3 时举行，百万人站满了广场，气氛肃穆凝重。在开始播放哀乐、全场默哀肃立后的短短二三十分钟内，不同方队的 3200 多名参加者因"心情万分悲痛"而突然昏厥，先后晕倒虚脱在地，队形大乱，引发现场一片混乱和紧张。值勤的首都工人民兵和民警来回穿梭，手忙脚乱地把病人抬送到医疗点，历史博物馆西门一带的 6 个医疗点一下子集中了 800 多名昏厥病人，300 多名病人也送到新华门医疗点。

人手吃紧，附近的几个医疗点闻讯赶紧派来几十位大夫支援。积水潭医院、工农兵医院、北京军区总医院等单位参加追悼大会的医务人员，以及到场的各单位红医工、赤脚医生也主动跑出队伍，到医疗站抢救病人。

救护人员把地毯、被子、塑料布等铺在地上让病人休息，采用针灸、西药、中西医结合等多种办法，就地抢救了大量病人。市卫生局 9 月 24 日《卫生工作简报》还透露，能够在短时间内抢救大量昏厥病人，和附近各单位的大力支持分不开。北京饭店、历史博物馆、公安部、轻工业部、旅游局、外贸部招待所、北京邮局、西长安街邮局、大风刀削面馆原工会大楼内的部队和附近的居委会以及居民，他们主动送水、送桌子、椅子、床板、被褥、席子，邮局送邮包袋以及浓茶、白糖等，为抢救病人起到积极作用。

追悼大会主席台上没有明显的医疗险情，只有两名虚脱者，一般患病21人，主席台下有9名警卫战士因过于劳累晕厥。整个追悼大会过程中，医保方面无一差错，平安度过。9月18日当晚卫生保健组发出第九期简报，已经有了翔实的救治数字，其多其细令人惊讶："天安门广场和东西长安街，共诊治20126人，其中巡诊4449人。主要疾病有虚脱3259人，心血管疾病35人，脑血管病3人，其他一般疾病16825人。"追悼大会之后，只有7人被安排送进医院治疗，其中有中毒性痢疾1人，急腹症1人，疑似脑炎1人，高烧待查1人，心脏病1人，休克2人。

市卫生局事后总结说，搞百万人大会的医疗救护工作，我们是第一次，没有经验，总的来看，为大会配备的医务人员只有350多名，少了一些。但是幸亏依赖了层层建立的群众防病队伍："参加追悼大会的群众队伍都是按班排连队组建的，每个连队有一名卫生员或赤脚医生、红医工，他们在抢救治病方面发挥了主力军的作用。"

市卫生局后来在向中央汇报中特意提到："参加追悼大会的43个医疗点500多名医务人员恳切要求治丧委员会办公室给他们安排一次瞻仰伟大领袖毛主席遗容的机会。"

百万群众追悼大会的肃穆场景早已作为历史瞬间被世人铭记，"短时间3000多人集体昏厥"这个以前不为人知的小细节，也可作为毛泽东时代最后一个有意味的事例，列入中国当代史的脚注之中。

一些地方和单位的追悼会

各省、市、自治区的政府所在地至各城镇、公社作为"分会场"，先收听北京的现场实况广播，之后举行追悼会。

驻乌鲁木齐部队的文存回忆：王洪文的"向毛主席三鞠躬"拖的时间太长，结果我们鞠躬两次后，他"一鞠躬"才开始。我们算是鞠躬五次。新疆军区司令员杨勇致悼词，"大家心里难过得像刀割一样，许多人痛哭起来，泪水止不住地流出。我的心是沉甸甸的"。

知青康成杰参加了黑龙江建设兵团第二十三连的追悼会，"这时的心情是何等的难以描述啊！百感千情，千言万语，都汇成夺眶而出的泪水，都铸成一句话：‘伟大的领袖和导师毛主席永垂不朽！’”

东北建三江七星农场的群众泪如雨下，有的躺在地下打滚哭……有30多名群众哭得昏了过去，绝大多数是女性。

山东营口市追悼大会开始时，昏暗的天空突然狂风大作，一片厚厚的乌云随风扑来。默哀时，狂风夹雨倾泻下来，真可谓“狂飙为我从天落”了。默哀后一两分钟，那片乌云又被疾风席卷而去。

陕西宝鸡市追悼大会，有的人边哭边唱：“毛主席啊，你老人家怎么说走就走了啊！”“你是我们的大救星，你走了国家怎么办啊……”会场哭声唱声此起彼伏。

贵州大方县的追悼会，高致贤回忆，默哀中“有人哭出声来以后，接着就是许多人放声大哭，哀声动天！谁也不敢劝止，更无法制止……”

福州的追悼大会，晕倒的人很多。知青施晓宇记述：“默哀三分钟时，倒下的人连扶都没人扶，不敢扶。”

当时的厦门一中一学生后来回忆说：“我们全校师生到厦门市工人文化宫广场参加全国的追悼大会。我们随着喇叭向毛主席的遗像三鞠躬，很多人都哭了。‘国悲啊！国悲啊！’邻居一个六十来岁的老太太用福州话连声道。”有的公社，当广播里宣布追悼大会开始并播放哀乐时，远远近近的汽车全都鸣笛志哀，会场上更是哭声一片。许多贫下中农在地上打着滚：“毛主席啊，你这一走谁还管我们呀，可让我们怎么活呀……”

对毛泽东的悼念，可以说创造了众多的世界之最，譬如佩戴黑纱的人数之多，佩戴时间之长（有的长达一个月），灵堂之多（仅湖南益阳一县，设灵堂284处，中心灵堂献花圈271个），追悼大会规模之大（“分会场”遍布全国），还有当天下午的全国工厂停工、学校停课、商店关门。

对中国的未来充满盼望与疑惑

毛泽东逝世后，人们考虑最多的，是今后中国向何处去，自己又该怎么办。

翻译家沙博理的感受是：“谁能想象一个新中国没有毛主席？没有了他，我们该怎么办呢？特别是现在，中国处境如此艰难。”

知青徐友渔认为：“中国要大变，也许，我们这一代的命运前途也会随之改变。”知青朱箐箐在日记中写道：“中国向何处去?!”“我们的祖国会不会变色呢?!”有些青年议论，政治局面会缓和一些，不会大搞政治运动了，因为没人具备毛泽东那样的威望。有的人担心自己还能不能调回城市。韶山群众担心会不会打仗。在“批邓”时期，茅盾就担心毛主席逝世后，国家将大乱。

时任四川省委宣传部副部长的马识途与知心同事，企图从报纸上的每一条新闻、每一篇文章的缝隙里，每一张照片的背后，看出一点消息来，“我们看到毛主席治丧委员会的名单排序和追悼大会站位，主持人和致悼词人名单，感到忐忑不安。除了华国锋，那一帮子人占优势，如果华国锋被他们架空，失去了最高权力，他们就可以以多数兴风作浪，矫诏夺权”。

军事学院院务部政委董铁城对朋友说：“‘四人帮’要上了台，我们就准备上山打游击。”

知青张铁生与刘继业9日深夜向辽宁团省委领导汇报思想，表达了对国家领导人，对国家命运和前途的担心，“特别要警惕中央出修正主义”。

一些人还准备聆听毛主席遗嘱的发表。

耿飚认为没有遗嘱：“如果要有什么遗言的话，在毛主席去世后，中央《告全党全军全国各族人民书》以及华国锋同志所致悼词中一定会提及的，可是在这些文件中只字未提这件事。”原毛泽东警卫队队长陈长江也说：毛“没有留下任何遗书，也没有向任何人交代过遗言”。

毛泽东逝世不久，以华国锋为首的中共中央一举粉碎了“四人帮”，挽救了当时人们所担心的国家危急。

（参见莽东鸿：《1976年9月悼念毛泽东纪实》，《党史博览》2014年第1期）

（参见佚名：《悼念毛泽东3000人集体昏厥》，《老年日报》2014年5月17日第3版）

（参见陈徒手：《毛泽东悼念活动中的医疗救护》，《报刊文摘》2014年2月14日）

◇罗瑞卿为什么坐着轮椅也要去吊唁毛泽东?

1977年2月6日，大年初四。韶山冲天冷霜寒，一辆救护车呼啸而来，缓缓地停在毛泽东陈列馆门前。是谁病重还来韶山?疑问关怀带来了韶山人一双双关注的眼睛。一把轮椅从车上递了下来，是谁残疾了还来韶山?一位高大的汉子被两位年轻人搀了下来。“是罗瑞卿将军!”“罗瑞卿部长来了!”

惊呼、感叹和着早春的清新弥漫在整个韶山韶水之间。

罗瑞卿，年纪大一点的韶山人没有不认识他的，1959 年罗瑞卿两到韶山，一次是 6 月 4 日，罗瑞卿专程视察了湘潭附近的涟源、新化、邵阳、邵东、双峰、湘乡后，来到韶山，精心安排毛泽东一回故乡的行程；6 月 25 日，罗瑞卿陪同毛泽东再到韶山，在毛泽东的身前身后，那个有着高高的个子，谦和的微笑的人，就是当年的“罗长子”罗瑞卿。韶山人怎会不记得他呢？罗瑞卿，那紧跟毛泽东走过两万五千里的腿怎么啦？韶山人关心询问的目光把罗瑞卿这条硬汉拉回到当年。

1959 年 6 月 28 日，毛泽东从韶山经武汉上庐山，一场庐山会议林彪代替彭德怀做了国防部长。林彪由于身体不好，亲自提议罗瑞卿从公安部调到中央军委，国防部的日常工作由罗瑞卿负责。罗瑞卿是个耿直汉子，事事对党中央毛泽东负责，并不怎么向林彪“靠拢”，也不怎么“关照”林彪的老婆叶群，而与对林彪有意见的罗荣桓、贺龙比较亲近。林彪感到自己在中央军委的孤立，大有被罗瑞卿取而代之的危险。1965 年以前，林彪是准备把罗瑞卿往自己身边拉的，见罗瑞卿不为所动，就指令叶群纠集吴法宪、邱会作等人以死去的刘亚楼曾提的“莫须有”的四条意见为名，私下告了罗瑞卿反对在部队突出政治、妄想逼林彪下台的“罪行”。毛泽东最初是不相信这些说法的，1965 年 3 月，周总理曾对罗瑞卿说过毛泽东与林彪的一段谈话：“他（指罗瑞卿）只反对你，还没有反对我嘛！他只反对我到长江里游泳，那还是一片好意。”但林彪利用他掌握的一切权力和关系，“欲加之罪，何患无辞”，1966 年 11 月叶群带着林彪的亲笔信前去毛泽东下榻的上海，整整汇报了近五个小时罗瑞卿的“篡军反党”的种种“阴谋”，奉上了林彪集团爪牙“证实”的林林总总的诬陷材料。恰恰在此前不久，江青曾对罗瑞卿表示她要召集一个部队文艺工作座谈会，罗瑞卿没有理睬。这样又被林彪抓住一个活生生的“把柄”。12 月 8 日至 15 日，在政治局常委扩大会议上林彪、叶群、吴法宪、邱会作等人对罗瑞卿突然袭击，大肆批判，罗瑞卿由此“罢了官”。

1966 年 3 月，对罗瑞卿的批判不断升级，3 月 12 日，吴法宪又重新把刘亚楼的所谓四条意见搬了出来，逼迫罗瑞卿承认犯下的反党罪行。士可杀，不可辱。罗瑞卿 1927 年入党，1929 年在闽西参加了毛泽东领导的红四军第一次反“围剿”，从此一直跟着毛泽东，出生入死。罗瑞卿深深觉得活着不能离开党的支持、同志的信任，不能过那种没有工作、没有战斗的生活。他觉得为坚持真理而死，比屈服于邪恶的苟活要好得多。这样，3 月 13 日上午，罗瑞卿给妻子留下了字条，然后从三楼上跳了下去。谁知老天有眼，英雄磨难不死，仅仅摔伤左腿。林彪一伙不仅不给治疗，而且要阴谋，从股骨上将罗瑞卿的小腿锯断了。从此，残疾和痛楚就是罗瑞卿左腿的别名，监禁和迫害就是罗瑞卿“文革”中的遭遇。

毛泽东逝世，罗瑞卿拄着拐杖力争参加了北京毛泽东追悼大会，直直地站立了整整一个半小时。会后病了一场。粉碎“四人帮”后，罗瑞卿担负起处理军委日常工作的重任，他又恢复了过去那拼命三郎的精神。用他妻子郝治平的话说：“他一辈子就是在急流里行船，没有也不愿有片刻的安宁。”可对毛泽东的怀念，使他在春节放假期间，谁也不愿惊动，自己安排再次瞻仰韶山。罗瑞卿的大女儿点点和秘书也一起来了。点点手扶父亲的轮椅，还没起步，一大群韶山百姓围了上来，恨不得一起把罗将军的轮椅抬起来，他们用自己的心轻轻地推动着那轮椅。点点感动了，罗瑞卿又露出韶山人熟悉的微笑。“孩子，你记得‘文革’中我写的那首诗吗？”点点对着父亲骄傲地一笑，轻吟起来：

愿君知我心，何畏遮天云。
太阳终归出，一样照人行。

在“文革”中，罗瑞卿是始终相信林彪、“四人帮”会垮台的。毛泽东就是他心中不落的太阳。今天如愿以偿，罗瑞卿来到他多次瞻仰的毛泽东同志故居，来到他多年梦寐不忘的地方——韶山毛泽东同志陈列馆。春风荡漾着将军的笑容。乡亲们把他的轮椅抬上了台阶。毛泽东故乡人民的爱戴是罗瑞卿残疾最好的良药，一看到序厅中那高大的毛泽东铝合金钢立像，一种久违的冲动从将军内心发出，他忘记了自己是残腿，突然像正常人一样站立起来，瞬间又倒在了轮椅上，疼得豆大的汗珠沁出脸颊。点点心疼得叫了一声“爸——”罗瑞卿严肃地点点头，吩咐女儿：“你扶我站起来。”秘书赶忙伸出手，罗瑞卿摇摇头，“点点一个人就行了。”这一次，罗瑞卿倚着女儿那支拐杖，直直地站立起来，笔挺地站在毛泽东的像前，仰视着他终生敬仰和爱戴的人民领袖，他缓缓地举起右手，敬了一个标准的军礼。汗水、泪水沿着将军的脸颊流了下来，乡亲们一个个感动得也流下了眼泪。罗瑞卿哽咽地对点点说："孩子，今天到了主席家乡，你要好好学习，不要忘了毛主席他老人家啊！"点点含着眼泪连连点头。

是呀，罗瑞卿的儿女们怎么会忘记，父亲罗瑞卿在他受诬陷跳楼自杀的遗书中的交代是："永别了，要叫孩子们永远听党的话，听毛主席的话！"在他已被打入另册时，罗瑞卿嘱咐子女的是："爸爸这一辈子就是干了一件事——跟毛主席干革命。将来就是带着你们回四川老家当农民，也要革命到底。"毛泽东逝世后，在"文革"中深受迫害的罗瑞卿，教育子女还是不忘毛主席。点点的心震动了，韶山乡亲的心震动了，这不仅仅是对毛主席个人的深厚感情，而是对党的事业，对一个共产党员终生奋斗的理想与对毛泽东衷心爱戴的由衷的统一。在那一瞬间，点点更懂得了父亲，一个老共产党人的博大心胸和坚强信念。韶山人也更理解了罗瑞卿，一个老兵对统帅伟大而又平凡的感情，懂得了中国共产党为什么能在毛泽东的领导下，领导中国人民在世界东方站了起来。罗瑞卿 1978 年 8 月在德国治腿不幸病逝后，妻子郝治平和他的儿女点点、圆圆经常来韶山，美丽的韶山冲留下了不少佳话……

罗瑞卿的长子、解放军总装备部后勤部原副政委罗箭少将回忆：

小时候，我看过一部反映苏联保卫部门最高领导人捷尔任斯基的电影《仇恨的旋风》。看完跟父亲讲起，父亲说："毛主席曾对我说，高级领导的保卫工作一定要做好。不能像苏联那样，列宁都被刺伤。"

然而，新中国成立初期还是发生了两件事，让共和国首任公安部部长罗瑞卿受到了毛泽东的严厉批评。一件是陈毅市长在礼堂做报告时，国民党派来的杀手跑到后台准备下手；另外一件是广州市长叶剑英在广州两次遇险。这两件事让罗瑞卿压力很大。但他最担心的还是毛泽东的安全。

有一次，苏联著名芭蕾舞演员乌兰诺娃来北京演出。"那时没有国家大剧院，最好的剧院是天桥剧院。主席要去看，我父亲事先去考察，主席坐哪个位置他都事先要坐一坐，把周围的环境都了解清楚了，警卫工作都布置好了，才能让主席去，并且是陪着主席去，然后坐在主席旁边。主席看到他来了，会意地笑一笑，表示知道是他来了。"

1973 年 11 月，毛泽东批示，解除对罗瑞卿的监护。12 月，毛泽东在接见中央军委会议的与会者时说，我是听了林彪的一面之词，所以犯了错误，向同志们做自我批评。

1976年，毛泽东逝世。“父亲坚持不让我们搀扶，他的双腿刚刚能站立，他拄着双拐挪到毛泽东的遗体旁，久久地端详着，泣不成声。后来，他只要坐车经过天安门广场，总要司机减慢车速，艰难地从座位上起身，向城楼上的毛泽东画像恭恭敬敬地行个军礼。这不是演戏，是他发自内心的敬意。”

（参见《中国新闻周刊》第497期，罗箭口述、周海滨整理）

（参见马社香、夷学苗著：《韶山之谜》，《今古传奇》1999年第12期总第112期）

◇王光美为什么率子女重访韶山？

1983年11月27日下午3点40分，一位谁也没有想到的重要人物重踏旧地。她就是前国家主席刘少奇的夫人王光美。王光美那一年62岁了，青春在她身上远去，青春又似在她脸上焕发。她带着谦和的微笑和刘少奇的长女刘爱琴、三子刘源一起来到韶山，来到毛泽东故乡的乡亲面前。伴随王光美同来的还有湖南省委、省政府、省人大、省政协的领导同志，工人出版社、中央文献研究室、《工人日报》、湖南省电视台的记者编辑，共计40人之多。第一次陪同刘少奇瞻仰韶山的湖南省公安局老局长李强也来了。韶山老百姓一见王光美的身影，有的老远就叫了起来：“王光美来了！”“刘少奇的夫人来了！”王光美亲切地和乡亲们握手，频频地向大家点头致意。

韶山的百姓注意到，那一天王光美穿着一身深灰色的西装，一头短发还是像第一次到韶山一样卡在耳边，脸还是那样的白净滋润，只不过那一对黑亮的眼睛更加深邃有神。刘少奇的长女刘爱琴紧紧地跟在王光美身后，一身黑色的老年装套在身上，身材瘦小，两只眼睛也温和地笑着。高大的刘源在身旁紧紧地搀扶着这位大姐。他当时刚刚通过竞选担任了河南省某县的县长，今天一早他特地陪母亲和大姐第一次回到老家花明楼炭子冲拜望了父亲的故居。故居依旧，慈父已去，心中自有一种深深的伤感和冲动，直至刚刚踏上韶山土地时，他的思想还停留在炭子冲，薄薄的嘴唇闭得紧紧的。初冬的韶山，满目灵秀，冷竹成韵。王光美不禁赞叹，韶山是个风景幽美的地方。韶山的春天，满山的杜鹃花姹紫嫣红；韶山的夏天，绿荫重重，青翠欲滴；韶山的秋天，秋风潜入林，瑞云绕青峰。韶山一年四季风景如画，怎么不令人由衷地赞叹呢？王光美一行怀着对毛泽东故乡深厚的情感，安步当车来到毛泽东故居。毛泽东故居1967年进行了第二次（第一次是1952年）整体性加固维修，粉碎“四人帮”后又整修了表层。故居就像重焕青春的老朋友，今天和王光美又见面了。王光美若有所思地抬头看了看故居的门匾，邓小平重新题写的“毛泽东同志故居”七个大字潇洒自若地挂在门前，韶山管理局的齐局长在旁边介绍：“故居门匾是小平同志今年4月2日和韶山毛泽东同志纪念馆一起题写的。”王光美笑着点点头。从堂屋走进厨房，王光美颇有感触地对两个孩子说：“1961年我和你们父亲瞻仰主席故居，你父亲对每一间房都看得很仔细，走到这个厨房，还特地揭开锅盖看看铁锅是哪个年代的。我不解，晚上问他，你们父亲告诉我，铁锅是比较难找到原物的，看一看我放心。你们父亲就是这种人，大事小事事事认真。”刘爱琴笑着点点头，刘源颔首不语。从厨房穿过毛泽东父母亲卧室，走进毛泽东少年时的卧室，刘源执意走在最后，悄悄地一个人坐在毛泽东读书的小桌旁。他突然发现从这里可以看到南面的韶峰，可谓天际霞光入窗中，窗中天际连韶峰。刘源惊奇地站了起来。炭子冲刘少奇的故居也有一张父亲早年读书的桌子，在那里望窗外，只见一片蓝天，一片平地。

当晚王光美一行分别住在韶山宾馆二号楼、三号楼。吃过晚饭，两个孩子陪着王光美散步。老局长李强笑着前来，大声地说：“光美同志，还是我来做保镖吧。”一句话，使王光美回想到1961年刘少奇在湖南农村进行调查研究44天，他保卫工作的认真负责，笑着点点头。1983年的韶山冲城镇建设还刚刚开始，农村风貌依旧，一行四人沿着山间的土路向北走去。暮色四合，山风瑟瑟，刘源侧脸轻声问道：“妈，身体行吗？”

“没事。”王光美小心地扣紧了风衣领扣，漫步走了起来，“孩子们都关心我的身体，在监狱里12年，气候一冷，身体的毛病都来了。”李强原来也听说王光美被林彪、江青迫害坐牢的事，但怎么也没有想到这么长，整整12年，心情不禁一紧，“能挺过来真不易呀。”

刘爱琴从衣兜里掏出一条纱巾，递给母亲，王光美接过来戴在爱琴的脖子上。也可能到了韶山有如到了亲人面前的激动，也可能是故地重游，触景生情，王光美走在毛泽东故乡的土路上，对着两个孩子和故旧李强，一吐多年的“苦水”：“我是1967年9月13日晚上被正式逮捕入狱的。其实1967

年4月10日我就知道了自己的命运。那天清华大学举行了30万人的批斗会，你们在湖南可能不知道，会议在江青、陈伯达的直接操纵下，一群坏蛋耀武扬威走上台来，对我和彭真、薄一波、陆定一等人拳打脚踢，喝令低头、坐飞机，蒯大富口口声声奉中央‘文革’的旨意，要我穿旗袍，戴上用乒乓球串成的项链。我据理力争，念毛主席语录‘要文斗，不要武斗’，一条又一条，并代表少奇向群众表态，一是我和刘少奇从来没有反对过毛主席，永远不反。二是我们不同意你们的搞法，但我们决不跟群众对立，中国人民是最好的人民。这自然得罪了江青一伙。趁着毛主席和周总理不在北京，7月他们就将我和少奇监禁起来，正式逮捕只是早一天晚一天的事了。”

王光美的话说得很慢，沉重的思绪压得她步履如铅。“秦城监狱开头的日子生不如死，每天无日无夜都是逼供信，交代自己交代少奇。莫须有的事实莫须有的罪名，使我怀疑自己能不能挺下去。在最困惑最艰难的时候，我总不自觉地听到少奇的声音：‘我不会自杀，要永远相信我们的党。’有时我真怀疑自己是在阴府和少奇见面了。少奇是‘九大’后不久被林彪江青迫害死的，他们一不做二不休也给我判了死刑。死刑报告从中央文革手中一个个通过，林彪也写了一个大大的同意。报告送到毛主席手里，他老人家批了4个字‘刀下留人’。多亏了毛主席的这句话，我才能活下来，监狱也稍微改变了一点态度。从那时起，支撑我活下去的只有一个最简单朴实的念头，毛主席说刀下留人，就会关心和‘处理’我和少奇的问题，当时我和孩子都不知道少奇的死讯。”

“想不到林彪也是9月13日出事的。林彪死后的第二年夏天，孩子们得到允许到监狱来看我，那时候我有整整五年没有照镜子了……”王光美的话停了下来。刘源近前搀扶着妈妈的右臂，为了散发妈妈心中的郁结，接过话去：“那是1972年8月18日，我们得到允许，可以探视妈妈，见面时一下子惊呆了，五年不见，妈妈已经瘦弱不堪，满头灰白头发，连腰也伸不直。妈妈穿着一身旧军装染的黑衣，神情呆呆地靠在墙边。一见我们，妈妈流下了眼泪，我们都哭了。妈妈一个个地摸着我们的手，说‘没想到你们能活下来’。多亏了毛主席‘刀下留人’这句话，妈妈活了下来，我们也活了下来。活着，使我们看到了人民的胜利，使我们能思考问题。‘文化大革命’中那么多荒谬的事说明了什么呢？”

韶山冲的夜一片沉静，没有路灯，没有喧哗，只有迎面的山风吹来一阵阵寒意。李强始终没有插言，他的脚步轻轻地和着王光美沉重的步子。王光美的心灵还在沉思，她的话越说越慢——

“毛主席说，群众是真正的英雄，而我们自己往往是幼稚可笑的。少奇说，好在历史是人民写的。历史选择了毛泽东，毛泽东领导党和人民，建立了新中国，人民热爱毛泽东；毛泽东又发动了‘文化大革命’，可人民当时也确实跟随或选择了‘文化大革命’。这是我们个人不论在‘文革’中是什么遭遇都必须认真思索的一点。”听到王光美这句话，李强停下脚步，他钦佩地望着这个不平凡的女人，刘少奇为什么一直钟爱王光美的原因顿时懂得了一二。过去，人们都只知道她是辅仁大学的高才生，却不知道王光美在政治上也有这样不凡的见识和胸襟。刘源和刘爱琴一左一右靠紧了母亲。

11 月 28 日上午，参观韶山毛泽东纪念馆。王光美 1961 年和刘少奇来时，毛泽东陈列馆在南岸还是一个雏形，今天纪念馆盘山而上，十一个展厅，展示了毛泽东的家庭、牺牲的六位亲人和毛泽东一生的主要功绩。王光美看得很仔细，刘源更是久久地站在毛岸英的画像前，一个字一个字地读着毛岸英 1949 年 10 月 24 日给他表舅父向三立的信：“新中国之所以不同于旧中国，共产党之所以不同于国民党，毛泽东之所以不同于蒋介石，毛泽东的子女妻舅之所以不同于蒋介石的子女妻舅，除了其他更基本的原因外，正在于此：皇亲国戚仗势发财，少数人统治多数人的时代一去不复返了。……”王光美母子胸中荡起了一种激情，毛主席就是为了永远坚持这个“不同”，才发动这场“文化大革命”，不幸被一小撮野心家所利用。一个一个展室在王光美及儿女的注目中走了过去，王光美真诚地对韶山的同志说：“我对毛主席一直很敬佩。毛主席讲过他自己不是天才，但决不是一个平常的人。现在我对这一点理解更深了。”

“毛主席确实是一个伟人，是中国共产党了不起的领袖。”刘源紧接妈妈的话说。北京长沙的记者赶忙围了上来，王光美笑着摇摇头，和刘爱琴一起向最后一个展厅“韶山风物耐人思”走去。进去一看，里面两个展室全部是国家领导人和知名人士访问韶山的照片，有彭德怀，有朱德和康克清，有董必武、聂荣臻、陈毅夫妇和西哈努克夫妇，自然也有刘少奇和自己 1961 年 4 月访问韶山的照片。刘源望着墙上爸爸妈妈访韶山的照片，兴奋地说：“妈妈 40 岁时好漂亮呵！”王光美和刘爱琴都笑了起来。刘源当即请纪念馆帮忙冲洗一张。在一片欢笑声中，王光美的目光再次望着朱老总和康克清的照片，轻轻地背起一首“打油诗”来：

少奇老亦奇，天命早已知。
幼年学马列，辩证启新思。
献身干革命，群运见英姿。
……

“妈妈，你在背什么？”刘爱琴站在王光美身后，小声地问。

王光美笑得甜甜的，说：“那是一首你爸爸50岁时朱老总写给他的祝岁诗。”那一年刘少奇和王光美在西柏坡结婚，介绍人就是康克清和邓颖超，这首诗王光美一辈子都不会忘记。

没有西柏坡就没有新中国，没有毛泽东、中国共产党就没有西柏坡。想到这里，王光美一切释然了。只有毛泽东才能令五湖四海各个山头的人凝聚起来，打下一个新中国。也只有毛泽东，才会发现刘少奇……当离开韶山毛泽东纪念馆题词留念时，王光美一个字一个字写下她出自肺腑的声音——

深切缅怀毛主席
学生王光美
一九八三年十一月二十八日

这几个娟秀的手迹现在陈列在韶山毛泽东纪念馆，你读懂了它，几乎能读懂一个时代。

（参见马社香、夷学苗著：《韶山之谜》，《今古传奇》1999年第12期总第112期）

◇刘澜涛观瞻韶山后的感言是什么？

在“文化大革命”中，曾经掀起过一阵所谓“抓叛徒”之风，其中最突出的，就是轰动国内外的所谓“61人案件”。1967年1月10日，戚本禹耸人听闻地对总政文工团的群众说：“红卫兵小将查出安子文叛党，这些变节分子叛党的最大组织者就是刘少奇。”江青于1967年4月在军委扩大会议上也煞有介事地叫嚷，“要是没有他们（红卫兵），怎能揪出那个叛徒集团啊!”5月6日，康生对中央组织部的群众说：“南开‘八一八’、北航‘红旗’，他们组织了三个专案抓叛徒的联合调查团，应该向他们学习。”在这一伙人的煽动下，从1966年9月以后，各地纷纷成立抓叛徒组织，制造了一大批冤假错案，“61人案件”也被定为叛徒集团案。

所谓61人，是一批大革命时期和十年内战时期入党入团的老干部。其中，在“文化大革命”前担任省委书记、副省长、中央机关副部长以上职务的就有22人，如薄一波、刘澜涛、安子文、杨献珍等。1931年前后，这批党员大部分因河北省委遭破坏而被捕，长期关押在北平军人反省分院。薄一波等在反省院的四五年中，秘密建立了狱中党支部，同外面党组织取得了联系。他们在狱中党支部的领导下，同敌人作了坚决的斗争，坚持反对敌人的反省政策，拒不在敌人事先拟好的“反共启事”上捺手印出狱。其中有的人早已坐满刑期，因拒绝在“反共启事”上捺手印，一直坐到了1936年。他们在反省院期间，还坚持秘密学习马列主义和其他书籍，在生活上团结互助。为了反对敌人的虐待和迫害，他们进行了多种形式的斗争，如1934年底的绝食斗争坚持了7天7夜。

1936年春，刘少奇到天津主持中央北方局工作。当时北方局的负责干部还有柯庆施、林枫、李大章等。在日寇侵占华北、全国抗日救亡运动高涨的形势下，北方局为了开展工作，解决缺乏干部问题，作出了要关押在北平军人反省分院的一批党员履行敌人规定的手续出狱的决定，并报告了党中央。党中央批准了这个决定。于是，由柯庆施通过关系将这一决定通知狱中党支部，并说，这是中央指示要你们履行敌人规定的手续出狱的，在政治上、组织上中央完全负责，你们要相信中央，如果你们不执行，就要犯更大的错误。于是，从1936年8月到1937年3月，他们分批履行手续出了反省院。当时按中央指示出狱的是52人，另9人出狱情况各有不同，把他们放在一起是康生有意把水搅浑，以便于进行政治陷害。

这批党员出了反省院后，立即同党组织接上了关系，党组织及时分配了他们的工作，有许多人担任了领导职务。以后，他们又为党为人民做了许多工作，做出了自己的贡献，有10位同志在对敌斗争中英勇牺牲。几十年的历史事实证明，这些同志经受住了长期艰苦的革命斗争的考验，在斗争中逐步成长为党的一部分骨干力量。

在“文化大革命”前的30年中，也就是从1936年到1966年，对这批党员出反省院的问题，由于已有结论，没有当作问题。“文化大革命”刚开始时，为劝阻一些红卫兵组织因出反省院问题揪斗刘澜涛（原西北局第一书记）、赵林（原吉林省委代理第一书记），中央曾发出两封电报，说明刘澜涛、赵林的出狱问题，中央是知道的，要红卫兵不要在大会上公布和追查。

“文化大革命”开始后，1966 年 8 月，康生把这件事重新提了出来，并让专案组审查。其实，康生对这件事本来也是清楚的。康生在 1948 年就曾经对中央土改工作团的同志讲起这批党员出狱的经过，许多人都亲自听到过。但康生在“文化大革命”中又要专案组审查，其目的，显然是为了打倒一大批老干部。

对于“61 人案件”，党内外干部群众都十分关心，早就要求澄清问题的真相，实事求是地处理这个问题。1975 年，邓小平在主持中央工作期间就曾经在一次政治局会议上提出：“61 人的问题必须解决。”粉碎“四人帮”以后，邓小平于 1978 年 6 月再次指出：“这个问题总得处理才行，这也是实事求是问题。”于是，中央组织部根据中央指示专门对这一案件进行了调查，证明所谓“61 人叛徒集团”是不存在的，是一个大错案。1978 年 11 月，在党的十一届三中全会前夕的中央工作会议上，陈云又在会上提出：“薄一波同志等 61 人所谓叛徒集团一案是错案，他们出反省院是党组织和中央决定的，不是叛徒。”1978 年 12 月党的十一届三中全会正式纠正了“文化大革命”中对“61 人案件”所作的错误结论，肯定了薄一波等同志对党和人民的贡献，并把这一内容写进了十一届三中全会公报中。12 月 16 日，中共中央转发了中央组织部《关于“61 人案件”的调查报告》，为这一错案彻底平了反。

曾在“文化大革命”中被打成 61 人叛徒集团头子的刘澜涛（时任全国政协副主席）1983 年 3 月 17 日到韶山，参观了毛泽东故居后满怀深情地对韶山同志说：“你们一定要保护好毛主席故居和其他旧址，特别是保护好原物，这是子孙万代都要看的，别的什么人物几十年、百把年就过去了，人们的印象不深了，毛主席不同，一万年以后，人们还要传颂。只要中国存在，毛主席的丰功伟绩就存在，这里就有人来瞻仰。”

并在留言簿上写下观感：

“瞻仰毛主席故居，是我多年的夙愿，今天得以实现，心情特别兴奋！毛主席的音容笑貌，丰功伟绩，使我深切怀念。永远坚持和发展伟大的毛泽东思想，是党的基本原则，是我们对毛主席的最好怀念。”

（参见黄峥等著：《在历史的档案里——“文革”十年风云录》，辽宁大学出版社 1988 年 7 月版）

（参见韶山市地方志编纂委员会编：《韶山志》，中国大百科全书出版社 1993 年 7 月版）

◇聂荣臻和董必武结伴访韶山留下“谶语”

1959 年 2 月董必武偕夫人何连芝到西南一带考察，恰逢当时负责国防科研的聂荣臻去两广检查工作，便结伴去了广东的韶关和广西的桂林，转头特地来到韶山。董必武，时年已届 74 岁，20 年代我国知名教育家，党的“一大”代表，聂荣臻和党的其他高级干部一样，对董老始终执师生礼。一到韶山境内，聂荣臻低声问董老：“您累不累，先到招待所休息一下？”

“不用。奇怪得很，前几天我的腿一直疼，一到韶山就不疼了。我们这就走着去。”

董老的话没说完，老伴何连芝先笑了起来：“那是你的心理作用，解放前就盼着来看一看。”瘦精精的何连芝又埋怨又自得地瞟了董老一眼。

聂荣臻也笑了，三人说说笑笑步行二里路来到上屋场毛泽东故居。那天毛乾吉负责接待，一见这两位德高望重的领导人，他憨厚地一笑再笑，不知道怎么说开场白了。聂荣臻紧紧地握了握毛乾吉的手，说：“我和董老都是来学习的，平时你怎么讲解还是怎么讲解。”

董老点点头，用一口红安话慢慢地说：“讲细一点，慢一点更好。”说完，也憨厚地望着毛乾吉笑了笑。

这个要求不难，毛乾吉用韶山普通话详细介绍了毛泽东早年在韶山的生活、劳动和组织群众进行革命活动的情况。聂荣臻听到毛泽东建立的农村第一个党支部——韶山党支部书记毛福轩被反动派五马分尸的惨状时，紧皱眉头，问：“他的后人还在吗？”

“在，当时只两岁，现在韶山村，也是党员。”

聂荣臻欣慰地点了点头。

跟随着毛乾吉来到毛泽东早年的卧房，一张四方小桌上摆着毛泽东少年时代读过的一些书籍，有线装书“四书”之类，还有一些民间武侠小说。

毛乾吉怀着崇敬的心情说："毛主席少年时代发愤读书，立志长大以后为穷人写书。"

董必武扬起头，从桌前木窗望去，浩渺的蓝天无边无际，感叹地说："故居虽小，立志无边。毛主席为劳苦人的解放读书，才写了劳苦人求解放应读的书。"聂荣臻若有所思地点点头。

毛乾吉文化虽不高，董必武这句话他听懂了，跑去拿来纸和笔，非要董老写下不可。董必武摇摇手，说："这是人人都说得出的老实话，不用写。"聂荣臻也来帮言，毛乾吉才似信非信地领着向后面的牛栏走去。50 年代毛泽东故居牛栏没有牛，却有一把牛篦子，毛乾吉介绍毛主席少年失学回来放牛，就经常用这把牛篦子为牛梳洗，牛养得很壮。董必武拿过这把牛篦子看了看，又递给聂荣臻，认真地说："这把牛篦子使我想起列宁的一句话，要成就一件大事，必须从小事做起。"聂荣臻心有同感，进而说道："这也是毛乾吉讲的认真嘛。"何连芝一个人在旁边笑了，这一文一武在一把牛篦子上竟看出这么多道道啊。

从牛栏出后门，沿着小路返回到故居前坪，一见前坪热闹非凡。原来韶山四周百姓听说董老和聂帅来了，急忙放下手中的活计，纷纷跑来，有的抢着和董老握手，有的"嘿嘿"地望着聂帅憨笑，一脸汗一身泥也不顾。董老和聂帅请乡亲们一起合张影，照了一张，呼啦啦又来了乡亲，董老请再照一张。满足了乡亲们的要求后，董老和聂帅才站在故居门前，照了一张合影。董老在左，肃目向前；聂帅在右，抱臂而立。接着，聂帅主动为董老和老伴何连芝照了一张。何连芝以老嫂子的口气说："小聂，你照相的技术不能比打仗差得太远呐？"

聂荣臻笑着说："仗是不打不知道，相是不洗不知道。要不，再补几张？"

"好。"三人行，又到毛泽东早年劳动过的菜地边和晒谷坪照了相，聂帅一声："老嫂子，这该放心了吧。"说得一朵一朵菊花在何连芝和董老脸上展开了花瓣。

回到招待所，没顾及吃饭，聂荣臻就拿来了留言簿，对董必武说："董老，您的字写得好，是不是以我俩的名义写一段话。"

"谁写都一样，问题是写什么能反映出我们的心情？"董必武在哪说话都是极度的认真。

“不知您老注意到没有，故居里面有一块旧牙雕，不知是何方仙人送的，上面雕有字，意境不错。”

“哦，记得。山不在高，有宝则名。水不在深，蕴珠则澄。”

聂帅和董老两人一起背诵了起来：

“岑同苔异，人杰地灵。

鲁之尼山，粤之翠亨，

以拟韶山，差可比伦。”

董必武认真地说：“还要加上一句：此旧题象牙刻毛主席韶山故居语，录之以为纪念。”

“好。”当时，董必武就以清秀的笔迹写下了他和聂帅这段瞻仰韶山共同的感受。

故居也去了，留言、留诗也写了，当“三人行”离开韶山前往湘潭时，董必武似乎还有满腹话儿。一到湘潭，董必武要做的第一件事，即是补写出那未尽的诗情画意：

门外双塘贮白水，
宅旁层岭植青松。
风和日丽春游快，
土壁茅檐剑气冲。

“剑气冲！”聂荣臻赞扬道，“好一个神来之笔。”

（参见马社香、夷学苗著：《韶山之谜》，《今古传奇》1999年第12期总第112期）

◇杨尚昆主席三顾韶山的深层意义是什么？

1988年11月24日，中华人民共和国主席杨尚昆，全国人大常委会副委员长、民革中央主席朱学范，全国政协副主席王光英，河南省副省长刘源等，专程前来韶山参观访问。

初冬的韶山，阳光灿烂，气候温和。韶山管理局党委书记、副局长吴柏松和湘潭市委书记郑培民、市长李壬申，韶山区委书记陈坤、代理区长尹定国，管理局副局长毛远达、文辉抗、谢炎秋，以及局机关各处室主要负责人，韶山纪念馆、韶山宾馆的领导同志和工作人员，迎候在毛泽东同志纪念馆大门口，企盼着杨尚昆主席的到来。

上午 11 时 20 分，杨尚昆主席一行百余人，在湖南省党政军领导熊清泉、刘正、蒋金流、孙文盛等陪同下，驱车抵达毛泽东同志纪念馆。纪念馆门前的大坪里，人山人海，欢声雷动，大家都热切盼望着能亲睹杨主席的风采。

杨尚昆主席在工作人员的搀扶下走下车来。他满面笑容，神采奕奕。他说："这个地方我来过。第一次是 50 年代，第二次是滴水洞建成以后同张平化同志来的。我对韶山是有感情的，这是第三次到韶山，是专程来参观的。"迎候在杨主席身旁的人，听了他这番满怀深情的话，都激动不已。

杨尚昆主席笑容可掬，与前来迎接的管理局、韶山区、湘潭市主要负责同志一一亲切握手，然后健步登上纪念馆门口台阶，挥动双手，对着大家说："同志们，你们好！在这里工作，你们应该感到很光荣！"

杨主席尽管年逾八旬，但精神饱满，步履轻盈，十分健谈。

在纪念馆休息室里，杨主席问吴柏松同志："西哈努克在这里住过，他亲手画了毛主席故居，这张画还在不在？"坐在旁边的谢炎秋同志回答说："西哈努克是 1963 年来韶山的，没有在这里作画，当天就返回长沙湖南宾馆去了。"杨主席听后，"哦"了一声。

吴柏松向杨主席汇报纪念馆的陈列宣传情况。他说："纪念馆的陈列是根据十一届六中全会的决议进行调整和修改的。"

杨主席听后，便问道："'文化大革命'，你们是怎么陈列的？"

纪念馆馆长吴大为回答说："因为是纪念馆，以生平为线索，突出业绩。所以，有关'文化大革命'的情况在版面上没有体现，只在结尾时，用六中全会'决议'中对毛主席评价的那段话提到。"

杨主席说："'文化大革命'不陈列是对的。应该宣传毛主席的功绩。主席晚年管不了事了，与其他人不能接近，特别是去世前的三四年，讲话声音很小，吐词也不清了，由身边工作人员看他的口形来翻译，有些'最新指示'和语录是不是他的原意，还很难说。"

杨主席离开休息室前，吴柏松对他说：今年是毛主席 95 周年诞辰，我们准备办一个书法展览，请您为展览题个词可以吗？

杨主席说："不题了，签个名可以。"主席的随从人员插话说："杨主席没有在外面题词的习惯，沿途都没有题呢！”

杨主席起身离座，准备参观纪念馆陈列室。这时熊清泉说：“杨主席来韶山是英明之举。”杨主席听了，一边走一边说：“今天到了少奇同志家里，我觉得非来这里不可。现在，有的人想否定毛主席，我不能不来，来了就是一个表示，天下还是他为首打下来的嘛！毛泽东同志是我们党和国家的主要缔造者，他的历史功绩是不可磨灭的。晚年有错误，但他到了晚年自己也不清楚了。”

杨主席站在休息室外的走廊上，看到楼下的天井里绿树成荫，繁花似锦，不禁脱口说道：“这个纪念馆设计得很好。”

吴柏松告诉他：“这是陶铸同志在中南局时，从广州带专家来设计的。”

杨主席听了，没有说什么。

这时，一个随从人员问杨主席累不累。他立即回答说：“不累，去参观。”说完就健步走进陈列室。

杨主席在第四室参观。当他看到毛主席举办的第六届农讲所的照片时，说道：“过去，有的宣传不实事求是，只说毛主席办农讲所。其实，前面还有人办了五届，毛主席办的是第六届。”说完，他问道：“你们这里是怎么写的？”

馆长吴大为马上介绍说：“毛主席是举办的第六届农讲所。我们是这么宣传的。”

杨主席听了，说：“这是对的。”

杨主席走下二楼，来到一楼毛泽东建党时期陈列室。当吴大为介绍到毛主席和易礼容等人创办文化书社时，杨主席插话说：“易礼容还在北京。”

杨主席来到毛泽东青少年时代陈列室，当他看到毛泽东在《大公报》上发表的一篇分析时局的文章时，说道：“毛主席有科学的预见性。”毛泽东的文章说，日本大隈内阁有动摇之说，然其吞并中国的野心不会改变，认为中日双方20年内必有大战。1937年果真应验了这个预言。

吴大为介绍到毛泽东听杨昌济先生讲课记的讲堂录时，杨主席说：“杨昌济是杨开慧的父亲，是教育家。”并问：“杨开慧教过书吧？”吴大为回答道：“她在韶山农民夜校教过书。”

杨主席看到毛泽东在一师读书时的照片，说道：“他为什么要考师范？因为当时读师范不要钱，考师范的大多是穷学生。”这时，吴大为因为激动讲解得太快，把毛泽东读书的四师范与一师范合并，介绍为与第三师范合并，杨主席听到了，马上纠正说：“是四师范并入一师范。”

走进毛泽东同志革命家庭陈列室时，杨主席特意把小女儿杨李叫到身边来，对她说道：“到了毛主席家里，他一家为革命牺牲了6位亲人，你要认真看看。”

杨主席在这个陈列室的低平柜里看到一把毛岸英在延安农村劳动时使用的镢头，说道：“当时，主席让他（指岸英）到边区的劳动模范吴满有那里去参加劳动锻炼，可后来，胡宗南打来，吴满有叛变了。”

走到毛泽覃的巨幅照片前，杨主席说：“我在苏区就认识他。”

杨主席还指着毛泽民的照片说：“这是在新疆照的。”

杨主席走出陈列室，问道：“故居重修了吗？毛主席说过，他家是一半瓦屋，一半草屋。”

杨主席步出纪念馆。吴大为指着在大门口值班的部分讲解员介绍说：“这些是我们馆的工作人员。”

杨主席听了，马上挥手致意，并大声说道：“同志们，你们好！你们在这里工作很光荣！”大家听了杨主席的亲切问候，使劲鼓掌。

杨主席在热烈的掌声中迈步走下台阶。他指着门外数百名观众问：“这些也是工作人员？”问话时，杨主席满面笑容，十分和蔼可亲。

吴大为回答说：“这些都是观众。”

杨主席听了，走到观众面前，问道：“你们是从哪里来的？”观众纷纷抢着回答，并热烈鼓掌。

这时，一位60多岁的老人步出观众队伍，对杨主席说：“我是从台湾来的。”杨主席听到后立即上前同这位台胞握手，他说：“你好吗？”台胞问道：“您是杨先生吗？！”杨主席亲切地说：“是的，欢迎你们多回来啊！”说完，杨主席又问：“你姓什么？”台胞激动地回答道：“我姓谢。”杨主席说道：“谢先生，生活怎么样啊？”这位谢先生回答说：“农村生活，大陆与台湾差不多。”

工作人员请这位谢先生留下姓名。他说他叫谢伍礼，祖籍湖南邵阳，最近回家乡探亲。与他同来韶山的还有一位家乡的陈姓亲戚。他一再要求工作人员不要公布他的姓名。他说，这次见到杨主席，深感荣幸。

12时15分，杨主席由熊清泉、吴柏松等陪同，来到韶山宾馆松山二号餐厅就餐，上的是“六菜一汤”的普通饭菜。落座后，吴柏松请杨主席喝点酒，杨主席说：“我不喝酒。”于是，杨主席便用矿泉水代替白酒。

就餐时，吴柏松站起来给杨主席敬酒，说道：“祝杨主席健康长寿！”杨主席马上说：“大家都健康长寿！”熊清泉坐在杨主席身旁，他对杨主席说：“主席这次安排参观韶山，真是英明。”杨主席说：“我早就安排了。”

杨主席一边吃饭，一边询问韶山近年来的参观人数，并问了长沙开往韶山的火车是什么时候恢复的。他还说道：“火车不停开是正确的。”

用餐后，杨主席在韶山宾馆松山一号楼主房内休息，他对吴柏松说：“这个地方很好。我看风景比滴水洞还好。”这时，熊清泉前来请示杨主席：“新华社要发消息，是不是到花明楼和韶山，作一个专题报道？”杨主席听了，强调说：“不行。我是上午到花明楼，下午专程来韶山参观的。”

下午2时50分，杨主席在松山一号楼签名留念后，随即来到宾馆总服务台前，分别与等候在这里的韶山管理局、韶山区和湘潭市部分处级以上的领导干部，以及韶山宾馆服务人员合影留念。

下午3时，杨主席去参观毛泽东同志故居。他走在象鼻山脚下的塘边小路上，说道：“这条路原来没有，对面（指南岸，池塘的对面）有一条小土路。”他走到故居对面的照相馆的摄影棚时，问道：“这是新修的啊？”

在毛泽东同志故居，杨主席仔细地参观了堂屋、退堂屋、厨房和横屋。出门后，他来到故居前坪。在这里，他分别与省委领导、新闻记者和故居警卫班的同志合影留念。

杨主席在故居受到数百名来韶观众的夹道欢迎。他在群众的热烈掌声中来到土地冲口停车坪。从这里，他可以看到对面的韶山嘴。当他看见庞智杰家正在修建的小楼房时，问道：“那是哪里修的新房？”吴大为回答说：“是农民修的住房。”杨主席高兴地说：“那可以五世同堂了。”

3时30分，杨主席登上离韶的汽车。上车时，吴柏松握着杨主席的手说：“我们接待不周，请主席原谅！欢迎您下次再来！”杨主席说：“很周到，谢谢你们！”然后，杨主席登上小车，挥手向大家告别。

小车启动了，数百名干部群众目送着杨主席的汽车远去，一直到它消失在茫茫的群山之中……杨主席三顾韶山，说明他对韶山有着浓厚的感情。

（参见刘建国、杨建乔等著：《韶山的昨天与今天》，湖南文艺出版社1993年3月版）

◇老帅的思念变成了一首什么样的律诗?

1963年3月12日，中央人民革命军事委员会副主席、中国军事科学院院长叶剑英元帅，带领着中国军事科学院一行人，兴致勃勃地来到韶山，瞻仰毛主席故居。以自己独特的方式庆祝年轻的中华人民共和国严冬过去了。

叶剑英一边大步流星地向故居走去，一边在脑海里演起了电影，一部无声纪录片：在贺龙离韶后的两年时间里，国内自1959年连续三年发生自然灾害，盲目的“大跃进”造成了国民经济内部比例的严重失调，工农业生产平均每年仅增加0.6%。中苏关系恶化，苏联单方面撕毁合同撤走专家。中印又发生边境冲突。蒋介石认为“机会千载难逢”，在台湾成立了反攻大陆委员会，并于1962年6月开始在沿海一带进行登陆活动。在几乎内外交困的情况下，以毛泽东为首的中国共产党开始认真纠正错误，1960年11月3日，中共中央发出了由周恩来主持制定的《关于农村人民公社当前问题的紧急指示信》，纠正了“共产风”。在1961年举行的八届九中全会上，毛泽东又再次强调各级领导要深入基层调查研究，总结正反两方面的经验教训，并且加强了与党外的联系，连续召开了党外人士“双周神仙会”，加强了党内外团结，迅速扭转了不利形势。1962年基本完成了西藏的民主改革，粉碎了国外分裂伊犁的阴谋，加强了各民族的团结和稳定。

同时，中国共产党领导中国人民在最困难的情况下创造了璀璨的业绩。1960年建成了郑州黄河大桥，治理了辽河。1960年至1962年，大庆石油会战，建成了集油、输油、储油、注水、供电、机修、通讯、道路八大系统工程。打破了“中国贫油论”，开创了我国石油工业的光明前景。1960年5月25日，中华体育健儿在世界上第一个登上珠穆朗玛峰；1961年4月，世界乒乓球锦标赛，中国第一次获得男子团体、女子单打等七项冠军；1961年我国第一台激光器诞生；1962年6月万吨水压机试制安装成功，当时只有美国、英国、联邦德国、捷克和中国五个国家能够制造，极大地鼓舞了民族自信心。并且一次又一次地全歼在广东沿海登陆的美蒋武装特务。在毛主席共产党的领导下，新中国牢牢地站立在世界之林。

无声片展示到这里，叶剑英的眼眶一片潮湿。毛泽东共产党的威望在全国人民心目中又得到新的提高。听韶山招待所的同志介绍，从 1960 年至 1962 年，全国人大副委员长、西藏自治区代主任班禅，中央政治局委员、国务院副总理李富春，中央委员、国防部副部长、大将粟裕，中央委员、全国人大常委、大将张云逸，全国人大常委会副委员长、民革中央委员会副主席程潜，全国人大常委会副委员长李维汉，中共中央书记处候补书记胡乔木，中共中央副主席、国家主席刘少奇，农工民主党中央主席季方，民盟中央副主席邓初民，全国人大副委员长、新疆维吾尔自治区主席赛福鼎，全国政协副主席包尔汉等人都先后来到韶山。

韶山已成为革命圣地。一种澎湃的激情在叶剑英心海掀腾起巨浪。

……往事如烟。经历了疾风骤雨又一次洗礼的叶剑英，今天终于站在他最心仪的革命领袖故居面前了，他的感慨又哪里能用几句话概括得了，便挥笔写下了这首诗：

七　绝

六亿同胞呼万岁，五洲志士称导师。
欲溯河源到星宿，韶山风物耐人思。

1963 年 3 月 26 日

这是叶剑英瞻仰韶山一路心情的写照，也是他和六亿五千万同胞一路征程的心声。四年后，毛泽东和斯诺在天安门上对“四个伟大”进行评说，肯定的仅仅是导师一词。叶剑英和毛泽东的感情认识在某种程度上早就有一种默契了。

（参见马社香、夷学苗著：《韶山之谜》，《今古传奇》1999 年第 12 期总第 112 期）

◇韶山风物留给世人的精神财富是什么？

20 世纪 50 年代到 70 年代，韶山的知名度之高、吸引力之大、政治地位之重要，都达到了惊人的程度，以致人们把去一趟“红太阳升起的地方”当作自己莫大的幸福。

山以景名，景以人传，韶山壮美的风物和毛泽东的不朽功勋，必将吸引更多的俊彦硕学倾其才华，谱写千古名篇。

美国作家罗斯·特里尔这样评价毛泽东："毛泽东不仅属于中国，也属于全世界，他的影响早已超出了他的国家。"

由于毛泽东在中国历史和世界历史上都占有重要位置，他的家乡韶山引起了全世界的瞩目。美国作家罗斯·特里尔在《毛泽东的后半生》中写道："一股中国浪潮已涌上世界历史之岸，即毛泽东的新生事物。尽管他是个农民之子，华夏第一人物，然而他最终又成为本世纪世界政治巨人之一。他的影响所及，依我来看，只有富兰克林、罗斯福、列宁，或许还有丘吉尔，能与之媲美。"从1954年朝鲜最高人民会议常任委员会副委员长金应基访问韶山至今，外国著名的政治家、作家、艺术家、科学家不远万里来韶山，用各自不同的语言和文字，以谈话、留言、留影、联欢、赠送纪念品等多种形式，表达对毛泽东的敬仰，以及对韶山这块孕育着伟人的神奇大地的深情厚谊。

1978年9月27日，坦桑尼亚革命党中央委员会党务委员会主席，国防和国民服务部部长卡瓦瓦率团访问韶山时，就毛泽东如何教育农民、组织农民、培养农村党员，以及如何同封建势力展开斗争的问题，诚心请教陪同人员。他得到满意答复后，很高兴地说："实践证明，我们共产党人越是深入了解毛泽东思想，就越能推动我们的革命事业，我们来到韶山，是为了学习和研究毛泽东思想。"

1977年9月25日，赤道几内亚总统西埃·恩圭马·比约戈·滔格恩尔在韶山如是说："毛泽东思想不仅是中国人民的宝贵财富，而且是世界革命人民的骄傲。所有热爱自由和独立的革命者都要学习。"

几内亚共和国广播代表团团长谢立夫先生在参观留言中写道："毛泽东思想，不光指导中国的革命，对于我们也有意义。"此外，苏丹总统穆罕默德·尼迈里，索马里议长谢赫，乌干达政府总理卡泰加亚等，也表述了要从毛泽东思想中吸取精神力量的心愿。

毛泽东及其家庭为中国革命所做出的巨大牺牲使外国朋友深受感动。墨西哥墨中友协代表团参观韶山时，激动地说："世界上有谁能像毛泽东那样，将自己的兄弟、爱人、亲属都动员起来，走上革命道路并为革命献身呢？他的家真是一个忧国忧民、一心一意的革命家庭。"许多朝鲜党政领导人在韶山看到毛岸英烈士的事迹，不禁热泪盈眶，久久不忍离去。1982年，朝鲜社会主义青年同盟代表团团长朴正善参观韶山后说过："毛主席的家庭是完全彻底为人民服务而献身的革命家庭，毛主席为发展朝中两党、两国人民的友谊做出了特殊贡献，我们朝鲜人民对毛泽东主席非常尊敬，朝中两国人民的友谊是用鲜血换来的。"

1963年2月，柬埔寨国家元首诺罗敦·西哈努克参观毛泽东故居，详细听取了毛泽东的生平及其家庭的革命事迹后表示："我们在中国访问取得的最持久、最深刻的印象就是我们访问了伟大的毛泽东主席的故乡。就我本人来说，我在为柬埔寨人民服务时，就时时学习毛主席的榜样。我不敢梦想，我能百分之百地向毛主席学习，如果我为柬埔寨人民所做能达到他为中国人民所做的百分之一，我就非常满足了。"后来，西哈努克亲王像毛泽东一样，把自己的儿子送上柬埔寨解放斗争的战场，这不能不说也是毛泽东的高尚行为感染了他。

韶山的特殊地位还吸引了不少国外的学者来此观光、考察，收集研究资料，开拓学术视野。

日本著名社会学教授、农民问题专家菅沼正久先生前后11次来韶山访问。这位曾受到周恩来总理接见的日本学者，对农民问题非常感兴趣。他认为中国的革命战争就是一场共产党领导的农民战争，农民问题的理论是毛泽东思想的一个重要组成部分，中国革命就是靠走农村包围城市的道路而成功的，并表示要在中国农民运动史方面深入研究下去。另一位日本学者——大阪毛泽东思想学院院长竹田幸子女士，也多次率团访问韶山。1982年，这位女教授已是第八次访韶山了。她一下车就紧握着陪同人员的手说："我们是老朋友了！每次来韶山我们就像回到了自己的家里一样，感到特别亲切。"竹田幸子主持的毛泽东思想学院很活跃，它以短期培训的方式，培养了一批又一批研究毛泽东思想的日本知识分子。她还定期给韶山毛泽东同志纪念馆寄赠有关日本研究毛泽东思想的书刊报纸，并在每年春节前或元旦前夕，给韶山朋友寄来贺年卡和祝贺信。

为表达对韶山的崇敬和依恋，不少外国名人带来珍贵的纪念品，其中有象征和歌颂友谊的绣球、笛子、龙船、花籽；有象征友谊万古常青的人参酒、锦旗和用象牙、贝壳、竹木雕刻的雄鹰、渔舟、椰林、柳树等。临走时，他们采一枝韶山的红杜鹃，包一袋泥土，深情地带回祖国作为纪念……所有这些都表达了他们对毛泽东和韶山的纯朴的浓情。（参见胡长明著：

《毛泽东的故土情》，山西人民出版社2011年7月版，参见《百年潮》第12期，原载《彭真传》第四卷，中央文献出版社2012年10月版）

毛泽东身边的卫士们，对毛主席怀有深厚的感情。毛泽东逝世后的1977年，他的老警卫员、躺在床上的龙开富进入了时而昏迷、时而清醒的状况，家人乱成一团。1月28日，龙开富突然神志清醒，反复地说："我是为毛主席他老人家而生的，必然也会追随他老人家而去！"接着，他说，"井冈山上毛委员身边有我龙开富、吴长富（也是开国少将）等'四富'，我们不用相约，都能很快再去主席身边……"

老伴听着这"稀里糊涂"的话，告诉他："乌鲁木齐军区的老杨给你空运来了哈密瓜。"

"哪个老杨？"

"杨勇司令员同志。"

龙开富立即大声说："杨勇送的哈密瓜，谁也不让碰！毛主席一辈子没吃过什么好东西，我马上就给主席带去。"

在毛泽东逝世后的第147天，1977年2月3日，开国少将龙开富在沈阳逝世，享年69岁。2月27日，毛泽东当年的老特务营营长毕占云也在郑州去世。

1977年12月，毛主席纪念堂对外开放。李家骥急匆匆地从哈尔滨赶到北京，直奔毛主席纪念堂，见到毛泽东那张慈祥又熟悉的面孔时，泪水一下子涌了出来。突然，他控制不住地大声喊道："主席啊主席，你醒醒吧，你的卫士来看你来啦！"

但是，毛泽东永远听不见他的声音了。

1978年1月9日，杨梅生在广州逝世，终年67岁。6月20日，黄达（谢今古）在沈阳病逝，终年70岁。

1986年12月，快逢毛泽东的生日了，陈昌奉病倒在床上，不住地说："26日，主席的生日快到了，我要为主席过生日去。"

老伴说："主席已经走了整整十年了，你还说什么胡话啊！"谁知12月23日，离毛泽东的生日还差3日，陈昌奉在武汉溘然病逝。

毛泽东走了，跟随过他的一些警卫员们一个个追随他而去了。活着的人则开始了新的工作，纷纷把在毛泽东身边的记忆撰写成文字，其中吴吉清写作了《在毛主席身边的日子里》、贺清华写作了《跟随毛泽东在陕北》、阎长林写作了《跟随毛泽东纪事》、李家骥写作了《跟随红太阳》、孙勇写作了《在毛泽东身边二十年》、李银桥写作了《走下神坛的毛泽东》、陈长江写作了《毛泽东的最后十年》……

贺清华夫妇说："我们一辈子只做了两件事，一是尽力保卫和照顾了毛主席，一是尽心宣传了毛主席。"他们夫妇的话说出了那一班红色卫士们的心声。

史学家顾颉刚 1949 年后即响应国家号召，认真学习毛著、积极改造思想。在毛泽东生日这一天也有表示。其 1963 年 12 月 26 日日记中即云："今日为毛主席七十寿，阖家吃面以祝。"次日还写诗《祝毛主席寿》："扫尽人间虎与狼，伟人伟略起东方。昆仑三载犹难压，要把河山一担装。"经过长期的学习和改造，这位受过"五四"新思想启蒙的知名学者，已心悦诚服地接受了对毛主席的崇拜。据其 1967 年 6 月 8 日的日记，他还梦见过伟大领袖："予梦见毛主席已不止一次，而昨夜之梦特长，毛主席来我家，温语良久，同出散步。此固幻象，但足征予参加运动十个月，对毛泽东思想已渐渐接受，思想改造已有端倪，弥可喜也！孔子以不梦见周公而自叹其衰，予今体已就衰而志则甚壮，是则闻道虽晚，当不至朝闻夕死，不措之于实用也。"

（参见周溯源编著：《毛泽东评点古今人物》，红旗出版社 1998 年 1 月版）

（陈冠任《揭秘红色卫队》，《中国故事》总第 402 期）

（佰　福《毛泽东轶事大观》，山东人民出版社 1997 年 1 月版）

（单世联《顾颉刚梦见毛泽东》，《南方都市报》）

肆 价值传承篇

◇为什么说毛泽东是三不朽的伟人？

人活着究竟干什么？人生的价值在哪里？这是一个亘古以来就存在的恒久的历史问题。这是在每个时代里每个人都面临和需要深化理解的问题。

人来到这个世界上不是单纯为了吃喝玩乐，满足个人的私欲，而是为国家和人民贡献自己的毕生精力，“先天下之忧而忧，后天下之乐而乐”，为后人留下一点有意义的东西。唐朝时尚有“凌烟阁”，记载着君臣们生前的功绩，以示他们的警世价值。

毛泽东的一生是伟大光荣的一生，他终生立党为公，全心全意为人民服务，真正做到了“鞠躬尽瘁，死而后已”。他毕生用创新的实践，继承发展了马列主义，在革命和建设中，不断地开拓前进，使中国特色的社会主义事业蓬勃发展，在创新活动中，不仅实现了自己的人生价值，而且在完善自己的过程中，对中国人民作出了非凡的贡献，从而成为一个完美的“大写的人”。尽管晚年有些失误，但仍不失为冠军级人物。

人们常说：有的人活着，他却死了；有的人死了，他却活着。诚哉斯言！毛泽东的一生对我们中国人来说，立了德、立了言、立了功，是三不朽在近现代中国最好的体现。

龚忠武说：“他是中国历史上甚至人类历史上，一个罕见的具有军事、哲学、文学、政治等多方面综合性超凡才华的旷世奇才。”

毛泽东青年时代曾对自己做过预言，他说：“吾死之后，置吾身于历史之中，使后人见之，皆知吾确然有以自完。后人见吾之完满如此，亦自加吾以芳名，然而非吾之所喜悦，以其属之后来，非躬之现实也。”毛泽东是现实主义者，不计较个人的功名利禄，他曾对身边的工作人员说：“我这个人啊，好处占百分之七十，坏处占百分之三十，就很满足了，我不隐瞒自己的观点，我就是这样一个人，我不是圣人。”又说：“我这个人啊，只要为人民留点文章就行了。”

粉碎“四人帮”后，邓小平同志科学地评价毛泽东说：“毛泽东思想这个旗帜丢不得。丢掉了这个旗帜，实际上就否定了我们党的光辉历史。”（《邓小平文选》第2卷第298页）

胡锦涛总书记《在纪念毛泽东同志诞辰110周年座谈会上的讲话》中说：“中国出了个毛泽东，这是中国共产党的骄傲，是中国人民的骄傲，是中华民族的骄傲。”“在任何时候任何情况下都要始终高举毛泽东思想的伟大旗帜。”

习近平总书记《在纪念毛泽东同志诞辰120周年座谈会上的讲话》中说：“在为中国人民不懈奋斗的光辉一生中，毛泽东同志表现出一个伟大革命领袖高瞻远瞩的政治远见、坚定不移的革命信念、勇于开拓的非凡魄力、炉火纯青的斗争艺术、杰出高超的领导才能。他思想博大深邃、胸怀坦荡宽广，文韬武略兼备、领导艺术高超，心系人民群众、终生艰苦奋斗，为中华民族和中国人民建立了不朽功勋。

“毛泽东同志属于中国，也属于世界。他不仅赢得了全党全国各族人民爱戴和敬仰，而且赢得了世界上一切向往进步的人们敬佩。毛泽东同志的革命实践和光辉业绩已经载入中华民族史册。他的名字、他的思想、他的风范，将永远鼓舞我们继续前进。”

在人民的心目中毛泽东的丰功伟绩，将是永远的丰碑。他给中国人民留下了珍贵的遗产。正如德国著名诗人歌德说：“你若喜爱自己的价值，你就得给世界创造价值。”毛泽东冲破了几千年来束缚人们思想的封建伦理，创造了崭新的人生价值观和辩证唯物的思想理念。

◇受刺激也是一件好事

孟子说：“故天将降大任于斯人也，必先苦其心志，劳其筋骨，饿其体肤，空乏其身，行拂乱其所为，所以动心忍性，增益其所不能。”

一位哲人说：“平静的湖水练不出精悍的水手，安逸的环境造不出时代的伟人。”这句话充满了哲理。

毛泽东一生中，遇到过无数次险难。有的来自敌人的追捕、刺杀，有的来自革命队伍内部的打击和陷害，有的来自大自然的威胁，有的来自病魔的折磨……可以说人世间的所有磨难他都经历过。

逆境是块磨刀石，是一柄双刃剑。逆境可以磨炼人的意志，也可以增长人的智慧和勇气。

毛泽东一生中遇到过许多挫折和委屈，但他都能够经受住考验，以宽广的胸怀，接纳来自各方面的挑战。有人说毛泽东所以能成为一位伟大的领袖，就是因为他有惊人的忍耐力和容人的度量，特别是能有意志力去抵制各种刺激。经过反思之后，能从中助推智慧之舟，胜利地到达彼岸。这是一般人所不具备的素质。

新中国成立后，毛泽东多次谈到自己在历史上受到“左”右倾机会主义者排挤打击的事。1956 年 9 月 10 日，他在中共八大预备会议第二次全体会议上的讲话中谈到有的同志德才兼备，但没有列上中央委员会名单，这事是否公道时以自己为例，推心置腹说了这样一番话：

“有些话我过去也没有讲过，想在今天跟你们谈一谈。我在第五次代表大会上只有发言权，没有选举权。我这个人也是犯错误不少，但是当时他们又不讲我的错误在哪个地方，只让当个候补代表。第一次代表大会我到了。第二次代表大会没有到。第三次代表大会是在广州开的，又到了，被选为中央委员。第四次代表大会又没有到，丢了中央委员。大概我这个人逢双不吉利。第五次代表大会到了，当候补代表，也很好，被选为候补中央委员。这对于我有坏处没有呢？我说是有好处，没有什么坏处。至于其他，主要是三次‘左’倾路线时期，给我的各种处分、打击，包括‘开除党籍’、开除政治局候补委员、赶出红军等，有多少次呢？记得起来的有 20 次。比如，不选作中央委员，只给发言权不给表决权；撤销一些职务，如中央农民委员会书记、党代表（井冈山时候）、前委书记等。‘开除党籍’了又不能不安个职务，就让我当师长。我这个人当师长，就不那么能干，没有学过军事，因为你是个党外民主人士了，没有办法，我就当了一阵师长。你说开除党籍对于一个人是高兴呀，我就不相信，我就不高兴。井冈山时期一个误传消息来了，说中央开除了我的党籍，这就不能过党的生活了，只能当师长，开支部会我也不能去。后头又听说这是谣传，是开除出政治局，不是开除党籍。啊呀，我这才松了一口气！……那个时候他们认为山里头没有马克思主义，因为我们在山里头，城市里头就有马克思主义。他们就忘记了，他们也来到山上了，而我们从前也是在城里的。我们早到山上两三年，就没有马克思主义了，他们刚刚来，因为是在城市里待的时间长，就有那么多马克思主义。填表的时候不是要填过去受过什么处罚吗？这些事情，现在填表我都不填，因为这样多，要填一大堆，而且这些没有一条我承认的。"

1964 年 3 月，毛泽东在与外国朋友的一次谈话中说过这样一段话：机会主义者给了我许多封号："一贯的右倾机会主义，世界观就是'狭隘'。我三次被赶出红军，十几次受到严重警告、开除党籍、调动工作、撤销职务之类的处分。我是政治局委员，但是他们却不要我参加中央全会，把我封锁得紧紧的，连鬼都没有一个上门来找我。总之，我成了一个很丑的人，像被抛到大粪坑的木头菩萨那样。"

1975 年，毛泽东劝他身边的护士不要对她在"文化大革命"中的不公正待遇耿耿于怀时说："我的历史上，也曾被戴上过不少帽子，挨整比你挨得还狠呢，鬼都不上门，没有人给我平反，那些帽子早不翼而飞了。"后来又说："我这一辈子就是在刺激中过来的，受刺激也未必不是好事嘛。"

在逆境中，毛泽东并没有灰心丧气，他抓紧时间，闭门读书，总结革命经验。1957 年他对当年一同战斗过的战友曾志谈起过："我没有吃过洋面包，没有去过苏联，也没有留学别的国家。我提出建立以井冈山根据地为中心的罗霄山脉中段红色政权，实行红色割据的论断，开展'十六字诀'的游击战术和采取迂回打圈战术，一些吃过洋面包的人不信任，认为山沟子里出不了马克思主义。1932 年秋开始，我没有工作，就从漳州以及其他地方搜集来的书籍中，把有关马恩列斯的书通通找了出来，不全不够的就向一些同志借。我就埋头读马列著作，差不多整天看，读了这本，又看那本，有时还交替着看，扎扎实实下功夫，硬是读了两年书。""后来写成的《矛盾论》《实践论》，就是在这两年读马列著作中形成的。"

毛泽东用事实证明了自己是在革命斗争中成长起的在政治上成熟的马列主义者。他把"刺激"看成为动力，他很有度量的认为受点"刺激"未必不是好事，从另一个角度总结出他一生中成功的经验。

（参见胡哲峰、孙彦编著：《毛泽东谈毛泽东》，中共中央党校出版社 2000 年 1 月版，第 94 页、109 页）

◇为什么说毛泽东是兵家泰斗？

敢问历史上兵家泰斗当属谁？相信会有多种回答，譬如有人会举出拿破仑、朱可夫、蒙哥马利、隆美尔、古德里安、巴顿等等，这些人，都是著名的战争统帅，从战争实践的意义上来说，他们都是同时代兵家中的佼佼者。

可能有人会举出卡尔·克劳塞维茨、利德尔·哈特、约翰·弗里、德里克·富勒、安·薄富尔、安托万·约米尼等等，这些人，都是著名的军事理论家，从战争理论的层次上来说，他们都是他们所处时代军事思想的先驱。

然而，应该说泰斗级的兵家，是战略级别和谋略层次的战争艺术的全能大师。这样的兵家泰斗不多，出自我们的国度仅有两位，而且都是世界冠军级别的——古有孙武子，今有毛泽东。

孙武子，是中国古代最伟大的军事理论家，其《孙子兵法》是世界上刊印最多的兵书，也是影响最为持久的兵书，甚至在现代海湾战争中，你也能从多国部队的军人们手中发现这本两千多年前的兵书。

但是，孙子的遗憾是其战争实践活动不多，不光是无法与现如今的军事大家们相比，就是与他同时代的将帅相比，他的军事实践活动在排行榜上的位置也不会太靠前呢。

毫不夸张地说，毛泽东是世界全能冠军级的兵家泰斗。毛泽东是集战略家、军事理论家和统帅于一身的战争艺术大师，也是世界历史上少有的经历冲突类型最多而又始终立于不败之地的统帅。他从千余人的农民队伍起家，经过 22 年的武装斗争，直到成为数百万大军的统帅。他平生直接或间接指挥了 400 多个堪称经典的战役和战斗，留下了 500 多万字的军事著作和军事文电，创立了独具特色以人民战争为主体的毛泽东军事思想体系，对战后世界政治格局产生了重大影响。他指挥一手创立并发展壮大起来的人民军队，与内外敌人作战 20 余年——包括日本军队、美国军队这样非常强悍的军队，歼灭敌军千余万人；他领导一直都处在弱者地位的国家和人民，一直都在战胜处于强者地位的敌人——世界上没有任何一支军队像他所领导的人民解放军一样，在连续 22 年的严酷战争中，都是在劣势的情况下与强大的敌人作斗争而最终能立于胜者的地位。

有人读了几本洋人的书，每每言必称巴顿为杰出的将军。事实上，巴顿整个一生的作战经历不超过 3 年，而毛泽东麾下的人民解放军千员受衔战将，哪个不是 15 年以上的作战经历？从土地革命战争参加革命的红军将领，一生作战已不能用“身经百战”来形容，而是货真价实的“身经千战”——仅据已故的肖锋少将留下的日记所载，他平生作战 1365 次。这大概可称为世界纪录了吧？然而，肖锋将军肯定不是我军将领中作战纪录最高的。从这个意义上说，我们有几千个“巴顿”。而纵观第二次世界大战中美英苏等强国军队和将领的表演，除了在战争强度上胜我一筹外，无论从战略的远视、谋略的高明、斗争的复杂等方面，都不能与毛泽东所指导的中国革命战争相提并论。艾森豪威尔、朱可夫等著名统帅都是在其国家强大的物质条件的保障之下去指导战争的。我们的条件和他们是无法相比的。

“见胜不过众人之所之，非善之善者也”，这不是高明中最高明的！而毛泽东的条件则简直不能与之相提并论，他一切本钱都要自己凑，要边凑本钱边打仗，这才是高明之中最高明的。

毛泽东军事思想是专门为弱者提供的战胜强者的思想武器，在 20 世纪所有统帅中，就指挥战争的时间之漫长、规模之浩大、情况之复杂、内容之丰富、条件之艰苦而言，毛泽东都是首屈一指的。西方军界公认的兵家泰斗拿破仑，一生从事战争 20 余年，从一个炮兵少尉直到法兰西皇帝，指挥过 60 个战役，其中有少数是以少胜多的，其对手也很少有超过自己一倍以上的力量。而且拿破仑自己也没有形成自己的理论体系，只有流传下来的几百条语录，较之毛泽东，的确是“稍逊风骚”了。就凭毛泽东成名之作的第一、二、三次反“围剿”战役，也足以让拿破仑逊色。在第二次世界大战中，毛泽东所指导的革命战争，也毫不弱于其他强国。苏联卫国战争是战争史上无与伦比的鸿篇巨制，然而从双方的投入和战果来看，苏军的战略指导很难称之为高超。苏军总兵力一直占优势，装备水平也不弱于对手，在某些方面甚至还占优势，可作战付出的代价却高于德军，比如人员伤亡和兵器损失，就大大高于对方。

美国、英国、法国等国即或是蒙哥马利和艾森豪威尔等名将，其取胜的前提无不是己方军力远优于对手。而与他们同时代的、远在中国黄土高坡窑洞中穿着破衣烂衫的毛泽东需要面对的对手，却远不是大自己一倍两倍的概念。区区数万兵力，要在敌伪顽夹击的环境中生存下去就是一个很大的问题，更不要说发展壮大去战胜对手。

如果不论战争的强度（强度是由客观情况决定的，不是毛泽东决定的），毛泽东谋略的高明，战略的远见，战术的灵活，是任何人都不能否定的。有人把世界列强的军事指导艺术分为美英为代表的技术型、苏联为代表的力量型，那么中国为代表的就是最高层次——谋略型。以此为据，有人曾戏言，让诸葛亮与巴顿在同等情况下对垒，巴顿极有可能败北！

美国前国防部长助理菲利普·戴维逊在其著作《毛泽东的战略》开篇就发出了一连串的惊叹说："图书馆里的书架都被那些称颂毛泽东为卓越的游击战权威的书本压弯了。但是，毛何止是一位游击战士！他是一位伟大的战略家。在20世纪20年代和30年代初期，他在一系列辉煌的游击作战中，把蒋介石及其国民党政府弄得苦恼不堪。十年后，他以游击战和运动战相结合，在中国打败了日本人。40年代后期，他在一系列得心应手的运动战中征服了中国。最后，他的部队在朝鲜的阵地战中顶住了美国。哪个领袖能像他这样在这么多不同类型的冲突中长期立于不败之地？"

美国前国务卿基辛格也提醒人们："关于共产党军事思想的最好阐述，不见诸苏联的著作，而见诸中国的著作。这并不是偶然的。苏联的势力扩张，主要得力于政治斗争的巧妙运用，以及德国在中欧垮台后所造成的许多有利条件。而中国共产党之所以能取得今天的全部胜利，或更确切一点地说，他们之所以能维持生存，其原因在于他们能够利用军事行动获得政治上的利益。"

这位国际关系大师还警告西方："如果你对毛泽东的一切都不记得了，那么，你只要记住，他是一切战略家中最重实效、最主张批判地接受的经验的一个。"

毛泽东，既是一位军事理论巨匠，也是一位举世闻名的战争艺术大师。毛泽东众多的军事理论论著，奠定了现代中国军事理论、军事思想的基础，培养出许许多多著名将领，至今仍是现代中国军人学习军事、了解战争、研究战争的钥匙，并常年置于世界各国政治家和军人的案头。毛泽东一生指挥过众多富有传奇色彩的大小战斗，更是现代中国军人引为自豪的战争艺术精品。

西方军事学校目前学习战略思想的基本方法主要还是学习战争史，读战例，这就使他们比我们许多似乎懂很多现代战争知识的人更注重从巨人们身上汲取战争艺术的养料。曾经有这样一件事，苏联元帅马利诺夫斯基报告赫鲁晓夫，苏联军方印发出版了一批俄文版的毛泽东军事著作。赫鲁晓夫极为反感，说：咱在大兵团机械化作战的时候，毛还在玩红缨枪呢！替他吹呼什么？遂停止发行。

对于战略家来说，玩什么并不重要，重要的是能否将就你所玩的家伙，去挣到你想要的东西。就在客观条件界定范围内，去达到你想要达到的目的。就像一个生意人一样，本钱雄厚挣钱不算什么本事，本钱小挣大钱才算真功夫。倘若你也只是玩红缨枪的条件，你是否还能像毛氏一样玩出个天下来？军备和技术可以日新月异千变万化，而思想的火花却光艳夺目永恒不朽。否则为什么几千年前的《孙子兵法》还被今天的军界奉为圣经宝典？包括美利坚合众国这样的头号强国的军队，在打最现代化的海湾战争时，还要捡起孙子的法宝？

毛泽东是游击战的大师，又岂止是游击战的大师。游击战不是毛泽东的发明，但让旁门左道视为正规的军事家们所不齿的游击战，在战略思想的圣殿登堂入室，则是毛泽东的非凡贡献。遍查打上了毛氏鲜明烙印的敌后抗日游击战争，无一不有毛泽东所擅长的大规模运动战的胎记。毛泽东的游击战，是上升到战略高度的游击战，是包含了战略进攻战役迂回包围战术突击的游击战。战争史上所有的游击战争，无论从承担的重负、起到的作用和规模的巨大等皆无法与之同日而语。曾是国军悍将的卫立煌将军也慨叹：“八路的打法好是好，咱们学不了。咱们的部队一撒出去，就收不拢来啰！”“别说让总司令和大家同甘共苦，就是让一个连长和士兵一样，恐怕他也不会干！”

作为伟大的战略家和统帅，毛泽东指导战争与其他同时代的统帅有很大不同，毛泽东是从战役指挥起家的，他在后来进行战略指导的同时，也对每一个具体的战役为战场指挥员提出具体的指导意见。斯大林等统帅指导战争，主要是通过大本营总参谋部实施，斯大林本人进行战略决策，从不参与战役指挥。而毛泽东除了进行战略决策，还对每一个战役提出具体的指导性意见，甚至连电报也自己起草，这在“二战”中的战略统帅中你肯定找不到第二个！同时还非常尊重战场指挥员的意见，每封电报最后都有“熟筹见复”“视情况且酌定”等，给战场指挥员以充分的机断行事的余地，有心者不妨读读《毛泽东军事文选》，看看那些闪烁着思想火花的奇招妙招，看看那些战争艺术的杰作是怎么来的。从辽沈战役策划过程中毛、林之间往返多达百余封的电报中就可看出，毛泽东从不强拧不甜的瓜，在条件和时间允许的情况下甚至不惜等待，一定要战场指挥员从根本上理解自己的战略构想。这在苏军是不能理解的，发个命令就得了嘛，讨论什么啊？

出身行伍的彭德怀、刘伯承、叶剑英、贺龙、林彪、粟裕、陈赓等战将对毛泽东从心悦诚服衷心拥戴直到顶礼膜拜，首先是缘于对其战争指导艺术的认识和倾倒，缘于其“用兵如神”。如第二次反“围剿”后彭就说“还是摇鹅毛扇的人厉害”，至于林彪，那根本就是毛一手栽培起来的。有人说毛只会“将将”不会“用兵”实在是没有任何道理。别的甭说，光说那些行伍出身正经进过科班的战将，你没两招谁会服你？你光会将将谁搭理你？毛泽东最先就不被行伍们搭理，最早和毛泽东合作的余洒度等黄埔生就因瞧不起毛泽东而扬长而去，最后投了蒋。历史却选择了伟大的军事天才毛泽东，余洒度也就混了个像牛毛一样多的国军少将，最后还被蒋先生摘了脑袋！毛泽东带领泥腿子们造反那会儿可不是领袖，一句顶一万句，红军发展的事实也说明，无论是建军还是打仗，离开了毛泽东就有问题。有了毛泽东就有声有色，这是中共将帅们通过事实比较作出的选择。事实证明，毛指挥小部队游刃有余，指挥百万大军亦得心应手，转战陕北既指挥警卫部队让统帅部充当诱饵，又指挥陕北战事遥控全国战争，一心三用，这是何等的磅礴气概，又是何等具有科学态度？当年红二十六军的李赤然将军（1955 年少将），他说起毛亲自指挥直罗镇战役和东征，包括毛等候敌人几天不至时毛做工作，使将士们认识到毛泽东高超的韬略艺术。

毛泽东用兵真如神，是一句带有文学色彩的褒扬。毛泽东是人不是神，他出的招有高招，也有不那么高的招，比如他遵义会议后指挥的第一仗土城战斗就是个失利战斗。世界上既没有用兵如神的人，也没有将将如神的人。说毛泽东用兵如神，是说毛泽东极善于因势利导将不利转化为有利，譬如土城战斗虽失利，毛却立即审时度势断然撤出，一渡赤水调动敌人，最后演出了四渡赤水大幅度机动制敌歼敌的活剧。再如在很多人眼中，皖南事变是中共的大悲剧，中共的力量遭到前所未有的大损失。可毛泽东却因势利导，发起政治攻势，重建新四军军部，把新四军从带有统一战线色彩的军队变成了由中共完全独立控制的武装，使其在大江南北迅猛发展，成为日后与蒋争天下的一支举足轻重的力量。即便后来壮得不得了的林彪，其麾下战将和王牌劲旅也有不少来自华中新四军。又如解放台湾搁浅攻金门不克，后来却因势利导干脆不攻，演出了金门炮战这样的政治军事外交斗争杰作。

在毛泽东的军事生涯中，我们既能找到大量军事战场的传世之作，也能见到大量的以其他斗争方式配合军事斗争的高妙之笔。尤其是后者，几乎成了毛泽东指导战争不同于一般统帅的最突出的特点之一。

他一生军事生涯可以用这样两句话来形容：当一般统帅把注意力集中于战场时，他却能跳出战场的有限范围，看到更高层次的政治斗争，把许多见不到刀光剑影的斗争方式信手拈来，结果换来了一般统帅不敢想象的战场胜利；而当一般的政治家仅把注意力放在政治斗争舞台上时，他又能跳到战场上去，利用军事打击去为政治斗争开辟道路，提供后盾，从而常常得到一般的政治家不敢企望的收获。超越军事的政治指导，善于用军事方式去解决政治问题，用政治方式去加速军事斗争的进程，或许就是他一生在军事领域里能获得比一般统帅更大成就的关键。

有人把毛泽东战争指导艺术归结为打运动战，归结为“十六字诀”，归结为“十大军事原则”，其实这些东西都不是毛泽东战争指导艺术的真谛所在。尽管他确实是一位运动战和游击战大师。自古以来有许多这样的“秘诀”，譬如“三十六计”，熟读“三十六计”的人多如牛毛，能大谈特谈“三十六计”的人也不稀罕。可真正能在战争中措置裕如，自由往来者又有几人？毛泽东有超人的指挥艺术，不在于他背过或说出过多少秘诀，而在于他能根据环境和条件，根据敌我双方的具体情况，来确定具体的战法，比如在朝鲜，就打了他一生都在避免的阵地战，打了他一直反对的“短促突击”。这些都是这位兵家泰斗独特的地方。

（参见孙宝义、周军、邹桂兰编著：《毛泽东兵法战策》，解放军出版社 2013 年 1 月版）

◇美国、伊拉克都用“毛泽东兵法”说明了什么？

驻伊美军司令彼得雷乌斯担任美军中央司令部司令，主管伊拉克和阿富汗两地战事。

在伊拉克的5年中，彼得雷乌斯积累了不少对付反美武装的经验。他担任驻伊美军司令伊始，便开始在巴格达采取严厉的反游击战措施，将整个巴格达89个行政区中的30多个区用障碍物隔离，形成“隔离行政区”以维护地方治安。

难怪美军要起用彼得雷乌斯这位精通游击战的行家来主管伊拉克和阿富汗的战事，其实他的反游击战思想也离不开研究“毛兵法”。

毛主席曾说民心向背决定战争胜利与否。彼得雷乌斯作为战地指挥官也深知，赢得战争不等于赢得民心。2004年4月的《华盛顿邮报》载文，称“彼得雷乌斯驻守摩苏尔等北部地区时，与当地库尔德族建立了紧密关系”：他在处理驻伊美军经常在文化习俗上冒犯当地民众引发冲突的问题上，也表现出相当的技巧。

英国《每日电讯》报的文章称：“彼得雷乌斯在伊拉克的5年期间，彼得雷乌斯潜心研究游击战，总结出了一套作战思想以有效应对，他主持编写的《美军反暴乱手册》，包含了情报搜集、战术策略、军队领导、后备物资甚至当地语言、文化等软实力等方面的内容，为美军在伊拉克的军事行动提供了指导。”彼得雷乌斯的思想可以看作是将毛泽东的游击战术颠倒过来使用，毛称成功的抵抗必须能够激发人们的斗志，而彼得雷乌斯强调美军应消解伊拉克民众强烈的反美情绪，从而清除反美武装的生存土壤。

《每日电讯》报的文章以克劳塞维茨《战争论》中的名句结尾：“每个时代的战争都有其特定的形式和条件，因此每个时代必须有其特定的战争理论。”但是，彼得雷乌斯就任新职务后，他的理论能否奏效还要继续观察。因为“人民战争”的最大威力在于战争的正义性和人心的向背。

伊拉克反美武装运用娴熟的游击战术，让装备精良的美军疲于应对。从这些游击战术里都可以找到毛泽东游击战思想的影子，如“敌进我退，敌驻我扰，敌疲我打，敌退我追”等。让美军巡逻队及运输队防不胜防的路边炸弹，跟“地雷战”又何其相似。美军精锐部队发动对反美武装“扫荡”时，会发现武装分子们突然不知所踪。而美军驻军较少的兵营以及哨所等，都频繁遭到反美武装分子汽车炸弹甚至毛驴车发射火箭弹的袭击。

反美武装还灵活运用了毛泽东在朝鲜战争时提出的“零敲牛皮糖”战术。在抗美援朝时，由于志愿军与“联合国军”在火力对比上有明显劣势，因此毛主席提出用“零敲牛皮糖”的战术，即利用绝对优势兵力一次包围对方一个营甚至一个连，力求全歼的战术。在伊拉克战争中，就经常出现上百名武装分子集中打美军巡逻小队的战例。“零敲牛皮糖”是湖南人对牛皮糖的吃法，牛皮糖很硬，只好一小块、一小块地敲下来吃。用在战争上，指志愿军集中优势兵力歼灭一个营甚至一个连。想不到反美武装竟借助于这种战术，同美军打起了歼灭战。

（参见孙宝义、周军、邹桂兰编著：《毛泽东兵法战策》，解放军出版社 2013 年 1 月版）

◇《毛泽东兵法》在国外的影响力有多大？

除肯尼迪、蒋介石关注《毛选》，办公桌上放着这部巨著外，在世界上仍有一些外国政要在研读《毛选》中的“毛兵法”。

乌戈·查韦斯是委内瑞拉的总统。他敢与美国叫板，不畏惧美国的威胁。他喜欢中国，尤其崇拜毛泽东。

查韦斯可能是对《毛泽东选集》研究最深的外国领导人之一。查韦斯自从 16 岁开始军人生涯后，就没有放弃过读书习惯，对毛泽东理论及学说进行了苦读。他非常推崇毛泽东关于军民关系的理论，经常在不同场合提起“军民鱼水情”“军民团结如一人，试看天下谁能敌”“在战略上要藐视敌人”以及“人民战争”等话语。

令人惊奇的是，他甚至能说出毛主席某段语录出自《毛泽东选集》的第几卷。

2005 年 11 月 4 日至 5 日，第四届美洲国家首脑会议在阿根廷的马德普拉塔举行。查韦斯出席会议并发表演讲。他讲道：“前天，美国的一份刊物报道说，五角大楼披露，美国正计划入侵委内瑞拉。我要说这是绝对真实的，因为这正是美帝国主义绝望的信号。我们不要忘记毛泽东曾经说过的话——‘帝国主义和一切反动派都是纸老虎’。所以，我们不用怕它，我们的人民会战胜它的。”用毛泽东的话去激励人民起来同霸权主义做斗争。

普拉昌达，1954 年生人，他的身世过去一度非常神秘。一天，当他得到一本《毛主席语录》时，非常高兴，上面还有中国领袖毛主席的照片。这本小册子是普拉昌达青年时期的精神动力。

当年，4 个尼泊尔共产主义派别成立“尼泊尔共产党（团结中心）”，选举普拉昌达为总书记。普拉昌达是个敢想敢为的人，他一直“遵循毛泽东思想”，走武装斗争的道路，试图推翻“封建君主制”，建立共和制国家。1996 年，他成立尼泊尔共产党（毛主义），他带着 13 个人和两杆老式步枪，走进罗尔帕的茫茫群山，开始发动游击战争。

普拉昌达把革命的火种撒在了尼泊尔政府统治最为薄弱的广大山区农村。在军事上，他采用灵活多变的游击战和运动战，多次粉碎政府军警的“围剿”；在政治上，他利用国王和政党的矛盾，为尼共（毛主义）谋求发展空间和时间；在社会上，他打击地主，把土地和地主财产分给贫农，废除种姓制度，主张男女平等，教授农民文化知识。这些举措极大地扩大了尼共（毛主义）发展的基础，在短短 10 年的时间里，其力量迅速发展壮大，控制了尼泊尔 70%的地区。

2005 年 2 月到 2006 年 4 月，普拉昌达借助贾南德拉国王亲政造成的政治混乱，及时调整战略和斗争策略，逐步将手中的反政府武装升级为有资格与政府谈判的合法政治力量，走上以武力为依托的议会民主道路。

2006 年 11 月，普拉昌达与联合政府首相正式在和平协议上签字，尼泊尔长达 10 年多的内战终于结束，普拉昌达成为这场政治角力中最大的赢家。尼共（毛主义）成为尼议会第二大参政党团。拥护普拉昌达的人视他为尼泊尔的“大救星”。

美国前国防部长助理菲利普·戴维逊，在 1963 年撰文指出：“图书馆里的书架都被那些称颂毛泽东为卓越的游击战权威的书本压弯了。但是，毛何止是一位游击战士！他是一位伟大的战略家。在 20 世纪 20 年代和 30 年代初期，他在一系列辉煌的游击作战中，把蒋介石及其国民党政府弄得苦恼不堪。十年后，他以游击战和运动战相结合，在中国打败了日本人。40 年代后期，他在一系列得心应手的运动战中征服了中国。最后，他的部队在朝鲜的阵地战中顶住了美国。哪个领袖能像他这样在这么多不同类型的冲突中长期立于不败之地？”戴维逊还特地告诉他的同行们：“如果你对毛泽东的一切都不记得，那么，你只要记住，他是一切战略家中最重实效、最主张批判地接受经验的一个。”

2008 年古巴卡斯特罗与法国人伊格西奥·拉莫内合著的《我的生活》，卡斯特罗口述自传出版。在这部访谈合集中，卡斯特罗说：“我真希望跟毛泽东结识，但遗憾未能与他见上一面。在世界最伟大的战略家中，在古往今来所有的军事领袖中，你一定不能漏掉毛泽东。”

（参见孙宝义、周军、邹桂兰编著：《毛泽东兵法战策》，解放军出版社 2013 年 1 月版）

◇毛泽东在法国人的心目中地位有多高？

在欧洲，法国人对毛泽东的了解也许是最多的。从市井小民到名人政要，知道毛泽东的法国人，就像知道拿破仑的中国人一样普遍。

时常与法国人聊起毛泽东，他们都能聊上两句，而且通常都很准确。法国电视二台每周都有一个《大家都这么讲》的对话节目。一次，中国变性舞蹈家金鑫应邀来做节目。那天，金鑫穿了一身军服似的套装。主持人打趣说：“毛泽东的时代都过去那么久了，您怎么还穿军装？”金鑫聪明地答道：“看好了，这可是香奈儿！”主持人哈哈大笑，他明白金鑫是在说：法国人抄袭了中国毛泽东时代的时髦词汇。

一位主持人竟能随口冒出“毛泽东的时代词汇”，可见法国人对毛泽东了解之深。

一些在法华人调侃说，法国有一群毛泽东的“专业粉丝”。这群人数量很大，且几乎个个是名人。这些“专业粉丝”是怎样形成的呢？1968 年，法国发生了“五月风暴”。“风暴”从巴黎大学开始，大批学生集会抗议反对越战，学生遭逮捕。抗议活动在短时间内迅速扩大，不久后，全法学生都加入其中，上千万工人也行动起来。心理学家热拉尔·米勒就是当年的一名抗议学生。如今，他仍是毛泽东的崇拜者。他说：“20 世纪 60 年代，毛泽东思想对法国青年简直是种‘诱惑’，它激起了法国青年的反叛精神和改变世界的愿望。”与他一样，“很多青年都崇拜毛泽东”，因为毛泽东领导的中国敢于同强权作斗争，不屈服于外部压力。毛泽东的这种精神，成为当年抗议活动的重要动力之一。

当年的那批青年学生，如今有很多都成了法国社会的名流，比如：著名的社会活动家贝尔纳·德博尔，《解放报》刚刚离任的总编塞尔日·朱利，2007 年大选热门人物之一霍兰德·卡斯托，心理学家热拉尔·米勒，左派无产阶级组织领袖阿兰·热斯马尔……数不胜数。

法国国际问题专家称，毛泽东影响了整整一代法国人。也有人说，毛泽东的影响不限于一代法国人，因为当年的那批青年人，如今早已为人父母，他们会将自己对毛泽东的情结，在言传身教中传给子女。可见毛泽东在法国人心目中深远的影响。

（参见孙宝义、周军、邹桂兰编著：《毛泽东兵法战策》，解放军出版社 2013 年 1 月版）

◇蒋介石在台湾是如何学毛著的？

毛泽东与蒋介石两位都是军事家，都曾指挥过千军万马。就军事实力讲，蒋介石开始时以雄厚的军事优势，一心想“围剿”毛泽东所领导的中国工农红军。一心想当独裁领袖的蒋介石，由于所代表的阶级利益所限，再加上战略战术上的失误，所以越战越败。

1948 年辽沈战役期间，蒋介石为挽回其败局，曾于这年 10 月 6 日亲临葫芦岛坐镇指挥。由于他心情不好，在国民党军战地视察组第 4 组组长、华北督战主任罗奇等人的陪同下，到外面散心。这时正巧在街心遇见一位算命先生，便吩咐侍从让先生给他算上一命，以此来消愁解闷。先生说啥也不肯算。罗奇上前说：算好算坏无妨，一定要给“总统”算一算。先生无奈只好让蒋介石先抽上一签。接过签后，先生甚为不安，因为“总统”竟抽了个下下签。先生思忖良久，方开口解字，说道：“这个酉字不好，是尊字无头少足，很不吉利，看来你时运不佳，处处受挫。”他还说：“就战事而言，你出师不利，选将不当。”蒋介石听后一愣，有些疑惑不解地问：“你怎知道我选将不当？”先生说：“你的东进兵团总指挥是否姓侯？”蒋答说：“是的。”先生欲言又止说：“签上讲，猴落平川遭劫难，背水负重万事休，看来凶多吉少。”还没等讲完，蒋介石就面如纸色，恼羞成怒地叫道：“快将这个疯子给我赶走！”

据《今晚报》报道，蒋介石败逃台湾后，1950 年 3 月的一天，蒋介石忽然想起读毛泽东的《中国革命战争的战略问题》一书。

在读毛泽东此书的千千万万个读者中，蒋介石可谓是最特殊的一位。因为毛泽东此书写的就是如何打败蒋介石的战略问题。蒋介石的办公桌上出现了一本《中国革命战争的战略问题》并不奇怪。

毛泽东此书写于1936年12月。蒋介石这时怎么会研读起毛泽东14年前的旧著呢？毛泽东此书写的就是如何打败蒋介石的战略问题。当年，蒋介石也曾翻阅过这本书。但他当时正忙于跟毛泽东打仗，心静不下来。如今，他是败军之将，正在做沉痛的反思。读毛泽东此书，使他感慨万千。这时他才明白，毛泽东的确是一位熟知战争规律的战略家。毛泽东正是用这些战略战胜了他。最令蒋介石叹息不已的是毛泽东书中的一段话："谁人不知，两个拳师放对，聪明的拳师往往退让一步，而蠢人则气势汹汹，劈头就使出全副本领，结果却往往被退让者打倒。"蒋介石不正是毛泽东所说的蠢人吗？这是蒋介石最伤心懊悔的。

毛泽东写道："弱军对强军作战的一个重要条件，就是拣弱的打。"可不是吗？毛泽东就是常用这一手。

毛泽东又说道："打得赢就打，打不赢就走。"这就是对"运动战"的通俗解释……可不是吗？毛泽东也常用这一手。

蒋介石此时此刻方认识到自己在发动内战之初所实行的"速战速决""全面进攻"战略犯了根本性错误。

蒋介石认为："我们的失败并不是被共军打倒，实在是我们自己打倒了自己！"

（参见孙宝义、周军、邹桂兰编著：《毛泽东兵法战策》，解放军出版社2013年1月版）

◇小布什为什么向美国人推荐《毛泽东选集》？

原任美国总统小布什在耶鲁大学"思想与战略"的研讨会上，突然向众人发问："大家知道世界上哪本书发行量最大？看的人最多？"众人被这个突如其来的问题弄得摸不着头脑。片刻的宁静后，小布什从笔记本下抽出一本《毛泽东选集》向众人展示！接着说道："就是这本书——《毛泽东选集》！"

小布什继续说道："毛泽东是中华人民共和国的主要缔造者，他在中国人民心中的位置是无法取代的，大家都知道我的父亲，20世纪70年代曾经当过驻华大使，深深地感受到中国人对毛泽东的崇敬和爱戴，他的思想影响了几代中国人，并且还在继续影响着现在中国青年一代。这本书是我父亲当年从中国带回来的，已经收藏了几十年。"

众人安静地听着小布什的介绍，把目光都投向了他手中的书——小布什继续说道："每个民族都有自己的英雄和伟人，一个没有英雄和伟人的民族是悲哀的民族！我们美国的青年不仅要知道华盛顿和林肯，也应该知道毛泽东。我的父亲曾经跟我说，中国青年对于我们的华盛顿和林肯都非常了解，甚至超过我们的青年……英雄和伟人是没有国界的……"

据悉，小布什在耶鲁的讲话结束数天，美国很多地方掀起了毛泽东热，有关毛泽东的各种书籍和画册纷纷出版。尤其是毛泽东的大幅画报尤为畅销，颇受青年人的欢迎，很多人以家里挂一幅毛泽东的画像为骄傲……美国《时代周刊》还特别为毛泽东做了一期封面。

（参见《中国新闻周刊》，《丹东广播电视报》2013 年 10 月 17 日）

◇ 巴基斯坦前总统布托发表的声明代表了世界友人的什么心声？

早在青年时代，毛泽东就对自己的一生做过预言，他说："吾死之后，置吾之身于历史之中，使后人见之，皆知吾确然有以自完。后人见吾之完满如此，亦自加吾以芳名，然而非吾之所喜悦，以其属之后来，非吾躬之现实也。" 1976 年 9 月 9 日毛泽东逝世后，世界各友好国家首脑，纷纷打来唁电，给以高度评价。

布托·佐勒菲卡尔·阿里，是巴基斯坦前总统。他在 1976 年毛泽东逝世后发表的声明中说：

"像毛泽东那样的人物，在一个世纪，也许一千年里只能产生一位，他们占领了舞台，以天才的灵感写下了历史的篇章。毫无疑问，毛泽东是巨人中的巨人。他使历史显得渺小。他的强有力的影响在全世界亿万男女的心中留下了印记。毛泽东是革命的儿子，是革命的精髓，确实是革命的旋律和传奇，是震动世界的出色的新秩序的最高缔造者。

"毛泽东没有死，他永垂不朽。他的思想将继续指导各国人民和各民族的命运，一直到太阳永远不再升起。如果仅仅是从中国的范围来衡量他的划时代的功绩，那将有损于对这位非凡人物的纪念。当然，他为中国及其八亿人民做了了不起的事情，但是毛泽东也是一位崇高的世界领袖。他对当代局势发展的贡献是没有人可以比拟的。

“今天，全世界都哀悼毛泽东的逝世，但是到明天黎明，都将起来歌唱颂扬他不朽的赞歌。我的思想和感情，像我的同胞一样，极为悲恸沉痛。这位人物的谦虚和幽默，他的光荣和伟大，他的英勇和胜利，将永垂青史。

“毛泽东的名字将永远是穷人和被压迫者的伟大而正义的事业的同义语，是人类反对压迫和剥削的斗争的光辉象征，是对殖民主义和帝国主义的胜利的标志——‘是幻觉还是梦境？日出雾散，是梦还是醒？’我们巴基斯坦将永远怀着敬意纪念不朽的毛泽东。”

（参见孙宝义、周军、邹桂兰编著：《毛泽东兵法战策》，解放军出版社 2013 年 1 月版）

◇滴水洞并不神秘，最早住进去的是那位团中央第一书记

文热心采访滴水洞后，回忆说，滴水洞，小范围内是指滴水洞的一号楼——一幢乡村别墅；大范围内是指整个滴水洞风景区。滴水洞不光在全国人民心目中就是在韶山人心目中也是一个岗哨如林的，警卫森严的，神秘莫测的处所。

一位在韶山管理局工作了 20 多年的同志说：“你问我什么时候去的滴水洞吗？很惭愧，我只去过两次，都是在 80 年代初内部开放时去的。”

另一位在韶山特区区委工作了近 20 年的中枢人物一提起去滴水洞，便无可奈何地苦笑说：“有两次，我送文件进洞，硬是被警卫拦住了，不让我越过那根坚实的栏杆。我问警卫耽误了工作怎么办，他却将电话拨给那位管理洞中的最高领导，叫里面派人出来接文件。我在警卫室刚将文件收条拿起，警卫便催我往回走。真是的，也太认真了！”

我还听到更多的议论，有的说：“那时，我们把进洞当作最高的荣耀。”有的说：“如果谁进洞一趟，回来后便与几个相好的报喜，‘咳，我进了滴水洞啦！’接着会绘形绘色描述一番洞中情景，说得云里雾里的，引得我们心驰神往。可是，那时能享受到这种福分的，仅是数量极少的相当级别的干部。”

滴水洞本来就神秘，毛泽东同志那封著名的信内部传给人们时，滴水洞就更加神乎其神了。毛泽东同志在那封信中写道：“自从 6 月 15 日离开武汉

以后，在西方的一个山洞里住了十几天，消息很不灵通；6 月 28 日来到白云黄鹤的地方……”“白云黄鹤”的地方是指武汉，韶山自然在武汉的西边，这都没有什么神秘的，神秘的就在“山洞”二字，于是人们发出种种猜测：山洞，肯定是地道进去，是指挥室……肯定可以起落飞机，停开火车，防原子弹，防地震……

听说毛主席 1959 年回韶山时，看了祖坟后，又下塘游泳，上岸后说，这个地方好修房子，我老了回来住一住。其实，并非“权威人士”说：“修建滴水洞的工程的计划早就有了，计划的规模比现在修成的大得多。后因 60 年代初期，国家经济困难，就收缩计划，主体工程只修了现在的一号楼。”至于毛泽东说过那些话没有，我们这里找不到记录。

可见，修建滴水洞工程并非是为了老人家一句话，因为还有“内部人士”的透露；1960 年，中央计划在韶山修几幢别墅，其规模和规格是能够召开中央政治局扩大会议的。既然能够召开中国最高级的首脑会议，那么就必须有与之相配套的会议场所、交通设施。当时的潭韶公路，坑坑洼洼，凹凸不平，交通条件十分落后。于是中央设想修好三条沟，现在修建的滴水洞别墅就是修好的三沟之一。还准备修一条连接三沟的公路，连结长沙铁路和一个飞机场。也可能老人家出于对故土的眷恋和落叶归根的心理，开玩笑说过那句话，但这只是一个巧合。

有幸在韶山遇上了参加当年修建滴水洞的一位老师傅，滴水洞建成后，他被分配在韶山宾馆当锅炉工。他告诉我：“那是 1959 年，我在常宁老家种田，突然来了征兵任务，我报名参加了体检。说是招特种兵，查了祖宗三代的历史。到新兵连，先在长沙集中学习了三个月，后来开进韶山，说是搞国防建设。我们没有发军装，更无帽徽领章，但每月可发 30 多元钱工资。纪律是很严的，对外写信发出地址必须用代号。到 1960 年，说国家经济困难，这个建设暂时不搞了。连长对我们说：‘你们愿意回家的可以回去，不愿回家的这里安排工作。’当时，大部分回去了，留下来的 80 多人继续修建。后来，这些人安排了工作。”

其实，滴水洞现在并没有洞，它只是一所乡村别墅。当年，有一股细细的山泉从山坡流下，水滴石穿，留下一米多深的洞，当地人称“吊水洞”。后来修建乡村别墅时，“吊水洞”被毁。滴水洞的“一号楼”——也就是这里唯一一座乡村别墅。也就是毛泽东同志 1966 年回韶山下榻过的地方。灰色的脊瓦、灰色的水泥墙构成了它的庄严，比起一般较为高级的住宅没有什么两样。但整个滴水洞地区的环境构成了一处幽雅的风景区。人们是这样描述它的：群山环抱，地势陡峭，山上茂林修竹绿树荫蔽，幽雅清静；山下泉水涓涓，奇花异草。洞外修建别致，洞内神秘莫测。春天满山杜鹃，夏日一片碧绿，秋季漫山红叶，冬天群鸟啾鸣。

“一号楼”里头的摆设也是平常的，木器家具，油成米黄色上面再涂上清漆。至于床上的摆设和桌子台布，沙发套垫都是老人家喜欢的白色。当然，里头也有它的特殊之处，这就是楼的后面有一个近30平方米的防震室。防震室为立体结构，由近一米厚的钢筋框架用水泥浇制而成，据说能防备8.7级左右的强烈地震。

只是到了“文革”这个特殊时期，滴水洞又多起事来。1970年前后，老人家发出“深挖洞、广积粮、不称霸”的指示，于是“一号楼”又加了一座长50多米的防空洞，滴水洞这时真的有了洞。这个洞由闻名全国的“欧阳海连队”修建的。

防空洞的两端各装三扇坚固厚重的铁门。第一道门防冲击波，呈弓背状，最厚处近一尺，最现代化的子弹打上去，也会向两边溜。据测定，它还能防32吨级的冲击波。第二道三道为密闭门，能防止各种有毒化学武器的杀伤。洞的两壁有吸潮、滤毒、通讯、通风和隔音等一套完完整整的防护和进攻设备。洞中还有一间十几平方米的地下指挥室。1974年12月底，王洪文飞来长沙向养病的毛泽东告周恩来的状时，就钻进过这个指挥室。

别墅的后山有一处风景叫“虎歇坪”，毛泽东爷爷毛翼臣的坟就在这里。这里古木参天，附近山谷，有近800种珍贵植物，其中有六朝松和银杏等珍奇树种。传说很久以前的一个冬天，老虎来山南取暖，夏天来此纳凉，故称“虎歇坪”。按迷信的说法，这里是块“风水宝地”。有人曾这样评价说：“龙头山，虎歇坪——聚龙之灵，集虎之威，解三山之风，定八面之气，藏龙卧虎，风云际会。”据传，当年这块“宝地”，毛泽东的祖父翼臣和他的伯祖父德臣都先后发现，都想死后安葬于此。兄弟俩争得面红耳赤。最后，兄弟俩不得不订立君子协定：谁先死谁就葬于此地。德臣心想：自己比老弟大六岁，满以为自己会先死，安葬此处无疑。但事实却恰恰相反，翼臣先故，老兄只好让给兄弟。为了验证坟的“风水”，翼臣灵柩当时并没有立即下葬，而是停放在墓地上，周围只用土石稍加修砌。时过8年，发现棺木仍漆光如新，证明此地确为“风水宝地”，翼臣棺木才正式下葬。安葬时，墓地周围尽是石头，镐锄不入，唯墓地有一块棺木大面积，为一色黄土。这当然是一种迷信的说法，但“虎歇坪”在自然风景方面却不失为一块佳地。

滴水洞的风景以前可谓是养在深闺人未识，它不像五岳那样，有皇帝封过禅，有文化骚客题诗留墨，因为它太偏僻了。但是偶有文化人来此，便会被它的旖旎风光吸引得流连忘返，元朝的王文龙到这里便写了吟咏诗：

潇湘之水梦中来，犹见蓬莱近酒杯。
歌罢远游人不见，玉箫吹月过东台。
昔年辛苦讯丹经，梦里瑶台月自明。
玉洞桃花去寂寞，凤音亭下竹风生。

滴水洞确实是一块避暑的胜地，疗养的好场所。不信，有今人发出的感慨：

天上广寒宫，人间滴水洞；
住了二十天，老翁变顽童。

既如此，在滴水洞风景区修建一座供中央领导人住居的乡村别墅就丝毫不奇怪了。其实，滴水洞一号楼修成后，住进去的第一位中央领导是胡耀邦。1964 年，身为团中央第一书记的胡耀邦来湖南省湘潭地区兼任第一书记时，到韶山一带蹲点，在“洞”中工作学习了 40 余天。所以说滴水洞并非是毛泽东最先住进去的地方，而胡耀邦则是第一位来滴水洞住的客人。

韶山人为有“滴水洞”自豪，也为不能进洞感到泄气，但空泛的自豪多于真实的泄气，“看，毛主席都住滴水洞呢，还不是我们韶山人可靠。”其实，只有滴水洞开放以后，游客剧增，人们有幸来观赏这块神秘而又诱人的洞天福地，使韶山人才感到了真实的自豪，因为毛泽东为乡亲们开创了一份旅游家业。

（参见文热心：《毛泽东与故乡》，警官教育出版社 1991 年 3 月版）

◇毛泽东为什么说“不能总是山珍海味”？

毛泽东的堂弟毛泽荣听说 20 多年没见面的三哥毛泽东当上了国家主席，

急于想去探望，他要把“皇宫”里的西洋景看个一清二楚，皇帝老子们吃过的山珍海味也尝尝鲜。

当毛泽荣应邀来到中南海时，看到三哥穿的是褪色布衣，躺的是木板床，而且吃饭时餐桌上放了一碟花生米、一碗青菜、一个汤，最好的一个菜是腊肉。毛泽荣百思不得其解，看来他是无法吃到山珍海味了。他问道：“三哥，你当了个堂堂主席，平时就吃这么一点儿菜？”

毛泽东有几分新奇地说：“怎么？你怀疑我不把好吃的拿出来？”

“那倒不是，我担心别把身体弄坏了。”毛泽荣答道。

毛泽东爽朗地笑了：“我这不是蛮好嘛！”

毛泽东日常俭朴，终生倡廉，从不追求山珍海味，尤其是厌烦宴会。对于接待外宾他也做过指示：“不能总是山珍海味，既浪费又不实惠。”

他对身边卫士们说：“我们在这个世界上，不是为了吃世界，而是为了改造世界。这才是人，人跟其他动物就有这个区别。”

毛泽东对那些在别人眼里稀罕之物并不看重。就是到了晚年，他还坚持认为：“所谓高级的东西，它们并没有什么特殊之处。只不过物以稀为贵罢了。有些人有一种特殊心理，似乎某些食品皇帝皇后吃过了，什么名人大官吃过了，它的名望就高贵起来了，甚至高不可攀，神乎其神。仿佛吃了皇帝、名人吃过的东西，自己就身价百倍了，这也可能叫沾光吧。”

其实总吃所谓高级的东西，造成身体营养比较单一，不一定是件好事。

王震宇回忆，在整个三年困难时期，直到国民经济全面恢复，我都跟随在毛主席身边。毛主席和我聊天。他说，“天灾是有的，工作中我们也有失误，有错误不要紧，有错误就改，要总结经验教训。不要像赫鲁晓夫，文过饰非，把错误全推给别人。我们反对全盘否定斯大林，斯大林的功绩是主要的。谁能没有错误呢？我也有错误。”并问我，“我的错误三七开行不行？”接着又问，“四六开行不行？”我一时不知如何回答是好。

在困难时期，毛主席多次提出不吃肉，要和全国人民共渡难关。毛主席一天两顿饭，夜里12点前后一顿饭，晚上7点半一顿饭。如果江青在，晚上那顿固定和江青一起吃。如果江青不在，两顿饭我都和主席吃。

毛主席平常生活特别俭朴，也特别注意节约。在没有旁人的情况下，吃饭掉个饭粒都捡起来吃了。有一次吃红烧海参，主席看我不吃，就说：“吃呀，好吃。”并往我碗里夹，由于海参太滑没夹好掉在桌上。主席又把它捡起来吃了。有一天，上了一盘回锅肉，主席说："我讲过多少次，不吃肉了，你们就是不听，从明天起不要再吃肉了。"第二天，我把主席的话向汪东兴作了汇报。汪东兴说："那怎么行呢？主席工作那么累，哪里在乎这么一点呢？等主席醒了，我和他谈去。"汪东兴和主席谈了，结果双方作了妥协，改成半荤半素。两个纯素菜，两个青菜里适当放些肉。主席又和我说："我个人节省这点解决不了什么根本问题，可你不要忘记，我们国家是个大国。所谓大国，也只不过是人口大国而已。如果我们每人每天节约一两粮食、一两肉，全国每天就能节省将近一亿斤粮食、一亿斤肉吧？"可见毛泽东勤俭廉政的作风。

（参见王震宇主编：《在毛泽东身边》，人民出版社 2009 年 6 月版）
（参见王鹤滨：《毛泽东的保健生活与养生之道》，中国青年出版社 2005 年 8 月版）

◇毛泽东让工作人员辟什么谣？

陈长江，1985 年任中央警卫局办公室副师职参谋、毛泽东故居开放办副主任，他回忆说，1967 年 5 月，全国"文化大革命"高潮时期，学校停课大串联，工厂停产闹革命，机关干部不少靠边站，公检法机关陷于瘫痪状态，全国混乱不堪。毛泽东原来估计三四月份就可以看出个眉目来，可是到了 5 月份，事与愿违，情况越加严重。住在中南海游泳池院内的毛主席也忧心忡忡，情绪很不好。

毛主席非常想了解外面的真实情况。他不满意"文革"小组编写的那些反映情况的"简报"，可是他自己又不能像过去那样自己出去看一看，搞调查研究。他的补救办法就是经常找那些外出回来的工作人员谈一谈，他认为这样做可以真真切切地了解一些实际情况。毛主席对真实情况了解的愿望，简直有些如饥似渴。

早在 1954 年 12 月，毛主席就曾向在丰泽园值班的卫士们讲过：你们每年轮流回家，一方面探亲，一方面做些调查，帮助我了解农村农民群众的生活情况。还强调指出："你们回家的路费，由我负责，你们谁回来了，要来我这里一下，谈一谈情况。"

1955 年 5 月 14 日，毛主席在中南海颐年堂前给中央警卫团一中队全体同志讲话时，就明确提出这个中队有三项任务，即警卫、调查、学文化。此后不久，毛主席把这次讲话中有关搞好调查研究工作的要求，亲笔为我们写了“出差守则”。现抄录如下：

出差守则

（一）保密——不要说这里的情况。

（二）态度——不能摆架子。

（三）宣传——解释建设工业和实行社会主义的好处。

（四）警惕——不要上反革命分子的当。

（五）调查——生产、征购、合作社、生活、对工作人员的意见。

并且在这个“守则”的末尾，毛主席还工工整整地签上了自己的名字。

后来，又从除西藏自治区、台湾省之外的全国各个省、市、地区调一个人来一中队当警卫人员。这样一来，毛主席实际上是在更大的范围内、更深入的层面上进行了调查研究。利用回家探亲进行调查便成了我们的一项工作。这些调查，在很多情况下都是毛主席亲自听汇报，而且听得很仔细、很认真。

1967 年 5 月 8 日上午，毛主席没有睡觉，便出来散步，因为一个时期以来，他一直休息不好。他沿着小道，慢慢地走着。来看望毛主席的王海容、唐闻生两人，一边一个陪着在前边走边谈，我和商来宝，还有我们中队的政治指导员李连庆紧跟在后，这样的散步，对我们来说是常有的。

围着游泳池转了几圈。走到了游泳池的北头，毛主席突然停下脚步来，回过身来对我说：

“长江，你好久没有回老家了吧？”

“快两年了。”

“我给你 15 天时间，你回去看一下，了解一下农村的情况。”

毛主席在给我讲这些话时，他伸出左手，用右手一个一个地按下左手的手指，为我计算回乡途中和调查时的日程。这么一算，发现了问题，他接着说：

“这样，在家只能待六天，太短了。”说到后来，变成了自言自语，低声喃喃了。

“这样吧，”毛主席向我投来征询的目光说，“长江，给你 20 天，够不？”

“行。”我这人考虑问题总是直来直去，何况主席已说得很具体了，觉得再也没有补充和询问的必要了，便说：“我下午就买火车票去。”

“你回去。”毛主席又转向我身旁的指导员说：“你，李连庆也回去，你们一块回去。”

我们把工作向留队的队长、指导员等做了交代，便于当日下午，乘火车离京回老家去了。

5 月 27 日，我搞完调查探亲后回到北京，大约过了两三天，5 月 30 日，我接到主席秘书的通知，让我当日下午向主席汇报。

我按时到达游泳池，一进书房的门，就对坐在沙发上等候我的毛主席说：“主席，我回来了。”

毛主席很高兴地站起来与我握手，并指着他身旁隔着茶几的一个沙发对我说：“长江，坐下。”

我虽然知道毛主席耳朵不背，仍觉得坐在那个沙发上讲话不得劲，特别是毛主席有口音，也怕有些话听不清或是把意思听漏了，便端了一张椅子，放在茶几之前，坐在毛主席斜对面，这样离毛主席近一些，也能看到他讲话的口形，听起来会更方便些。

毛主席说：“长江，谈一谈吧，你都看到什么了？”

我也没有写成材料，甚至连个本子都没拿，便把沿途所见所闻和在农村了解的情况，毫无拘束地向主席做了汇报，记得我讲那些要点有：

回家途中火车被阻，没有按计划到家。途中在扬州市住了一夜，那里的群众敲锣打鼓喊口号，搅得没法睡觉，看来两派斗争很激烈，比在北京看到的两派群众斗争还要厉害得多。参加的人大都是学生和机关干部，还听说有些地方发生了真枪实弹的武斗等。

当我说到由于派性斗争，发展成武斗，影响生产，社会秩序不好等，毛主席讲：“我早就说过，要文斗不要武斗，几派要联合。全国不少地方与扬州差不多，扬州有一定的代表性。”主席接着沉重地说：“原来设想，这‘文化大革命’今年就差不多要结束了，现在看来很难收场了。”

后来我又说到回家之后，当地正是收小麦的季节，农民群众都很忙，生产搞得很好，对于“文化大革命”，他们认为“那是城里人的事”。他们讲：

如果我们也去敲锣打鼓喊口号，不搞生产就会挨饿的。他们还说：学生闹，他们有家长；干部闹，国家给发工资；工人也有工厂。而我们呢？不种田就没有饭吃。一定要执行主席的指示，“抓革命，促生产。”

我还向主席讲了农民们对武斗、打派仗很反感，对学生不上课很担忧，也谈了我们那个村子生产搞得很不错，还开展了竞赛，大家的情绪很好。

毛主席听了，面有喜色地说：“八亿农民把生产搞好了，我们就有希望，国家就不会乱的。农民是很实际的，看到了具体利益才肯干，没有利益的事就是不该干！”

我还向主席汇报说：从城市到农村，从北京站到我们海安县城，到处都是大字报。有的大字报上说邓小平自杀了……

毛主席问：“这些话不知是从哪里来的？”

“这样的事不仅农村有。”我说，“我在北京就听说过。”

“你相信不相信？”主席问我。

“当然不相信”，我说，“邓小平院子里的警卫工作就是我们大队担任的，我怎么会不知道呢？”

毛主席说：“小道消息是不可靠的。”

我还告诉主席说：“还有一张奇特的大字报上说，你找到了一个失散多年的儿子，现在某部生产队当会计……讲得有情有由，有鼻子有眼的。关于这方面的大字报很多，从扬州到海安县城，几乎到处都有，讲得可玄乎呢。”

“你辟谣了没有？”毛主席有些着急地说，“你在我身边快20年了，我家的事哪一桩你不知道！”

“当然知道。”我说。

“这样的事情，为什么会到处都有呢？这是在宣扬什么！”毛主席越讲越有气的样子，接着说，“不要说我毛泽东没有找到个儿子，就是真的找到了一个，宣传这个又有什么意义呢？”

我忙宽慰他说：“人家在为你高兴么。”

毛主席根本没有理睬我的话，而是又重复着说：“不要说毛泽东没有找到这个儿子，就是真的找到了一个儿子，也不值得他们大写特写呀，这有什么值得宣扬的？他们这样做的目的是什么呢？你想过吗？”

“没有。”我如实地回答，还肯定地摇了摇头。

这时，毛主席似乎平静了许多，他以和缓的口吻说：“你要辟谣啊！长江，你辟谣了没有？”

我说：“人家也不会听的，贴这种大字报的也不是一个地方，甚至不是一个地区，恐怕是个全国性的问题。”

毛主席面露不悦之色，显得有些焦躁不安，很反感地说：“他们宣扬这个到底有什么目的？”

毛主席说：“我家几口人，你是知道的。岸英，在朝鲜牺牲了；刘松林过去还常来，后来也不来了；还有个住在医院的毛岸青；经常在家的就是李敏、李讷、毛远新；还有李云露（江青的姐姐）、王博文，连江青在内，就这么多人，这些人你是常见的，他们做什么你还不清楚？”

“是啊！”我说，“李敏、李讷、毛远新，这我熟悉，我是看着他们走进学校的门，又看着他们参加了工作的。”

这时，一丝笑容从毛主席的脸上掠过，他说：“是啊，是啊，他们都叫你叔叔呢……这，你还不清楚，你要辟谣啊！”

我说：“人家谁听我的啊！”

毛主席见我反复强调这一点，他有所动地说：“是呀。是呀。”没有了往日那种乐观自信的神情，一副无可奈何的样子。

这种情绪在毛主席身上是不易看到的。看到毛主席这样，我的心中涌起阵阵不安和痛楚，觉得再也谈不下去了。我站起来就要走，毛主席也站起来亲切地和我握握手。

我这次向毛主席汇报，从始至终，就毛主席和我两个人，一直没有第三者参加。因而谈得很集中，也很随便，无拘无束。这次汇报和长谈达一个多小时，足见他对农村、对农民的关心、重视和实际生活中的真情实况的关注。

（参见李敏、高风、叶利亚主编：《真实的毛泽东》，中央文献出版社 2006 年 10 月版）

◇毛泽东的生死观体现了辩证唯物论的一些什么哲理？

1975 年 10 月 1 日这一天，晚年毛泽东和护士孟锦云探讨了许多与人生有关的问题。孟锦云回忆说，这天上午，毛泽东正静静地靠在床头，一改往日的一有余暇，便嗜书如命，手不释卷的习惯，尽管没有睡去，却也并不看书，只是静静地靠在那里，似乎很平静又很疲惫，似乎没有意识到今天是什么日子。

对于自己的身体状况，恐怕最清楚的还是自己了。更何况，毛泽东又是那样一位极有自知之明的人。尽管他曾认定“自信人生二百年”，尽管他在78岁的高龄，还在波涛汹涌的长江中尽情畅游，击水为乐。但从两三年以前，他便感到身体确实不行了。他常说：“看人老不老，先看走和跑，现在不要说跑，走路都吃力啰！”

尽管他的才思敏捷，记忆力也依然如故，但也许正因为如此，那依然敏捷的才思和不见衰退的记忆，和那日渐衰弱下去的身体，形成了极强烈的反差。这一自身无法解决的矛盾，常使他无可奈何。他可以战胜一切，但这一切里，并不包括身体的衰弱和疾病的侵袭。

在江西中央苏区，在长征路上，他也曾大病过几场，有时身体虚弱得走不动一步路，只能躺在担架上行军。可那时，他却总是坚信，这一切都会过去，并且也真的过去了。相当差的伙食和医疗条件，在拼命抽烟中一熬就是几个通宵，风餐露宿，艰苦卓绝，都不在话下。革命不成功，马克思是不会向他招手的。那时的生命力是何等旺盛啊！

但这几年的不断大病，使他的体质每况愈下，他开始相信病只会越来越重，身体是不会有大起色的了。

26年的岁月，弹指一挥间，人生的征途，又是多么漫长。不知为什么，开国大典的情景，却是那么清晰地浮现在他的脑海，一切都历历在目。每个细节都震撼着他的心灵，都激起他庄严的情感，那是生命力和意志力的闪光啊！

那是26年前的金秋，毛泽东穿过陕北高原的硝烟、踏过黄河的滚滚波涛，来到了北京。

1949年10月1日，下午2点55分，毛泽东身着黄色呢制服，和其他领导人沿着天安门城楼的西侧古砖梯道，登上了天安门。他的脚步迈得那样轻松，又是那样重，他的心胸里热浪在翻滚。革命之初，也许他并不去多想能否成功。既然选定了目标，便只顾风雨兼程；也许他并不去想未来的道路是平坦还是泥泞，只要勇往直前，一切都在意料之中。

毛泽东站在天安门的城楼上，向全世界庄严宣告：“中华人民共和国中央人民政府成立了！”那声音庄严激昂，如隆隆春雷在960万平方公里的土地上滚滚而过。回响在广漠的宇宙空间，中华人民共和国诞生了，如同一轮朝日，光芒四射。

毛泽东在天安门城楼上，用力按动了那颗升旗的电钮，他清清楚楚看到了那面五星红旗徐徐上升，他清清楚楚看到了成千上万双眼睛，用期待热烈的目光投向那面上升的红旗。蓝天、白云、五星红旗。他看到一个独立、民主、和平、统一的人民共和国诞生了，他的鼻翼微微翕动，泪水在眼窝里打转，终于变成大颗的泪珠，扑簌扑簌地顺着脸颊滚落。

突然，静坐在一旁的护士小孟听到毛泽东一句非常清晰的话，像是自言自语，又像是在对小孟说的，尽管这话依旧带有很浓的湖南口音，可小孟依然听得非常真切："这也许是我过的最后一个国庆节了，最后一个'十一'了。"

小孟注视着毛泽东的脸，那张脸是那样的严肃而又平静，眼神里流露出一种无法压抑抑或也无须压抑的深沉与多情，那眼神是在凝视着前方，仿佛这种凝视是抒发他此时无限感慨的最好方式。好一会儿，毛泽东才略略转过脸，望着小孟再一次重复那句话：

"这可能是我的最后一个'十一'了吧！"

这话依然是那样清晰，依然是那样肯定，那样令人回味。

小孟听了，不假思索地冲着毛泽东说："怎么会呢？您别胡想了。"

毛泽东缓缓地反问一句："怎么不会呢？怎么叫胡想呢？哪有不死的人呢？毛泽东岂能例外，死神面前，一律平等，万寿无疆，天大的唯心主义。"

看到毛泽东是笑着说的，小孟也没有什么顾忌，接着他的话也说开了："主席，今天是国庆节，是个大喜的日子，应该高兴才对，您别提那些死不死的事了。"

听了小孟的话，毛泽东不但没有嗔怪，而是依然平静地说："孟夫子啊，我看你怕死噢。说说都怕，至少是个小小的唯心主义者。"

说到这里，毛泽东还边说边伸出右手的小拇指："这么个小小的唯心主义者，你怎么知道我不高兴，国庆节是个大喜的日子，可也得讲实话呀，这个世界上，哪一刻不在生，不在死啊！这叫生死不已，新陈代谢嘛。"

小孟听到毛泽东又在谈人生哲学了。她曾记得在毛泽东的一个讲话里，看到过他关于生死的观点，毛泽东曾讲过，老人死了，应该开庆祝会，庆祝辩证法的胜利。当时她很想不通，但她现在随着与毛泽东接触谈话的增多，已逐步理解了些。

毛泽东停了一会儿，突然话锋一转，又谈起来："你们这个年龄，可真是让人羡慕得很，恐怕你到我这个年龄，也会有同感。"

小孟听了，便接着说："我们有什么值得羡慕，什么成绩都没有，主席，您年轻的时候，想到过要建立一个共和国，当主席吗？"

毛泽东听了，高兴地回答："我可不是刘伯温，能前知500年，后知500载，那时候，既不晓得建立一个什么共和国，更不曾想到要当什么主席，当时，想的只是国家兴亡，匹夫有责，本人不过是匹夫而已，很多事情，是水到渠成嘛。"

小孟听了毛泽东的议论，也来了兴致："'文化大革命'，我们文工团里的年轻人，一起来造反，野心可大啦，真想造反成功，当个什么，有些人就是狂妄无知。"

毛泽东听了，并不接着小孟的话题，而是用深沉的语调说："我们这个共和国，来之不易噢，死了多少人？有些人，比你现在还要年轻些，十几岁的娃娃，没见到共和国是什么样子，许多人连名字都没留下。"

这时，小孟看到毛泽东的眼圈有些湿润了，她知道，毛泽东是极易动感情的，特别是他想起那些牺牲的战友时，这种情感尤为强烈，甚至达到不能自制的程度。看着眼前的情景，小孟真有点不知说什么好，甚至莫名其妙地后悔自己不该说那些话，愣愣地坐在那里。

毛泽东很快便觉察到小孟的情绪变化，他微笑地说："怎么回事，晴转多云啦？"

小孟心直口快地回答："我刚才的话可能不该说，您的身体还是少动感情好。"

小孟说到这里，又觉得这句话也好像有什么不妥，总觉得硬邦邦的，想再解释一下，可一下子又想不出说什么话，同时，又担心引起毛泽东的误会。

没想到毛泽东却说："我这一辈子就是在刺激中过来的，受刺激也未必不是好事嘛。"

毛泽东的讲话，始终有一种与众不同，自然而然，而又耐人寻思的哲学意味。

尽管小孟没有读过几本哲学书，可毛泽东谈话中那股浓厚的哲学意味，小孟还是感觉到了的。今天，小孟不知为什么，和毛泽东谈了自己的感觉："主席，您讲的话里，总有那么一股子哲学味。"

毛泽东一听到哲学，他的兴致特别高："不是我的话里有哲学，这个世界就充满了哲学，军事、政治、经济，哪个没有哲学？你信不信？反正我信。"

小孟进中南海之后，多次听到毛泽东对世界的万事万物的议论，毛泽东常常表示自己对大千世界的看法："我们生活的这个大千世界，一曰大，二曰千奇百怪。生活在这样的世界里，人也应该高大点为好，不要僵死，要见怪不怪，一句话，顺其自然。"

以前毛泽东还向小孟提到过汉朝的贾谊："汉朝有个贾谊，写过一篇《鹏鸟赋》，我读过十几遍，还想读，文章不长，可意境不俗。"

今天，毛泽东又谈起贾谊的这篇文章来："不少人就是想不开这个道理，人无百年寿，常怀千年忧，一天到晚想那些办不到的事情，连办得到的事情也耽误啰！秦皇、汉武都想长生不老，到头来，落得个'万里长城今犹在，不见当年秦始皇'，其实，任何事物都不过是一个过程，人的一生也不过如此，有始必有终。"

毛泽东的谈话是那样的轻松、自然、幽默，没有一丝伤感。这时，小孟看到毛泽东那已明显衰老的脸上，显出了少有的光彩，特别是那眼神，更是显出一种异样的神采，那是一种藐视一切，敢于当家作主，不知恐惧为何物的神采，那是一种对于死亡也敢于悠然一笑的神采。

无论从年龄，还是从经历上讲，毛泽东做小孟的长辈，都是当之无愧的，而此时，在毛泽东的眼里，小孟也的的确确像自己的孩子一样。毛泽东尽管有自己的孩子，可他们难得一来，倒是这些警卫、护士，像他的孩子一样，整日和他在一起，望着小孟那孩子般的脸，他不知从哪里来的兴致，对小孟说："我给你讲个故事，爱听吧？"

小孟听说毛泽东要讲故事，高兴得不住地点头。

毛泽东讲起故事，那语调缓慢而柔和："这故事，你只有从我这里才能听到，哪本书上都没有。那还是没上井冈山的时候，秋收暴动以后，我们连打了几个败仗。人不断地跑，连师长都不辞而别了，人心乱得很噢，当时，就有人说：'还是散了吧，就这么几个人，能顶什么用？'有一天，队伍到了一个镇子上，大伙休息的时候，一群人又聚在一起议论散伙的事。当时，就有人问我：‘毛委员，凭我们这几个人，这几条枪，革命能成功吗？’我对他们说：‘就这几个人，这几条枪，用不完，绰绰有余，愿走的都可以走，不信，咱们有言在先，到庆祝革命胜利的那天，我们肯定死不光。’1949年开国大典后，我又见到了几位当时听过我讲这话的人，没想到，他们还记得那些话。现在，井冈山的老人不多啰。”

讲到这里，毛泽东似乎又沉浸在往事的回忆之中了。小孟也被毛泽东那独有的乐观感染了，她听得津津有味。

过了好一会儿，毛泽东才又像回到现实中来，侧着身子问：“1949年你几岁，还不记事吧？以后，你也会像我今天这样，也会给人像讲我的昨天一样，讲我们的今天，那时候，我们这些老头子，都统统去见马克思啰。”

小孟发现今天毛泽东的话很多，她能理解：今天，国庆节，作为共和国的创建者——毛泽东，肯定是思绪万千，感慨颇多，肯定要回顾起那些遥远的战斗岁月，但她不想让他再说下去了，她怕这样会使他吃不消，过分疲劳，小孟说：“您今天可别太累了，您睡会儿觉吧。”

没想到毛泽东反问一句：“你怎么知道我累了？”

的确，小孟知道，人只有干不爱干的事时，才会觉得累，人想干的事，他是不容易觉得累的。她记得毛泽东曾说过：“你看我老看书，一天天地看书，连个姿势都不变一下，一定会觉得累，其实，看得入迷，不但不会觉得累，那还是一种很好的休息，难得的享受哩！”

小孟便又带着好奇地问：“主席，开国大典那段时间里，您肯定忙吧？”

提到开国大典，毛泽东神采又飞扬了：“那段时间，真是忙得很，百废待兴，百业待举，国徽、国旗、宪法、政府机构、人事安排，哪样不要考虑？不要研究？一个会议接着一个会议，国际国内，党内党外，为公事忙，私事也不少忙，还要忙里偷闲，看一看书。真是忙得不亦乐乎。我这个人不怕忙，就怕不忙。那时，家乡的人也不断来，他们觉得我是个天大的官啰，好像这个国家已经成了我的私产，国家就是我的，想怎么样就怎么样，我也难办得很，但家乡人都通情达理，我们的人民，都是非常好的人民。”

小孟知道，毛泽东在开国大典那天，在许许多多的群众场面，他不止一次地呼喊过：人民万岁。那是真诚的呼喊。

毛泽东又说：“我们这个国家，这个党，几起几落，多灾多难，可又大难不死，为什么？因为我们总是和大多数人站在一起。”……

1975 年 10 月 1 日这天，尽管毛泽东没有像 50 年代、60 年代那样，在天安门城楼上向人民挥手致意，没有在人民的欢呼声中检阅他亲手缔造的共和国的队伍，可他并没有忘记他们——他的人民，他的国家，他们的命运。这对毛泽东来说，是一种不受任何干扰的信念，这也是给予他的信心，给予他力量的源泉。

小孟在毛泽东度过的那个最后的国庆节里，深深地感觉到，尽管毛泽东在他的晚年，有过这样那样的失误。可中国人民依然怀念和尊敬他，那原因恐怕就在于他的人生哲学和唯物辩证的生死观。他所揭示的哲理发人深省，耐人寻味。尤其是他的一段名言：“不要总以为缺了你就不行，没你在世界上，地球就不会转？党就不存在？你以为张屠夫死了，人家就要吃带毛的猪肉吗？不必担心什么人死。谁的死会真正成为一个巨大损失呢？马克思、恩格斯、列宁、斯大林，他们不都死了吗？革命还要继续下去。”正如美国作家 R. 特里尔所说的：毛泽东自身的闹钟敲出的谐音与社会的闹钟敲出的不一致。这正说明了毛泽东的思维不同于一般人。他的人生价值观充满了唯物辩证法。是启迪人们正确对待生、老、病、死的一剂良药。

1970 年 11 月，毛泽东会见巴基斯坦总统叶海亚·汗，分别时，客人祝毛泽东健康长寿。

毛泽东回答：你不要祝我长寿，也不需要祝我健康。我就要去见上帝了。你不信？

客人说：但是我们需要你。

毛泽东幽默地回答：那也许我就多留几天。引来众人一片笑声。

同年 12 月，毛泽东又一次会见了他的老朋友斯诺。同上次一样，又一次谈到了“见上帝”的问题，不过这一次毛泽东的语调中已带有某种无可奈何的伤感。

毛泽东：我不久就要去见上帝，这是无可逃避的，每个人总得去见上帝。

斯诺：伏尔泰曾说过，如果没有上帝，人类也必须造一个。在那个时代，如果他表示自己是一个彻底的无神论者，他就可能要掉脑袋。

1971 年 9 月林彪事件后，毛泽东犯了一场大病，身体更加虚弱。

林彪事件引起的震动不亚于一场强烈的地震。“文化大革命”以来的历史运行完全逾出了毛泽东为它设定的轨道，动摇了他的自信。

1972 年 2 月，当毛泽东在他的书房兼客厅会见美国总统尼克松时，说他身体一直不好。

可能是出于礼貌，尼克松回答说："不过你气色很好。"

毛泽东微微耸了耸肩："表面现象是骗人的。"

毛泽东十分明白，他的来日已经不多了。

这年 9 月，毛泽东在自己的书房里接待日本首相田中角荣。会谈结束时，毛泽东向田中赠送了一套《楚辞集注》。握别时，他对田中说："田中先生，我也患神经痛，腿脚也不好使，不久就要见上帝了。"

1973 年 11 月，一个寒冷的下午，在中南海毛泽东住处，毛泽东会见了澳大利亚总理惠特拉姆，毛泽东步履蹒跚，向客人抱怨腿不方便。

毛泽东：我和周总理都活不到革命结束的那一天了，我已疾病缠身。

周恩来笑着插话：他只是膝盖有点风湿痛。

毛泽东：我已和上帝打过招呼。

死神在逼近，"我的本钱不多了。"毛泽东似乎看到了生命的尽头。

1974 年 5 月，英国前首相希思来到北京，毛泽东接见了他。就在这次会见中，毛泽东说道，香港问题现在也不谈，到时候怎么办，我们再商量吧。是年青一代的事情了。

谈到自己，他说："我已经接了上帝的请帖，要我去访问上帝。"

希思说："我希望主席在相当长的时间内不要接受这个邀请。"

毛泽东答道："还没答复呢！"

1974 年毛泽东对再次来访的基辛格一行泰然自若地说："我很快就要去见上帝了。我已经收到了上帝的请柬。"陪同基辛格的美国驻华联络处主任布什回忆说，听到世界上最大的共产党国家的领导人说出这样的话，令人震惊。

而听到这句话的基辛格是另一副表情，他幽默地笑着回答："不要急于接受。"

毛泽东这时已经不能连贯地讲话，他在一张纸上费力地写了一句话："我接受 Doctor 的命令。"这是一个双关语，既指医生，又指作为博士的基辛格。

1975 年 4 月 18 日，毛泽东颇为伤感地对朝鲜人民领袖金日成说："董必武同志去世了，总理生病，康生同志也害病，刘伯承同志也害病，……我今年 82 了，快不行了，靠你们了，……上帝请我喝烧酒。”一代伟人的悲凉，溢于言表。

同年 7 月，泰国总理克立在中南海拜见毛泽东，此时的毛泽东已步履艰难。

毛泽东：你不怕我吧？蒋介石和西方骂我是土匪、罪犯、杀人犯。我快死了。

克立：不可能。

毛泽东：为什么？

克立：啊，主席，世界不能失去像你这样的第一号“坏人”。毛泽东听了极为高兴，他拍打着座椅扶手，笑得浑身抖动，起身同满屋子人握手。他喜欢幽默的语言，即使谈论死亡也是如此。

克立又说：祝主席长寿。

毛泽东沉默了一会儿，说：有什么用呢？

毛泽东真正感到死之将至了，心情的无奈被对方的幽默一击，他感到痛快。

1976 年 1 月，毛泽东对来自美国的朱莉·尼克松·艾森豪威尔和她的丈夫戴维喃喃地说：“一个人如果负担太重的话，死是最好的解脱办法。”戴维邀请毛泽东去美国，毛泽东的回答再也不能像五六十年代那样洒脱地说要去游密西西比河了，他声音低沉喃喃说道：“不会再有这个机会了！”

临走，戴维礼貌地说：“祝您健康长寿。”

毛泽东的眼睛突然睁开：“这是什么意思？”

是啊，这时听到“健康长寿”，简直等于天方夜谭。

作为中国 20 世纪的最杰出的伟人，毛泽东的一生艰苦卓绝，经历坎坷，经过一生的奋斗，当他发现现实的变化并未完全按照他的思路实现，理想的世界依然是那么遥远时，他内心强烈的孤独感和苦闷是不可言喻的。他对个人在这个尘世的去留并不感到多少悲哀，他担心的仍然是党和国家的前途。生命苦短，他再也没有时间和精力作新的探索，只好留下一连串不可弥补的遗憾，留给后人去完成。

（参见胡哲峰、孙彦编：《毛泽东谈毛泽东》，中共中央党校出版社 2008 年 10 月版）